W9-BGA-587

Un regalo especial

Presentado a:

____

De:

____

Fecha:

____

Los ojos de Jehová están sobre los justos,
y atentos sus oídos al clamor de ellos.
Salmo 34:15.

Meditaciones diarias de mujeres para mujeres

Ardis Dick Stenbakken

Pacific Press® Publishing Association
Nampa, Idaho
Oshawa, Ontario, Canada
www.pacificpress.com

Título del original: *Beautiful in God's Eyes*,
Review and Herald Publishing Association,
Hagerstown, Maryland, E.U.A., 2004.

Dirección editorial: Pablo M. Claverie
Traductora: Ethel Mangold
Diagramación: Eval Sosa
Tapa: Hugo O. Primucci

Publicado y distribuido en Norteamérica por
PUBLICACIONES INTERAMERICANAS
División Hispana de la Pacific Press© Publishing Assn.
P.O. Box 5353, Nampa, Idaho 83653
EE. UU. de N.A.

ISBN 0-8163-9369-9

Printed in the United States of America

05 06 • 2 1

1° de enero

Un simple deseo

Pero Jesús dijo: Dejad a los niños venir a mí, y no se lo impidáis; porque de los tales es el reino de los cielos. Mateo 19:14.*

—¡ESTE DEBE DE SER EL AÑO del calendario! –exclamé.

¿Te has dado cuenta de cómo parece que a veces se pone de moda alguna cosa? Bien, este año eran los calendarios. Negocios asociados, ministerios y vendedores enviaron sus calendarios. Y, por supuesto, entidades de caridad.

Los hojeé a medida que iban llegando. Parecía que estaban más hermosos que de costumbre. Recibimos de todas clases: grandes y pequeños, magnéticos, de pared, muchos con cuadros magnificentes. ¿Mi favorito? Uno creativo, con forma de agenda mensual, con espacio para registrar momentos especiales con nuestros nietos, hecho por nuestra hija.

Uno de los calendarios atrajo mi atención en forma particular. Era una colección de hermosas pinturas de Lars Justinen sobre la vida y el ministerio de Jesús. Mi esposo lo reclamó para su estudio, pero yo le dije:

–Espera hasta que podamos compartirlo con Max y Juliet.

Cuando vinieron nuestros nietos el siguiente sábado, nos acomodamos en el sofá con Juliet, mientras mirábamos cada hermoso cuadro de este calendario. Hablamos acerca de ellos, y cuando llegamos al del bautismo de Jesús, sus ojos se pasearon por la escena. Entonces comentó:

–El cabello de Jesús está húmedo.

Yo le expliqué que acababa de ser bautizado en el río Jordán y que la paloma era la forma en que Dios le decía a Jesús que estaba complacido con su decisión. Luego de unos pocos momentos de meditación, me dijo:

–Yo quiero ser bautizada con Jesús.

Sentí que mi corazón saltaba.

Aquella noche, cuando la acurruqué en la cama, le dije:

–Juliet, piensa en las cosas felices que compartimos hoy.

Ella nombró un par de cosas que habíamos hecho, y entonces dijo:

–El bautismo de Jesús.

Necesité de una niña de 3 años de edad para darme cuenta de que eso es lo que Jesús desea para mí para este año: un deseo infantil simple de estar cerca de él y de ser parte de lo que él es. Esto es lo que estaba queriendo significar cuando les dijo a sus discípulos: "No se lo impidan [a los niños], porque el reino de Dios es de quienes son como ellos" (Mat. 19:14, DHH).

BERNADINE DELAFIELD

---

* Todos los textos bíblicos utilizados en este libro han sido extraídos de La Biblia, Versión Reina Valera de 1960, excepto donde se indique lo contrario. (***Nota de los editores.***)

2 de enero

Providencia de Dios

Pues a sus ángeles mandará acerca de ti, que te guarden en todos tus caminos.
Salmo 91:11.

EL SOL DE AÑO NUEVO brillaba radiante, y el día estaba claro. No lo esperábamos, ya que la noche de Año Nuevo había estado con neblina, húmeda y fría. Nuestra familia de cuatro se dirigió hacia la iglesia a un servicio especial de adoración para dar gracias al Señor por habernos guardado sanos y salvos durante el año anterior, y por proveer muchas bendiciones adicionales que nosotros, como pecadores, no merecemos.

Mi esposo tuvo que partir hacia Nueva Delhi, temprano aquella tarde, por un compromiso urgente. Después de un rápido almuerzo y de pedir la bendición de Dios por el viaje, nos apresuramos para llegar a la estación del tren. En quince minutos estábamos en la plataforma, y el tren estaba listo para partir a Nueva Delhi. Un compañero de trabajo, el Sr. Lall, que viajaría con mi esposo, esperaba cerca del vagón. Después de que mi esposo hubo arreglado las cosas y ambos hombres se acomodaron en sus asientos, los despedimos, mientras partía el tren.

Alrededor de cuatro horas más tarde, recibí una llamada telefónica. Me conmovió escuchar la voz de mi esposo, ya que no esperaba tener noticias de él tan pronto. Me informó que el tren había tenido un accidente, y que los primeros cuatro vagones se habían descarrilado. Me aseguró que el Sr. Lall y él se encontraban bien y que no tenía nada que temer. Ellos habían estado en el sexto vagón y, por la providencia de Dios, se encontraban sin un rasguño en sus cuerpos. Mientras leía acerca del accidente en el diario y pensaba que habían estado tan cerca de los vagones accidentados, agradecí al Señor otra vez por su amoroso cuidado. Hubo pocas muertes, y se pudo evitar una tragedia mayor porque el tren iba a una velocidad lenta en ese momento.

Este incidente nos ha hecho dar cuenta, como familia, de que nuestro Dios es grande y que cada día es una nueva oportunidad para que todos nosotros lo conozcamos mejor, para acercarnos a él, para crecer en su gracia y amor. Nuestra fe se fortalece cuando confiamos completamente en nuestro Señor y Salvador Jesucristo.

Gracias Señor, por ser nuestro Padre amante.

TARAMANI NOREEN SINGH

Resoluciones de año nuevo

Jesús le dijo: Amarás al Señor tu Dios con todo tu corazón, y con toda tu alma, y con toda tu mente. Este es el primero y grande mandamiento.
Mateo 22:37, 38.

ALGUNOS AÑOS ATRÁS, renuncié a hacer resoluciones de Año Nuevo. ¿Para qué servía? No importaba cuán duro tratara, se rompían en pocas semanas. Sin embargo, este año voy a hacer una resolución; solamente una. Pero, si la puedo mantener, es todo lo que necesito.

Cuando Jesús estaba en la tierra, un fariseo lo probó con esta pregunta: "Maestro, ¿cuál es el mandamiento más grande de la Ley? Jesús le dijo: Amarás al Señor tu Dios con todo tu corazón, y con toda tu alma, y con toda tu mente. Este es el primero y grande mandamiento. Y el segundo es semejante: Amarás a tu prójimo como a ti mismo. De estos dos mandamientos depende toda la ley y los profetas" (Mat. 22:36-40).

Fue de esta manera que, con la guía del Espíritu Santo, decidí guardar este mandamiento de dos en uno.

¿Podrías imaginarte cuán perfecto sería este mundo si todos lo hiciéramos? Ni siquiera necesitaríamos los Diez Mandamientos originales. Si amáramos a Dios con todo nuestro corazón, no habría peligro de que amáramos a ningún otro dios ni que adoráramos imágenes o cosas semejantes, animadas o inanimadas. No blasfemaríamos su santo nombre ni deshonraríamos su santo día. Si amáramos a nuestros semejantes tanto como a nosotros mismos, ciertamente honraríamos a nuestros padres y a otras figuras respetables.

Si nosotros amáramos a nuestros semejantes como a nosotros mismos, no los mataríamos, ni siquiera accidentalmente (conduciríamos más cuidadosamente), ni escaparíamos con sus esposos. No robaríamos a nuestros semejantes (ni siquiera sus rosas que crecen sobre nuestro lado del cerco), no les mentiríamos; ni siquiera con mentirillas.

Si amáramos a nuestros semejantes como a nosotros mismos, no codiciaríamos nada de ellos (ni su Cadillac, ni su cabello naturalmente ondulado). Nos regocijaríamos en que esa gente querida tuviera tales posesiones deleitables.

No es tan difícil guardar formalmente los Diez Mandamientos, pero guardarlos con amor puede llegar a ser más difícil. Sin embargo, Pablo dice: "Todo lo puedo en Cristo que me fortalece" (Fil. 4:13).

Es una buena resolución, y estoy apuntando alto.

GOLDIE DOWN

4 de enero

El deseo de tu corazón

Que te conceda lo que tu corazón desea, que haga que se cumplan todos tus planes. Nosotros celebraremos tu victoria, y en el nombre de nuestro Dios desplegaremos las banderas. ¡Que el Señor cumpla todas tus peticiones!
Salmo 20:4, 5, NVI.

¿HAS TRATADO ALGUNA VEZ de personalizar la Escritura, aplicándola directamente a ti y a tus necesidades, haciendo que hable justo para ti? La Biblia es, por supuesto, la forma en que Dios nos habla directamente a nosotros, de manera que necesitamos aplicarla personalmente. Si nunca trataste de personalizar la Escritura, nuestro texto para hoy es un buen lugar donde comenzar. Y si lo has hecho anteriormente, goza de la experiencia una vez más hoy.

Comienza con el versículo 4. Escribe o repite: "Que te conceda [coloca aquí tu nombre] lo que tu corazón desea". Entonces dile a Dios los deseos de tu corazón, esos profundos deseos que apenas te animas a admitirlos; no importa, dilos fuerte.

Entonces, sigue adelante con el versículo 5. Allí dice: "Nosotros celebraremos tu victoria". Pero nadie puede celebrar ni desplegar banderas; ni nosotros ni los demás, a menos que compartamos nuestros pedidos de oración. Lo que implica que tendremos que contar nuestros deseos a otros; en nuestra familia, nuestro grupo de mujeres, nuestra iglesia. Puede ser que cuando ellos conozcan nuestros deseos, podrán ayudarnos a hacerlos realidad. Dios generalmente utiliza a otras personas, de alguna manera, para contestar nuestras oraciones. Existe un poder maravilloso en la oración intercesora.

Nuestro versículo no dice nada acerca de orar de acuerdo con la voluntad de Dios, pero es algo que desearás hacer. Leí algo el otro día, de uno de los seminarios de oración de Janet Page, que realmente me conmovió: "Si Dios quisiera castigarnos, nos contestaría que 'Sí' a todas nuestras oraciones. Si le estamos pidiendo a Dios por los deseos de nuestros corazones, pidiéndole que haga que nuestros planes sean exitosos, necesitamos estar seguras de que estos sean de acuerdo con su voluntad, cosas que se gozará en conceder.

Cuando recibimos los deseos de nuestro corazón, necesitamos recordar agradecerle a Dios. El comienzo del año es un buen momento para enumerar todas las bendiciones que hemos recibido en el pasado. Es una buena forma de construir nuestra fe. Necesitamos también compartir con otros nuestros deseos que nos han sido concedidos, de manera que ellos puedan regocijarse con nosotras. Esto puede ayudar a aumentar su fe también. Puede ser que se encuentren luchando con los deseos de sus corazones y necesiten saber que Dios es un Dios personal, que ama y concede los pedidos de sus hijas.

ARDIS DICK STENBAKKEN

¿Estás allí?

Y antes que clamen, responderé yo; mientras aún hablan, yo habré oído.
Isaías 65:24.

—¡LORAINE! LORAINE, ¿ESTÁS ALLÍ? ¿Estás despierta? Eran las 2:30 de la madrugada, y si no estaba despierta antes, ciertamente lo estaba ahora.

Era mi suegra, con sus casi 98 años de edad, que me llamaba. Como es ciega, médicamente hablando, pero todavía tiene algo de visión periférica, le dejo prendida una lámpara de noche en su habitación. Pero, esa noche me había olvidado de encenderla. Me escurrí medio dormida hacia su habitación, para arreglar el problema antes de que despertara a los tres perros.

Me resulta divertido ahora, pero no en aquel momento, ser despertada tan temprano. Yo sabía que podría dormir poco el resto de la noche. Mientras descansaba despierta, tratando de acomodarme una vez más, pensé acerca de Samuel y de cómo el Señor lo había llamado en medio de la noche. Él pensó que era Elí y corrió a él, solamente para descubrir que Elí estaba profundamente dormido. Cuando Elí se dio cuenta de que el Señor estaba llamando a Samuel, le dijo cómo contestar.

Me pregunto cuántas veces el Señor ha tratado de "hablar" con nosotras, solamente para que ignoremos su llamado. Nosotras deseamos saber que él nos escucha cuando lo llamamos, pero puede ser que nosotras no estemos en sintonía para escuchar su voz. Puede ser que no nos hable directamente, pero él utiliza diferentes maneras para comunicarse. Algunas veces puede ser por medio de su Palabra; otras veces puede ser a través de una meditación o un sermón. Si tratamos de escuchar su voz, él encontrará una forma de "hablar" con nosotras, y él siempre está allí cuando nosotras lo llamamos.

Con todo lo que tengo para cocinar, limpiar y lavar, es fácil olvidarse de escuchar esa voz apacible y delicada que trata de alcanzarme. Es un desafío encontrar tiempo para leer mi Biblia diariamente. Mi suegra tiene problemas con su memoria a corto plazo, y necesita cuidados. Tiene un razonamiento pobre, por su enfermedad de Alzheimer, que es como una demencia. Necesito la sabiduría de Dios más que nunca.

Trato de escuchar cada día lo que Dios tiene en mente para mí. Yo sé que él se interesa por mí, así como él cuida de cada una de ustedes. Mi oración por ti, hoy, es que escuches lo que Dios tiene para ti personalmente. Mientras realizas las cosas de cada día, está atenta para discernir las señales que Dios ha colocado en tu camino. Recuerda que antes de que llames él habrá respondido.

LORAINE F. SWEETLAND

6 de enero

Amor no desechable

Jehová se manifestó a mí hace ya mucho tiempo, diciendo: Con amor eterno te he amado; por tanto, te prolongué mi misericordia. Jeremías 31:3.

SOY UNA COLECCIONISTA DE "cosas". En realidad, tengo un archivo lleno de "cosas". La mayoría sería considerada como basura por cualquier otra persona. Hasta mi esposo me ha sugerido que tire algunas (bueno, la mayoría) a la basura. Él dice que le hace mal a la salud, porque cada vez que movemos el archivo, ¡le produce una hernia! Sin embargo, todavía me aferro a las preciosas cosas en mi archivo, rehusando deshacerme de ellas.

¿Qué podría ser tan importante como para arriesgar la salud de mi esposo? No hay artículos de gran valor histórico, no hay cuadros de artistas famosos y no tengo cartas de gente renombrada en mi archivo. Igualmente, está lleno con cartas, arte, fotografías y otros artículos inapreciables que nunca se podrían reemplazar.

¿Cómo puedo tirar la foto de mi hija de 2 años (ahora de 26), sonriendo de oreja a oreja, con mermelada desparramada por toda la cara, sus manos y su cabello? ¿Cómo puedo descartar un papel desteñido con Santa Claus con brazos torcidos móviles y con una barba de algodón, que dice: "Para mami: te quiero tanto. En el día de la madre te ciero mas ce todos"? Las líneas están torcidas, la ortografía es terrible, pero eso no me importa, porque sus mejores habilidades y todo su corazón fueron puestos para escribir esa nota. Más aún, yo la amo a ella con todo mi ser.

Un día, cuando estaba hablando con Dios (en realidad quejándome) acerca de mis insuficiencias, le pregunté cómo podía aceptar mis pobres dones cuando estaba tan llena de imperfecciones. Inmediatamente una ilustración de mi archivo desbordante me vino a la mente. Me recordó que, así como las cartas y los dibujos infantiles eran preciosos para mí, imperfectos como eran, yo era preciosa para él, imperfecta como soy. Él me ama a pesar de mis faltas, a pesar de mis imperfecciones. Me acepta así como soy. Y, así como yo nunca descartaría las cosas de mi archivo, él nunca me descartará a mí, porque me ama. Me ve como puedo llegar a ser, no como soy. Conoce mis insuficiencias e inadecuaciones. Pero sigo siendo su preciosa hija, y él me ve a través de sus ojos paternales de amor.

JUDY NEAL

Una luz al final del túnel

Echando toda vuestra ansiedad sobre él, porque él tiene cuidado de vosotros. 1 Pedro 5:7.

LA MUDANZA HABÍA MARCHADO bien: los dolores y el cansancio eran de esperarse cuando hiciste tu propia mudanza. Pero, ahora mis dolores se habían vuelto más preocupantes. Rara vez había visitado el consultorio de mi médico anterior, excepto para los chequeos normales; pero ahora parecía que estaba visitando el consultorio de mi nuevo médico cada semana. ¿Por qué me quemaban las plantas de mis pies? ¿Por qué no podía levantar mi brazo derecho? Lo siguiente fue mi hombro izquierdo. Sentía que me estaba cayendo a pedazos.

Le llevó solamente seis semanas a mi nuevo médico diagnosticar el problema, y otras cuatro semanas para enviarme a un especialista. En la tarde de Nochebuena de 1996, se confirmó que estaba padeciendo de artritis reumatoidea. Para cuando llegó enero, me encontraba postrada en cama. Con la ayuda de mi amoroso esposo, David, y de una amiga, pude atravesar cada largo día.

En la profundidad de estos dolores horribles, el pensamiento de orar y hablar con Dios diariamente, fue algo que quedó en segundo plano. Tenía que enfrentar una cosa a la vez, y en el momento estaba concentrada en tratar de respirar.

Ahora todo parece tan lejano, pero recuerdo que en lo más negro y bajo de un día de mi vida, le susurré a Dios: "Es todo tuyo, Señor. Toma mi mente y manténla sana; toma mis esperanzas y temores, y manténlos cerca de tu corazón. Yo haré mi parte con la medicación y el dolor cada día; tú tendrás que hacerte cargo del resto".

Fue un proceso largo y lento, un poquito más de tres meses, antes de que pudiera dejar mi cama para tratar de caminar con la ayuda de David o de cualquier mueble cercano.

Con la ayuda de un médico dedicado, un superespecialista, y con el cuidado del mejor Médico en el mundo, ¿cómo podría dejar de recobrarme? Ahora tengo que caminar con la ayuda de un bastón. Cuando es necesario utilizo mi silla de ruedas, y si todo lo demás falla, voy a la cama por unos pocos días.

Hablarle a Dios es parte de mi vida diaria una vez más. Si el aire se aquieta y él no escucha mi voz, él sabe que estoy con problemas y pone sus brazos a mi alrededor hasta que me recobre. Yo le agradezco al Señor por estar siempre allí por mí, aún en aquellos días cuando no le hablo. Él siempre me escucha. Él también te escucha a ti, cuando le cuentas todas las cosas que te hieren y duelen. Servimos a un Dios tan amante y maravilloso, un Dios que piensa tan sólo en el bienestar de sus hijos.

WENDY BRADLEY

8 de enero

El desfile de las rosas

¿No sabéis que los que corren en el estadio, todos a la verdad corren, pero uno solo se lleva el premio? Corred de tal manera que lo obtengáis. Todo aquel que lucha, de todo se abstiene; ellos, a la verdad, para recibir una corona corruptible, pero nosotros, una incorruptible. 1 Corintios 9:24, 25.

POR MÁS DE 100 AÑOS se ha llevado a cabo el Concurso del Desfile de las Rosas en Pasadena, California, EE.UU. En el Día de Año Nuevo de 2002, cientos de miles observaron a 53 carrozas, 25 marchas de bandas y 27 grupos de caballos desfilar por casi 8 kilómetros. Miles de espectadores acamparon a lo largo de la ruta toda la noche para conseguir un lugar escogido.

Esta extravagancia floral despliega enormes ardillas, aves, flores, gorilas, jirafas, leones, la Estatua de la Libertad, un robot de 7 metros, un cohete, y hasta un bebé en una bañera; fuego de verdad saliendo de un volcán, y acróbatas columpiándose en un trapecio, y dinosaurios cubiertos de orquídeas.

La mayoría de las flotas están diseñadas por organizaciones, pero nos emocionó una creada por gente vietnamita, como un regalo de amor. Deseaban agradecer a los Estados Unidos y al mundo por ayudarlos después de que llegaron a ser refugiados del comunismo hace unos 25 años. Juntaron los miles de dólares necesarios para hacer su flota. Una mujer estaba tan consagrada a demostrar su aprecio, que vendió su casa para ayudar a reunir el dinero.

Estas manifestaciones artísticas están hechas todas con materiales naturales. Cientos de voluntarios trabajan muchos días para cubrir los diseños con miles de rosas, claveles, margaritas, orquídeas, lirios, hojas, flores secas, grama, hongos, semillas, granos, cáscara de troncos, raíces, ramas, vainas, especias y verduras.

Miles se amontonan alrededor de las carrozas después del desfile. Mientras caminábamos en los alrededores, nuestros sentidos estaban abrumados por los brillantes colores y las intensas fragancias. Pensé en los millones de horas que tanta gente había invertido en estas maravillas, y en cuán pronto se marchitarían. Veintitrés carrozas ganaron trofeos, pero muchas carrozas espectaculares no ganaron nada. Mientras caminaba, a menudo pensaba en la comparación que hace Pablo de dos carreras: una para ganar una corona de laurel, y la otra para ganar la corona de la vida eterna, la que nunca se marchitará. Si la gente dedica tanto esfuerzo para construir una carroza espectacular que durara sólo unos pocos días, ¿cuánta mayor dedicación deberíamos invertir en construir para la eternidad?

RUTH WATSON

El adiós tiene diferentes rostros

Enjugará Dios toda lágrima de los ojos de ellos; y ya no habrá muerte, ni habrá más llanto, ni clamor, ni dolor; porque las primeras cosas pasaron. Apocalipsis 21:4.

LA TAN ESPERADA FIESTA DE NAVIDAD llegó con una suave nevada, para desaparecer derritiéndose. Me encontraba saludando un nuevo año y diciendo adiós a mis hijas mellizas. Estaban regresando a Andrews University después de la vacación de invierno. A pesar de haber pasado tres semanas hablando y compartiendo, no parecíamos perder nuestro "momento" aunque nos dirigíamos al aeropuerto.

Una vez que las chicas hubieron hecho revisar su equipaje, me puse a observar a la gente en el aeropuerto. Noté a aquellos que se estaban encontrando y saludando: parecían gozar más que el resto de nosotros, cuyo tiempo con la familia y los amigos se acortaba con cada minuto que pasaba.

Al regresar a casa sola, pensé en las veces cuando la gente enfrenta varias clases de separaciones. Para mí, parecieran clasificarse en cuatro categorías:

Decimos adiós a las *cosas*, como en el caso de un niño que abandona el triciclo.

Algunos lo dicen a *hábitos dañinos*, como es fumar.

Decimos adiós a la *gente*. A menudo es por un corto plazo. Esto sucede en las escuelas: los maestros envían a los alumnos a sus casas al finalizar el día, esperando verlos otra vez. Otras veces significa un período más largo de separación. Los militares activos y sus familias saben cuán difícil puede resultar esto.

Entonces tenemos los adioses que significan *cambios de vida*, como es perder un trabajo, atravesar un divorcio o enfrentar la muerte de un ser querido. En momentos como estos, debes reorganizar tu vida, sabiendo que estarán faltando algunas de las partes.

Dios comprende de primera mano el dolor de la separación. Él lo padeció con su Hijo, cuando Jesús dejó el cielo para tomar nuestro lugar en la cruz.

He escuchado decir que los cristianos nunca necesitan decir adiós por última vez a Jesús. Aquellos que lo aceptan como su Salvador y Señor pueden decir adiós a la muerte eterna y saludar a la vida eterna. Cuando Jesús regrese, podremos decir adiós a los quebrantos y a los problemas, y podremos saludar a la felicidad; adiós al dolor y la enfermedad, y hola a una salud vibrante; adiós a la soledad y hola al compañerismo; adiós a las lágrimas y hola a la risa.

¡Qué futuro maravilloso! ¡Qué Dios maravilloso!

MARCIA MOLLENKOPF

10 de enero

Citas planificadas

Verá el fruto de la aflicción de su alma, y quedará satisfecho. Isaías 53:11.

CON MI ESPOSO habíamos terminado de participar en un programa y nos estábamos retirando. Mi esposo fue a buscar el auto, mientras yo esperaba en la puerta del auditorio. De repente, se me acercaron tres jóvenes. Se presentaron, diciendo que ellos eran de una denominación religiosa diferente de la mía. Les pregunté si habían disfrutado del programa, y comenzamos una charla amistosa.

Me enteré de que ellos eran oyentes de *Radio Tempo*, y habían escuchado una propaganda del evento en la radio. Habían decidido aceptar la invitación de estar con nosotros en aquella mañana. También me contaron que a ellos realmente les gustaba la programación de la estación de radio y deseaban conocerme personalmente, porque siempre escuchaban el programa que yo presentaba.

Mientras se despedían, cada uno de ellos besó mis mejillas sonrojadas, y entonces expresaron:

–Querida hermana, usted es muy preciosa para Dios. Sus programas son una bendición, y nos han ayudado no solamente a nosotros tres, sino también a muchas personas. La queremos mucho.

Con esas palabras, desaparecieron entre la multitud. Yo permanecí allí, no sabiendo qué decir ni qué pensar. Me habían tomado por sorpresa. Después de que pasó la emoción por el inesperado encuentro, comencé a reflexionar en mi gozo y mi deseo también de acercarme, abrazar y besar a Cristo en aquel día cuando pueda finalmente conocerlo personalmente. Hoy, puedo escucharlo solamente a través de la Biblia, pero entonces lo veré personalmente.

Me imagino que, como esos jóvenes adolescentes, buscaremos abrirnos paso entre la multitud y nos acercaremos a Jesús para agradecerle por todo lo que ha hecho para que nosotros pudiéramos heredar la salvación. Puedo figurarme cómo nos sentiremos si podemos llevar a otros al cielo. Mientras ellos se nos acerquen, dirán:

–Querida hermana, usted es preciosa para Dios. Su vida, sus palabras, sus esfuerzos y su bondad fueron una bendición para mí, y contribuyeron a que yo pudiera estar aquí hoy.

Yo deseo experimentar estas dos escenas, y espero que esta sea también tu mayor ambición: ¡Prepárate para tu encuentro con Jesús y prepara a otros, también, para esta reunión en la eternidad!

¡Úsame, Señor, a fin de ser tus pies, tus labios, tus ojos y tus oídos para quienes puedan necesitarme hoy!

SONIA RIGOLI SANTOS

El abrigo verde

Por sus frutos los conoceréis. Mateo 7:16.

YO NO SÉ CUÁNDO lo compré, pero sí se que lo encargué a través de una orden de compra de una casa de venta por catálogo, porque la etiqueta todavía está adentro. Sin lugar a dudas, es mi abrigo favorito. Tiene bolsillos grandes, para guardar mis tibios guantes de lana tejida, las llaves de mi casa y algunos pañuelos. Hasta tengo un billete de cinco pesos en un bolsillo, por si acaso llego a necesitar algo de dinero, y esto realmente me vino muy bien en una oportunidad.

Así que, no es de maravillarse que cuando mi hija maestra y directora de escuela me invitó a acompañarla con sus alumnos a una excursión en la playa, yo haya tomado mi abrigo verde antes de salir por la puerta. Los niños se divirtieron jugando en la arena y en el agua, mientras yo conversaba con las otras maestras, los padres y algunos de los jovencitos con los que me había llegado a conocer con el paso de los años. El día fue pasando, y llegó la hora de cenar. Entonces, uno de los padres sacó su guitarra y comenzamos a cantar. Pronto comenzó a refrescar, y yo alcancé mi querido abrigo verde. Cuán cómodo lo sentía al protegerme de la brisa nocturna.

Unos pocos minutos después, escuché una voz detrás de mí:

–¡Cómo le va, Sra. Williams! Me encontraba caminando por allá, en la vereda, y justo miré hacia aquí, y pensé: *Aquel parece ser el sacón verde de la Sra. Williams. Voy a acercarme para ver*". ¡Y, fíjese, era usted!

Miré su rostro sonriente y traté de recordar quién era ella. Pronto la vio a mi hija y comenzó a mencionar recuerdos de los días de escuela de hacía 25 años atrás. Entonces comencé buscar en mi archivo mental con avidez. (Más tarde mi hija admitió que ella también estaba tratando de recordar.) Finalmente, cuando la mujer mencionó que mi hija había sido la "grande de quinto grado", que había ayudado a los chicos de primero, se me aclaró el panorama. Fue tan reconfortante ver a esta pequeña niña, hecha toda una mujer, casada, y ahora ella misma, como madre.

Que se me hubiera reconocido por mi viejo aunque todavía buen abrigo verde, fue una experiencia interesante y entretenida al mismo tiempo. Valoro la forma en que Dios lo ha conservado. Pero, al pensarlo mejor, me di cuenta de que es mucho más importante para nosotras que se nos reconozca por el manto celestial de la justicia de Cristo que por nuestra vestimenta terrenal.

Querido Señor, por favor, ayúdanos a estar vestidas con tu manto siempre y por la eternidad.

MILDRED C. WILLIAMS

12 de enero

Buenas noticias

El que venciere será vestido de vestiduras blancas; y no borraré su nombre del libro de la vida, y confesaré su nombre delante de mi Padre, y delante de sus ángeles. Apocalipsis 3:5.

¡BUENAS NOTICIAS! ¿CUÁNDO fue la última vez que recibiste una? A todos nos gusta recibir buenas noticias todos los días.

Varios años atrás, escribí algunas meditaciones para esta serie de libros y las envié. Algún tiempo después, recibí una carta que no confirmaba ni descartaba su publicación. Rápidamente dejé a un lado la experiencia y me olvidé del asunto.

Algún tiempo más tarde, estaba viajando desde Ibadan a Akure, una distancia de alrededor de 250 kilómetros, para una reunión importante de la iglesia. Fue un gozo, para mí, ser parte de esa histórica ocasión, la primera de su clase en Nigeria. Las primeras pocas horas las pasamos saludando viejos amigos. Entonces, gozo de los gozos, mi esposo, que había estado en las reuniones ya por varios días, me contó que tenía una hermosa sorpresa para mí. Yo era todo oídos.

Me trajo una copia de *This Quiet Place: A Daily Devotional for Women by Women* [Este lugar tranquilo: Una meditación de mujeres para mujeres], y la abrió en la página 375. Y allí, en negro y blanco, estaba mi nombre entre la lista de contribuyentes.

¡Estaba tan alborozada! Mi corazón estaba tan lleno que casi explotaba. Esa realmente era una buena noticia para mí, especialmente después de haber pensado que los artículos no habían sido valiosos como para publicarlos. Mientras me paseaba entre mis amigas y otros peregrinos, compartí las buenas noticias de ser una contribuyente del libro de meditaciones.

Pero hay mejores noticias aún: Jesucristo es mi Salvador y Señor. Él descendió desde su trono para salvarme de mis pecados. Sí, esa es la buena nueva del siglo, y es la noticia que debiera compartir con otros.

Hay otra buena noticia: mi nombre está escrito en el libro de la vida. Si ver mi nombre en negro y blanco en un libro internacional me dio gozo, ¡cuánto mayor será mi gozo cuando vea mi nombre en el libro de la vida!

BECKY DADA

Oraciones sin respuesta

Y antes que clamen, responderé yo; mientras aún hablan, yo habré oído.
Isaías 65:24.

¿SIENTES ALGUNA VEZ que algunas de tus oraciones no obtienen respuesta? Con una amiga cercana, compartimos nuestras experiencias de oración, especialmente las que hacemos por nuestros hijos. A menudo hablamos en chiste de que Dios debe de estar cansado de escucharnos.

Algunas oraciones parecen traer respuestas inmediatas. Cuando Gabriel fue enviado desde el cielo para darle a Daniel la interpretación de su sueño, Daniel se encontraba orando todavía (Dan. 9:21). La oración de Sara por un hijo no fue respondida hasta que envejeció (Gén. 21:7); sin embargo, fue una respuesta magnífica: Sara llegó a ser la madre de una nación entera. Dios trabaja realmente en formas misteriosas. En forma reiterada, Dios ha probado que él tiene muchas maneras de contestar oraciones, formas que nosotros a menudo no captamos. Nuestro deber, como sus hijas, es presentar nuestras peticiones a Dios tan a menudo como sintamos el deseo de hacerlo, y confiar en que él hará lo que es mejor para nosotras. La respuesta a nuestra oración puede ser que no sea la que esperábamos. Puede ser que no llegue cuando nosotras lo deseamos, tampoco, pero una cosa es segura: Dios escucha y contesta las oraciones.

Vivimos en una época de gratificaciones instantáneas. Nos hemos acostumbrado a esperar resultados instantáneos de todo lo que hacemos. Así que, cuando oramos, esperamos que nuestras oraciones también sean contestadas instantáneamente. Si no es así, las catalogamos como oraciones sin respuesta, Dios es todo sabiduría, todo amor, todo bondad. Él retiene de nosotras aquellas cosas que buscamos en nuestra fragilidad humana: pero que, si se nos otorgaran, nos traerían solamente dolor y quebranto. Algunas veces, cuando miramos hacia atrás, con el paso de los años, podemos ver claramente dónde nuestras oraciones fueron amorosamente contestadas, pero nosotras estábamos demasiado ocupadas quejándonos como para notarlo. Yo sé que le he agradecido a Dios muchas veces por oraciones "sin respuesta".

Algunas oraciones deben ser puestas al pie de la Cruz. Éstas incluyen nuestras oraciones intercesoras por nuestros amados. Pareciera que solamente en la eternidad conoceremos las respuestas a esas oraciones. Hoy, sin embargo, podemos reclamar la promesa que se encuentra en Filipenses 1:6: "Estando persuadido de esto, que el que comenzó en vosotros la buena obra, la perfeccionará hasta el día de Jesucristo".

AVIS MAE RODNEY

14 de enero

Soy una hija del Rey

Así que ya no eres esclavo, sino hijo; y si hijo, también heredero de Dios por medio de Cristo. Gálatas 4:7.

RECUERDO LA PRIMERA VEZ en que empecé el Año Nuevo comenzando a leer mi Biblia. Todo fue bien, hasta que llegué a 1 Crónicas, la sección de "concibió" en la Biblia. El listado no es sólo de una página o un capítulo; ¡abarca ocho capítulos! No solamente son difíciles de pronunciar los nombres; sino también que no conocía ninguna historia interesante acerca de la mayoría de ellos. Debo confesarles que pasé por alto esta sección de la Biblia aquel año.

Cuando mi padre se jubiló como granjero, pasó diez años indagando acerca de nuestros ancestros Fitch. Escribió docenas de cartas y gastó cientos de dólares rastreando nuestros antepasados hasta el año 1400 en Inglaterra. Como sería de esperar en cualquier historia de familia, descubrió muchos personajes ilustres que engalanaron nuestro árbol familiar. Hubo algunos de clase alta, como también gente humilde, que fueron fieles a sus familias y comunidades. Hubo profesionales, y hombres y mujeres de Dios en su andar por la vida. De alguna manera, aquellos que carecieron de carácter noble, no formaron parte de los titulares.

Él compiló sus hallazgos en un libro. Nosotros leímos el volumen con interés y llegamos a sentirnos orgullosos de nuestra herencia. Fue esta investigación de mi padre lo que encendió mi interés en las genealogías. Solamente cuando conoces tus raíces, las luchas, desafíos y triunfos, y hasta los fracasos, enfrentados por tus predecesores, es que adquiere significado y propósito leer las historias familiares.

Mientras leía la genealogía en Mateo 1, recordé que cada uno de nosotros podemos rastrear nuestros ancestros hasta Adán, quién fue el hijo de Dios, lo que hace de Jesús nuestro hermano mayor. Es bueno estar interesado en la historia familiar personal, pero es más importante dedicarnos a ser miembros de la familia de Dios. Mi padre no descubrió que nosotros estuviéramos relacionados con la realeza, pero cada uno de nosotros podemos reclamar que pertenecemos a la familia del Rey del universo. No existe mayor parentesco que podamos desear. Estudiando el Libro de Historias de Dios, podemos obtener conocimiento e instrucción de cómo llegar a pertenecer a su Reino.

David escribió, en Salmo 127:3, lo siguiente: "...Herencia de Jehová son los hijos". ¡Qué maravilloso! Salgamos a cumplir nuestros deberes de hoy, decididas a enaltecer y honrar el nombre de nuestro Padre, como hijas del Rey.

EDITH FITCH

Dar o no dar

Porque... con la medida con que medís, os será medido, y aun se os añadirá a vosotros los que oís. Marcos 4:24.

UNA AMIGA ME LLAMÓ UN DÍA, justamente irritada por algo que había sucedido. Necesitaba aliviar su corazón, así que la escuché mientras me relataba la historia.

Un hombre había llamado a su puerta pidiendo dinero. Necesitaba hacer un arreglo urgente en su automóvil, y había recorrido el parque de casas rodantes donde ella vivía, recolectando dinero de sus vecinas. Mi amiga es una madre de dos hijos que lucha sola, y necesita todo lo que gana para mantener a sus hijos en la escuela de iglesia y en la universidad. No fue fácil para ella darle veinte pesos al extraño, y quería una prueba de que lo que estaba pidiendo era realmente legítimo. ¿Cómo podía verificar lo que él decía? Él le dijo que estaba dispuesto a trabajar por el dinero en ese momento, o que vendría más tarde para pagar la deuda. Había cosas que podía realizar este hombre para ella, así que le pidió que regresara el siguiente domingo. También le pidió su número de teléfono celular, así ella podría verificar quién era el hombre y lo que aseveraba hacer. Él no tenía su teléfono con él, pero estuvo contento de darle su número, y ella le entregó cautelosamente su último billete de veinte pesos que tenía en su billetera. Le aclaró que la única razón por la que estaba haciendo esto era porque era una cristiana.

Bien, llegó el domingo de mañana; y él no la llamó. Ella trató de llamar al número que le había dado, ¿y adivinen qué? No solamente que no era de él sino también nadie conocía acerca de él en ese número. Se sintió entrampada. ¿Cómo podía hacerle semejante cosa? Ella había trabajado duro para obtener el dinero y le sobraba muy poquito. ¡Qué enojada estaba! Había tratado de hacer lo correcto, y esto era lo que recibía en gratitud: no dinero, no trabajo, solamente un paquete de mentiras.

Después de haber escuchado su historia de infortunio, se me cruzó un pensamiento. Ella había testificado por Cristo, haciendo lo que Jesús hubiera hecho. Es importante dar, y no nos viene naturalmente, especialmente cuando nosotras mismas estamos necesitadas. Dar; no recibir, es el camino. La generosidad genera generosidad. La mezquindad empobrece. Nunca sabremos si la historia de este hombre era verdadera o tan solo una estafa, y no importa. De nuestro Padre que nos dio a su Hijo único recibimos el ejemplo perfecto de dar. Mi amiga dio porque vive para complacer a Dios.

Que este pueda ser mi blanco para este día, Padre: glorificarte.

SUZANNE FRENCH

16 de enero

Comunicación

Al principio de tus ruegos fue dada la orden, y yo he venido para enseñártela.
Daniel 9:23.

MI TELÉFONO CELULAR ES una invención maravillosa. Como soy por naturaleza una persona gregaria (para aflicción de mi esposo), siento la necesidad de mantenerme en contacto con mis seres queridos, mis vecinas, y mis amigas lejanas y cercanas. Eso significa un montón de llamadas telefónicas. Estoy interesada en su prosperidad y especialmente en su bienestar espiritual.

Recientemente, mi teléfono comenzó a tener problemas de conexiones. Podía comunicarme con el número deseado, pero después de un minuto de conversación solamente, escuchaba tres pips y mi conexión se acababa. Una vez volví a discar cinco veces para poder comunicar mi mensaje. Por supuesto, me quejé a la compañía telefónica y llevé mi teléfono para que lo "actualizaran", e hice todas las cosas que me aconsejaron. Pero sigue infiel. Ahora me dicen que se necesitan más torres en mi área.

Cuando me siento tentada a exasperarme realmente, pienso: *"A pesar de todos los problemas, ¡qué milagro maravilloso es poder hablar no solo con mis amigas en los Estados Unidos continental, sino también con mi amiga de Hawaii y mi amiga en Alaska! ¿A qué tremenda cantidad de kilómetros es eso? Y aquí estoy quejándome".*

Y ¿qué decir acerca de hablar con Dios? ¿Qué clase de comunicación podemos tener con él? ¿Requiere mucha fe creer que él escucha mi oración? Nuestro texto dice que hace mucho tiempo, en los días de Daniel, las torres estaban todas intactas, y algunas veces las respuestas de Dios eran instantáneas.

Cuando leo el diálogo de Abraham con el Señor acerca de Sodoma y Gomorra, a mi mente finita le parece como una presunción la parte de Abraham. Sin embargo, Dios escuchó y prestó atención a su pedido. Génesis 18:33 dice: "Y Jehová se fue, luego que acabó de hablar a Abraham".

Cuando recuerdo la experiencia de Moisés de cuarenta años en el desierto, siendo preparado para ejercer su liderazgo de los hijos de Israel, me maravilla la paciencia del Señor con él mientras argumenta y ofrece excusas acerca de su ineptitud par hacer la obra que Dios le estaba pidiendo que hiciera (Éxo. 3:11; 4:10-12).

Es difícil, para mi imaginación, captar que nosotros podemos tener comunicación instantánea con el omnipotente, omnisciente, omnipresente Dios del universo. Él es siempre fiel; confío en que otros me verán respondiendo a su fidelidad hacia mí.

RUBYE SUE

17 de enero

El milagro del tiempo elástico

Mas la misericordia de Jehová es desde la eternidad y hasta la eternidad sobre los que le temen, y su justicia sobre los hijos de los hijos. Salmo 103:17.

CON MI ESPOSO TRABAJAMOS juntos en ministerios de familia. Algunas veces significa un gran desafío, porque tenemos tres hijos todavía en casa. No queremos que sus necesidades queden sin suplir mientras nosotros estamos ayudando a otras familias.

Un fin de semana, se nos pidió que voláramos hasta Ginebra para dirigir un retiro de matrimonios. Como un regalo, les pagamos a nuestros tres hijos para que vinieran junto con nosotros a visitar a sus familiares en las cercanías. Un mes antes de partir, Bethany descubrió que tenía los exámenes nacionales principales de su escuela en el día en que debíamos regresar a Londres. Requeriría un milagro que ella pudiera llegar a tiempo, ya que tendríamos ¡solamente 75 minutos desde la hora estipulada para el aterrizaje hasta la hora de comienzo de clases! Todo lo que podíamos hacer era orar.

La mañana del examen, tuvimos que levantarnos a las 4:30. El vuelo fue muy sacudido, y todos nos sentíamos descompuestos. Entonces había neblina, y el aterrizaje se demoró un poquito. Nuestro equipaje fue el último en salir del avión, y perdimos a uno de nuestros hijos en el aeropuerto. Cuando finalmente llegamos al auto, la batería estaba muerta. Así que, todos empujamos el auto cuesta abajo, para poder arrancarlo. Una vez en el auto, descubrimos que habíamos perdido nuestro *ticket* del estacionamiento. Entonces nos encontramos con un embotellamiento de tránsito.

Al principio Bethany oraba a fin de que no pudiera llegar a tiempo para los exámenes. Había un montón de cosas en contra de su llegada a tiempo a la escuela, y además se sentía cansada y descompuesta. Entonces oró para que nosotros pudiéramos llegar a tiempo al colegio; sería la señal de que Dios estaría con ella y la ayudaría a hacer lo mejor.

Cuando finalmente llegamos a la escuela, lo hicimos más temprano de lo que solíamos hacerlo en un día normal de escuela. Por un milagro, ¡Dios pareció estirar el tiempo para nosotros! Bethany fue a rendir los exámenes mientras nosotros orábamos para que todo saliera bien.

Ella regresó a casa muy cansada aquella noche, pero entusiasmada porque le había ido bien en los exámenes, y estaba contenta de haberlos rendido después de todo.

Gracias Señor, por bendecir a nuestros hijos y mostrarles cuánto los amas, y por suplir sus necesidades en formas milagrosas, aun en la vida alocada de nuestro ministerio.

KAREN HOLFORD

18 de enero

Hay un camino que parece recto

Hay camino que al hombre le parece derecho; pero su fin es camino de muerte. Proverbios 14:12.

Reconócelo en todos tus caminos, y él enderezará tus veredas. Proverbios 3:6.

HABÍA SIDO INVITADA PARA COMPARTIR un almuerzo con mi hermana. Mientras ella atendía sus tareas como niñera de cuatro niños pequeños, me preguntó si sabía como llegar a la casa.

–He estado allí antes, ¿te acuerdas? –le aseguré.

Yo me enorgullezco de ser una rápida aprendiz.

Al mediodía del día siguiente, salí dirigiéndome por el camino tortuoso. Hasta aquí, íbamos bien. Pero, cuando llegué a la cima de la colina, el camino hacia la izquierda no decía: "Quinta Calle". Y no había una casa número 60. Luego de volver sobre mis pasos y andar desorientada por alrededor de media hora, tuve que admitir que estaba perdida.

Habiendo admitido mi fracaso, me fui a buscar una guía telefónica (solo para buscar la dirección). No estaba preparada para escuchar que mi hermana me dijera:

–Debías haber escuchado más cuidadosamente mis instrucciones.

Así que, pasé otros diez minutos o más estrujando mi cerebro, tratando de recordar cuál era el número de la calle y buscando el número telefónico.

Cuando mi hermana me preguntó por qué había llegado tarde, tuve que admitir mi error. Había descubierto que existían dos caminos semejantes separados por un kilómetro y medio. Ambos caminos guiaban a la cima de la colina, ambos estaban pavimentados, ambos eran sinuosos y entonces seguían con caminos de tierra hacia la izquierda, pero allí era donde terminaban las similitudes. Al final del primer camino lleno de curvas, todas las casas tenían diferentes números.

A veces podemos sentirnos perfectamente confiadas en nuestras decisiones y, sin embargo, estar perfectamente equivocadas. El camino que Dios escoge puede no ser de nuestro agrado, pero es para nuestro bien. Si pudiéramos ver el fin desde el principio, no desearíamos ser guiadas de otra manera. Si nos metemos en el sendero equivocado por conducir solas, podemos regresar a la carretera de Dios y utilizar sus líneas de oración, y comenzar todo de nuevo con él al volante. Al final del camino, nos será posible alcanzar nuestro hogar con un cartel en los portales con estas palabras: "Bienvenidos, pasen. Los he estado esperando".

Llévame al hogar, Señor. Estoy preparada y deseosa de que me guíes.

VIDELLA McCLELLAN

La nena de Papi

Porque él dijo: No te desampararé, ni te dejaré; de manera que podemos decir confiadamente: El Señor es mi ayudador; no temeré lo que me pueda hacer el hombre. Hebreos 13:5, 6.

SOY LA SÉPTIMA DE SIETE HIJOS, cinco varones y dos niñas. Cuando crecí en Trinidad, mi padre se refería a mí como su "globo ocular". Esto se traduciría como "la manzana de su ojo". Mi padre medía 1,95 m de altura, y era recio. Para mí, él era un gigante, y me sentía orgullosa de ser su pequeña niña. Siempre me sentía segura; porque mi papi era grande y fuerte, me protegería. Para una niña de 8 años, mi papi era un héroe. La gente, en la comunidad, lo miraba con respeto; hasta algunos le temían, y nadie se metía con él.

Yo ignoraba que mis padres estaban experimentando dificultades maritales, y mi madre eventualmente abandonó a mi padre. Cuando tenía alrededor de 9 años, fui separada de mi padre. Mi madre emigró al Canadá, y yo fui enviada a vivir con mis abuelos. Yo era la nena de papito, y no era justo que tuviera que vivir apartada de él. No comprendía completamente lo que había sucedido, pero lo tenía que aceptar porque mis padres habían desaparecido.

Algunas veces, los niños son apartados de aquellos que aman por cosas que ellos no pueden comprender y sobre las cuales no tienen control. Los sentimientos de pérdida, confusión, culpa y vacío, inundan sus almas. Algunos jóvenes hasta piensan, intentan o cometen suicidio como consecuencia de esta sensación de desesperanza. Esa no es la respuesta, sino Jesús. Al crecer y madurar, llegué a darme cuenta de que no era por mi culpa que mis padres se habían separado. Me di cuenta de que no debía culparme a mí misma por las cosas sobre las que no tenía control.

Algunas veces la vida se presenta contraria a nuestros planes, y nos sentimos como si nos hubiéramos equivocado. No importa cuáles sean tus circunstancias, debes saber que Dios te ama y que tú eres especial para él. Yo encuentro consuelo en saber que Dios tiene un plan para mi vida, y para mis hijos y nietos. Yo sé que debo confiar en Dios no importa lo que suceda. Eso es ejercer fe. Cuando las cosas no parezcan estar yendo de la manera en que quisieras, entrégale todo a Jesús.

Aunque no tenga más a mi padre terrenal, tengo a mi Padre celestial y siempre seré la nena de Papi. Él ha prometido nunca dejarme ni desampararme. Yo sé que el guarda su palabra.

SHARON LONG (BROWN)

20 de enero

Milagros de entonces y de ahora

Por cuanto en mí ha puesto su amor, yo también lo libraré; le pondré en alto, por cuanto ha conocido mi nombre. Me invocará, y yo le responderé; con él estaré yo en la angustia; lo libraré y le glorificaré. Salmo 91:14, 15.

¿SUCEDEN MILAGROS REALMENTE en estos días y en esta época? Yo sé que Jesús realizó muchos milagros cuando vivía en esta tierra; se han registrado en las Sagradas Escrituras para nuestro beneficio. Pero, ¿ocurren hoy en día? ¿Obra él milagros todavía? ¡Definidamente, sí! Sé que lo hace, porque han sucedido milagros en mi vida una y otra vez.

Hace un tiempo, cuando estábamos viviendo con mi esposo en Toronto, Ontario, Canadá, fuimos con una amiga a hacer compras a Chinatown. Sabiendo que era problemático encontrar lugar donde estacionar, decidimos ir en un transporte público, primero en ómnibus y luego en subterráneo. Cuando llegamos a Chinatown, dedicamos tiempo a buscar las cosas que deseábamos. Encontramos algunas verduras tropicales muy frescas. Y, para nuestro deleite, encontramos castañas a 99 centavos el medio kilogramo. Estábamos cargadas con bolsas de cosas atractivas, cuando decidimos que era mejor dejar de comprar o nos sería difícil acarrear nuestros tesoros a casa en el subterráneo.

No tuvimos que esperar mucho nuestro tren. Mi amiga subió primero y yo la seguí, cuando el tren repentinamente comenzó a moverse. Mi pie derecho estaba adentro, pero mi cuerpo estaba afuera. Traté de subir, pero quedé atrapada entre las dos puertas. Rápido como un rayo, empujé las puertas con todas mis fuerzas y salté adentro. No tuve tiempo para entrar en pánico.

Yo no fui la que abrí esas puertas. Alguien más grande que yo me ayudó a subir a aquel tren. Sin lugar a dudas, debe haber sido ya sea mi ángel guardián o Jesucristo mismo el que abrió aquellas puertas para que pudiera entrar.

¿Milagro? ¡Más que seguro! Estaba segura de una muerte inminente, pero Dios en su misericordia me salvó de un desastre fatal.

Querido Padre, tú eres tan maravillosamente bueno y derramas tu gracia sobre mí. Podría haber muerto por un descuido, pero te pareció bueno que sobreviviera para proclamar tu bondad eterna, tan rica hacia mí.

OFELIA A. PANGAN

Los perros perdidos

¿O qué mujer que tiene diez dracmas, si pierde una dracma, no enciende la lámpara, y barre la casa, y busca con diligencia hasta encontrarla? Lucas 15:8.

ME SONREÍ MIENTRAS MIRABA hacia abajo, desde la ventana de mi desván, a los perros juguetear. Jack, un cachorro blanco de los pirineos, era más grande que nuestra propia perra blanca de Alaska, Ivy. Jack vivía a unas pocas cuadras hacia el este, y Ollie, un cachorro de color tostado claro, vivía a unas pocas cuadras hacia el oeste de nosotros. Los tres perros estaban retozando en nuestro patio nevado, donde Ivy estaba encadenada.

"Debiéramos dejar a Ivy suelta con los otros", pensé. Pero, en mi corazón temía que no fuera seguro: mientras los vehículos se movían rápidamente sobre los caminos congelados, podrían golpear a perros vagabundos. La dejamos salir, sin embargo. Por varios días, los tres perros corretearon libres en el vecindario. Entonces Ivy se enfermó, y la atamos de nuevo para mantenerla cerca. Jack estaba atado también en su hogar.

Al siguiente día sacamos a Ivy para su paseo normal con la correa. Parecía extraño que Ollie no nos estuviera esperando; y cuando pasamos por las narices de Jack, tampoco vino corriendo. Estaba preocupada. ¿Dónde estarían? El dueño de Jack salió a buscarlo en el auto. Pero regresó con las manos vacías. Dondequiera que estuvieran, estarían juntos. Parecía que Ollie había venido aquella mañana y había masticado la correa para librarlo a Jack.

Más tarde en el día, descubrimos que los perros habían andado por un campamento de caza, a alguna distancia. El cuidador había llamado por teléfono, buscando en los alrededores, antes de descubrir a alguien que conociera a los perros. Ambos dueños se dirigieron para buscar a sus animales.

Un Ollie muy triste y un Jack frustrado se encontraban ahora atados en sus respectivos patios. Los perdidos fueron encontrados y los libres retozos coartados.

Por supuesto, los dueños de los cachorros los podrían haber dejado en el campamento de caza, porque cada uno de ellos tenía otros dos perros. Pero Ollie y Jack eran sus mascotas. Los perros no podían darse cuenta de que estaban perdidos. Si los dueños no hubieran venido, ellos habrían jugado hasta que el hambre los habría impulsado a una búsqueda dificultosa y peligrosa del hogar.

Nosotros mantenemos a Ivy atada porque la amamos. Cristo me buscó cuando yo me encontraba perdida y no lo sabía. Él me cercó con pautas para mi propia protección, y me siento agradecida a Dios de que se interesa por mí, mucho más de lo que yo podría alguna vez interesarme por mi preciosa perra.

DAWNA BEAUSOLEIL

22 de enero

Sentimientos, fe y hechos

Y habiendo esperado con paciencia, alcanzó la promesa. Hebreos 6:15.

AFERRANDO EL PEQUEÑO LIBRO acerca de Jorge Müller, subí a bordo de un avión un frío día de enero. Me llevaría a mi nuevo trabajo en el noreste de México. Pronto me informaron que el área acababa de sufrir una helada sorpresiva que había arruinado sus sembrados. El dinero estaría ajustado.

Mis cuartos temporarios eran calurosos, y pronto me dispuse a leer el pequeño libro sobre una gran fe que había llevado. Sí, el versículo favorito de Jorge Müller sería mío, decidí: Hebreos 6:15: "Y habiendo esperado con paciencia, alcanzó la promesa". Yo necesitaba esa clase de fe.

Sonreí mientras me presentaban mi equipo y me mostraban los alrededores. Más tarde, temblando en mi oficina fría, me pregunté cómo debía emprender este trabajo misionero de dirigir una biblioteca universitaria. La biblioteca necesitaba urgentemente que se la ampliara. En mi habitación cada noche, leía un poquito del libro, mientras pasábamos tiempo junto con Dios, construyendo mi fe.

Además de mis clases diarias de castellano, sentí la impresión de que lo que encontrara en los cajones del escritorio sería un buen comienzo para mi trabajo. En el cajón encontré los planos olvidados para duplicar el tamaño de la biblioteca; ¡habían sido dibujados dos años atrás! Con ellos se encontraba un folleto colorido de *Maranatha Volunteers International*, un grupo de constructores misioneros voluntarios, con su declaración de misión y su dirección.

Valientemente escribí una carta al grupo *Maranatha*, expresando cuidadosamente las razones más convincentes de lo que se requiere para que funcione una biblioteca universitaria y la despaché. Estaba tan temerosa, que ni siquiera le pedí a mi secretaria que la dactilografiara. Entonces, esperé y oré.

Asida de mi fe, empujé mis sentimientos de temor y vulnerabilidad a un lado y me aferré al hecho de la gran necesidad, mientras aprendía el idioma. Pasaron las semanas. ¡Entonces llegó una carta! Aunque yo había actuado sin consultar con mis superiores, la carta de aceptación de *Maranatha* fue leída más tarde con entusiasmo en una reunión de la administración, y todos concordaron con mi idea.

Pronto comenzaron a desarrollarse los planes, y la ampliación de la biblioteca se hizo una realidad. Le agradecí al Señor muchas veces, mientras continuaba mi trabajo en el hermoso edificio nuevo de la biblioteca.

Señor, oro hoy para que pueda utilizar una vez más esa clase de fe para mis nuevas necesidades diarias.

BESSIE SIEMENS LOBSIEN

El manto de Elías o la camisa de mi padre

...Mi alma se alegrará en mi Dios; porque me vistió con vestiduras de salvación, me rodeó de manto de justicia. Isaías 61:10.

CUANDO FALLECIÓ MI PADRE, volé a Suecia para estar cerca de mi madre. Había tantos asuntos que resolver. Fuimos al hogar de ancianos donde había vivido los últimos años de su vida, para recoger sus efectos personales. Mientras empacábamos sus cosas, encontré una hermosa camisa de franela suave, que él había usado a menudo.

–Me voy a llevar esto –le dije a mi madre.

Me encanta ponerme esta camisa en casa. Me siento segura y cómoda. A menudo me he preguntado por qué me siento tan bien cuando me pongo esa camisa. Pienso que tiene algo que ver con la herencia de mi padre. Él sirvió al Señor con todas sus fuerzas. Su fe en Dios nunca se debilitó. Y él nos impartió su devoción y dedicación a nosotros, sus hijos. Yo siempre deseé servir al Señor como él lo hizo; nunca tuve una duda acerca de eso.

Así que, la camisa había llegado a ser un símbolo de mi herencia, como el manto de Elías fue un símbolo del espíritu y la misión que Eliseo heredó de su maestro. Mi misión es diferente de la de mi padre, pero su dedicación al Señor es lo que ha dejado las impresiones más indelebles en mi persona.

Mi padre podría haberse unido a Pablo en lo que escribió a Timoteo: "He peleado la buena batalla, he acabado la carrera, he guardado la fe. Por lo demás, me está guarda la corona de justicia" (2 Tim. 4:7, 8).

Ahora es mi turno para correr mi carrera y guardar la fe. Pero necesito el manto suave y tibio que está colgado en el guardarropa de Dios, esperando por mí. Todo lo que tengo que hacer es pedírselo y colocármelo, dejando mis ropas viejas y andrajosas a los pies de la Cruz. Necesitamos estas vestiduras de salvación y el manto de justicia. Sin ellos, nunca podremos lograrlo.

Mi padre me mostró el camino. Cuando me pongo su camisa, ésta me recuerda su ejemplo. ¿Deseas vestir el manto suave y tibio? Ven conmigo al almacén de Dios. Hay un manto y una corona esperándome "y no sólo a [para] mí, sino también a [para] todos los que aman su venida" (2 Tim. 4:8).

HANNELE OTTSCHOFSKI

24 de enero

Oración en el Santuario

En el santuario, oh Dios, eres imponente... ¡Bendito sea Dios! Salmo 68:35.

ASÍ COMO LOS ESCRITORES DE LOS SALMOS de la Biblia, yo también tengo problemas algunas veces para comprender los caminos de Dios. Asaf, el autor del Salmo 73, explica que cuando él luchaba por comprender por qué Dios no intervenía más directamente con los malvados, encontró la respuesta cuando entró en el Santuario. Mientras contemplaba la obra de los sacerdotes, comenzó a entender más claramente el plan de Dios.

Yo también me he preguntado acerca de cosas semejantes, pero sobre una base más personal. Diez años atrás me retorcía de dolor por días, semanas y meses, cuando atravesaba la separación de un ser amado. ¿Por qué, por qué, por qué? Mis oraciones parecían rebotar desde el techo nuevamente a mi cara. Y entonces, como Asaf, yo también encontré el significado a través del Santuario.

Un joven judío cristiano sugirió que los pasos que seguían los sacerdotes diariamente en el servicio del Santuario son una guía maravillosa para la oración personal. No tenía ninguna ilustración de los servicios del Santuario para observar, como la tuvo Asaf, pero las Escrituras nos dan ilustraciones verbales. Desde el momento en que comencé a orar siguiendo el servicio del Santuario, sentí la presencia de Dios y me fue posible confiar en su plan para mi vida.

Aquí están los pasos para la oración personal que encontré en la ilustración del Santuario: alabar a Dios al entrar por las puertas de la oración; arrepentimiento y confesión en el altar del sacrificio (la cruz donde Jesús murió); limpieza diaria, vaciarme del yo y del pecado, y rebautismo en la fuente; y pedir diariamente por la presencia plena del Espíritu Santo en el candelabro. También aprendí a crecer: obediencia y acción al comer en la mesa de su Palabra; uniéndome a Jesús en la intercesión por otros en el altar del incienso; y juicio, investigación, disciplina e instrucción en el Lugar Santísimo, aprendiendo a escuchar la voz de Dios en mi vida diaria.

Orar a través del Santuario ha cambiado mis oraciones. He perdido mi pánico. Mis pensamientos dispersos están contenidos, y fácilmente puedo continuar con la siguiente parte de mis oraciones. La confesión en el altar me da la seguridad de que estoy perdonada. Recuerdo orar diariamente por el Espíritu Santo. Cada mañana mi oración es diferente, al encontrar nuevas formas de alabar a Dios, nuevos textos sobre los cuales gozarme en su mesa, nueva gente por la cual interceder, nuevas lecciones que aprender en el Lugar Santísimo.

¡Alabo a Dios por el ministerio diario de Jesús en el Santuario Celestial!

CARROL JOHNSON SHEWMAKE

Revelaciones celestiales

Para que el Dios de nuestro Señor Jesucristo, el Padre de gloria, os dé espíritu de sabiduría y de revelación en el conocimiento de él. Efesios 1:17.

UNA VENTANA GRANDE EN el sótano de mi casa da hacia un área boscosa. Es una vista hermosa de la naturaleza intacta. Una mañana pude ver siervos, apaciblemente merodeando en busca de alimento, justo detrás del viejo cerco de piedras que recorre un lado del patio. Pude ver ardillas escurriéndose en los alrededores, y pájaros saltando y jugando. Fue una escena serena.

Sin embargo, cuando fui arriba a mi oficina, que está justamente sobre el sótano, y miré por las ventanas que dan hacia la misma dirección, vi una escena completamente diferente. Docenas de pájaros de varias clases estaban volando de un lado a otro alocadamente. Volaban de árbol en árbol, del árbol al suelo, de rama a rama. Las una vez ardillas terrestres se volvieron voladoras, mientras se lanzaban temerariamente a ramas distantes. La vista desde arriba fue más caótica que la serena. Era desde una perspectiva completamente diferente, y una que realmente no había notado antes.

Puedo decir que nunca antes había notado el contraste hasta entonces, porque el clima nunca había estado tal cual como en ese día; estaba nevando maravillosamente. O podría asumir que fue por la hora particular del día en la que observé, que me volvió agudamente alerta. Pero, en realidad, yo sé lo que abrió mi corazón y mis ojos a este suceso celestial.

Más temprano, aquella mañana, había experimentado un momento especial con Dios. Había buscado su rostro en una forma en que no lo había hecho antes. No me apuré en mi estudio y oración. Me quedé y compartí los deseos de mi corazón. Esta vez fui realmente sincera cuando le entregué mis débiles planes y dije: "Sea hecha tu voluntad". Esta vez estiré mi brazo y me aferré de su promesa, confiando en que él terminara la obra que había comenzado en mí. Y en ese ambiente me llegó una pequeña revelación de sus obras.

Algunas veces, desde mi punto de vista terrenal ventajoso, parece como que nada emocionante estuviera pasando. Las cosas pueden parecer relativamente calmas y consistentes. Dios sabe que desde aquí abajo yo no puedo ver el cuadro completo de mi vida. Pero estoy convencida de que hay un montón de actividad desarrollándose "allá arriba". Desde mi ventana en el mundo, he aprendido que él está reposicionando, redireccionando, y reenfocando los eventos en mi vida cada día; aun si no puedo ver cómo sucede.

EMILY FELTS JONES

26 de enero

Fuerza sobrehumana

...No te desampararé, ni te dejaré. Hebreos 13:5.

EL DÍA TUVO UN COMIENZO FRUSTRANTE. Mi trabajo incluye entrevistas personales a hogares, y la agenda de este día requería muchas llamadas. La primera visita fue en el campo, donde se encontraban pocas casas vecinas y muchos campos. Mientras doblaba por la entrada para autos, verifiqué el nombre en mi lista, y luego me bajé del auto y llamé a la puerta. No hubo respuesta. No había nadie en la casa. Fue en realidad un gran chasco, y mi día sólo había comenzado.

Regresé al auto, garabateé unas notas de explicación en el bloc de papeles, puse marcha atrás y retrocedí sin prestar demasiada atención. De repente, las ruedas del auto se deslizaron afuera del camino y el eje vino a parar a la alcantarilla. El auto no se movía ni para un lado ni para el otro. Estaba varada.

Mi Dios y yo tenemos una sociedad, y había llegado el momento de orar. Incliné mi cabeza y deposité mi petición sobre aquel que siempre está listo para escuchar y ayudar. Necesitaba ayuda, y pronto, si iba a hacer alguna cosa ese día. No había ninguna casa lo suficientemente cercana como para pedir ayuda, y no había forma en que pudiera mover el auto yo misma.

Momentos más tarde, un camioncito del correo apareció doblando la curva en el camino y se detuvo en la entrada de autos. El conductor se bajó y dijo:

–¡Usted necesita ayuda!

No era una pregunta sino una declaración del hecho.

–Usted quédese en el auto y maneje; yo la voy a poner de nuevo sobre el camino en un minuto –me instruyó.

Y, diciendo esto, levantó el auto con una fuerza sobrehumana y lo colocó de nuevo en el camino. Yo estaba todavía sentada en el asiento del conductor y me sentí tan sobrecogida por lo que había sucedido que mi agradecimiento fue apenas audible. Manejé hacia arriba y hacia abajo por el camino buscando el camión del correo para agradecerle apropiadamente al conductor, pero nunca los vi ni a él ni a su vehículo otra vez.

¿Un milagro? ¿Una respuesta a la oración? ¿Un ángel?

Mientras realizaba el resto de mis visitas aquel día, me sentí plena al darme cuenta de que nunca estamos solas. Los ayudantes de Dios están en todas partes, tan solo esperando para ser enviados en una misión especial. Esa misión podría ser hasta para un empleado de correo con una fuerza sobrehumana, para ser enviado a socorrer a una mujer en problemas. Él siempre estará cerca cuando lo necesites. ¡Es fiel a sus promesas!

LAURIE DIXON-McCLANAHAN

27 de enero

Venta de libros

...Yo nunca me olvidaré de ti. He aquí que en las palmas de las manos te tengo esculpida. Isaías 49:15, 16.

ME ENCANTAN LOS LIBROS, y me encanta leer, así que espero con entusiasmo la venta anual de libros usados de la biblioteca pública, cuando puedo comprar libros que se descartan de la biblioteca, por una fracción de su costo. La biblioteca también acepta donaciones de libros personales, así que puedo despejar mis estantes sobrecargados, deshaciéndome de los libros que no estoy planeando leer otra vez.

Un año llenamos dos cajas de libros. Nuestro hijo Garrick trajo una pila de libros ilustrados que ya no le interesaban; mi esposo, Larry,, añadió algunos volúmenes que habíamos comprado años antes, cuando vivíamos en las Filipinas; y yo contribuí con una pila de libros de manualidades que nunca tenía tiempo de usar. Dejé las cajas en la biblioteca y me fijé en la fecha de la gran venta.

Cuando llegó el día, coloqué una caja vacía en el auto y me prometí no comprar más libros de los que cupieran allí. Primero miré los libros para niños, descubriendo los siguientes volúmenes de una serie que Garrick disfrutaba, y libros que yo había disfrutado cuando era una niña. La caja se llenó hasta más de la mitad, así que dejé la sección de niños a fin de encontrar algunos libros para mí.

Pasé por alto los libros de cocina y pilas de novelas del oeste, para ir a las mesas en las que se encontraban altas pilas de libros de lectura general. Encontré dos libros de mi autor favorito, y seleccioné varios clásicos canadienses. La caja estaba casi llena, pero yo quería encontrar algo para Larry.

Entonces, la tapa de un libro me llamó la atención. Había escuchado ese título. Leí el comentario en la contratapa y decidí que podría gustarle a mi esposo. Regresé a casa anticipando su sonrisa.

–Aquí hay un libro para ti –le dije–, alcanzándole el libro a Larry.

–Pero ya tenemos este libro –me respondió–. Lo leí hace varios años.

Sorprendida, miré más cuidadosamente a mi tesoro de 25 centavos. Abrí la tapa, y en la página del título estaba escrito un precio; en pesos filipinos. Con razón había reconocido la tapa y el título. ¡El libro había estado descansando en nuestros estantes por años! Lo había donado a la biblioteca solo unas pocas semanas antes. Y ahora lo había traído de vuelta.

Me había olvidado de nuestro propio libro.

Cuán feliz estoy de que nuestro Padre celestial no se olvida de los suyos.

DENISE DICK HERR

28 de enero

Colecciones

En mi corazón he guardado tus dichos, para no pecar contra ti. Salmo 119:11.

LA GENTE COLECCIONA TODO lo imaginable hoy en día: figuras de cerámica de Precious Moments, cuadros, joyas, tazas de té, monedas, estampillas, álbumes de fotos, cucharitas; ¡puedes añadir lo que quieras! Se necesita asegurar muchas de estas cosas; otras juntan un montón de polvo al descansar en un estante; y todas consumen los pensamientos, el tiempo y el dinero de los propietarios.

Cuando era joven, coleccionaba servilletas. Tenía servilletas de todas las partes imaginables: restaurantes, bodas, iglesias y escuelas. Entre ellas se encontraban todos los colores del arco iris. Siempre guardaba las que provenían de vacaciones y las de ocasiones especiales. Estuvieron guardadas en una caja grande hasta que finalmente se tiraron todas.

Como adulta, no pienso demasiado en coleccionar cosas. Sin embargo, mientras estaba hojeando mi Biblia, noté todos los versículos que había recolectado con el paso de los años. Son los que están subrayados y destacados junto con una fecha añadida en los márgenes. A muchos de estos versículos los he grabado en la memoria. Estaba el versículo que Dios me dio cuando decidí dar a luz a mi segundo hijo en casa. O el versículo de cuando un agente de una inmobiliaria perdió los papeles y estábamos comprando una casa que nunca habíamos visto. Está el versículo del tiempo cuando mi hermano estaba en el hospital con convulsiones. Y también un versículo de cuando nuestros contratos de negocios eran tan bajos que pensamos que no podríamos sobrevivir financieramente. Podría seguir mencionando uno tras otro.

¡Jesús coleccionaba versículos también! Con versículos resistió las tentaciones de Satanás, reprendió a los fariseos e instruyó a los discípulos. Jesús conocía el poder contenido en las Escrituras; no solamente en leerla, sino también memorizarla y aplicarla.

Él desea que nosotras seamos coleccionistas de su Palabra también, porque sabe que durará por la eternidad. Desea que no solamente la leamos y que marquemos versículos, sino también los apliquemos a nuestras vidas, así como él lo hizo. Y lo hermoso es que no necesitamos asegurarlos: ya están asegurados. No necesitan que se los desempolve, aunque es bueno recordarlos frecuentemente. No cuestan dinero, ni llevan mucho tiempo. Pero ocupan nuestras mentes con fuerza útil. ¡Qué colección valiosa!

KAREN PHILLIPS

Paciencia

Aquí está la paciencia de los santos. Apocalipsis 14:12.

OCASIONALMENTE, MI ESPOSO (aunque no es una persona criticona) me recuerda que soy un poco corta en una de las virtudes que Dios requiere de su pueblo: ¡la paciencia! Yo le respondo en broma:

–¡Esa es la razón por la que Dios me dio a ti!

Nuestro vecino nos cuenta que pasa horas en la playa de un lago, esperando para pescar un pez. Esa no es mi idea de la forma de desarrollar paciencia. Eso requiere demasiada paciencia. Y ¿qué haría con el pescado, si pudiera pescarlo? Alguien ha escrito una oración para los que son como yo: *"Querido Señor, concédeme paciencia; ¡y dámela ahora mismo!"*

Siendo que el Señor nos creó a cada una de nosotras con una individualidad única, no es sorprendente que se requieran diferentes pruebas para desarrollar nuestros caracteres. Mi amiga Anita Martin, que trabajaba en una oficina conmigo hace años, solía decir: "¡Job nunca poseyó una máquina de escribir!" Su paciencia era probada al usar la máquina de escribir, pero era mi deleite dactilografiar (y todavía lo es).

En una de sus parábolas, Jesús relató acerca de las semillas buenas en el buen suelo. Él dijo: "...Éstos son los que con corazón bueno y recto retienen la palabra oída, y dan fruto con perseverancia" (Luc. 8:15).

Pablo tuvo mucho que decir acerca de la paciencia. En Romanos 9:22 nos recuerda que Dios ha tenido mucha paciencia con nosotros. Y, en su lista de las cualidades que necesitamos, nos dice que necesitamos paciencia (Col. 3:12). En Romanos 12:12 nos dice que seamos pacientes en la tribulación.

Cuando Santiago habla de los profetas como un ejemplo de paciencia para nosotros (Sant. 5:10), mis pensamientos se vuelven a Moisés y los cuarenta años que pasó en el desierto. ¿Y qué diremos acerca de Job? Alguien, en nuestra clase de Biblia, señaló que perder tu riqueza es una cosa, pero ¡perder todos tus hijos es algo diferente!

Santiago también nos recuerda que seamos pacientes, porque la venida del Señor está cercana (Sant. 5:8). Esto es más real hoy que cuando este texto fue escrito inicialmente. Y, por supuesto, Apocalipsis describe a aquellos que llegan finalmente al cielo como poseyendo paciencia para soportar (Apoc. 2:2-19).

Entonces, mi oración es que Dios me conceda las pruebas que sean necesarias para enseñarme la paciencia, para que yo sea lo que él quiere que llegue a ser; en este mundo, y en el mundo mejor que está preparando para mí.

RUBYE SUE

30 de enero

Lecciones de un filodendro

Será como árbol plantado junto a corrientes de aguas, que da su fruto en su tiempo, y su hoja no cae; y todo lo que hace, prosperará. Salmo 1:3.

ALQUILAMOS UNA CASA VIEJA, mientras se construía nuestra casa nueva. Compré una planta de filodendro y la coloqué en la bañera. La banderola del techo permitía que entraran los rayos del sol, que brillaban en su follaje verde. Prosperó, esperando allí en el borde de la bañera.

Cuando nos mudamos a nuestro nuevo hogar, coloqué el filodendro en una maceta con un sostén de hierro en el sótano, cerca de la puerta-ventana de vidrio. Con el sol tibio de la tarde, floreció, y pronto sus guías alcanzaron el suelo. Mi hermana envolvió las guías en un círculo alrededor de la maceta con su pie. Esto funcionó muy bien por bastante tiempo. Era realmente un cuadro hermoso para contemplar, y me sentía orgullosa de mi única planta viviente.

La planta siguió bien por un par de años; entonces alcanzó el piso otra vez y hasta trepó por la pata de una mesa cercana. Un día, mi hermana jardinera sugirió que necesitaba una peluqueada. Sugirió que mi esposo, también un jardinero entusiasta, me ayudara a hacer el trabajo.

Una tarde, mientras mi esposo estaba en el trabajo, decidí que había llegado el momento, y sentí que yo sola lo podía hacer. Así que, con tijeras en mano, comencé a podar cuidadosamente. Mi mayor problema era determinar qué punta estaba conectada a la planta. Comencé a desenrollar y recortar, hasta que pronto tenía una bolsa casi llena de recortes. Cuando inspeccioné mi artesanía, me di cuenta de que la planta ya no era robusta y verde. Por el contrario, ahora parecía delgada y debilucha. Traté de emparejar las guías, hasta que el filodendro terminó con un rebaje muy corto.

Mi esposo estaba disgustado con la apariencia desfigurada de la planta. Me pidió que en el futuro no llevara a cabo esta tarea sin su asistencia. Me sentí mortificada por el daño que le había infligido a la que había sido mi frondosa planta. Decidí ponerle algún abono milagroso para ver qué sucedía. En unos pocos meses, comenzaron a salir muchas hojas y brotes. Me sentí deleitada.

Hoy, mi filodendro es, otra vez, una fiesta para la vista. Está lleno de guías verdes que llegan hasta el piso una vez más. Siempre que lo miro, me recuerda los momentos difíciles en mi vida, cuando me he sentido tentada a darme por vencida. Pero, con el sol del amor de Dios, la tibieza de sus brazos y el riego del Espíritu Santo, encuentro ánimo para enfrentar mis problemas, sabiendo que ¡él siempre me acompaña!

ROSE NEFF SIKORA

La taza vacía

Mi Dios, pues, suplirá todo lo que os falta conforme a sus riquezas en gloria en Cristo Jesús. Filipenses 4:19.

UNA MIRADA AL RELOJ DEL SALÓN DE CLASES en la pared me recordó que se acercaba la hora del recreo. Los niños, en mi clase, habían estado trabajando duro en sus tareas y le darían la bienvenida a un descanso. Al igual que yo.

Justo en ese momento, la cocinera trajo una bandeja llena de pequeños envases con maní tostado. Los chicos estaban felices.

Uno de los alumnos preguntó si podríamos comerlos afuera, como si estuviéramos de *pic-nic.* A todos les gustó la sugerencia. La luz del sol, afuera, pareció confirmar la idea. Les dije a los niños y las niñas que podían traer sus propias meriendas al patio de juegos. Hablamos acerca de la importancia de ser cuidadosos para que nada se volcara, y entonces salimos por la puerta hacia el pasillo.

En una fila desordenada, los miembros de la clase descendieron dos trayectos de escaleras, sosteniendo cuidadosamente los envases con maníes. Afuera del edificio, al dar una curva, se detuvo la fila. Todos los ojos estaban centrados en Tina. La mirada en su rostro reflejaba una combinación de sorpresa y horror mientras miraba los maníes desparramados por el piso y el envase vacío en sus manos.

Quise saber si alguien se ofrecería para compartir la merienda con Tina. Pero, nadie dijo una palabra. Finalmente, les pregunté:

–¿Cuántos de ustedes estarían dispuestos a darle a Tina uno de sus maníes?

Todas las manos se levantaron.

Le dije a Tina que caminara a lo largo de la fila juntando cada maní prometido por los voluntarios. Comenzó desde el final de la fila. Mientras acercaba su pequeña taza, cada niño dejaba caer un maní. Antes de que Tina pudiera llegar hasta el frente de la fila de niños, se detuvo. Me miró y sonrió. Su tacita estaba llena y su corazón también.

Todas nosotras tenemos días que se parecen a "tazas vacías", días cuando un hoyo que no vimos hace que todas nuestras expectativas se desparramen por el suelo. Cuando más lo necesitamos, Dios parece enviar a nuestro camino a gente con pequeñas porciones de ayuda y ánimo. Entonces, con tazas llenas y corazones agradecidos, nosotras, a su vez, permitamos que Dios nos utilice para bendecir a otros.

MARCIA MOLLENKOPF

1° de febrero

Sin poder

Las riquezas y la gloria proceden de ti, y tú dominas sobre todo; en tu mano está la fuerza y el poder, y en tu mano el hacer grande y el dar poder a todos.
1 Crónicas 29:12.

RARA VEZ POSTERGO LAS COSAS, excepto cuando tengo que preparar un boletín informativo. Pero, finalmente me obligué a mí misma, cuando me enfrenté con los vencimientos. Ya había pasado tres horas trabajando en el proyecto, cuando se cortó la electricidad durante unos pocos segundos; entonces volvió. En unos pocos minutos, sin embargo, se cortó otra vez, y esta vez no regresó.

Curiosamente, esto me llevó a descubrir la fuente del problema. El poste de electricidad, en la calle, se había incendiado, y los camiones de los bomberos estaban echando retardadores de fuego en el poste.

Para entonces, había llegado el mediodía y la hora de almorzar. Así que, comimos una comida fría en la casa relativamente oscura. Después del almuerzo, traté de trabajar a la luz de una vela en mi oficina, pero simplemente no podía ver lo suficientemente bien como para completar mi tarea. Entonces, con mi esposo, nos dirigimos a hacer compras. Para la hora de la cena, todavía no se había restaurado la electricidad. Habíamos podido tolerar una comida fría, pero dos, una y otra vez, no marcharía. Así que, cenamos afuera. Después de la cena todavía no teníamos electricidad, así que fuimos a buscar amigos que nos recibirían debajo de su ala por algunas horas.

Para las 21, nos sentimos obligados a regresar a casa, donde todavía no había electricidad. Mientras entrábamos en nuestro hogar bien oscuro y frío, tuvimos que reconocer cuán poco podíamos hacer sin electricidad. Encendí varias velas, y nos acomodamos frente a nuestro acogedor hogar encendido, a fin de dedicar el tiempo que tanto necesitábamos para conversar.

La electricidad estuvo desconectada por catorce horas. Nos arreglamos por esas catorce horas, pero con dificultad. Vivir sin electricidad puede parecerse a tratar de vivir sin estar conectados al poder celestial. Algunas veces pensamos que podemos andar por algunos días, aun semanas, sin estar conectados a la Fuente celestial. Tenemos millones de excusas: estoy demasiado ocupada, mis niños están enfermos, estuvimos viajando, tuve que trabajar horas extras. Pero la única forma de vivir una vida cristiana vibrante es permaneciendo conectadas a la Fuente del poder; minuto a minuto, día tras día. Puede ser que no tengas menos problemas, pero habrás aumentado la sabiduría y el poder para vértelas con los problemas que debes afrontar. Y, una vez que lo pruebas, ¡no querrás vivir la vida de ninguna otra manera!

NANCY L. VAN PELT

2 de febrero

Un abrazo de vida: La historia de Bárbara Thomas

Inmediatamente el padre del muchacho clamó y dijo: Creo; ayuda mi incredulidad. Marcos 9:24.

BÁRBARA SE ENCONTRABA EN LA sala de cuidado intensivo desde hacía seis semanas en estado de coma. Mientras empeoraba su condición progresivamente, los médicos no encontraban otro recurso que pudieran ofrecerle, o alguna esperanza que dar a su familia. La joven iba a morir. Les hablaron a los miembros de su familia, quienes se resignaron a lo que escucharon y también a lo que habían visto. El respirador y las drogas no ofrecían más ayuda o sanidad.

El hermano de Bárbara, Michael, estaba desanimado. Esta era otra gran frustración. Tan solo siete años antes, su sobrino de 18 años, un buen muchacho, un hijo con grandes posibilidades, había muerto. Había tenido un accidente de tránsito mientras andaba en bicicleta. Cuando el sobrino falleció, Michael, en su dolor, prometió que nunca creería otra vez que existía un Dios. ¿Cómo podría existir un Dios amoroso si permitía semejante tragedia? Y ahora Michael se veía enfrentado con la pérdida de otro ser amado.

Michael estaba regresando a Inglaterra. Como no tenía dinero para comprar el pasaje, la familia vendió todos los muebles de Bárbara y le compraron un pasaje de avión. Devolvieron su casa al administrador; Barbara no regresaría a casa.

El día anterior a su vuelo a Liverpool, Michael fue a ver a su hermana moribunda. La levantó en sus brazos, mientras el respirador y una miríadas de tubos colgaban de su cuerpo, y anunció: "Querido Dios, si tú estás realmente allí, por favor devuélveme a mi hermana. No puedo soportar esta pérdida". Inmediatamente, se abrieron los ojos de Bárbara, y comenzaron a rodar las lágrimas por sus mejillas. Al día siguiente le retiraron el respirador y los tubos. ¡Y Michael creyó!

Yo trabajo en el hospital, donde conocí a Bárbara. Aunque no se encuentra ya en CI, todavía tiene dolores y molestias, y aún tiene un camino que recorrer hasta recobrarse. En un momento, hasta se le dio el alta a su casa, que le volvieron a alquilar, pero tuvo que regresar por otras intervenciones médicas. Sí, tuvo que conseguir todos los muebles otra vez, pero todos la están ayudando.

Bárbara dice que fue el abrazo de su hermano, su búsqueda de Dios, lo que la salvó. Y fue el abrazo de Dios lo que lo trajo a él de regreso a la fe.

WANDA DAVIS

3 de febrero

Hijos de picardía

Pues a sus ángeles mandará acerca de ti, que te guarden en todos tus caminos. En las manos te llevarán, para que tu pie no tropiece en piedra.
Salmo 91:11, 12.

MI ESPOSO ESTABA REMODELANDO nuestro baño principal y pintando las paredes. Pensó que era seguro colocar sus herramientas y pinturas en la bañera, ya que estábamos utilizando el otro baño.

Y fue seguro hasta el día de la picardía. Mi hijo Malachi, que tenía alrededor de 3 años y medio, llamó:

–¡Mami, tengo que ir al baño!

Yo estaba ocupada trabajando, y no noté que Matthan, mi hijo de 2 años, lo había seguido.

Caí en la cuenta de que la casa se había vuelto repentinamente silenciosa, y que Malachi no había salido del baño. Fui para investigar. No lo encontré en el baño auxiliar, así que inmediatamente revisé el baño principal. Estaba llaveado.

–Malachi, abre la puerta, por favor.

–No me des una paliza –me contestó, temeroso.

Se levantaron mis sospechas cada vez más altas. Cuando le pregunté qué había hecho para merecer una paliza, una pequeña voz respondió:

–¡Estoy pintando!

–Yo pintando Matthan.

Entonces escuché un llanto. No, sonaba más bien como risitas. Matthan se estaba riendo. De alguna forma me sentí aliviada, pero tenía que abrir esa puerta. Reinicié las amenazas, a lo que Malachi replicó:

–¿No me darás paliza, mami?

No tuve otra opción que prometerle que no. Se abrió la puerta, y allí estaba Matthan, sobre sus manos y rodillas, desplegando orgullosamente su nuevo color. Lucía color malva, desde la punta de los cabellos rubios hasta sus deditos gordos. Y no solo estaba pintado Matthan; también lo estaban la bañera, las paredes y el piso. Tomé a Matthan, y corrí al baño auxiliar y procedí a darle un baño.

Nuestro baño ya no luce color malva, excepto por una impresión de una maño pequeña en la parte de atrás de la puerta. Esto sirve como un recuerdo constante de que Dios nos cuida siempre, aun al más pequeño de nosotros. Siempre que recuerdo aquel día, le agradezco a Dios por su constante cuidado. Entonces me siento y me río con los ángeles, mientras escenas color malva se rebobinan en mi mente.

TAMMY BARNES TAYLOR

Equipaje abandonado

¿Está alguno entre vosotros afligido? Haga oración. Santiago 5:13.

EN FEBRERO DE 2001, una antigua compañera de la escuela secundaria estaba viniendo para visitarme en Florida, EE.UU. Desdichadamente, Lucila había tenido un derrame cuando contaba sólo con 60 años de edad, así que no podía moverse tan bien como lo había hecho en el pasado. Su perspectiva de la vida, sin embargo, es muy positiva, a pesar de sus dificultades, y es un gozo estar a su lado. Era casi la medianoche cuando aterrizó el avión, y ambas nos encontrábamos cansadas.

Luego de saludarla en el acceso de arribos, la guié hacia el estacionamiento cubierto, donde había estacionado mi vehículo. Mientras salíamos del ascensor, me ofrecí a acercar mi camioneta a la salida del ascensor, de modo que ella no tuviera que caminar una distancia tan grande.

Estacionado justo frente al ascensor, se encontraba un vehículo deportivo bloqueando el acceso normal. Lucila cruzó por enfrente del vehículo, dejó su valija descansando allí en el piso y dio la vuelta para ubicarse justo por donde yo la recogería. La ayudé a subir al vehículo, y nos dirigimos hacia la ruta. Cuando hubimos recorrido alrededor de cuarenta kilómetros, le dije a Lucila:

–No recuerdo haber colocado tu valija en la camioneta.

Ella no recordaba tampoco. Salí a la banquina y revisamos. ¡No estaba la valija! Nos estábamos aproximando a las cabinas de peaje, así que le expliqué a la encargada nuestro problema. Me dijo que podía girar en U inmediatamente, sin tener que avanzar hasta la siguiente salida.

Oramos mucho para que pudiéramos encontrar el equipaje todavía allí. Teníamos muy presentes, en nuestras mentes, visiones de que el equipaje hubiera desaparecido en manos de alguien o por el personal de seguridad del aeropuerto. Manejé recorriendo los distintos niveles de estacionamiento hasta el lugar desde donde habíamos partido una hora antes. Allí estaba la valija frente al vehículo deportivo, que todavía se encontraba estacionado allí. ¡Cuán agradecidas nos sentimos, de que nuestras oraciones hubieran sido contestadas! ¿Tendría que sorprendernos que el equipaje estuviera todavía allí? En nuestra fragilidad humana, lamento admitir que lo estábamos.

Gracias, Señor, por cuidar aquel equipaje y por cuidar de nosotras en nuestro entusiasmo por el reencuentro. Y, más que todo, gracias por contestar nuestras oraciones. Esto aumentó nuestra fe aquella noche y nos ayudó a darnos cuenta de que tú vigilas por los tuyos.

MARGE McNEILUS

5 de febrero

Eligió ser cristiana

Tu pueblo será mi pueblo, y tu Dios mi Dios. Rut 1:16.

RAJAMMA VINO A NUESTRO hogar en un momento en el que necesitaba una ayudante. Mi esposo, pastor, tenía que estar afuera la mayor parte del día, y yo había sido sometida a una cirugía recientemente, lo que no me permitía cuidar de mi hijo. Pero ahora Rajamma había venido para quedarse con nosotros, y me sentí cómoda. Podía despreocuparme y descansar, además de poder leer y escribir, lo que había tenido que relegar por un largo tiempo.

Rajamma provenía de un origen hindú. Era muy pobre, no poseía nada. Pero estaba contenta con nosotros. Le enseñé a coser, limpiar, cocinar y a tejer un poquito. La tratamos como a una de la familia. No la forzamos a nada, pero ella era una observadora perspicaz. Nos veía mientras hacíamos nuestros cultos cada mañana y cada noche. Observaba nuestro estilo de vida. Después de unos pocos meses, comenzó a asistir a la iglesia con nosotros. Abrí una cuenta de ahorro a su nombre, donde depositaba su salario en el banco, y comenzó a devolver el diezmo.

Le pedí a mi esposo que le diera algunos estudios bíblicos, y muy pronto ambos le estábamos enseñando las Escrituras. Estaba aprendiendo nuestros cantos, le gustaba nuestro estilo de vida y parecía muy contenta. Con el paso del tiempo, abrazó la fe cristiana por medio del bautismo.

Cuando Rajamma cumplió 18 años, comenzamos a buscarle un esposo. Encontramos a un joven que también era pobre y casi huérfano. Rajamma tenía un hermano y dos hermanas que estaban muy prejuiciados hacia el cristianismo, y por los cuales orábamos a menudo. A ellos (especialmente al hermano) no les gustaba la idea de que su hermana se hubiera hecho cristiana y de que tuviera una boda cristiana.

Pero Dios nos ayudó, y todo fue bien con el casamiento. Estábamos contentos y agradecidos porque sus dos hermanas y su hermano asistieron a la boda.

Luego del casamiento, los ayudamos a establecer su hogar con todo lo necesario. Rajamma y su esposo, Paulraj, se habían comprometido a cuidar la iglesia y a ordenar las sillas para los servicios de la iglesia. Como reciben un salario por sus servicios, en retorno devuelven el diezmo y las ofrendas. Son muy felices, y agradecemos al Señor por ellos.

Señor, existen tantos que esperan ver las evidencias de Cristo en nuestras vidas. Ayúdanos a ser fieles en nuestro testimonio diario.

WINIFRED DEVARAJ

Carencia de poder

No con ejército, ni con fuerza, sino con mi Espíritu, ha dicho Jehová de los ejércitos. Zacarías 4:6.

ERA UN ESPANTOSO y lluvioso sábado de mañana de comienzos de febrero. Mientras que todos los demás trataban de aprovechar unos pocos minutos más de sueño, terminé mis devociones y mentalmente revisé todo lo que tenía que hacer antes de la Escuela Sabática. Primero desayunaríamos en familia una avena cocida acompañada de tostadas; entonces tendría que colocar la bandeja con el almuerzo en el horno y acomodar el reloj de la cocina. Entonces, Esteban tendría que "motivar" a los muchachos a lucir presentables, mientras yo me duchaba y modelaba el cabello con el secador de pelo.

Mientras revisaba mi lista mental, me levanté y me dirigí hacia la cocina. De repente, hubo un increíble flash de un relámpago con el casi simultáneo trueno ensordecedor, y todas nuestras luces se apagaron. Repentinamente, todo quedó en absoluto silencio. La caja de fusibles no presentaba desperfectos, y la grabación amable del hombre de la compañía de electricidad de Florida informó que nuestra electricidad regresaría en una o dos horas. ¿Y ahora qué? Estaba parada en la cocina y, sosteniendo la olla donde tendría que estar cocinándose nuestra avena, le di una mirada a la lluvia. No podía cocinar el desayuno, no podía dejar nada en marcha para el almuerzo, y mi cabello no estaría presentable. ¡Necesitaba el restablecimiento de la electricidad, ahora!

Mientras nuestros muchachos comenzaban a moverse en sus habitaciones, percibí el sonido de la lluvia. Los árboles, alrededor de nuestra casa, se sacudían suavemente y las gotas de lluvia danzaban en nuestra pequeña laguna. El mundo parecía funcionar en cámara lenta, y me di cuenta de que lo deseara o no, tenía un poquito de tiempo libre. Mientras permanecía observando por la ventana, me sentí embargada de emoción por el versículo: "Estad quietos, y conoced que yo soy Dios" (Sal. 46:10). Era sábado, y todo lo que me había preocupado eran cosas mundanas, temporarias, mientras que Dios tenía tanto más para compartir conmigo.

Comimos un cereal frío para el desayuno, y yo hablé acerca del increíble amor de Dios. Todos nos arreglamos para llegar a tiempo a la Escuela Sabática y a la iglesia, sin que nuestro cabello asustara a nadie, y nadie pasó hambre al almuerzo. Dios se encontraba en la "brisa apacible" y no en el "viento recio," y yo casi me había perdido de escuchar su voz. Decidí permanecer más cerca de él, donde se encuentra realmente el poder, un poder que nunca falla.

SUSAN WOOLEY

7 de febrero

¡Canta un canto de gozo!

¿Cómo cantaremos cántico de Jehová en tierra de extraños? Salmo 137:4.

CUANDO CON MI FAMILIA vinimos a los Estados Unidos en agosto de 2001, desde las islas de Trinidad y Tobago, nos esperaban cambios. Lo que no habíamos anticipado eran los acontecimientos del 11 de septiembre y los ajustes de tener que convivir con amenazas de terroristas.

Repentinamente cambió la vida, y a nosotros ni nos gustó ni le dimos la bienvenida. Queríamos lo que habíamos disfrutado antes. Extrañábamos aquellos días en nuestro hogar cuando solamente escuchábamos acerca de los acontecimientos que ocurrían en algún otro país, nunca donde nosotros vivíamos. Nuestras vidas habían dado un vuelco total. Mis hijos querían regresar a casa, y secretamente, con mi esposo sentíamos lo mismo.

Sin embargo, en medio de toda esta incertidumbre, temor y sentimiento de condenación inminente, teníamos que seguir viviendo. Y no solamente viviendo, sino también, como cristianos, teníamos que vivir una vida gozosa. Yo sabía cómo se habían sentido los israelitas, sentados a las orillas del río durante la cautividad en Babilonia. Sus opresores debieron de haber estado dementes para pedirles que cantaran las canciones de su tierra natal. ¿Cómo podían cantar estos cantos de gozo y alabanza en una tierra extranjera, carentes de esperanza y aliento?

Cada día, al enfrentar tus problemas y tus luchas, yo sé que te debes hacer a ti misma una pregunta similar: *¿Cómo puedo cantar la canción de gozo y alabanza a Dios cuando la vida está llena de desánimo y tristeza? ¿Cómo puedo cantar cuando mi corazón está cargado con las tristezas de los sueños fracasados y los dolores pasados, y pareciera no existir esperanza para el futuro?*

Pero allí es donde nos equivocamos. Una cosa que realmente tenemos es esperanza para el futuro. Pedro nos recuerda que Dios nos ha "hecho renacer para una esperanza viva, por la resurrección de Jesucristo de los muertos" (1 Ped. 1:3). Ahora, ¡esto es algo de lo cual cantar! Dios nos recuerda, a través de estas maravillosas palabras de esperanza, que aunque la vida en esta tierra pueda estar llena de incertidumbre y temor, siempre hay esperanza para el futuro. Esperanza de que sobreviviremos estos momentos de prueba. Esperanza de que podemos tener la seguridad de la salvación. Esperanza de que tenemos asegurada la salvación para todos aquellos que conocen a Jesús como su Salvador. Y esperanza de que un día la vida en esta tierra terminará, y una nueva vida será nuestra; una vida sin tristezas.

Así que, no te desalientes; tienes una esperanza. Una esperanza viviente. Ahora, ¡esto es algo por lo cual cantar!

HEATHER - DAWN SMALL

Pequeñas promesas de Dios

Y ahora Señor, ¿qué esperaré? Mi esperanza está en ti. Salmo 39:7.

NOS HABÍAMOS ESTADO DIVIRTIENDO muchísimo en la carpa de los Ministerios de la Mujer durante el seminario que estaba presentando acerca de cómo enfrentar el enojo. Cada mujer había recibido un sobre que contenía un globo. Les había explicado que el globo representaba a la persona, y que ibamos a tener una fiesta. Todas nos reímos un poquito mientras mirábamos los hermosos colores brillantes de nuestras personalidades. Pero, un globo no alcanza todo su potencial hasta que está inflado, y estábamos por inflar nuestros globos.

Primero, sin embargo, había pedacitos de papel en cada sobre. Estos nueve papelitos tenían una variedad de palabras escritas en ellos: "esperanza", "dolor", "amor", "enojo", etc. Se instruyó a las mujeres para que insertaran los papeles en sus globos, porque de esta manera se las representaría en forma más adecuada como personas. Entonces, todas inflaríamos los globos.

La charla feliz cambió por sonidos de profundos soplidos mientras los globos se inflaban. Mientras sacudíamos nuestros globos en el aire, se sentía una verdadera atmósfera festiva. Yo la arruiné anunciando que nuestras líderes de grupos iban a repartir alfileres y que, cuando contáramos hasta tres, todas pretenderíamos estar muy enojadas y reventaríamos los globos.

La risa se volvió un poco histérica mientras tenían lugar las explosiones. Sostuvimos en alto lo que quedaba de nuestros globos; ya no lucían muy hermosos en su estado rotoso y desinflado. Reflexionamos que nos parecemos a esto cuando explotamos de enojo, despachando nuestros sentimientos.

Luego de haber terminado el seminario, una persona querida se acercó y contó algo que le había sucedido a ella. Yo sabía que estaba enfrentando una situación traumática, porque habíamos dialogado sobre eso anteriormente. Me contó que después de que su globo hubo explotado y permaneció sentada escuchando mi charla, notó un pedacito de papel sobre su falda. Cuando lo levantó y lo dio vuelta, leyó la palabra "esperanza". Se sentía segura de que este era un mensaje de Dios para ella. Sentí un asombro reverente mientras nos abrazábamos.

Alrededor de quince minutos más tarde, otra mujer se acercó para hablarme y, casi sin aliento, me contó que había encontrado dos pedacitos de papel en su falda. Dijo que, mientras los daba vuelta, "gozo" y "paz" parecían ser las palabras de Dios para darle ánimo especialmente a ella. ¡Ah, qué Dios asombroso es al que servimos, cuyos planes son mucho más grandes que los nuestros!

URSULA M. HEDGES

9 de febrero

¡Perdida!

También les refirió Jesús una parábola sobre la necesidad de orar siempre, y no desmayar. Lucas 18:1.

MANEJÉ A CASA, ME DIRIGÍ AL escritorio, me acomodé en la silla, y puse mi cabeza entre las manos. Mis amigas habían confiado en mí. Y yo las había defraudado.

Ellas se habían ido de vacaciones, y yo me había ofrecido para alimentar a Príncipe, su perro ovejero shetland. Recordaba haber cerrado el portón a mis espaldas, cuando había salido del patio de atrás de su casa la tarde anterior. Ahora estaba abierto, y Príncipe había desaparecido. Mis amigas regresarían en una semana. Les tendría que decir que su perrito elegante, con cara de collie, no estaría allí. Príncipe estaba perdido.

"*¿Qué hacer ahora?*", me pregunté. Pegué carteles que decían "Perro perdido" en los postes de teléfono y coloqué un aviso en la sección del diario para cosas perdidas y encontradas. Recorrí todo el vecindario, golpeando puerta por puerta. Nadie había visto al perro dorado y blanco. En mi desesperación, oré cada noche para que regresara a casa, y para que Dios lo cuidara.

Una nochecita sonó el teléfono. Un hombre que vivía a ochocientos metros había descubierto un collar enfrente de su casa. Me dirigí hacia allá en el auto. Era el collar de Príncipe. Esas no eran buenas noticias.

Mis amigas regresaron a casa. Tuve que revivir la experiencia infeliz. Una vez más, golpeamos las puertas y caminamos por las calles.

De pronto, tuve una idea. En el diario, yo había colocado: "Shelthie perdido". "*Quizá*", pensé, "*la mayoría de la gente no sabe qué es un sheltie*". Una vez más, coloqué el aviso. Esta vez, decía: "Pequeño collie, parecido a Lassie, perdido". La mayoría de la gente conoce la película de la perra Lassie. Muchos han leído el libro *Lassie, ven a casa,* que cuenta la historia de un collie que viajó cientos de kilómetros para regresar al hogar de su joven dueño.

Al día siguiente, sonó el teléfono:

–Creo que tengo su perro –dijo una mujer.

Sí, ¡era Príncipe! El mismo día en que había salido del patio, había andado tres kilómetros hasta la casa de esta señora, cerca de una calle transitada. Ella lo había encontrado sentado en el porche. Él estaba tan contento de vernos, que se paseaba por todas partes y nos levantaba su pata.

Dios había contestado mi oración el mismo día en que la había hecho, pero yo no sabía que la respuesta estaba allí. Dios escucha cada oración, pero puede ser que no conozcamos la respuesta hasta más tarde; toda una vida más tarde, o podría ser aun en el cielo.

EDNA MAYE GALLINGTON

Agente limpiador

Purifícame con hisopo, y seré limpio; lávame, y seré más blanco que la nieve. Salmo 51:7.

HE ESTADO POSTERGANDO LA CIRUGÍA de mi hombro derecho por meses hasta hoy. Algunas veces parece como si mi tendón lastimado se estuviera sanando, y en otros momentos experimento un dolor espantoso. La idea de una cirugía me amedrenta. ¿Quién quiere tener una invalidez? Como resultado de mi accidente, había estado limpiando mi hogar en forma mínima y superficial.

Si fregaba, me quedaba con un dolor tan agudo que me vi forzada a entregar mi independencia y solicitar la ayuda de Nicolosa. Cuando la vi por primera vez, me asaltaron dudas, por un breve momento, acerca de su elección de la vestimenta. Estaba vestida inmaculadamente; sin embargo, Nicolosa se cambió la ropa por otra adecuada para la limpieza. Cuando terminaba de limpiar y fregar los baños y la cocina, brillaban como si acabaran de ser instalados. Me sentía completamente satisfecha por su servicio.

Mientras evaluaba el trabajo de Nicolosa, comencé a pensar acerca de los aspectos espirituales de mi vida, y de la limpieza que se lleva a cabo allí. Yo sé que hay veces cuando intento limpiarla por mí misma, pero mis débiles intentos son inútiles. No se produce un gran cambio. ¡Cómo me cuesta entregar mi independencia! Pero, últimamente me doy cuenta de que, cuando me someto a Dios, él me limpia y me deja brillante, aun más brillante que mi baño y mi cocina; él me renueva completamente. Así como Nicolosa, él no trabaja en todas las áreas sucias al mismo tiempo, porque sabe que me desanimaría pronto y me daría por vencida. En cambio, lenta y penosamente remueve las manchas de duda y temor, el moho de las heridas pasadas, ofensas no perdonadas, y el polvo del desaliento. Él me da esperanza y un futuro. Algunas veces utiliza los agentes purificadores de las frustraciones y las penas para limpiarme. Debo admitir que el proceso de limpieza produce dolor, y que algunas veces desearía poder evitarlo, porque en ocasiones tiene que escarbar profundo para remover los hábitos más arraigados y pecaminosos. También he aprendido que las quejas no ayudan, pero la alabanza y la gratitud lo hacen más llevadero.

Estoy asombrada de lo que he llegado a ser, a través de todo el proceso, y hoy oro a fin de recibir gracia para soportar la siguiente limpieza. Estoy contenta de que él lo siga haciendo, hasta que pueda ver su reflejo en mí, porque ahora me gusta lo que estoy llegando a ser.

ANDREA A. BUSSUE

11 de febrero

Necesito caras sonrientes

Estad siempre gozosos. Orad sin cesar. Dad gracias en todo, porque esta es la voluntad de Dios para con vosotros en Cristo Jesús. 1 Tesalonicenses 5:16-18.

PARA SER HONESTA, no creo ser demasiado inteligente, y de ninguna manera estaba preparada para mi carga: la responsabilidad de cuidar a mi hijo que padece una incapacidad mental severa. El Señor debe estar al control de nuestras vidas, porque yo tan sólo digo: "¡Jesús, por favor ayúdame!" Yo creo que él envía a sus ángeles especiales para estar conmigo. Él ha prometido: "Pues a sus ángeles mandará acerca de ti, que te guarden en todos tus caminos" (Sal. 91:11). Y, otra vez, dice el Señor: "Por cuanto en mi ha puesto su amor, yo también lo libraré" (vers. 14).

¿Cuál es el beneficio de la sabiduría si no se comparte? Yo sé lo que es sentirse desanimada, así que oro por otros que están luchando. A cambio, yo creo que las oraciones de otros me han mantenido con cordura, y que eso es algo por lo cual estar gozosa. Me gusta dar crédito donde corresponde.

Yo creo que mis ángeles guardianes seleccionan a mis amigas y nutren mi vida social. También me proveen de material inspirador para compartir, con la esperanza de ayudar a otros a confiar en el Señor. Yo no puedo ver a mis ángeles guardianes, pero siento su presencia dondequiera que vaya. Estoy bastante segura de que la mayoría del tiempo están sonriendo porque Sonny existe; y yo también. Me deleito al compartir lo que he aprendido al ser la mamá de Sonny durante estos más de 16 años. Me gusta compartir las cosas con estas amigas, pero mi hábito de compartir requiere un fundamento. El Señor provee de muchas maneras, pero ésta es una forma muy especial. Hace más de diez años, hicimos una decisión con mi esposo. Decidimos manejar autos con mucha eficiencia para ahorrar combustible, y los ahorros provenientes de esto, me han ayudado mucho en mi hábito de compartir, que involucra *Dimensiones de amor*, un periódico que me encanta compartir. Hemos sido los dueños de cuatro Toyotas, y consideramos a muchos de los empleados de la concesionaria como amigos. Recientemente noté que mi tarjeta de Pascuas descansaba sobre la mesita en la sala de espera del área de servicios, disponible para que la lea el público. ¡Mi corazón casi estalla de gozo! He sido bendecida al compartir lo que mis ángeles guardianes me ayudan a preparar.

Mientras comparto por medio de lo que escribo, también he sentido la bendición de otros orando por mí y por mi familia. Yo comparto una bendición, y una bendición es compartida conmigo. Necesito aquellas caras sonrientes, y tú también. *Gracias, Señor.*

DEBORAH SANDERS

12 de febrero

Señor, ¡ayúdame a recordar!

Todo lo puedo en Cristo que me fortalece. Filipenses 4:13.

CUANDO ESTABA MIRANDO el último número de un catálogo de suministros cristianos, una noche, mis ojos cayeron sobre varias placas pequeñas que tenían un precio razonable. Pensé que podrían servir como hermosos regalos. Una placa, en especial, me atrajo la atención con la frase: "Señor, ayúdame a recordar que nada me sucederá hoy que tú y yo no podamos resolverlo juntos". Era el saludo, cada día, de un predicador anónimo. Cuanto más la observaba, más significativa me parecía, y decidí que encargaría una placa para cada graduando de la escuela secundaria en la que trabajaba. Cuando hice el encargo, decidí que iba a pedir una para mi hogar y otra para mi oficina en la escuela. La frase de estas placas llegó a ser el gran tema de conversación, no solamente para los estudiantes y el personal, sino también para los padres, que a menudo mencionaban que el mensaje era justo lo que ellos necesitaban para enfrentar el día.

Las tarjetas de agradecimiento que recibí de aquellos estudiantes me motivaron a continuar regalando las mismas placas cada año, por varios años subsiguientes, hasta que la compañía discontinuó su fabricación. Cada una era recibida con el mismo aprecio, pero nunca se me había ocurrido cuán significativo llegaría a ser este regalo para un padre, hasta varios años después de la graduación de un joven llamado Dale.

Dale era un buceador. En una de sus zambullidas, algo anduvo mal y se ahogó. Fue una sacudida terrible para todos nosotros, pero especialmente para su querida familia. Varios meses después de la muerte de Dale, recibí una nota de gratitud de sus padres, no solamente por la tarjeta de condolencia que les había enviado, sino también por la pequeña placa. Yo se la había regalado a Dale para su graduación. Ellos la habían encontrado con sus demás tesoros, cuando estaban limpiando su habitación. El mensaje habló a sus corazones en su momento de dolor.

Más tarde, cuando nuestra casa se quemó hasta los cimientos, yo estaba sorteando entre las cenizas. Mi corazón dio un vuelco cuando encontré aquellas dos pequeñas placas chamuscadas, pero legibles aún. Una de ellas está colgada en mi habitación, y la otra, aquí en el escritorio de mi hogar.

He aprendido cuán verdadera puede ser esa frase: "*Señor, ayúdame a recordar que nada podrá sucederme hoy que tú y yo no podamos resolverlo juntos*".

ANNA MAY RADKE WATERS

13 de febrero

Palabras envueltas como regalos

No digan malas palabras, sino sólo palabras buenas y oportunas que ayuden a crecer y traigan bendición a quienes las escuchen. Efesios 4:29, DHH.

EL JOVEN, EN EL ESCALÓN de entrada, nos habló ásperamente. Se esperaba que nos diera la bienvenida a su iglesia; pero, en lugar de eso, miró hacia abajo y restregó sus pies. Sus palabras estaban bien ensayadas, pero de alguna manera eran chatas y carentes de significado. Me supuse que en realidad, era muy tímido y que se sentía incómodo al tener que ser el encargado de saludar a las visitas que iban llegando. Yo le sonreí tratando de darle ánimo, mientras guiábamos a nuestra familia a través de las puertas de la iglesia.

Mientras nos sentábamos, mi joven hija se volvió hacia mí y me susurró:

–Lo que acaba de decir... bueno... él hizo lo que pudo, pero fue como regalarle a alguien un precioso regalo envuelto en una bolsa de papel marrón en lugar de un papel lindo con un moño arriba.

Pensé acerca de lo que Bethany, de 12 años, había dicho tan elocuentemente, y había acertado. Me sonreí al pensar en la forma en que ella lo había expresado. A menudo, el regalo más simple puede ser memorable cuando ha sido bien presentado. Una vez recibí una nidada de huevos, de parte de una amiga, que los había colocado en un colchoncito de paja en una vieja canasta. Ella se disculpó porque no tenía ninguna caja para huevos, pero la pequeña canasta lucía tan adorable... Era un regalo pequeño, pero se transformó en especial por la forma en que fue presentado. Es un regalo que nunca voy a olvidar.

Recuerdo otro regalo: era mi cumpleaños, y estábamos viviendo en los Estados Unidos, lejos de nuestro hogar. La vida, últimamente, había sido una lucha. Recientemente había abortado a nuestro primer hijo. Cuando llegué a casa desde el trabajo, había una caja hecha en forma artesanal, en el escalón de entrada, decorada con figuritas y cintas. Adentro había una rosca de masa con una vela de cumpleaños encima. Presentado hermosamente, era una delicia, otro regalo inolvidable. Estoy segura de que he recibido otros regalos para mi cumpleaños que costaron mucho más que una rosquita, pero 16 años más tarde los he olvidado, y solo permanece la rosca, envuelta en el papel de seda de mis recuerdos.

Nuestras palabras son especiales. Pueden construir o tirar abajo. Podemos decir cosas simples y envolverlas de tal manera que se vuelvan hermosas, memorables y animadoras, o podemos empacarlas en un una bolsa marrón y atarlas con alambre de púa, de modo que se vuelvan sin atractivo y hasta hirientes.

Padre, ayúdame a envolver mis palabras que tú me des hoy de tal manera que puedan dar ánimo a otros y embellecer sus vidas. Amén.

KAREN HOLFORD

El autor del amor

Jehová se manifestó a mí hace ya mucho tiempo, diciendo: Con amor eterno te he amado; por tanto, te prolongué mi misericordia. Jeremías 31:3.

ACABÁBAMOS DE TERMINAR el culto de la mañana, cuando mi nieto de 6 años, Cristóbal, dijo:

–Abuela, mi cumpleaños será dentro de un mes; pero estoy triste, porque te vas a ir después de mi cumpleaños de regreso a Florida. Te voy a extrañar.

Mientras hablábamos, Cristóbal decidió que yo no me debía ir hasta dos días después de su cumpleaños. Luego nos pusimos de acuerdo en que nos visitaríamos cada viernes de noche, por teléfono. Si uno de nosotros no se encontraba en casa, hablaríamos al día siguiente, al terminar la tarde. Cuando muchos kilómetros me separan de mi familia y mis amigos, cómo disfruto de las llamadas telefónicas, en lugar de los correos electrónicos. Prefiero escuchar sus voces que leer sus mensajes.

Qué gozo y bendición es tener el amor de nuestros hijos y nietos. Entonces pensé en nuestro Padre celestial, que nos ama tanto. ¿Lo amamos nosotros a él tanto como a nuestra familia terrenal? Así como anticipamos con alegría la visita o las conversaciones con nuestros hijos y nietos, y compartimos nuestro amor, cuánto más nuestro Padre celestial desea ser incluido en nuestras vidas. ¿Dedicamos tiempo para conversar con él y contarle cuánto lo amamos y extrañamos? ¿Anticipamos realmente con alegría su segunda venida?

Qué gozo le debe de proporcionar cuando comenzamos y terminamos cada día con él, en oración y lectura de su Palabra. Cuánto nos echará de menos cuando somos negligentes en nuestra comunicación con él. Qué deleite adicional deben significar nuestras oraciones cortas, que le enviamos durante el día. De esta forma, aprendemos a confiar en él nuestras vidas, ya sea que las cosas anden suaves o no.

Mi oración es que pueda mostrar continuamente a mi Padre celestial mi amor por él, así como se lo demuestro a mi familia terrenal. Entonces, en un futuro no tan distante, ¡tendré el privilegio de contarle a él, cara a cara, cuánto lo amo! Cuánto anhelará él también reunirnos a cada uno de nosotros con él para mostrarnos todas las cosas maravillosas que nos ha preparado. Ojalá que cada una de nosotras estemos planeando encontrarnos en aquella gran reunión, en aquel día maravilloso, cuando seremos reunidos con nuestros amados, para no separarnos nunca más.

PATRICIA MULRANEY KOVALSKI

15 de febrero

Una bolsa de cereales dulces

Todos ellos comieron pan de ángeles; Dios les envió comida hasta saciarlos.
Salmo 78:25, NVI.

EL ENORME CAMIÓN DE MUDANZAS acababa de salir de nuestra entrada para autos, cuando mi pequeña vecina de cabellos dorados vino corriendo atravesando el pasto.

–¡Adiós, Glenda-Mae! –ella expresó las palabras suavemente, tratando de no llorar–. Esto es para ti.

Sacando lo que tenía detrás, me alcanzó toda la artillería pesada de su corazón de 4 años: una bolsa con cereales dulces.

Tratando de esconder mis propias lágrimas, coloqué su toque de amor en mi cartera para conservarlos. Con su madre, entendimos su significado y nos conmovió. Cuando Lilly y sus padres se habían mudado a la casa vecina, ella tenía apenas 1 año. Sus padres la traían para visitarme por lo menos una vez a la semana. Era un encanto. Algunas veces me dejaba que la tuviera en mi falda para leerle. Otras veces, ella me leía a mí. Sus risitas eran mi deleite.

Temprano, una mañana, hace un tiempo, su madre me había llamado desesperada:

–Estoy todavía trabajando aquí en el hospital, y mi esposo tiene que salir a trabajar; ¿podría cuidar a Lilly hasta que regrese a casa?

Minutos más tarde, el padre depositó suavemente a su bebé dormida en mi cama todavía deshecha y salió apurado.

Me preocupaba que la pequeña niña se despertara gritando cuando descubriera que se encontraba en un lugar poco familiar, pero ella simplemente se despertó y sonrió cuando la besó el sol de la mañana.

–Plato –pidió ella, al ver el desayuno, y le traje uno de plástico.

–Cuchara –sus indicaciones eran mínimas.

–Leche –fue su último pedido.

Mientras masticaba el cereal que Lilly me había regalado, en mi vuelo al día siguiente, pensé en una frase que escribió C. S. Lewis: "Los placeres puros y espontáneos son 'ases de la luz de Dios' en los bosques de nuestra experiencia" (*Cartas a Malcolm: Principalmente sobre oración,* p. 91). Supe que había experimentado su luz a través de Lilly aquella tarde. Por un segundo imaginé lo que los hijos de Israel debieron de haber experimentado cuando probaron por primera vez el maná. El texto de hoy subraya la experiencia a través de los ojos de David: pan de ángeles.

Qué podía hacer, sino agradecer a Dios por mostrarme, por medio de una niña de 4 años, modelo de la generosidad de los ángeles, ¡las bendiciones de dar, lo que trae el mayor gozo!

GLENDA-MAE GREENE

¡Vete de aquí, tía!

En lo que a mí toca, he aquí estoy en vuestras manos; haced de mí como mejor y más recto os parezca. Jeremías 26:14.

AMO A MI SOBRINA DE 2 AÑOS, Rezeile. Sin embargo, como vivo y trabajo en otro continente, la veo solamente una o dos veces al año. Esto no favorece una buena relación sobrina-tía. Aunque hubo momentos en que yo pensé que le caía bien. Cuandofuera que hablara con mi madre por teléfono, Rezeile tomaba el auricular y me hablaba. Hasta me cantaba una o dos canciones.

Entonces, con mi esposo, tuvimos la oportunidad de permanecer con ellos por unos pocos meses. Las primeras dos semanas fueron días de lisonja y dulces charlas con Rezeile, para ganármela. Tuve solamente un éxito remoto.

Me hubiera gustado sostener sus preciosas manos chiquitas, y llevarla a dar un paseo o acunarla y ponerla a dormir, pero ella me contestaba con desaire:

–Vete de aquí, tía.

Deseaba trenzar y arreglar su largo cabello. Pero, tan pronto como le preguntaba si me permitiría hacerlo, su respuesta era:

–Vete de aquí, tía.

Era un rechazo infantil, pero me causaba una frustración considerable.

Entonces, ¡fue en uno de esos días extraordinarios que sucedió lo tan anhelado! Estábamos solas con Rezeile en la casa. No había nadie más para preparar su comida, peinar su cabello o sacarla a caminar por el patio para alimentar a los pollitos. Me permitió que le tomara la mano, y caminamos por el sendero cantando "Vamos a caminar hoy". ¡Me estaba divirtiendo!

Hay veces cuando me rehúso a tomarme de las manos que me extiende mi Padre celestial, cuando él sabe que las necesito. Me vuelvo autosuficiente o confío más en mi propia fuerza. Escucho a otras personas para recibir consejos en lugar de ir a su Palabra. Sin embargo, cuando todas estas cosas no dan resultado, me someto con precaución a las órdenes de mi Padre. A pesar de esto, él se emociona por mi acción y me perdona voluntariamente por mi testarudez infantil.

Hoy, Padre, estoy en tus manos para que hagas conmigo lo que pienses que es bueno y correcto. Te amo y deseo conocerte. Me sentiría tan satisfecha si pudiéramos salir a caminar juntos hoy, tomados de la mano.

MERCY M. FERRER

17 de febrero

Más que una suposición

Pues aun vuestros cabellos están todos contados. Mateo 10:30.

ENSEÑO EN SEGUNDO GRADO. Uno de los capítulos del libro de matemáticas introducía el concepto de calcular grupos de objetos, como ser porotos o bloques. También comenzamos a aprender acerca del valor según el lugar de ubicación de los dígitos. Mientras hacía pasar por el aula una bolsa con pequeños bloques, le pedí a mi clase que calculara cuántos bloques había en la bolsa. Y, les recordé que calcular o estimar no es nada más que una buena suposición. Los observé pacientemente mientras la bolsa pasaba de un pequeño par de manos al otro; algunos alumnos luchaban con la tentación de contarlos. Cuando todos hubieron terminado de escribir su cálculo, y los bloques estaban desparramados y contados, descubrimos que eran 103. Nadie había podido suponer el número exacto, pero un alumno había llegado cerca. Para los niños de segundo grado, la idea de que han estado equivocados, aunque no fuera más que en una suposición, puede ser muy frustrante. Una alumna trató, sin éxito, de borrar su cálculo, escribir el número correcto y reclamar que ella había hecho el cálculo perfecto.

Al observar cómo se desarrollaba esta clase, pensé en mi Padre celestial, quien conoce el número exacto de cabellos en mi cabeza. Él no tiene que calcularlo o suponerlo. Él no necesita suponer lo que es mejor para mí. Él siempre lo sabe. Como adultos, nos parecemos a veces a mis alumnos de segundo grado. Tratamos de hacer las cosas a nuestra manera, y a menudo nos sentimos frustrados cuando no salen exactamente bien. Sin embargo, siempre podemos ir a Dios, confiar en él y saber lo que es mejor para nosotros. Somos incapaces, con nuestras limitaciones finitas, de saber exactamente qué hacer, y no debiéramos permitir que eso nos desaliente. Debemos pedirle a Dios que nos conceda la madurez espiritual necesaria para poseer una fe constante y para confiar en él.

Cuando vamos a Dios, la suposición o la apariencia están más que prácticamente o virtualmente eliminadas. Desaparecen totalmente, no existen por completo; es un factor que ni siquiera necesita preocuparnos. ¿No es esto maravilloso?

Señor, dame la fuerza para buscarte siempre para todas mis necesidades y la sabiduría para confiar siempre en tu conocimiento, y guía en mi vida.

SHARON M. THOMAS

18 de febrero

La creación de Dios

Y vio Dios todo lo que había hecho y he aquí, era bueno en gran manera. Génesis 1:31.

EL VIENTO ESTÁ FUERTE y ruidoso hoy, mientras camino pesadamente sobre el hielo y la nieve, utilizando un palo de esquí para mantener el equilibrio. Los pedazos de hielo golpean el suelo como pedazos de vidrio roto, y caen masas de nieve sobre el camino. El sol ha salido después de más de un día de tormenta. Hemos tenido nieve, hielo, lluvia y viento. Uno sólo puede mirar con admiración lo que han producido estas conglomeraciones, y sabemos que viajar por los alrededores puede ser inseguro o precario.

El sol está tratando de ayudarnos, pero vivimos en una tierra de muchos árboles, aquí en Maine. Así que, no puede encontrar un camino rápido a través de las ramas de las coníferas que se hamacan en lo alto, para poder derretir el hielo y la nieve de nuestro camino. Les doy una mirada a las calles, y en realidad veo algunos lugares limpios, donde el sol encontró una abertura para brillar. Nosotros somos pacientes y sabemos que después de mucho sol la tierra debajo de las sombras de las ramas, finalmente, se entibiará, y se derretirá la nieve de los caminos de acceso a la casa.

Regreso adentro y disfruto de mi almuerzo, observando a los pájaros en nuestros comederos para aves. Hasta el Sr. y la Sra. Cardenales han venido hoy, moteando la nieve blanca con rojos brillantes. Observo a mi gata perezosa, parada frente a las puertas de vidrio, espiando a nuestro contingente de ardillas. Ellas la ignoran, aunque la gata parece estar diciendo: "¿Por qué no vienen donde está muy tibio? Hasta tenemos frazadas eléctricas que usa mi gente, algunas veces". Ellas la miran sin interés y están contentas en la nieve, vestidas en sus hermosos abrigos de piel de invierno. La gata se va silenciosamente, y la siguiente vez que la veo está en la cama, debajo de las frazadas, su lugar en los días fríos de invierno, acurrucándose.

Yo también bostezo y murmuro algo acerca de una siesta en este clima, y me dirijo en puntas de pies para unirme a la gata.

De la tormenta resultó una belleza prístina. Casi todas las cosas estaban cubiertas con hielo o nieve, resplandeciendo debajo del sol como preciosas joyas desparramadas. La naturaleza de Dios es tan hermosa... sea invierno o verano. El invierno es como un fresco comienzo que Dios nos concede con su maravillosa gracia. La nieve es tan blanca como se pueda imaginar, y esa es la forma en que nuestro corazón puede estar si aceptamos la oferta de perdón y arrepentimiento. Nuestro Dios es tan grande... y dondequiera que vivamos existe belleza que él ha planeado y hecho para nosotros, sus hijos.

DESSA WEISZ HARDIN

19 de febrero

Una noche en la estación Nandyal

Di a los hijos de Israel que marchen. Éxodo 14:15.

CERCA DE LA MEDIANOCHE, llegamos a la estación de Nandyal, un pequeño pueblo en un área de la jungla pobremente poblada, en la línea férrea entre Bangalore y Vishakhapatnam, en la costa de Andhra, India. Me desperté cuando el tren se detuvo para la parada de diez minutos ya programada. Miré a través de la ventana para observar dónde estábamos, y entonces me di vuelta y seguí durmiendo.

Una hora más tarde, me desperté para encontrar que no nos habíamos movido. *"Debe de ser un problema de la máquina"*, pensé, y me volví a dormir. Un par de horas más tarde me desperté otra vez, y todavía estábamos en Nandyal. Me volví a dormir.

A las 6, estábamos todavía en Nandyal. Imposibilitada de seguir durmiendo, saqué mi Biblia y mi diario, para hacer mi devoción matinal. Este viaje en tren era una parábola de la vida. La máquina para mi jornada de la vida es mi voluntad. Es mi voluntad la que me lleva hacia adelante o, si funciona mal, permite que me detenga. Anoté las muchas cosas que pueden detenernos en nuestro deseo de movernos hacia adelante en nuestro viaje de la vida: la muerte de un ser amado, frustraciones en nuestras relaciones con los demás, enfermedad, desastres naturales, retrocesos financieros, etc.

Mientras esperaba allí sentada en la estación de Nandyal, la lección me pareció tan clara, de que se necesitaba hacer algo con la máquina. Es nuestra elección enganchar la máquina de nuestra voluntad y escoger movernos hacia adelante. Muchas paradas, en la vida, son inevitables, pero no necesitamos permanecer inmóviles. Por la gracia de Dios, él puede ayudarnos a elegir seguir avanzando.

Alrededor de este punto de mi meditación, el tren comenzó a avanzar. Fue recién cuando nos acercábamos a la siguiente estación que nos llegó la información de que no era un problema con la máquina, en absoluto. Extremistas del "Grupo de gente de guerra" habían explotado la máquina de un tren con mercancías y un edificio de la estación del ferrocarril en el siguiente pueblo. ¡Esa era la razón por la que los soldados estaban toda la noche protegiendo nuestro tren! Y la razón para el retraso. No había sido en absoluto la culpa de nuestra máquina. El camino no había estado despejado, pero ahora sí lo estaba, y podíamos seguir hacia adelante.

Algunas veces tenemos que esperar un tiempo, pero tarde o temprano Dios nos dice, como le dijo a Moisés frente al Mar Rojo: "Está bien ahora. El camino está despejado. Enciende tu máquina. Sigue avanzando".

DOROTHY EATON WATTS

20 de febrero

Unidad en la diversidad

¡Vean qué bueno y agradable es que los hermanos vivan unidos!
Salmo 133:1, DHH.

VENÍAN DE MUNDOS MUY diferentes, aunque ambos habían nacido en los Estados Unidos. Él era el más joven de una familia armoniosa de 19 hijos. Ella era la tercera hija y la primera nena de 6 hijos. Su madre había muerto cuando él tenía solo 14 años, y su padre gobernaba a la familia con una mano de hierro. El padre de ella había abandonado el hogar (para no regresar nunca), cuando ella tenía 5 años, y su madre sola había luchado para mantener unida a la familia.

Se conocieron durante los últimos años de la adolescencia, cuando ambos eran estudiantes en el mismo colegio. Él se sintió atraído a ella por su trabajo ético y sus maneras frugales. Ella había tenido la esperanza de continuar sus estudios y quizá llegar a ser una enfermera o hasta una médica. Sin embargo, unieron sus vidas en matrimonio cuando ella contaba solamente con 18 años, dando fin con esto a su educación formal. Tenían un buen fundamento, porque estaban unidos en su amor por Dios y su determinación de servirlo dondequiera que los guiara.

Cuatro hijos vinieron para bendecir su hogar. Él continuó su educación superior, mientras ella cuidaba de la familia y luchaba con una salud pobre. Esto ocurría durante los años de la Depresión, y la presión de sostener a la familia fue demasiado. A poco de recibir su título superior, él discontinuó sus estudios. La música era muy importante en sus vidas, y ella a menudo cantaba mientras realizaba sus tareas hogareñas. Él daba clases de órgano y piano.

Ella era una cocinera de *gourmet*, y nunca perdía la oportunidad de asistir a una clase de cocina, para perfeccionarse en sus habilidades, compartiendo alimentos con su familia y amigos. Algunas veces él desaparecía en el jardín o en el sótano mientras ella entretenía a las visitas.

Viajar era una de sus grandes alegrías, especialmente durante sus años maduros. Algunas veces, dejaba su cama de enferma, cuando se enteraba de la posibilidad de un viaje; parecía ser un elemento sanador para ella.

Durante sus últimos años, ella quedó completamente ciega y él era muy sordo, pero se habían dedicado el uno al otro durante más de 74 años. Yo me casé con su segundo hijo, y por casi 40 años observé a esta pareja.

Gracias, Padre, por los ejemplos vivientes de unidad en la diversidad. Enséñanos a ser amantes y a aceptar a los demás, aun cuando ellos sean diferentes de nosotros.

BETTY J. ADAMS

21 de febrero

Heridas desapercibidas

Respondiendo Jesús, les dijo: Los que están sanos no tienen necesidad de médico, sino los enfermos. Lucas 5:31.

EN MI DEPARTAMENTO de trabajo en la biblioteca, la gente siempre se está lastimando las manos. Nosotros colocamos tiras de metal en los lomos cuando preparamos los libros para colocarlos en los estantes de la biblioteca. Las tiras conectan la alarma de nuestro sistema de seguridad, si alguien trata de robar un libro. Son filosas, y es fácil cortarse con ellas.

Cuando estaba haciendo un chequeo en la computadora de algunos libros que un compañero de trabajo había procesado, no me sorprendí cuando noté sangre en un par de libros. Me ensució todas las manos, y tuve que lavar las tapas del libro y desinfectar mis manos. Yo pensé que el problema estaba resuelto.

Mientras devolvía los libros a la mujer que los había procesado, noté más sangre en las tapas del libro. Lavé los libros y mis manos otra vez.

–¿Te cortaste cuando pusiste las tiras en el libro? –le pregunté a ella–. Sigo encontrando sangre en los libros, y no sé de dónde sale.

Ella realizó una rápida inspección de sus manos, pero no estaba cortada. Entonces, cuando examinó mis manos, encontró el problema: una pequeña herida en una de las yemas de mis dedos estaba sangrando.

La herida era tan pequeña que no la había sentido y ni siquiera la podía ver; sin embargo, dejó salir una buena cantidad de sangre antes de que la encontrara y de que aplicara presión sobre ella para hacerla detener. Si me hubiera dado cuenta antes de que estaba herida, no se habría hecho un desastre tan grande para limpiar.

Es suficientemente fácil, para mí, recurrir al Señor cuando estoy pasando por dificultades. Aun la gente que nunca pisa la iglesia, repentinamente comienza a orar cuando se siente impotente para resolver los problemas; volverse a un poder más alto surge naturalmente.

Pero, cuando nos va bien, cuando está brillando el sol y todo está bien con el mundo, puede suceder que ni siquiera nos demos cuenta de que estamos sangrando silenciosamente de heridas desapercibidas. Mi necesidad de Dios es constante, en los tiempos buenos y en los malos. Él conoce lo que estoy atravesando. Él es el gran Médico, que puede sanar todas las heridas que los demás no pueden ni siquiera ver. Reconocer mis propias necesidades es el primer paso para llegar a ser todo lo que puedo ser.

GINA LEE

22 de febrero

Ahora es el tiempo

¡Ya es tiempo de buscar al Señor! Oseas 10:12.

–¡PERO NO LO QUIERO HACER AHORA! –Melisa estaba arrellanada en el sofá, con un escarbadientes en su boca, y acariciando al gato con indiferencia–. Puedo escribir el informe después. Tengo muuucho tiempo. (Mi joven amiga arrastró la palabra.)

A su edad todos pensamos que tenemos tiempo más que suficiente. Ahora nos preguntamos cómo se pasó tan rápido. Entonces, dije en voz alta:

–Hoy se nos han dado 86.400 segundos.

Sus ojos se volvieron para mirarme, interesada pero evasiva.

–¿Cuántos segundos te quedan antes de ir a la cama?

Seguí yo. Casi podía ver los engranajes de su mente girando. Melisa salió corriendo para buscar la calculadora. El sonido de su voz se acentuaba con el zumbido ocasional de la calculadora.

–Si cuento de medianoche a medianoche y la hora de ir a la cama es a las 22, eso me deja dos horas, y me quedan 7.200 segundos hoy –anunció, obviamente complacida con su habilidad para resolver problemas.

¿Cómo podía explicarle el principio de hacer primero las cosas más importantes, de no postergar hasta mañana lo que se puede hacer hoy?

–¿Cuánto puedes hacer de tu informe en 7.000 segundos? –le pregunté.

Más zumbidos de la calculadora, aunque yo no tenía ni idea de que números estaba marcando. Melisa vino a la cocina y envolvió su creciente "yo" en la banqueta alta.

–Probablemente la mitad –respondió con honestidad; así que, continuó con picardía–; estoy esperando para que me señales que pueden aparecer algunas oportunidades más interesantes mañana o pasado, y si tengo terminada la mitad de mi trabajo, podría aprovechar . . .

Su voz se apagó, mientras yo estallaba de risa. Melisa se dirigió al estudio sonriendo. Ella lo había adivinado sola y había hecho su decisión.

Me dejé caer en el sillón y alcancé una revista; entonces, cambié de idea. Había un par de cosas que necesitaba hacer ahora. Y, por lo menos, una de ellas tenía que ver con mi vida espiritual.

"Mas buscad primeramente el reino de Dios y su justicia, y todas estas cosas os serán añadidas. Así que, no os afanéis por el día de mañana, porque el día de mañana traerá su afán. Basta a cada día su propio mal" (Mat. 6:33, 34).

ARLENE TAYLOR

23 de febrero

Las apariencias pueden engañar

Respondiendo Jesús, les dijo: Mirad que nadie os engañe. Mateo 24:4.

MIENTRAS ESTABA VISITANDO a una amiga muy querida que estaba muy enferma en su hogar, noté una hoja de una hermosa planta de cheflera, en el piso. La hoja parecía como si tuviera todo el potencial para crecer; todavía lucía muy verde.

Repentinamente, me gustó la planta de cheflera y quise tener una. Con este deseo en mente, decidí levantar la hoja y llevarla a casa para plantarla, esperando que algún día pudiera tener una planta. Sin pensarlo dos veces, me dirigí hacia la hoja.

Recién me desperté cuando recogí la hoja y la palpé. ¡Era artificial! Esa hoja, de un verde vivo, era dura, de plástico; y por supuesto, también lo era la planta. No podía creer en mi sentido del tacto, porque la hoja parecía muy real. El pensamiento de tener una planta de cheflera se desvaneció de mi mente completamente.

Aquella experiencia me enseñó una lección importante: no es siempre conveniente desear lo que tienen otras personas, porque lo que nos parece real, puede ser artificial.

Muchas de nosotras tenemos el hábito de desear las cosas que tienen otras personas, porque nos gusta lo que vemos. A menudo deseamos cosas que realmente no necesitamos, pero actuamos como si no pudiéramos vivir sin ellas.

Queremos el mismo estilo de ropa que visten otras, y la misma clase de comida que ellas comen. Y ¿saben qué más deseamos algunas de nosotras? Deseamos la misma clase de música que ellas cantan, los mismos autos, casa, muebles, ropas y plantas.

Debemos ser muy cuidadosas con ese hábito, porque podríamos desilusionarnos después de que consigamos esas cosas. Es más, Dios puede no desear que las obtengamos.

Existe un viejo adagio: "No todo lo que brilla es oro".

Padre Dios, por favor motívame a desear todas las cosas que tú tienes, porque tú eres real y verdadero. En realidad, todo lo tuyo es precioso.

CECELIA LEWIS

24 de febrero

Mi siervo sordo

Habla Señor que tu siervo oye. 1 Samuel 3:10.

–¡OH, MIRA! –LO IMAGINO A DIOS señalando un punto en el mapa del universo.

Los ángeles, en el cielo, se acercan para ver qué es lo que él está observando con tanto interés.

–Sally J. dijo su oración, y estábamos por hablar, pero se fue apurada por vivir su vida sin escuchar mi parte de la conversación. Cuando yo le contesté, deseando tanto darle un consejo, ella estaba escuchando la radio.

La multitud se tranquiliza mientras él habla, esperando sus siguientes palabras.

–A ella le pareció que me había escuchado, pero era un canto que le decía que hiciera lo que quisiera.

Los querubines celestiales sacuden sus cabezas. Ellos conocen la voz de Dios tan íntimamente, tan de corazón, que las señales nunca se les mezclan, nunca pierden un mensaje.

–Más tarde le hablé otra vez, cuando pensé que estaría dispuesta a escuchar, pero está tan preocupada por la representación de su hija en la escuela, que no pude alcanzarla.

Los oyentes intercambian miradas de entendimiento, comunicándose sin palabras.

–Esta sierva mía, Sally, tiene mucho amor, pero necesita dirección. Depende de una lista diaria que hace sin consultarme. Le podría ahorrar tiempo y energía.

Su voz amorosa capta la atención de todos en el cielo; sin embargo, de alguna manera esta insignificante humana es muy preciosa al corazón de Dios.

–Ella es así también con su familia. Los ama mucho. Todas sus esperanzas son que sus hijos me amen –les sigue diciendo–, y desea que ellos vivan sus vidas aceptando mi dirección.

Dios guarda silencio, mientras los ángeles consideran las acciones conflictivas de su hija.

–¿No es esto como una . . . una . . .? –se apaga como buscando las palabras correctas para continuar.

Un querubín que pasa por allí, con un cachorro juguetón, aporta su opinión sugiriendo:

–¿Una madre sola?

Dios sonríe. Su amor emana atravesando el cielo, directamente a Pueblo Pequeño, Planeta Tierra, y directamente al corazón de Sally.

SALLY J. AKEN-LINKE

25 de febrero

Cara a cara

Mas entonces veremos cara a cara. 1 Corintios 13:12.

MIENTRAS JIM MATHER SE DESPLOMABA apáticamente en una silla en mi oficina, observé su registro y noté que estaba experimentando malestares múltiples, variados y más bien indefinidos, indicadores de depresión. Y parecía denotar desánimo y angustia mientras lo inquiría en relación con su bienestar.

–Bueno, yo no sé –murmuró casi tétricamente.

Se abocó a describir el disgusto y el dolor que sentía por los incidentes destructivos y molestos que ocurrían regularmente en nuestra área.

–No le encuentro sentido a todo esto –murmuró–. No sé que hacer con todo eso; me temo que solo se empeorará.

–¿Piensas que esto podría estar diciéndonos algo Jim? –le pregunté, y continué diciendo que antes de la venida de Jesús habría problemas en esta tierra.

–Algunas veces yo me pregunto si él no está aquí ahora –interrumpió.

Yo le respondí diciendo que Jesús nos dijo que él vendría y que todo ojo lo podría ver.

–¿Verlo a él en realidad? Hummmm –se quedó pensando Jim.

Mientras completaba mi tarea, le aseguré a Jim lo que las Escrituras dicen. Sí, Jesús vendrá, y nosotros lo veremos cara a cara. Entonces le pregunté cómo le parecía que sería mirar el rostro de Jesús.

–¿Usted realmente piensa que será cara a cara? –inquirió Jim–. ¡Cara a cara! Eso es algo acerca de lo cual necesito pensar.

El rostro de Jim parecía haberse suavizado un poquito, como para irradiar algo de calor y entusiasmo. Se levantó para salir, tomó mi mano y exclamó:

–¡Cara a cara! Gracias. Este es un buen día, ¡un día maravilloso!

Para Jim y para mí, este fue realmente un buen día. ¿Cómo será el rostro de Jesús? Los discípulos tuvieron un vistazo en la transfiguración (Mat. 17:2). ¡Brillaba como el sol! Daniel lo contempló en visión (Dan. 10:6) y dijo que era como un relámpago, y sus "ojos como antorchas de fuego". Jacob vio a Dios cara a cara, y fue librada su alma (Gén. 32:30).

Las Escrituras y mi pobre imaginación me proveen un cuadro de un rostro del que emana calor, consuelo, hospitalidad y generoso amor. Está alerta, activo y vigorizante; él es el Creador. El cuadro que mayor deleite me proporciona es el de un rostro luminoso con indescriptible gozo cuando el pecado, la pena y la muerte se desvanezcan para siempre del universo.

¡Ver a Jesús cara a cara! ¡La gloriosa adquisición de eterno gozo!

LOIS E. JOHANNES

26 de febrero

Oración de una mujer sola

Te haré entender, y te enseñaré el camino en que debes andar; sobre ti fijaré mis ojos. Salmo 32:8.

"¡ESTÁ BIEN SEÑOR, HAZLO COMO quieras! Por años había orado para encontrar el compañero correcto. Pero tu plan, para mí, es que permanezca soltera y que me dedique a ser una profesional, ¿correcto? Si esa es tu voluntad para mi vida, la aceptaré y estaré contenta".

Después de aquella oración, le pedí ayuda al Señor para permanecer alegre y feliz en mi soltería. Dejé de orar por un compañero y me reconcilié con el pensamiento de permanecer sola por el resto de mi vida. Cuando llegué a la conclusión de que el plan de Dios para mi vida era que fuera una profesional y no una ama de casa o madre, enfrenté cada día convencida de que permanecería sola, y estaba decidida a hacer lo mejor.

Sin embargo, Dios tenía otro plan; ¡una sorpresa! Los tiempos de Dios no siempre son los nuestros. Cuando llegó su tiempo correcto, una compañera de trabajo me presentó a quien había sido su compañera de habitación durante un viaje que ambas habían realizado a Tierra Santa. Ella me invitó a su casa un fin de semana. Convenientemente, ella también invitó a cierto joven y nos presentó. Disfrutamos de la comida juntos, mientras compartíamos momentos en compañía. Luego de haber conversado con este joven, con el que teníamos edades cercanas, descubrí que proveníamos de trasfondos culturales semejantes. Continuamos viéndonos y descubrimos que nuestros gustos, las cosas que nos desagradaban y nuestros valores eran semejantes en la mayoría de los casos.

Luego de haber estado de novios por varios meses, me preguntó:

–¿Te gustaría planear una boda para las vacaciones de Navidad?

–Posiblemente el fin de semana de Acción de Gracias sería mejor –contesté luego de pensarlo un poco. En el mes de noviembre es menos posible que haya nieve y caminos congelados que en diciembre. Esto facilitaría mi mudanza a tu hogar con menos dificultades, ¿No te parece?

Como mi futuro esposo era profesor, las vacaciones de Navidad o del Día de Acción de Gracias eran las únicas opciones para una boda durante el año escolar. Concordamos en que el Día de Acción de Gracias sería el mejor para nuestro casamiento. Y, mientras escribo esto, ya hemos gozado cerca de 33 años de compañía mutua.

Gracias, Señor, porque siempre nos guías, diriges, y me enseñas a confiar completamente en que tú conduces mi vida. Por favor, ayuda a cada lectora a encontrar la misma seguridad y completa paz en ti.

NATHALIE LADNER-BISCHOFF

27 de febrero

Viaje a una tierra extraña

Porque no nos ha dado Dios espíritu de cobardía, sino de poder, de amor y de dominio propio. 2 Timoteo 1:7.

VALIENTEMENTE, ME HABÍA ANIMADO a hacer el viaje sola. Los otros misioneros que estaban hospedados donde me encontraba en esta corta vacación saldrían más tarde, pero yo estaba ansiosa por ver aquello por lo cual había venido, mientras tuviera tiempo.

Oré pidiendo la protección de Dios, y subí al minibus local, con los pasajeros locales. El chofer me permitió sentar al frente, para sacar fotos con mi pequeña cámara. Su bondad me permitió sentirme más segura. La gente parecía amigable. Yo tenía una tarjeta de presentación para el lugar en el que permanecería; era para mi seguridad y comodidad. Me dieron la bienvenida con amabilidad.

Apenas llegué, salí a caminar un poco. Me habían dicho que comprara una de sus hermosas gorras, generalmente hechas a mano por las mujeres locales. Entonces, cuando llegué a un pequeño negocio, compré una y gozosa me la puse para seguir por el sendero.

Fui saludada por gente amable a lo largo de todo el camino; ¡no es muy común que ellos vean a una norteamericana! Un grupo de cinco mujeres se me acercaron, todas luciendo sus gorros coloridos hechos a mano. Se detuvieron, me miraron y sonrieron, hablando entre ellas, señalando hacia la gorra que tenía puesta y sacudiendo sus cabezas negativamente. Me saqué la gorra para estudiarla y, en su lugar, cada una de ellas me probó su propia gorra y se alejaban para conseguir la aprobación de su grupo.

Finalmente, entre todas se pusieron de acuerdo acerca de cuál era la mejor para mí, al dármela, y me dieron a entender que era mía. Yo estaba asombrada y les ofrecí la que había comprado, pero ellas sacudieron sus cabezas. ¡No la querían, porque no estaba bien hecha! Riendo, todas disfrutamos del momento de comprensión mientras se despedían y seguían por su camino

Alegremente, admiré mi hermoso gorro Unza, hecho a mano con sus puntadas pequeñas multicolores de corazones y flores que cubren toda la copa del gorro. Todavía lo tengo.

Aprendí a amar a aquella gente en un corto día, y todos mis temores y ansiedades se desvanecieron. Me llevé muchos recuerdos preciosos de los Unzas, incluyendo la seguridad del cuidado de Dios y del amor sin temor de la simple gente rural en un lugar lejano, que comparte el amor de Dios.

Querido Dios, manténnos humildes, compartiendo tu amor sin temor.

BESSIE SIEMENS LOBSIEN

Mi primer encuentro con un ciervo

El ángel de Jehová acampa alrededor de los que le temen, y los defiende.
Salmo 34:7.

ERA UN DÍA EXUBERANTE para la estación de invierno. Mientras salía de la oficina para caminar hasta mi auto, una brisa tibia, suave, soplaba en mi rostro; era renovador después de haber estado encerrada en mi oficina por diez horas. Disfruté cada momento de aquel raro día de invierno.

Como el clima estaba tan lindo, decidí hacer mis compras de provisiones aquella noche. Me subí al auto y me dirigí hacia el negocio. Para entonces, se estaba oscureciendo más; y, mientras manejaba feliz por el camino principal, repentinamente vi a un ciervo frente a mi auto. En una fracción de segundo, otro ciervo lo siguió. Yo estaba viajando a, por lo menos, 65 km por hora, así que no pude frenar a tiempo. Escuché un tremendo golpe en el frente de mi auto y supe que había golpeado al ciervo y que mi auto estaría abollado. Inmediatamente miré por el espejo retrovisor para ver si el ciervo estaba tirado en el camino, pero no se veía señal de ningún ciervo.

Aunque estaba conmovida, seguí manejando, orando para que mi auto no se rompiera. Tan pronto como entré en el estacionamiento del almacén, me bajé y revisé el frente de mi auto, esperando ver una gran abolladura. ¡Alabé a Dios cuando vi que no había ni siquiera un raspón! Supe que mi Dios había enviado a su ángel para protegernos de aquel ciervo tanto a mí como al auto.

He escuchado de muchos incidentes con ciervos, que han ocasionado muchísimos daños en los autos y hasta daños corporales. Es imposible estar preparados para un encuentro con un ciervo, porque pueden saltar instantáneamente frente al auto. Nuestra única seguridad está en nuestro Padre celestial.

Yo siempre oro antes de salir a manejar, y esto ha llegado a ser un hábito con mi familia. Nosotros siempre agradecemos a Dios cuando regresamos a casa con seguridad. Dios nos a dado la seguridad de que enviará a sus ángeles para protegernos en todo momento. Esto me recuerda el texto de hoy. Siempre podemos estar seguras de que Dios nos protege, no importa lo que suceda.

Padre celestial, que envías a los ángeles para rodearnos, tú me has librado. Gracias. Guía y bendice a cada una de nosotras en este día; este es un día de promesas, pero no sabemos lo que pueda cruzarse en nuestro sendero. Por favor, permanece muy cerca de mí.

STELLA THOMAS

1° de marzo

En medio de la tormenta

No temas, porque yo estoy contigo; no desmayes, porque yo soy tu Dios que te esfuerzo; siempre te ayudaré, siempre te sustentaré con la diestra de mi justicia. Isaías 41:10.

NUNCA OLVIDARÉ LA LLAMADA. La había estado esperando todo el día. Así que, cuando la enfermera, por medio del teléfono, me preguntó si había alguien que pudiera sentarse conmigo cuando me diera las noticias, supe que se habían concretado mis peores temores.

–Querido, los resultados del test están listos –le comuniqué a mi marido–. Tengo cáncer de pecho, nivel 2. Te hablo más tarde. Adiós.

Las nubes tormentosas se alzaban. Le siguieron un vaciamiento de ganglios y una mastectomía. Las células de cáncer se habían diseminado a mis ganglios linfáticos. Pero las oleadas se volvieron más duras mientras enfrentaba la siguiente fase; quimioterapia. Me dio vuelta la vida durante seis semanas. Y allí fue adonde, en el ojo de mi tormenta, conocí a mi Mejor Amigo. Cuando el enojo, la debilidad y las náuseas parecían sobrepasarme, pude sentir sus brazos alrededor de mí y escuchar su susurro: "Esta es sólo una prueba. Todo va a salir bien. Caminaré a tu lado".

Una hermana de iglesia fue conmigo a un grupo de apoyo para sobrevivientes de cáncer de pecho. Allí aprendí que no estaba sola. Las mujeres fueron suaves, pero no regresé. Los informes de las devastaciones que estaba experimentando en sus hogares: infidelidad, divorcio, abuso doméstico, hijos desobedientes, me resultaron tan tóxicos como cualquiera de mis medicinas. Mi situación era tan diferente en casa... Mi esposo, desde hace 17 años, me sostuvo mucho, un verdadero testimonio de nuestro voto de fidelidad matrimonial "en la enfermedad y en la salud". Y yo tenía un Mejor Amigo.

Pero mi historia no termina aquí. Cuatro años más tarde, sentí un dolor insoportable en mi pecho. ¿Tendría una metástasis del cáncer? Necesitaba saberlo. Descubrí que, en lugar de eso, me habían tratado con el medicamento equivocado. Ahora tengo dos problemas más: fallas congestivas de corazón y diabetes. Estaba petrificada por el pensamiento de la diabetes, la enfermedad que le había robado la vista a mi madre. Solo pude orar: "Señor, si esto es necesario para llevarme más cerca de ti, dame las fuerzas".

Con un nuevo régimen de bienestar, me concentré en permanecer libre de preocupación, cuidando mi dieta, caminando y orando con mi Mejor Amigo durante una hora cada mañana. Cuatro meses más tarde, yo tenía un CT Scan. No había problemas. Hubo regocijo en mi comunidad de oración, ¡Habíamos superado la tormenta con mi Mejor Amigo a mi lado!

MONICA JACKSON

Él es mi refugio

Aunque ande en valle de sombra de muerte, no temeré mal alguno, porque tú estarás conmigo. Salmo 23:4.

YO SÉ LO QUE ES la depresión, la que te retuerce los intestinos y cuyos síntomas son tan numerosos y severos que sientes temor de morir.

Contaba con 42 años cuando experimenté esos primeros ataques de pánico. Pensando que era una secuela de la histerectomía que me habían practicado a los 37 años, recurrí a mi ginecólogo, que me puso en un programa de tratamiento con hormonas y píldoras para los nervios. Pero mi salud continuaba deteriorándose, hasta que finalmente toqué fondo y fluctué en esa prisión por casi 10 años. Durante este tiempo, me fue imposible salir de compras a los negocios o los supermercados, y si quedaba atrapada en un embotellamiento de tránsito, eso me dejaba al borde de un nuevo colapso.

Con el tiempo, me enclaustré en casa. Nadie podía venir a mi hogar, ni siquiera mis propios hijos; tampoco podía viajar los pocos kilómetros necesarios para visitarlos. Cuando algunos amigos pasaron una noche por allí, salí rápido por la puerta de atrás, mientras ellos llegaban al frente. Ni siquiera podía tolerar a mis dos nietecitos, a los que adoraba. Cuando vinieron un día, escapé para encontrar refugio enroscándome como una pelota en la esquina de un galponcito que teníamos en nuestra granja.

Hubiera dado cualquier cosa por una buena noche de descanso; en su lugar, me paseaba por la habitación, noche tras noche, o me sentaba en la oscuridad en mi sillón. Dándome cuenta de que apenas valía la pena vivir así como estaba, pero sin considerar nunca una posibilidad de otra alternativa, descarté a mi médico y me aferré al Señor, el Gran Médico.

Seleccioné versículos especiales de la Biblia, y los repetía una y otra vez. El Padrenuestro y el Salmo 91 se encontraban entre mis textos favoritos; llegaron a ser mi esperanza y mi sostén.

Entonces descubrí que tenía un desequilibrio químico, precipitado por una dieta extremista que había seguido por muchos meses. Cuando experimenté las señales de anorexia, y no pude comer más, clamé al Señor y él me escuchó. Con una nueva dieta (esta vez para reconstruir mi organismo enfermo y no para bajar de peso), menos todo el azúcar y los alimentos azucarados que había consumido por tanto tiempo; gradualmente me transformé en una nueva persona. Hoy, estoy en una mejor condición física y emocional que cuando me encontraba entre los 42 y los 52 años, y le doy a Dios la gloria.

"Me hizo bien haber sido afligido, porque así llegué a conocer tus decretos" (Sal. 119:71, NVI).

CLAREEN COLCLESSER

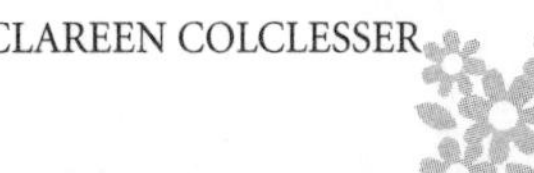

3 de marzo

Las alfombras perfectas

Reconócelo en todos tus caminos, y él enderezará tus veredas". Proverbios 3:6.

MI QUERIDA AMIGA ETTA había estado viviendo con sus padres, en su hogar, hasta que fallecieron. Era una hogar muy pequeño y humilde, pero todos eran bienvenidos allí, y ella generalmente tenía muchos invitados los sábados, aunque tuviera sólo una fuente de legumbres para compartir. Todos, en su pequeño pueblo, habían sido afectados por su amor.

Ahora Etta estaba sola y con una entrada fija que no le permitía ningún margen para lo que no fuera esencial. No solamente se encontraba con una entrada fija pobre; ella padecía de osteoporosis, así que su salud no le permitía hacer muchas cosas. La vieja casa necesitaba arreglos, pero no tenía fondos para hacerlo. La familia de la iglesia de Etta decidió que se debía hacer algo para ayudarla.

Un día, cuando Etta había decidido visitar a su hija en un Estado vecino, fue el momento en que su familia de la iglesia aprovechó para ponerse a trabajar. Pintaron su casita, por dentro y por fuera; arreglaron los pisos; remodelaron totalmente su cocina con nuevos armarios, nuevas mesadas de formica, y nuevos pisos plásticos. Dejaron una carga de leña para la estufa, como para todo el invierno, toda cortada y acomodada en su depósito de leña. Además, cosecharon y guardaron todos los productos de su quinta en el sótano. Cuando Etta regresó a casa, se sintió conmovida.

Cuando la llamé por casualidad, aquella noche, a 650 km de distancia, me contó toda la historia. Me sentí emocionada, y nos regocijamos juntas.

–Hay una sola cosa que me intranquiliza –le dije–. Me hubiera gustado poder ser parte de todo esto. Me siento tan excluida –entonces le pregunté–: ¿tienes alfombras para la cocina? Me gustaría obsequiártelas.

Ella me contestó que no tenía, pero que le vendrían bien dos; una para la puerta y otra para poner justo debajo de la pileta. Así que, le dije que necesitaba saber los colores que combinarían con su cocina.

En lugar de decirme los colores, ella se rió y dijo:

–No te voy a decir mis colores. Tan solo voy a permitir que el Señor te guíe en tu compra de esas alfombras, y yo sé que serán perfectas.

Me sentí un poco intimidada por esto, pero con toda seguridad, cuando fui a comprarlas, me sentí totalmente impresionada a comprar dos alfombras determinadas, las que despaché pronto por correo.

–Son perfectas –me dijo cuando tuve noticias de ella.

El Señor me mostró cuáles comprar. ¡Alabado sea su nombre! Él cuida de cada pequeño detalle que nos concierne.

ANNA MAY RADKE WATERS

Estamos seguras en sus manos

Mis ovejas oyen mi voz, y yo las conozco, y me siguen, y yo les doy vida eterna; y no perecerán jamás, ni nadie las arrebatará de mi mano. Mi Padre que me las dio, es mayor que todos, y nadie las puede arrebatar de la mano de mi Padre. Juan 10:27-29.

"QUERIDO JESÚS, SENTIMOS TANTO que no hayamos podido hacer el culto esta mañana, pero estoy contenta de que a pesar de eso tú nos recibes. Por favor, guárdanos en tus manos hoy, porque todo lo que está en tus manos está seguro de todo peligro". Mientras terminaba de orar en el auto, me ajusté el cinturón de seguridad y retrocedí para salir, y fui por mi camino con mis dos hijos adolescentes. Estaba llevando a mi hijo, Deneil, a las clases de la escuela secundaria y a mi hija, Deidre, a las clases en la universidad en la que trabajo. Luego de manejar por alrededor de tres minutos, escuchamos un sonido muy fuerte y una sacudida atemorizadora mientras nos cruzábamos con un auto que iba en la dirección opuesta. Supe que había sucedido algo, pero no sabía qué. Me detuve, como también el otro automóvil.

Mientras el otro auto retrocedía hacia mí, noté que faltaba uno de mis espejos laterales. El sostén para el espejo estaba todavía en su lugar, pero el espejo había desaparecido. Inmediatamente llegué a la conclusión de que el espejo lateral del otro automóvil había chocado con el mío y que seguramente se había caído y quebrado en el camino.

Cuando el otro conductor finalmente me alcanzó, me explicó que en su esfuerzo por no golpear a dos peatones, parecía que se había corrido demasiado cerca de mi auto. Le contesté que me alegraba que no había golpeado a los peatones y que no se preocupara por el espejo; que conseguiría otro.

Cuando me preparaba para seguir manejando, mi hija miró hacia abajo y dijo:

–Mami, tu espejo está aquí, a mis pies.

Yo no lo podía creer.

Mi auto es pequeño, un vehículo de dos puertas. El espejo había volado pasando al lado de mi hijo que se encontraba en la butaca delantera, y había caído a los pies de mi hija, en el asiento de atrás; no estaba roto, astillado o rayado; tampoco había lastimado a nadie aquel vidrio, mientras pasaba volando por donde se encontraban mis dos preciosos hijos.

Me detuve junto al camino, paré el auto, y agradecimos a Dios por guardarnos en sus manos. Todo lo que está en las manos de Dios está realmente seguro.

JACKIE HOPE HOSHING-CLARKE

5 de marzo

El tren que perdí

¡He aquí yo vengo pronto! Bienaventurado el que guarda las palabras de la profecía de este libro. Apocalipsis 22:7

FUIMOS EN EL AUTO HASTA LA ESTACIÓN, donde tomamos el tren para ir al trabajo cada mañana. Cuando estacionamos, la hora en el reloj de la radio decía 6:52. Yo sabía que el reloj estaba dos minutos adelantado, así que le dije a mi esposo:

–Son las 6:50, en realidad.

Como el tren llega y lo abordamos exactamente a las 6:55 cada mañana; calculé que me quedaban cinco minutos, dos minutos para pasar por el baño, un minuto para pasar mi tarjeta de paso por el molinete y dos de sobra para esperar el tren.

Luego de atender mis necesidades físicas, pasé despreocupadamente por el molinete. Entonces, me paré para mirar. El tren estaba en la estación, cerrando sus puertas y comenzando a andar. ¡Me estaba dejando atrás!

¿Qué había sucedido? Había calculado mi estrategia hasta el minuto. Evidentemente, este tren había llegado más temprano justo en la mañana en que yo necesitaba que cumpliera su horario. Fui dejada atrás por causa del cambio.

Mientras pasaba por el molinete y lentamente caminaba por el corredor para esperar el siguiente tren, comencé a hablar conmigo misma: "De esta misma forma va a ser cuando el Hijo del Hombre aparezca en las nubes", murmuré.

Algunos de nosotros hemos esperado y esperado por tanto tiempo, que pensamos que todavía tenemos tiempo. Pensamos que tenemos todos los eventos calculados, pero "el Hijo del Hombre vendrá a la hora que no penséis" (Mat. 24:44). Nos podría sorprender y encontrarnos sin estar preparados.

"Oh Señor, esta experiencia ha sido una lección seria para mí esta mañana. Debo estar lista y preparada en todo momento. No quiero correr el riesgo de perder el 'tren celestial' ".

"Pero el día del Señor vendrá como ladrón en la noche; en el cual los cielos pasarán con grande estruendo, y los elementos ardiendo serán deshechos, y la tierra y las obras que en ella hay serán quemadas. Puesto que todas estas cosas han de ser deshechas, ¡cómo no debéis vosotros andar en seria y piadosa manera de vivir! (2 Ped. 3:10, 11).

DARLEEN E. SIMMONDS

La elección de Alex

Escogeos hoy a quién sirváis; . . . Pero yo y mi casa serviremos a Jehová.
Josué 24:15.

A NUESTRO NIETO DE 8 AÑOS, Alex, pocas cosas le gustan más que pasar un fin de semana en la casa de su papá, en la costa oeste de Florida. Su otro par de abuelos, con quienes reside Alex, vive en el centro del Estado, donde no tiene ningún lugar cercano para pescar. En la casa de su papá puede tirar una línea para pescar desde el patio de atrás.

Conociendo esto, y sabiendo que su papá es su persona favorita, me sorprendí mucho recientemente cuando él se estuvo debatiendo acerca de si realmente quería o no ir para la visita planificada. Él expresó que había un carnaval en la ciudad, y que realmente le gustaría asistir. Entonces, le sugerí:

–Bueno, puedes ir a la casa de tu papá en otro momento.

–Yo quiero ver a mi papá de verdad, pero también quiero ir al carnaval –me explicó sin poder ponerse de acuerdo.

Finalmente, cuando tuve que determinar una respuesta, le pregunté:

–¿Qué es más importante para ti, ver a tu papá o ir al carnaval?

Inmediatamente respondió:

–Ver a mi papá.

Entonces le dije:

–Entonces esa es tu respuesta; el abuelo te va a llevar a lo de tu papá.

Habiendo pasado la indecisión, reinó la paz.

El dilema de Alex no es muy diferente del nuestro. Por supuesto, deseamos estar con nuestro Padre celestial para siempre, pero algunas veces tenemos dificultades para hacer decisiones. Sabemos que ciertos cursos de acción o elección de actividades nos podrían apartar de nuestro Padre. Sin embargo, vacilamos. Podríamos decir: "Por esta vez no va a pasar nada", o podríamos decir: "No es problema sólo por esta vez". O, "En realidad no es tan malo". O hasta "Todos los demás lo hacen". O decidimos que nada se interpondrá entre nosotros y nuestro Padre, o jugaremos con las seducciones del mundo hasta que perderemos nuestro interés por las cosas espirituales.

Una de mis autoras favoritas, Elena G. de White, dice en *El ministerio de curación*: "Dios nos ha dado la facultad de elección; a nosotros nos toca ejercitarla. No podemos cambiar nuestros corazones ni dirigir nuestros pensamientos, impulsos y afectos... Pero sí podemos escoger el servir a Dios; podemos entregarle nuestra voluntad, y entonces él obrará en nosotros el querer y el hacer según su buena voluntad. Así, toda nuestra naturaleza se someterá a la dirección de Cristo" (p. 131).

DOROTHY WAINWRIGHT CAREY

7 de marzo

Lecciones de la mesa del almuerzo

Dad gracias a Dios en todo, porque esta es la voluntad de Dios para con vosotros en Cristo Jesús. 1 Tesalonicenses 5:18.

MIENTRAS ESTABA ALMORZANDO un día con algunas amigas, hablamos y nos reímos mucho acerca de nosotras mismas y de cómo los años nos han cambiado, a nosotras y nuestra perspectiva de la vida. Justo antes de irnos, una de ellas dijo que sus hijos habían venido a visitarla y que habían preparado una fiesta de cumpleaños para ella. Luego de la comida, se sentaron alrededor de ella y le preguntaron qué había aprendido durante sus 50 y pico de años. Nos contó que terminó siendo una sesión de alabanza acerca de cómo el Señor la había bendecido.

Me puse a pensar en lo que había aprendido en mis 63 años. Puedo decir que he aprendido muchas cosas. Mis lecciones incluyen las áreas académica, física, social, religiosa, económica y también la familiar, pero prefiero centrarme en Jesús y en cómo me ha bendecido. Jesús me ama con un amor incondicional, un amor eterno. Fue al Calvario por mí. Jesús puede resolver cualquier problema que tenga. Sabe lo que es mejor para mí. Aun cuando no se lo agradezca, continúa bendiciéndome. Si me equivoco al pedir, él perdona. Cuando prometo y fallo, me da otra oportunidad. Me sorprende en formas que nunca hubiera imaginado. Cada día en que me despierto, es un testimonio de sus bendiciones. Puedo leer mis meditaciones y la Biblia, y estudiar mis lecciones. Puedo asistir a la iglesia como una ciudadana libre.

Nunca pasé hambre, desnudez o desamparo. Y Dios me ha bendecido para hacer las cosas de las que gozo. Excepto por unos pocos "interludios intelectuales", que muchos de nosotros tenemos, todavía tengo una buena mente. Mi único hijo es independiente. Mi madre, de 87 años, todavía me reconoce. Mi tía, de casi 100 años, que todavía reconoce mi voz, puede mantener una buena conversación conmigo. Todavía disfruto de mi matrimonio después de 43 años junto a mi esposo. Mis parientes políticos, tías, sobrinos, sobrinas, primos y nietos, todos me muestran su amor de diversas maneras. Me siento bendecida al contar con amigas tan queridas. Son mis hermanas que han compartido los problemas de la vida, tristezas y alegrías conmigo.

Si Jesús me puede conceder todas las cosas, y aún más, no hay dudas de que él me ama. Así que, yo mostraré mi amor por él, a través de mi vida diaria, devolviéndole a otros algo de las bendiciones que he recibido. Una de mis más profundas lecciones que he aprendido es esta: Estoy todavía aquí porque Dios no ha terminado conmigo todavía. Nunca podré amarlo tanto como él me ama a mí.

MARIE H. SEARD

Aire de familia

Y creó Dios al hombre a su imagen, a imagen de Dios lo creó; varón y hembra los creó. Génesis 1:27.

ACABO DE VISITAR A LOS DOS miembros más jóvenes de la familia de mi iglesia, Josué y Ana Ashley, hermanos mellizos. Cuentan tan solo con 3 meses, pero han crecido tanto desde la primera vez que los vi en el hospital, cuando hacía únicamente 24 horas que habían nacido. Los mellizos fueron las personitas más pequeñas y preciosas que haya visto alguna vez en mi vida.

Ha sido tan lindo poder observar su progreso al pasar estos tres meses: pequeños brazos y piernas se han robustecido y fortalecido. Los rasgos faciales y las expresiones están más definidos. Sus pequeños ojos que parecen enfocarse en uno más y más. Estoy segura de que Ana, deliberadamente, volvió sus ojos hacia mí cuando la sostuve y le hablé esta mañana. Seis semanas atrás, pasé algún tiempo con ellos. A la siguiente semana, sus padres los trajeron a la iglesia por primera vez. Cuando levanté a Ana y le hablé, sus ojos se abrieron inmediatamente. Su mamá piensa que ella reconoció mi voz. La posibilidad de que eso sea una realidad a los 2 meses de edad y luego de unas pocas horas de interacción me produce un tremendo nudo en la garganta.

Recientemente han comenzado a sonreír, y hoy, cuando le estaba hablando a Josué, tenía hipo. Le venía un hipo, entonces sonreía, hipo, y otra dulce sonrisa. Era tan encantador, que nos cautivó totalmente por varios minutos, a sus padres y a mí.

Mientras conducía a casa, reflexioné en toda esta maravilla. Su mamá, Joelle, me ha contado algunas de las formas en que Josué y Ana se diferencian, aunque sean mellizos. Se trata de algo más que de quién se viste de rosado y quién de azul. Por ejemplo, es la pequeñita Ana, no su robusto hermano, quien emite un atrevido eructo cuando uno le palmea la espalda. Y es Josué el que se despierta y demanda que se le cambie el pañal, mientras que Ana sigue durmiendo plácidamente.

Me asombra cómo han sido sus propias pequeñas personas, cómo poseen sus personalidades distintivas, desde el mismo comienzo. Esto me hizo pensar que, si Dios se tomó todo el trabajo de hacernos a cada uno de nosotros tan totalmente únicos, tan especiales, no tenemos nada que hacer tratando de parecernos a ninguna otra persona. Jesús nunca siguió a la multitud; él siguió a su Padre. Me parece que eso es lo que debiéramos estar haciendo nosotras también.

TOYA MARIE KOCH

9 de marzo

La oración cambia el rostro

Entonces me invocaréis, y vendréis y oraréis a mí, y yo os oiré. Jeremías 29:12.

EL DÍA ANTERIOR al de mi bautismo, me di cuenta de que no le había dicho nada a mi esposo, que no compartía mis creencias espirituales, acerca de mi decisión. Mientras él permanecía leyendo en la cama, le dije:

–Tengo algo importante que decirte –me di cuenta, por su cara, que estaba esperando lo peor, y entonces le dije–: regresaré en diez minutos; no te duermas.

Entonces, llamé a mi madre y a mi hermana, y les pedí que oraran sin detenerse durante los próximos veinte minutos. Les transmití mis planes de contarle a mi esposo sobre mi decisión y que yo esperaba una reacción negativa de algún tipo, a juzgar por sus explosiones de ira sobre el siempre presente "conjunto de accesorios", como llamaba él a mis libros y revistas espirituales.

Su semblante era triste y nervioso mientras me sentaba en el borde de la cama.

–¿Qué quieres? –preguntó malhumorado.

Mientras yo le explicaba lo que había decidido hacer, repentinamente cambió su rostro, reflejando una sensación de paz, hasta de alivio, como si un problema o carga hubiera desaparecido, o como que la "gran bomba" no iba a explotar. Hasta exhaló un suspiro de alivio, y dijo:

–¡Oh!

Desde el momento en que había entrado nuevamente en la habitación, tuve una sensación de paz y tranquilidad. Supe que la habitación estaba llena con el Espíritu Santo, y sentí como si la presencia de los ángeles hubiera estado entibiando y llenando el aire.

Gracias a las oraciones de mi familia y a la mano guiadora de Dios, el corazón de mi esposo se suavizó, y se llenó con amor y bondad. Él no percibió la presencia de Dios, pero yo sí. Fue asombroso.

Esto es lo que sucedió, Dios. Tú obraste para que se produjera un cambio fenomenal. Eso es lo que puede hacer la oración. Fuiste fiel a tu Palabra una vez más.

VIDELLA MCCLELLAN

Mi jardín

Muéstrame, oh Jehová, tus caminos; enséñame tus sendas. Encamíname en tu verdad y enséname, porque tú eres el Dios de mi salvación; en ti he esperado todo el día. Salmo 25:4, 5.

HACER JARDÍN ES UNO de mis pasatiempos favoritos. Siempre estoy entusiasmada hasta de pensar en cómo se transformarán las nuevas semillas de flores o verduras que planto. Cuando los tulipanes o los jacintos brotan en primavera, me siento emocionada al contemplar la belleza que esos bulbos traen a los alrededores. La molestia de plantar, regar y limpiar las malezas queda olvidada.

Aunque tengo muchas plantas perennes en mi jardín, tengo un lugar reservado para flores anuales, porque gozo con el cambio de flores y colores, y con observar el crecimiento de las plantas mientras las riego día tras día. El año pasado, justo antes de que comenzara la estación del invierno, planté alrededor de doscientos cincuenta bulbos de tulipanes, y esta primavera estoy esperando ansiosa, imaginando cómo cubrirán de color mi jardín esos bulbos.

He aprendido muchas lecciones a través de mi experiencia de jardinería. Tomemos las malezas, por ejemplo. No se las necesita cuidar; prosperan en forma silvestre sin ningún cuidado. Tuve una maleza que crecía robustamente debajo de la ventana de mi habitación en el primer piso. No la arranqué porque quería saber hasta dónde crecería sin ningún cuidado. Esta pequeña maleza me sorprendió. Creció tan alta, que casi alcanzó el nivel de la ventana de la habitación del segundo piso. Además, luce verde y saludable, sin ningún riego o cuidado.

Nuestros corazones son nuestros jardines. Las malezas son las "pequeñas" imperfecciones o "hendiduras" en nuestras vidas. Las malezas pueden aparecer en la forma en que vemos a otros o en la importancia que nos damos a nosotras mismas. O podríamos volvernos un poquito juzgadoras en las actitudes que tenemos, o tener falta de voluntad para ayudar a otros. Puede mostrarse en nuestra indiferencia y falta de preocupación por las almas errantes. No importa lo que sean, necesitamos arrancarlas, porque pueden crecer y pronto nos será difícil poder controlarlas. Dios está allí para ayudarnos a perfeccionar nuestro carácter. Todo lo que tenemos que hacer es pedírselo.

Pueda nuestra oración ser la de David: "Muéstrame, oh Jehová, tus caminos; enséñame tus sendas. Encamíname en tu verdad y enséname, porque tú eres el Dios de mi salvación; en ti he esperado todo el día".

JEMIMA D. ORILLOSA

11 de marzo

Dios sabe

Que sea reconocida por sus buenas obras. 1 Timoteo 5:10, NVI.

¿HAS LUCHADO, ALGUNA VEZ, con el pensamiento de que debieras hacer algo especial por alguien? Te preguntas: "¿Por qué ha colocado el Señor a esta persona en mi corazón hoy?" Eso es lo que me sucedió a mí, y se trataba de una persona a la que apenas conocía.

Mi hijo, Robby, acababa de comenzar con clases de piano unos pocos meses antes, con una mujer que vivía un poco más abajo en nuestra calle. Luego de su clase de media hora, regresaba todo sonriente y traía una nota de la profesora diciéndome cuán bien estaba avanzando. Un martes, sin embargo, regresó a casa inmediatamente, con el mensaje de que su profesora de piano estaba enferma, muy enferma.

Conocía un poquito acerca de Jeanne. Trabajaba en una compañía de seguros, treinta y tantos años, estaba casada, tenía una hija de 15 años y estaba embarazada. Llegué a la conclusión de que estaría descompuesta por el embarazo. "*Voy a orar por ella*", pensé. Pero, mientras oraba, el Señor me impresionó para que le hiciera un regalo con un deseo de que se mejorara.

No tenía muchas reservas económicas en casa. Mi esposo se encontraba entre dos contratos, y estábamos cuidando los centavos. Sin embargo, encontré una canasta en desuso, y le coloqué una lata de sopa. La canasta permaneció allí por unos pocos días más. Cada vez que la miraba, el Señor me daba otra idea de lo que podía colocar adentro. Cuando llegó el martes, estaba rebalsando con sorpresas: un jabón para el cuerpo, un té de hierbas, un libro de oraciones, tarjetas para enviar mensajes y una tarjeta con deseos de que se mejorara.

Robby estaba feliz de llevar este regalo especial para Jeanne la noche de su clase. Cuando regresó, me dijo que a ella le había encantado el regalo y que tenía una nota en su carpeta para mí. Decía así: "Fue una atención muy agradable de su parte. La canasta es hermosa. Nuestra familia está pasando por una situación muy difícil en este momento. El martes pasado, perdimos a nuestro bebé. El viernes tuve hemorragia. Estoy bien, al menos físicamente. Gracias otra vez por sus oraciones y por recordarnos".

No había tenido idea del sufrimiento que estaba atravesando, pero el Señor lo sabía. Él utiliza a sus seguidores para cuidar a su rebaño.

¿No te unirás a mí en oración: "Señor, úsame hoy"?

KAREN PHILLIPS

La toalla frustrante

Porque yo sé los pensamientos que tengo acerca de vosotros, dice Jehová, pensamientos de paz, y no de mal, para daros el fin que esperáis. Entonces me invocaréis, y vendréis y oraréis a mí, y yo os oiré. Jeremías 29:11, 12.

EN UNO DE MIS VIAJES para dirigir el entrenamiento para un grupo de líderes de los Ministerios de la Familia, me sorprendió que no hubieran provisto toallas con la habitación. Así que, pasamos por un negocio para buscar una. No pude encontrar las de mi marca favorita, así que me decidí por una toalla de baño más grande de lo común, con un matiz hermoso de rosado y por un precio muy razonable. Luego de darme mi ducha aquella noche, la envolví alrededor de mi cuerpo. Era suave, y estaba llena de promesas. Pero, después de frotarla por mi cuerpo, ¡quedé tan mojada como antes! ¡Cuán frustrante! Esta toalla, grande y suave, con mi color favorito, no podía cumplir con su función práctica de secar el agua; algo que se esperaba que hiciera.

Tenía una toalla defectuosa; lucía tan hermosa y, sin embargo, resultaba totalmente inútil cuando llegó el momento de hacer la tarea para la que había sido diseñada. La toalla probablemente se parece mucho a la sal de la que habló Cristo en Mateo 5:13 "Vosotros sois la sal de la tierra; pero si la sal se desvaneciere, ¿con qué será salada? No sirve más para nada, sino para ser echada fuera y hollada por los hombres".

Los pocos versículos que siguen, tratan de otra analogía; de una lámpara que es encendida para que todos se puedan beneficiar con su iluminación. Las lámparas no se encienden para guardarlas. Piensa acerca del uso y las funciones. Como cristianos, ¿funcionamos para lo que fuimos diseñados? ¿Estamos dispuestos a ser utilizados por el Señor así como él lo desea? ¿O resultamos tan frustrantes como la toalla que rehusó secar el agua, la sal que perdió su sabor o la luz que se escondió de la vista?

Los cristianos, que sirven como embajadores de Cristo, necesitan tener una buena apariencia y lucir bien en el exterior, pero eso es sólo una pequeña parte. La pregunta más importante es la utilidad de cada individuo. Solamente cuando estamos dispuestos a entregar nuestras vidas al Espíritu Santo, permitiéndole que obre a través de nosotros, es que llegamos a ser testigos eficientes para él.

Al comienzo de cada día, haríamos bien en hacer una pausa por unos pocos momentos, antes de que comiencen los apresuramientos y las ocupaciones, a fin de pedir al Señor que nos use según su voluntad, para que podamos ser toallas absorbentes, sal salada y luces prominentes que brillarán para que otros puedan ver.

SALLY LAM-PHOON

13 de marzo

Buen trabajo, 'Lala

Permanezca el amor fraternal. Hebreos 13:1.

BARAKA Y MALALA ('LALA), mis dos nietos menores, constituyen una verdadera fuente de gozo para mí. Para darles un descanso a sus padres, los traemos para pasar la noche del sábado con nosotros. Ellos siempre están emocionados de venir a pasar un tiempo en la casa de Nana y Popy. Baraka, que tiene 5 años, es un muchachito típico, lleno de energía. 'Lala, mi nieta de 2 años, goza de corretear con él. Aunque me siento totalmente exhausta cuando los vienen a buscar el domingo de noche, los he gozado tanto que queda totalmente compensado.

Me encantan los abrazos y los besos que recibo de ellos, y los diferentes "¿Nana, qué...?" y "Nana, vamos a..." Me hacen sentir muy especial. En la última visita, antes de que mi yerno los dejara, pregunté si había que levantarla a 'Lala para ir al baño durante la noche. Él me dijo que normalmente ellos la llevan antes de ir a la cama y una vez alrededor de la 1 ó 2 de la madrugada. Luego de sus abrazos y besos, y el "te quiero" de despedida a su padre, Esteban se fue.

Durante las próximas horas, jugamos, merendamos y leímos una historia antes de ir a la cama. Pronto estuvieron bañados y tranquilos en sus camas. Los fui a ver, una y otra vez, para asegurarme de que estuvieran bien. Alrededor de las 2 de la madrugada, llevé a 'Lala al baño, y nuevamente a su cama. Entonces, alrededor de las 8 de la mañana, lo llevé a Baraka. Lo acosté de nuevo y le susurré que se quedara quieto, para no despertar a 'Lala. Durante la próxima media hora, la casa estuvo silenciosa, mientras mi esposo tenía que asistir a una reunión temprana en la iglesia. Me levanté para despedirlo. Después de desayunar, había planeado un viaje con los chicos para que ellos pudieran dar un paseo en calesita y en el tren, además de visitar el negocio de mascotas.

Pronto, después de que Popy se hubo ido, Baraka se presentó en la puerta de nuestra habitación;

–Nana, llevé a 'Lala al baño, y cuando terminó, le dije: "¡Buen trabajo, 'Lala!", y la puse de nuevo en la cama.

Lo felicité entusiastamente por ser un buen hermano. Me sentí emocionada de que él, a su edad tan temprana, estuviera cuidando de su hermanita.

Entonces, pensé acerca del cielo. ¡Qué gran encuentro tendremos cuando Cristo reúna a sus elegidos de la tierra! Pensé en el Gran Hermano que tenemos en Jesús, y cómo cuida de nosotros. No estoy segura, pero cuando él regrese, aunque él haya hecho toda la tarea y la provisión para nuestra salvación, creo que exclamará: "¡Buen trabajo!" Que todos estemos listos.

GLORIA J. STELLA FELDER

Consuelo en sus palabras

Dios es nuestro amparo y fortaleza, nuestro pronto auxilio en las tribulaciones. Salmo 46:1.

–MAMI, MAMI, TU DOCTORA está en el teléfono –me llamó mi hijo adolescente desde la siguiente habitación.

Me desperté de un sueño liviano y alcancé el receptor del teléfono.

–¿Ivonne? Te pido disculpas por llamarte tan tarde, pero es el mejor momento que tengo para comunicarme con mis pacientes.

Miré el reloj, y me di cuenta de que eran las 10:30pm.

–Recibí los resultados de los análisis –continuó–, y su muestra ginecológica dio positiva. Necesita regresar inmediatamente para proceder con más exámenes y análisis.

Sólo después de haber colgado me sentí anonadada por el significado de sus palabras. *¿Un resultado positivo? ¿Dijo realmente positivo?* Nunca antes había tenido un resultado de análisis ginecológico positivo. En realidad, nunca había estado enferma. Ahora, completamente despierta, mi mente cambió a otra dirección. *¿Qué sucedería si tenía cáncer? ¿Qué sucedería con mis hijos? ¿Qué sucedería con mis ancianos padres?*

Me dejé caer en la almohada y cerré mis ojos, pero el sueño no quería volver. Un golpe en la puerta, una vez más, activó mis pensamientos.

–Mamá, ¿estás bien? –me preguntó mi hijo, Darien–. No puedo dejar de preguntarme por qué llamó tu doctora.

Le aseguré que no era nada para preocuparse y le pedí que orara por mí. Darien se retiró de la habitación, y otra vez cerré mis ojos, esperando poder dormirme. Cuando se hizo obvio que no me vendría el sueño, encendí la luz, y le pedí al Señor que me diera algunas palabras de ánimo. Mientras ojeaba el Antiguo Testamento, mis dedos descansaron inmediatamente en los Salmos, donde leí Salmo 46:1. Meditando en esas palabras, cerré mis ojos y quedé profundamente dormida. No importaba lo que trajera la siguiente ronda de resultados, yo podía poner mi salud, mis hijos adolescentes y mis padres ancianos, a todo, bajo su cuidado.

¡Dios es realmente un Dios maravilloso! La siguiente ronda de análisis reveló una anormalidad que requería alguna cirugía, pero las cosas salieron bien. De esta pequeña experiencia, aprendí una de las mejores lecciones de mi vida. Él es realmente nuestra protección y fortaleza, y verdaderamente nos auxilia en momentos de tribulación.

Padre, gracias. Gracias por estar siempre allí para cada una de nosotras, cada día.

IVONNE LEONARD CURRY

15 de marzo

La pedicura

Y quitaré el corazón de piedra de en medio de su carne, y les daré un corazón de carne. Ezequiel 11:19.

DÉJENME QUE LES CUENTE acerca de mis pies. Estaban cubiertos con un montón de piel dura y de callos, una vista más bien fea de ver. Desdichadamente, cuanto peor se ponían, más reticente me sentía a pedir ayuda. Pero, finalmente decidí llamar a una pedicura.

Para romper el hielo le hice el chiste, a mi pedicura, de que yo no cuidaba de mis pies ¡porque no los podía alcanzar! Ella se rió y replicó:

–¡Para eso estoy aquí!

Primero remojó mis pies en una solución tibia suavizadora. Entonces, tomó mis pies en sus manos, y suavemente removió los callos y las capas de piel endurecida de mis talones. Recortó y suavizó los bordes afilados de mis uñas, que me estaban molestando y lastimando. Finalmente, les hizo un masaje con una crema hidratante. Mirándome hacia arriba, dijo sonriendo:

–¿Se siente mejor ahora?

–¡Oh, sí! –le respondí.

El trabajo de la pedicura me recuerda la obra de Jesús en mi vida. Ha habido veces de profundos problemas y de inhabilidad para hacer frente a ciertas situaciones, la necesidad de manejar algunos recuerdos muy dolorosos. Pero, más bien que recurrir a la Fuente de todo consuelo, la dejé de lado. Dejé de orar y de leer la Biblia. Se desarrollaron durezas alrededor de mi corazón. Cuanto más se endurecía mi corazón, más difícil era buscar ayuda. Como con mis pies, no me sentía capaz de hacerme cargo de ninguna cosa. Y entonces, así como la pedicura, Dios me dijo: "Para eso es que estoy aquí. Para suavizar tu dolor y aliviar las presiones". Primero, me sumergió en una solución suavizante: un versículo de las Escrituras que alguien leyó, una línea de un himno, un pensamiento en un sermón, y el ablandamiento comenzó. Entonces, tomó mi corazón y suavemente removió las capas de durezas. Me recortó y suavizó los bordes afilados que me habían causado tanto dolor. Me hizo un masaje y nutrió mi alma con el "bálsamo de Galaad" (ver Jer. 8:22). Entonces, me preguntó: "¿Te sientes mejor?"

–¡Oh, sí! –exclamé yo.

Lo maravilloso acerca de Jesús es que él está siempre disponible. Nos alcanza con tierna compasión. "Con amor eterno te he amado, por eso te sigo con fidelidad" (Jer. 31:3, NVI).

VALERIE FIDELIA

16 de marzo

Alas sobre mi cabeza

Vosotros visteis... cómo os tomé sobre alas de águilas, y os he traído a mí.
Éxodo 19:4.

EL CHOP, CHOP, CHOP de otro helicóptero más interrumpió mi concentración. Me maravillaba cuán a menudo pasaban sobre nuestro complejo para jubilados. Éramos nuevos en este pueblo tranquilo, compuesto mayormente por empleados de hospital y estudiantes de Medicina, con un número mayor que lo normal de jubilados. Vivíamos a una distancia fácil de caminar de tres hospitales, lo que explicaba los frecuentes viajes de helicópteros sobre nosotros. Estaban en camino a uno de los dos helipuertos, en el techo del centro médico cercano. Allí, el personal vestido de blanco acarrearía a pacientes gravemente enfermos o pacientes accidentados de todas las edades hasta adentro, donde lo esperaba el personal especializado. He observado aterrizar a estas "aves" que se remolineaban arriba del centro médico.

Aún, mientras escribo, escucho el aleteo de aspas por encima, y ofrezco una corta oración. Pero esta no ha sido siempre mi costumbre. Cuando llegamos aquí, hace unos pocos años, miraba a estos objetos voladores como invasores no bienvenidos del espacio exterior. No interrumpían tanto, pero no estaba acostumbrada a su sonido.

Pero, un día, algo habló a mi corazón. Quizá fue el Espíritu Santo. Repentinamente, comencé a darme cuenta de la urgencia de aquellas máquinas aladas de misericordia que atravesaban el cielo. "*Pero, por la gracia de Dios*", pensé, "*yo podría ser el paciente que pende entre la vida y la muerte*". Susurré una oración en favor de aquella persona.

Desde aquel día, he tomado el voto de permanecer en sintonía con el familiar zumbido de las aspas. Detengo lo que esté haciendo y envío una oración al cielo, para que la preciosa carga alcance a llegar al hospital a tiempo, donde el eficiente equipo de asistentes la estará esperando. Y, permanecer en sintonía con estos helicópteros voladores me ayuda a mantener fuerte mi propia relación con el Cielo.

Un día cercano, espero escuchar un sonido mucho más hermoso, un sonido seguro de capturar nuestra atención completa. Será el batir de alas de ángeles y una música que sobrepasa cualquier otra que hayan escuchado nuestros oídos. Entonces, gozo de todos los gozos, estos ángeles vestidos de blanco transportarán nuestra humanidad doliente y frágil a aquella nube gloriosa y viviente. Allí, nuestro Gran Médico nos dará la bienvenida, y por siempre seremos hechos completos. Pero, mantenernos en sintonía con el Cielo marca toda la diferencia.

LORRAINE HUDGINS-HIRSC5H

17 de marzo

Un pequeño niño los guiará

Si no os volvéis y os hacéis como niños, no entraréis en el reino de los cielos.
Mateo 18:3.

NUESTRO HIJO MENOR, su esposa y sus dos hijas, de 5 años y de 1 año, vinieron a vivir con nosotros por casi un año. Sarah, la mayor, a menudo nos acompañaba en nuestras caminatas. Ella había vivido la mayor parte de su vida en la ciudad, así que la llevábamos a dar paseos por el campo cercano. En una ocasión, paramos para observar una rana grande y verde en el pasto. Nos miró; entonces, con un poderoso salto, desapareció. Sarah estaba muy emocionada por poder ver eso. Otro día visitamos un arroyo cercano y vimos salmones saltando en su camino al suelo de desove. Pudimos explicarle a Sarah el ciclo de vida de los salmones. Su emoción era intensa, y no podía esperar a llegar a casa para contarles a sus padres lo que había visto. Los pájaros negros de alas rojas y los zorzales en el parque fueron igualmente importantes para Sarah, y siempre deseaba llegar a casa para contarle a alguien acerca de lo que había visto. Su entusiasmo era infeccioso, y comenzó a traer un nuevo discernimiento a sus abuelos. Hasta se entusiasmaba con las castañas que encontrábamos en el suelo, y le pudimos contar acerca del juego de niños que solíamos jugar con ellas cuando éramos chicos.

Me había olvidado, o quizá nunca me había dado cuenta cuando crié a mis propios hijos, cuánto entusiasmo puede poseer un niño. Me vino a la memoria el versículo: " Si no os volvéis y os hacéis como niños, no entraréis en el reino de los cielos". Siempre había pensado que eso significaba que debiéramos ser más humildes, más confiados, como lo es un niño. Ahora yo creo que el entusiasmo de un niño es lo que nos falta tan a menudo cuando nos volvemos adultos. Cuando descubro un nuevo tesoro en la Biblia, ¿me entusiasmo y me cuesta esperar para compartirlo con otros? ¿Deseo compartir con intenso entusiasmo la noticia más grande de todas con mi familia y mis amigos? Me temo que no. He aprendido mucho al tener a mis dos nietas viviendo con nosotros. Entiendo más claramente lo que Jesús quiso enseñar cuando nos dijo que necesitábamos parecernos más a los niños.

Dame el entusiasmo y la emoción de un niño por las cosas espirituales, Señor, es mi oración hoy.

RUTH LENNOX

18 de marzo

Confrontar las preguntas difíciles y prevalecer

¿Quién es ésta que sube del desierto, recostada sobre su amado? Cantares 8:5.

NO HE ESTADO ESCRIBIENDO NINGÚN material de meditación por casi un año y medio. La razón es que estoy trabajando en un libro secular. Yo creo que Dios desea que escriba; sin embargo, va en contra de todas mis ideas acerca de lo que quiero escribir para él. Tengo historias bíblicas para niños escritas a medias, desparramadas por toda la habitación, como también algunos estudios emocionantes sobre los eventos finales, en los que pensaba que mi Padre celestial estaría más interesado. Pero, aparentemente, antes de que pueda asentarme en una vida de escritos religiosos, él me ha hecho saber que este libro secular es para impedir que me olvide de dónde provengo. Es como el gadareno poseído por el demonio (Luc. 8:26-39). Luego de haber sido librado de su atadura, luego de haber sido sanado milagrosamente y restaurada su mente, el hombre deseaba ir con Jesús y viajar en su círculo religioso. Jesús le dijo que fuera de regreso a su hogar y que contara "cuán grandes cosas había hecho Jesús con él" (vers. 39).

Aún hoy, la vida de escritora religiosa parece apelar más que regresar y volver a recordar la degradación del pasado. Pienso en Dios como demasiado santo para pedirme que escriba un libro secular. ¿Estará obedeciendo uno a Dios, aunque otros no lo puedan comprender? Estas son las preguntas difíciles que enfrenté sola, mientras luchaba por comprender a Dios cuando él actuó en contra de mis percepciones.

El día llegó, sin embargo, cuando llegué a la página 100 del libro. Percibí la imposibilidad que había logrado; era un hito digno de celebrar. Pero, siendo que vivo sola y soy pobre, supe que nadie se sentiría orgulloso de mí, ni le importaría. La única fiesta que tendría sería una fiesta para dar lástima. Pero, esa tarde, una vecina musulmana, que se había enterado de que yo no me estaba sintiendo bien, pasó y me dejó un poco de dinero y una bolsa de mercaderías, incluyendo un litro y medio de helados, diciendo que había estado queriendo darme algo. Ella no sabía nada de mi libro o del hito de aquel día. Pero Dios lo sabía y decidió que era un motivo para festejar.

Después de disfrutar algo de helado salí para hacer compras; sólo Dios y yo sabíamos adónde estaríamos celebrando. Si había tenido alguna duda acerca de continuar con este libro, ahora se había disuelto. Me estuve sonriendo a mí misma todo el tiempo mientras recorría los negocios y susurraba gratitudes a él, en el ardor de nuestra nueva relación. Él es el amante Salvador de mi alma, y puede ser el tuyo también.

ALEAH IQBAL

19 de marzo

El buen samaritano

Por cuanto en mí ha puesto su amor, dice el Señor, yo también lo libraré; le pondré en alto, por cuanto ha conocido mi nombre. Salmo 91:14.

HABÍAMOS LLEGADO RECIENTEMENTE a nuestra segunda asignación misionera de alivio al necesitado, en Ulaanbaatar, Mongolia. Mientras regresábamos de una de nuestras caminatas vespertinas, mi esposo, Gerald, se resbaló en un pozo del sistema de agua caliente. En un instante, se hundió hasta la cintura. La tapa del hueco se había abierto y cerrado, golpeando la pierna justo debajo de la rodilla. Gerald se mantuvo a flote colocando sus manos en los dos bordes del agujero y pidiéndome que lo sostuviera por debajo de sus brazos, para impedir que se deslizara más abajo. Miré alrededor para pedir ayuda y noté a un hombre bien vestido unos pocos metros más adelante, que estaba parado al lado de su auto. Traté de llamar su atención, pero estaba mirando hacia otro lado. Por un instante se volvió en nuestra dirección, y yo moví mis manos, señalando que necesitaba ayuda. Con su ayuda, pudimos sacar a mi esposo afuera del hueco. Gerald tenía un desgarro horrible en su pierna, y la media y el zapato de su pie izquierdo estaban empapados en sangre.

El hombre, coreano, rápidamente evaluó la situación y se apresuró hacia el auto, regresando con un equipo de primeros auxilios. Sacó un paño estéril grande y vendó la herida. Él y su secretaria mongola, que sabían inglés, guiaron a Gerald hacia el auto del hombre, insistiendo en que ellos nos llevarían al hospital. La secretaria explicó nuestro problema al personal de guardia, y Gerald fue llevado inmediatamente a la sala de emergencias, donde le hicieron nueve puntos para cerrar la herida. Agradecí a Dios porque no tenía huesos quebrados. El buen samaritano y su secretaria esperaron en el hospital con nosotros, y entonces nos llevaron a casa.

Nos encontrábamos en un país extranjero sin saber el idioma. Aunque hubiera podido caminar de regreso a nuestro hogar, donde está localizada la oficina de la iglesia, no habría encontrado a nadie que nos pudiera ayudar. El personal ya se había ido ese día. La oficina de la misión estaba cerrada. Cada noche quedábamos solos en el edificio de tres pisos. Si el accidente hubiera sucedido unos pocos segundos más tarde, el buen samaritano y su secretaria ya habrían partido.

Dios, en su misericordia, proveyó la ayuda que necesitábamos en el momento adecuado y en el lugar adecuado. Gerald tiene una cicatriz justo debajo de la rodilla que nos recuerda el cuidado constante de Dios sobre sus hijos.

BIROL CHARLOTTE CHRISTO

20 de marzo

Perdonar y olvidar

Porque perdonaré la maldad de ellos, y no me acordaré más de su pecado. Jeremías 31:34.

LE DI UNA MIRADA A LA LISTA de invitados al seminario de primavera. Instantáneamente sentí una sensación de incomodidad. En la lista estaba el nombre de una colega con la que previamente había tenido algunos encuentros menos que amigables. Luego de muchos años de mal trato cubierto, y a menudo descubierto, había desarrollado un rechazo definido por el comportamiento de esta persona. En realidad, su comportamiento me había causado muchas noches de insomnio. Con el paso del tiempo, sin embargo, pensé que la había perdonado. No siempre se cumple que la ausencia hace que el corazón se ablande; ciertamente, no era realidad en este caso. Mi reacción me hizo caer en la cuenta de que no había completado la fórmula: perdonar y olvidar.

Recordé cuán duramente había tratado de resolver las cosas por mí misma. Creyendo que el amor conquista todo, había hecho un esfuerzo deliberado para mostrar amor, bondad y respeto en una forma práctica hacia esta persona. Nada había funcionado. Finalmente, había llegado a la conclusión de que esta era mi "cruz", que tenía que llevar. También había decidido dejar las cosas al cuidado de Dios. Parecía que Dios había estado esperando para que yo le entregara este problema a él, porque casi inmediatamente él había provisto alivio, más allá de lo que había pedido o esperado. En forma inesperada, mi colega había sido transferida a otra ciudad; por lo tanto, se había minimizado el contacto personal. Esto me había traído mucho alivio y paz mental. ¡Cuán bendito el Dios al que servimos! Ahora podía perdonar como también olvidar.

Pensé que había perdonado a mi colega; sin embargo, cada vez que nos encontrábamos, volvían a aparecer los viejos resentimientos. El problema, para mí, es poder olvidar, lo que inevitablemente debe acompañar al perdón. Yo sé que no puedo reclamar el perdón de Dios, a quien no puedo ver, si no estoy dispuesta a perdonar a una colega, a quien puedo ver.

Querido Señor, hoy te ruego que por favor tomes este, mi corazón no perdonador, y que me des un corazón como el tuyo, un corazón lleno de amor, compasión y perdón. Enséñame a no morar bajo las heridas insignificantes que puedan cruzarse en mi camino. Ayúdame a siempre tener en mente el precio último que fue pagado por ti. Te separaste a ti mismo de la Trinidad. Te uniste a la humanidad. Depusiste tu vida por mí, de modo que yo pudiera obtener el perdón de mis pecados. Gracias por la seguridad del perdón y también por tu promesa de olvidar mis pecados.

AVIS MAE RODNEY

21 de marzo

Decisiones desastrosas

Hay camino que parece derecho al hombre, pero su fin es camino de muerte. Proverbios 16:25.

ESTABA TERMINANDO LA TARDE y el sol se estaba hundiendo detrás de las montañas, así que pensamos que debíamos comenzar nuestro descenso antes de que se pusiera demasiado oscuro.

Caminando por las colinas detrás del pueblo bíblico de Berea, pronto nos dimos cuenta de que no sabíamos cómo encontrar nuestro camino de regreso. Decidimos buscar una pequeña corriente de agua que, sabíamos, finalmente nos guiaría afuera de esa área densamente boscosa y al pie de colinas más despejadas. Pero, ¿dónde estaba esa corriente?

Permanecimos en silencio y escuchamos, esperando poder oír el murmullo del agua contra las rocas. Pero, había completo silencio. Decidimos seguir un pequeño sendero, pero pronto llegamos a un lugar en el que se dividía. El sendero hacia la izquierda era un poquito más amplio y parecía más abierto que el de la derecha, que estaba medio cubierto con raíces y ortigas. Con mi esposo, elegimos el sendero de la izquierda; pero, sorprendentemente, el resto del grupo dobló hacia la derecha. Seguimos adelante, seguros de que el resto pronto tendría que regresar y seguirnos. En pocos momentos, sin embargo, perdimos tanto el contacto visible como el audible con ellos.

A medida que el sendero se volvía más angosto y cubierto, tuvimos que reconocer que no había forma en que pudiéramos seguir avanzando. Teníamos que regresar. Fatigados, retrocedimos nuestros pasos hasta donde los senderos se separaban, y tomamos el sendero de la derecha. Luego de resbalarnos y deslizarnos por la empinada inclinación, finalmente alcanzamos la corriente. Desde allí, el descenso fue relativamente fácil.

Esta experiencia simple me recordó las palabras del versículo de hoy. Si no hubiéramos regresado, habríamos estado perdidos en la oscuridad (sin suficiente ropa para soportar los rigores de una noche de marzo en la montaña), simplemente porque habíamos escogido el camino equivocado. El sendero que nos había parecido correcto a nosotros, era totalmente errado.

Es fácil cometer errores similares en nuestro caminar espiritual si no seguimos de cerca a nuestro Guía celestial. Las consecuencias son incomparablemente peores y pueden fácilmente resultar en nuestra muerte espiritual, a menos que nos demos cuenta de nuestro error a tiempo y retraigamos nuestros pasos. Aun cuando estemos enredados en las raíces del pecado, avanzando en la oscuridad sin el calor del amor de Jesús para protegernos, podríamos sentir que estamos en el camino correcto, "pero su fin es camino de muerte".

REVEL PAPAIOANNOU

La tranquila y suave voz

Y no quites de mí tu Santo Espíritu. Salmo 51:11.

COMENZÓ COMO CUALQUIER DÍA común para mí; mi devoción y agradecimiento a Dios, preparativos para el viaje de diez minutos hasta el trabajo, y entonces hacer el viaje. Y, como sucedía normalmente, el estrés comenzó desde temprano, por la cantidad de cosas que había para hacer.

Mientras me concentraba en una clase dialogada con mis alumnos, fui interrumpida por la joven y hermosa mujer criolla. Entró sin anunciarse, sin importarle que estaba ocupada. Tratando de esconder mi molestia, fruncí el ceño y la miré.

–Espero que tenga una buena razón para interrumpir –dije.

Cuando no me contestó inmediatamente, pensé: "*¿No se da cuenta de que estoy enseñando mi clase? Seguramente puede ver y oír bien*".

–Vine para buscar algunos de esos libros que usted me dio, profesora –dijo finalmente.

"*¿Libros? ¿Qué libros?*" Mi cara debió de haber estado pálida.

–Se titula *Hechos asombrosos* –continuó ella, ignorando mi expresión–. Mi profesora me permite leer los suyos, y yo deseo obtener copias propias.

Recordaba haber compartido algunos folletos con su profesora, que había sido mi suplente. Ella me habló de la bendición de alcanzar "semejante inspiración". Los dejó sobre el escritorio a la vista de sus alumnos y los había compartido cuando se lo solicitaban.

–Pase mañana para retirar los suyos –me escuché decir a mí misma.

Ella salió y continuamos con la clase hasta la hora del timbre para el almuerzo.

Sentada sola en mi escritorio, repasé la conversación con mi visitante.

"*Señor*", murmuré, "*¿por esto levanté el paquete de Amazing Facts* [Hechos asombrosos] *esta mañana mientras me dirigía hacia la puerta? ¿Me estabas hablando en tu voz tranquila y suave a fin de que estuviera preparada para compartir mi fe hoy?*" Pero yo lo volví a poner rápido en el estante cerca de mi cama.

"*No quites de mí tu Espíritu*", oré humillada. "*Dame otra oportunidad de escuchar tu dulce y suave voz*".

MARGARET B. LAWRENCE

23 de marzo

No afanarse

Mas buscad primeramente el reino de Dios y su justicia, y todas estas cosas os serán añadidas. Así que, no os afanéis por el día de mañana, porque el día de mañana traerá su afán. Basta a cada día su propio mal. Mateo 6:33, 34.

ME ENCONTRABA TRABAJANDO PARA UN banco bien conocido en Tulsa, Oklahoma, EE.UU., muchos años atrás, y estaba enfrentando una situación que sólo Dios podía manejar. Yo asistía a una iglesia diferente en aquel tiempo, y guardaba los días sagrados que se encuentran enumerados en Levítico 23.

Estaba comenzando la primavera, cuando comencé a pedir por el día octavo que necesitaría para observar la Fiesta de los Tabernáculos. A través de todo el año había hablado con mi supervisora, y ella me decía que no me permitiría tomar el día libre, pero que podría ser que me transfiriera a otro departamento. Yo hablaba con la gente a cargo del personal de tanto en tanto, e hice todo lo que podía. Alrededor de una semana antes, tenía que salir para la fiesta, y otra vez hablé con la encargada del personal, y se me dijo que si no me presentaba para trabajar el lunes, perdería el trabajo. Dejé su oficina muy desalentada, pero muy decidida a obedecer a Dios.

Era viernes, y mientras salía del trabajo, limpié mi escritorio porque estaría partiendo esa noche para la fiesta y yo sabía que no tendría un trabajo cuando regresara. Traté de no preocuparme acerca de lo que haría cuando regresara, pero debo admitir que me preocupé, porque era soltera y no tenía otro ingreso. Pero, decidí seguir a Dios en lo que creía.

Luego de regresar de la fiesta de ocho días, fui al banco para retirar mi último cheque. Asombrosamente, se me dio la oportunidad de entrevistarme para dos trabajos en los que se había producido una vacante mientras había estado ausente. Fui a casa, después de las entrevistas, para esperar una semana hasta que tomaran la decisión. Mientras tanto, estaba planeando salir a buscar trabajo. Pero, en una hora el banco me llamó y me ofreció uno de los trabajos. Tenía mejores horarios y mejor salario que en el trabajo previo. ¡Cuán asombroso el Dios al que servimos!

Desde ese momento, Dios me ha guiado a otra iglesia, y ahora soy un miembro bautizado desde hace tres años. Dios continúa bendiciendo y guiando. No necesitamos preocuparnos mientras coloquemos a Dios en primer lugar. Yo coloqué a Dios en primer lugar, con el conocimiento que tenía en aquel momento. Necesitamos una comprensión correcta de la Palabra de Dios; pero, aún más importante, debemos estar dispuestas a colocarlo a él en primer lugar.

DONNA COOK

24 de marzo

Dios me ayudó a encontrar trabajo

Dios es nuestro amparo y fortaleza, nuestro pronto auxilio en las tribulaciones. Salmo 46:1.

DIOS NUNCA HA PROMETIDO que las vidas de los cristianos estarán siempre libres de problemas. Pero parecía como si hubiéramos estado teniendo más de la cuenta cuando exactamente un año después del reemplazo de aorta de mi suegra, se le diagnosticó cáncer en tres áreas: un riñón, un pulmón y en su cerebro.

Con Carl, nos sentimos desechos. Durante el siguiente año, hasta su muerte, la enfermedad en gran medida dictaba nuestras vidas y horarios. Yo sabía que necesitaba estar más en casa, así que renuncié a algunas de mis clientas para las que limpiaba tiempo parcial. También dejé de empapelar y pintar. Me dediqué a cuidar a mamá desde la mañana temprano hasta que nuestra hija, Julie, regresaba a casa de la escuela en la tarde. Mi esposo, entonces, tomaba el turno de la noche solo.

Por haber tenido que disminuir mi carga de trabajo, nos sentimos afectados financieramente. "Señor" rogué, "yo necesito algo que pueda hacer mientras estoy aquí con mamá, o mientras Carl y Julie se encuentran en casa para cuidarla". Necesitamos unos $50 más por semana para cubrir nuestras necesidades.

Un día o dos después, divisé un anuncio en el diario. "Se necesita músico para una iglesia pequeña los domingos y para el coro los miércoles de noche". Llamé al número, y fui a la casa del pastor para una audición; tendría que tocar el piano, el órgano y cantar. El pastor Thompson y su esposa, Kathleen, me contrataron inmediatamente. El salario era de $30 por semana.

Un segundo anuncio decía: "Familia necesita alguien que les lave la ropa semanalmente. Pagará $1 por cada pieza planchada". Los llamé por teléfono, enterándome de que la familia se vestía mayormente con telas naturales y que podría ganar hasta $30 por semana almidonando y planchando sus ropas. Ellos me traerían la canasta de ropa, y la retirarían cuando estuviera lista.

Aunque la madre de Carl vivió solamente cinco meses más, el trabajo de lavandería me duró hasta que nos mudamos a un área diferente tres años más tarde.

Todavía sirvo como música en la iglesia metodista Augusta oeste. Dios no solamente nos ayudó con nuestras necesidades a corto plazo, sino también nos mostró que se interesa y cuida de nuestro bienestar a largo plazo. Todavía me siento agradecida por la maravillosa forma en que él contestó nuestras oraciones.

BONNIE MOYERS

25 de marzo

Transformada: ver como ve Cristo

Por tanto, nosotros todos, mirando a cara descubierta como en un espejo la gloria del Señor, somos transformados de gloria en gloria en la misma imagen, como por el Espíritu del Señor. 2 Corintios 3:18.

CON EL PROPÓSITO DE LLEGAR A SER todo lo que puedo en Cristo, estoy decidida a verme a mí misma como Cristo me ve; no solamente humana con todas mis fragilidades, sino también con todo mi potencial. Desarrollaré mi comprensión de lo que significa esto, y de cómo puede traducirse a la realidad.

Hoy, me veo a mí misma como fortalecida en mi voluntad y en mi deseo de hacer. Dios me concedió el poder de elección con el fin de utilizarlo para él. También me da vigor mental y emocional. Me muestra cada día el cuadro que él tiene de mi persona.

¿Qué es lo que pienso que él ve cuando me mira como a su propia hija? Soy autodisciplinada, y me ocupo de las cosas de cada día. Entonces, descanso al fin del día, sabiendo que lo que he hecho ha sido suficiente, que él se puede encargar de allí en adelante; igualmente estará despierto toda la noche.

Tengo un propósito; Dios me mantiene concentrada en lo que es más importante que se realice hoy. Mi tarea es colocar mi mano en la tarea y hacer lo mejor, siempre atenta a su dirección; así puedo responder a sus indicaciones.

Soy tranquila pero eficiente. El apuro me impide que escuche la voz de Dios. La eficiencia me hace efectiva; sin embargo, me da paz para hacer una pausa y escucharlo.

Algunas veces, me encuentro con una pequeña niña asustada en mi interior, que necesita consuelo y seguridad. Dios permite que me sienta así, para atraerme hacia él. Cuando siento las necesidades de una niña, me detengo y me siento en el refugio de los brazos de Dios, mirando hacia afuera a una tormenta amenazadora, sabiendo que estoy completamente segura en su abrazo. Sé que me acepta y me ama tal como soy. Después de todo, él me hizo, así que debió de haber querido a alguien tal como soy yo.

Fortalecida, autodisciplinada, con un propósito, tranquila, eficiente, amada. Ese es el cuadro que percibo que Dios me está mostrando hoy acerca de mí.

¿Qué piensas que Dios ve cuando te mira a ti, otra de sus hijas especiales?

Gracias, Señor, por tu amor glorioso y transformador.

RHONDA BOLTON

La sangre preciosa

La sangre de Jesucristo su Hijo nos limpia de todo pecado. 1 Juan 1:7
Para apacentar la iglesia del Señor, la cual él ganó por su propia sangre. Hechos 20:28

EL TELÉFONO PARECÍA SONAR con urgencia. Con una queja, levanté el receptor del teléfono, renuente a ser interrumpida en un viernes de noche. Era nuestro banco local de sangre, y la voz en el otro lado era amable pero muy persistente.

–Ha habido un accidente múltiple en la carretera, y necesitamos sangre ahora mismo. ¿Podrían venir con su esposo esta noche?

Cuando le dije que creía que no, ella rogó:

–Por favor, la sangre que ustedes den podría salvar una vida.

Miré a mi esposo, quien sonreía y asentía.

El banco de sangre se encontraba a unos pocos minutos de nuestra casa. Pronto estuvimos sentados en sillones reposeras; la enfermera ligó nuestros brazos y deslizó la aguja en la vena.

–No llevará mucho tiempo ahora –dijo con una sonrisa–. Después de una merienda y un jugo, podrán ira a casa.

Apoyé mi cabeza hacia atrás en la almohada, y le sonreí a mi esposo.

–Mira el cartel que está enfrente. Dice: "Done sangre, el regalo de vida".

–¿Recuerdas que, en Génesis 9:4, se le advirtió a la gente que no comiera la sangre de los animales porque la vida estaba en la sangre? –me preguntó Brett–. La sangre que gotea de nuestras venas en esas bolsas puede salvar una vida, pero la sangre que Cristo da salvará vidas, algo que nada de lo que podamos hacer nosotros mismos puede lograr. Esta noche pensábamos que estábamos demasiado ocupados para venir. A menudo pensamos que estamos muy ocupados para recibir la sangre dadora de vida de nuestro Salvador. En 1 Juan 1:7 dice que la sangre de Jesús nos limpia de nuestros pecados y en Hechos 20:28 que él nos compró con su sangre.

–La sangre es el don de la vida, ¿no es cierto? –le dije a mi esposo–. Pero, a menos que se reciba la sangre que ofrece el dador, la persona morirá. Así es con Cristo y nosotros. A menos que voluntariamente aceptemos su sangre dadora de vida para cubrir nuestros pecados, moriremos. Nada es más importante que la vida proveniente de Jesús.

–Algunas veces parece como si estuviéramos buscando de la misma manera que nos sucedió con el banco de sangre esta noche –contestó mi esposo sonriendo–. Pero él está siempre allí. Nunca nos deja o nos olvida. ¡Y nunca nos perderemos si mantenemos nuestros ojos en él!

CHERYL HURT

27 de marzo

Encuentros divinos

Sucedió que mientras hablaban y discutían entre sí, Jesús mismo se acercó, y caminaba con ellos. Lucas 24:15.

ERA UN ESPLÉNDIDO DOMINGO de Pascuas. Me pregunté si debía hacer nuestra caminata usual de tres kilómetros bordeando la acequia sola o si debía ir con mi esposo más tarde. Luego de una oración de un instante, para pedir que Dios me guiara, me sentí impelida a ir. Una profusión de colores primaverales invadió mis sentidos. Las aves estaban cantando sus melodías de apareamiento. La gran garza azul, los grandes airones, los brillantes jilgueros y los azulejos fueron algunas de las docenas de especies que contemplé mientras caminaba.

Sin embargo, esta historia en realidad comenzó cinco meses antes. Había estado caminando sola, y me sentí un poquito aprensiva cuando noté un auto con un solo ocupante estacionado al fin de mi caminata. Al inspeccionarlo más de cerca, vi a una mujer y oré para que Dios me permitiera hablar con ella. Sin embargo, se apresuró a salir de su auto y caminar por el sendero al lado de la corriente. Yo continué por el dique más arriba. Repentinamente, ella trepó por la pared casi vertical para caminar a mi lado.

Descubrimos que su madre y mi esposo, ambos tenían por delante cirugías de cadera. Ella había viajado más de 160 km para asegurarse de que su madre estuviera bien atendida. Cuando alcanzamos el final de la acequia, en lugar de regresar, ella continuó por mi vecindario. Me dijo que en la iglesia de su niñez no la animaban a leer la Biblia, pero que en años recientes se había sentido emocionada con el mensaje de la Palabra de Dios. En realidad, había estado sentada en su auto leyendo los Salmos cuando yo pasé caminando. ¡Cuánto alabé a Dios por darme la oportunidad de compartir mi vida y mi fe!

Ahora, cinco meses más tarde, estábamos en Pascuas, y mientras me aproximaba al fin de mi caminata, una mujer caminó ágilmente hasta mi lado. Cuando nos miramos, ella rebosaba de alegría, y me preguntó cómo estaba mi esposo. Inmediatamente supe que era Gretchen, la misma mujer que había conocido tantos meses antes. Nuestra conversación fue más breve, pero supe que Dios había arreglado este encuentro.

Jesús, puede ser que con Gretchen nunca nos encontremos otra vez en esta tierra, pero oro para que podamos continuar nuestro caminar contigo y entre nosotras en la Tierra Nueva. Por favor, manténme alerta a cualquier otra oportunidad para dar testimonio.

DONNA LEE SHARP

No una huérfana

Según nos escogió en él antes de la fundación del mundo, para que fuésemos santos y sin mancha delante de él, en amor habiéndonos predestinado para ser adoptados hijos suyos por medio de Jesucristo, según el puro afecto de su voluntad. Efesios 1:4, 5.

MI MADRE FALLECIÓ pacíficamente mientras dormía una mañana de domingo de Pascua. Había estado sufriendo una enfermedad cardíaca, y vivió con un corazón agrandado por casi diez años. Respirar, algo que normalmente hacemos sin pensar, llegó a serle tan penoso que a veces llegaba a dar bocanadas tratando de obtener aire. Durante su último año, los médicos nos dijeron que era una cuestión de tiempo; cuatro días, cuatro semanas, cuatro meses o cuatro años; y que necesitábamos prepararnos para lo inevitable. Vivimos con esa incertidumbre durante mucho tiempo, considerando cada día que pasábamos con mamá como una bendición. Cada mañana, llegó a ser una rutina diaria revisar si estaba respirando o no, y durante el día, si no escuchábamos su gemido a causa de su incomodidad, alguien corría escaleras arriba para revisar cómo estaba la abuela.

Finalmente, llegó el día temido, y mamá falleció pacíficamente mientras dormía en casa, en una mañana de domingo de Pascuas. Qué día glorioso para descansar en el Señor. En medio de todas las lágrimas, oraciones, risas, cantos y arreglos de funeral, me golpeó pensar que ahora yo era una huérfana. Mi padre había muerto once años antes, y mis abuelos lo habían precedido. ¿No es un huérfano alguien que no tiene madre, padre o apoderado legal? Bueno, decidí, ahora califico para huérfana. Mis padres estaban muertos ahora, lo que me transformó oficialmente en huérfana.

Con ese descubrimiento, comencé a sentirme de alguna manera perdida, abandonada y muy solitaria. Las palabras no pueden describir el vacío que sentí cuando mi madre no se encontraba más en mi entorno. Ella era mi compinche, mi confidente, mi compañera de compras, mi consejera y mi Roca de Gibraltar. ¿Qué haría sin ella? ¿Quién me diría que aminorara el paso, que tomara las cosas sin hacerme problemas, y que descansara y me relajara? Al considerar esta pérdida mayúscula, un pasaje de las Escrituras me vino a la mente, permitiéndome recordar que no estoy ni sola ni soy huérfana, porque pertenezco a Dios: "Sino que habéis recibido el espíritu de adopción, por el cual clamamos ¡Abba, Padre!" (Rom. 8:15). Qué gozo llenó mi corazón saber que mi Padre celestial me escogió, y que le pertenezco. Él te escogió a ti, también. No estamos solas. ¡Estoy muy contenta porque soy parte de la familia de Dios!

SHARON LONG (BROWN)

29 de marzo

Luz

Vosotros sois la luz del mundo... ni se enciende una luz y se pone debajo de un almud, sino sobre el candelero, y alumbra a todos los que están en casa.
Mateo 5:14, 15.

ERAN LAS 4:30 de la madrugada. Estaba despierta, y mi mente estaba tan llena de confusión que no podía conciliar otra vez el sueño. Era demasiado temprano para levantarme, pero estaba completamente despabilada. Generalmente me vuelvo a dormir si leo un poquito. A menudo, con una o dos páginas es suficiente. La nueva revista de mujeres cristianas estaba en el piso, al lado de mi cama. Si encendía la luz, molestaría a mi esposo, y él necesita descansar. Me di vuelta otra vez. Pondría una toalla sobre la lámpara, y entonces tendría suficiente luz para leer y no le haría ninguna diferencia a mi esposo. Una luz solo para mí.

La revista estaba tan interesante, que no me dormí después de la primera página. Continué leyendo por un buen rato. Entonces, comencé a toser. Había estado enferma, pero mi tos ya se había ido. Alcancé mis pastillas para la tos. *"Será mejor que me suene la nariz también"*, pensé. Pero mi pañuelo olía raro. ¿Humo? *"¿Cómo podía ser?"* Miré hacia arriba, adonde estaba afirmada mi lámpara a la pared. ¡La toalla se estaba quemando! Las llamas de fuego brillantes estaban alcanzando el empapelado. Arrebaté la toalla y la tiré al piso rápidamente, y observé los flecos negros de material chamuscado flotando suavemente por el aire hasta el piso. La toalla todavía seguía quemándose, así que rápidamente la doblé hasta que las llamas se apagaron. Solamente entonces me di cuenta de que todo el dormitorio olía a humo. Ahora tendría que abrir la puerta del balcón para liberarnos del olor a humo.

Supongo que realmente no es bueno cubrir una lámpara. Está hecha para alumbrar en la oscuridad. Jesús mencionó, en uno de sus sermones, que nadie sería tan necio como para encender una lámpara y luego cubrirla. Yo lo había hecho. ¡Qué estúpida había sido! Así es que ahora he aprendido de mi pequeño accidente con el fuego, ¡que no debo tratar de mantener una luz para mí misma!

Se les dice a los cristianos que deben dejar brillar su luz. No deberíamos dejarla cubierta por nuestras preocupaciones, pleitos, estrés o cambios de ánimo. Así como la luna refleja la luz del sol, podemos brillar solamente cuando permitimos que la luz de Dios brille sobre nosotros. Pueda Dios ayudarnos a captar y reflejar la luz de su amor. Si le entregamos a Dios nuestras cargas, él las hará desaparecer; así nada arrojará sombras sobre nuestra luz.

HANNELE OTTSCHOFSKI

30 de marzo

Las ciruelas están seguras

Dios es nuestro amparo y fortaleza, nuestro pronto auxilio en las tribulaciones. Salmo 46:1, 2.

HABÍAN APARECIDO DIMINUTAS ciruelas verdes en nuestro ciruelo por primera vez. Estaba emocionada de verlas, pequeñas y preciosas. Cada día las examinaba, solo para ver si todavía estaban prendidas a la rama.

Una noche, aparentemente sin razón, se desató una tormenta recia. Rugían afuera vientos severos. El viento golpeaba contra la ventana y hacía volar las cortinas en todas direcciones. Las hojas y los árboles se hamacaban con la fuerza del viento.

Estaba muy preocupada porque las pequeñas ciruelas cayeran y fueran destruidas. Eran demasiado pequeñas para soportar los pesados vientos. Habíamos esperado por tanto tiempo para que aparecieran las ciruelas, y ahora serían destruidas antes de que tuvieran tiempo para madurar. Mi corazón se hundió de solo pensarlo.

Temprano, a la mañana siguiente, me apresuré a salir para investigar el daño. ¡No podía creer lo que veía! Lo invité a mi esposo a venir, para hacer su propia inspección. Ninguna de las preciosas ciruelas habían sido arrancadas de la rama. Había hojas desparramadas por todo el piso, pero las pequeñas permanecían prendidas. No podía explicarlo, pero estaba contenta y agradecida a Dios por protegerlas. Me había preocupado y temido por nada.

Evidentemente, era un milagro, parecido a mi vida. Los fieros vientos de los desafíos de la vida y los problemas son inevitables. Algunas veces somos arrojados de un lado a otro. Nos sentimos vulnerables y nos preguntamos: "*¿Dónde está Dios?*" Pero, en la mañana, cuando podemos ver los efectos en nuestras vidas, podemos verdaderamente decir que estamos mejor que antes. Dios nos ha protegido y acompañado a través de ellos. Estamos salvos y seguros.

Cada experiencia nos da la oportunidad de agradecerle sinceramente y de ver las evidencias de su presencia en nuestras vidas. Los desafíos de la vida podrán bloquear temporariamente nuestra visión de Dios y de su amor, pero al final estaremos felices y confesaremos que a través de todo Dios nos mantuvo seguros en sus manos.

Hago votos para que hagas de Dios tu refugio. Voto para que las tormentas de hoy no te separen de su seguro amor. Él ha prometido suficiente fuerza para hoy. Él nunca te fallará.

GLORIA GREGORY

31 de marzo

Asistencia comunitaria

Porque de tal manera amó Dios al mundo, que ha dado a su Hijo unigénito.
Juan 3:16.

LA DIRECTORA EJECUTIVA ME HABÍA preguntado:
–¿Nos daría cinco horas por semana, para comenzar un programa de cuidado de la salud muy necesario en nuestra comunidad? Nuestros adultos y jóvenes no responden más a los trabajadores de salud pública.

Fue divertido trabajar con ellos, mientras combinaba mis ideas con sus planes. Me fue posible alcanzar a la gente y ayudarla, para realzar la vida dentro de los límites de sus prácticas culturales aceptadas.

La directora me había pedido inicialmente que trabajara cinco horas a la semana. Entonces aumentó las horas a diez, para pasar luego a tiempo completo, y muchas veces con horas extras. Unos pocos meses más tarde, me pidió que coordinara la clínica de salud, y añadió el programa de hipertensión. Cuando se estabilizó la clínica médica, y el programa se expandió, ella me rogó que dirigiera el programa de alcoholismo.

Eran oportunidades de trabajo interesantes y motivadoras para una recién graduada sin experiencia. Algunos días tenía que trabajar en el campo, entrenando a los representantes de la salud de la comunidad. Otros días tenía que practicar servicios comunitarios. Encontramos a algunos jubilados con una presión sanguínea tan alta como 240/110. Otros clientes tenían heridas en la pierna, con gusanos visibles que entraban y salían.

En una ocasión, la directora médica de enfermeras rurales me pidió que la ayudara a dar medicinas contra la tuberculosis a un hombre que no podía ser internado. Él no aceptaba ningún tratamiento.

Busqué al hombre, recorriendo en bicicleta arriba y abajo las calles, y finalmente lo ubiqué en la parte posterior de un negocio de licores, revisando la basura. Traté de persuadirlo para que viniera conmigo a su pocilga, y así podría darle su inyección de estreptomicina. Pero él se rehusó a ir, pidiéndome que le diera la inyección mientras estaba parado detrás del negocio de licores. Fue la única forma de llevar a cabo la tarea asignada, así que lo hice. Sentí dudas, sin embargo, temiendo que alguien me pudiera ver y llegar a la conclusión de que estaba distribuyendo drogas en forma ilegal.

Jesús cumplió su propósito cuando el Padre lo envió a salvarnos del pecado. A pesar de lo que otros pensaran o dijeran, él siguió el plan de salvación, arriesgando todo de manera que nosotros pudiéramos tener vida. Cuando completé mi tarea, comprendí un poquito mejor cómo él también completó la suya.

ESPERANZA AQUINO MOPERA

1° de abril

Bajo sus alas

Con sus plumas te cubrirá, y debajo de sus alas estarás seguro. Salmo 91:4.

UNA TORMENTA DE PRIMAVERA DEJÓ CAER granizo del tamaño de una uva sobre el techo de mi auto, mientras manejaba hacia el centro de retiros en las montañas del norte de Idaho, EE.UU. Me recordó a las tormentas que han azotado mi vida durante el último año y la razón por la que estaba viniendo a este lugar, para encontrar algún consuelo y sanidad pasando tiempo a solas con mi Señor.

El sol se abrió paso a través de las nubes, y yo revisé el techo de mi auto para ver los daños ocasionados por el granizo. Los granizos blancos que cubrían el suelo resplandecían como diamantes. Miré el sendero de las montañas donde solía hacer excursiones anteriormente, y decidí salir a dar una caminata antes de ocupar mi habitación.

El aroma del bosque húmedo, los pinos y las nuevas flores de primavera llenaron mis pulmones y me infundieron nueva energía al alma, mientras trepaba por el sendero ascendente. "*Querido Señor*", oré, "*la última vez que estuve aquí, me sentí como Elías cuando fue alimentado por los cuervos. ¿Qué tienes para mí ahora? Deseo un sentido más profundo de tu presencia en mi vida. Por favor, revélate de tal manera que puedas suplir la necesidad de mi corazón en este momento.*

Más arriba, en el sendero, noté una gallina silvestre, sentada justo en el medio del sendero. Hice un amplio rodeo para desviar el ave, esperando que quizá saldría corriendo cuando me acercara, pero quedó sentada inmóvil. Quince o veinte minutos después, mientras regresaba, allí estaba el ave, todavía sentada. Llegué a la conclusión de que la tormenta de granizo debía de haberla asustado o herido. Me arrodillé y estiré mi mano. "Pequeña ave, ¿estás herida?", pregunté con suavidad. El ave se movió y, mientras lo hacía, una docena o más de adorables pichones de gallos silvestres aparecieron de abajo de sus alas. Se dispersaron entre los arbustos para esconderse, con la mamá detrás de ellos.

"*Percibo el mensaje*", susurré, mientras mis ojos se llenaban de lágrimas: "*Deseas que me abrigue debajo de tus alas durante las tormentas que amenazan y destruyen la paz de mi alma*". Casi sentí su aliento en mi hombro. Siendo que estábamos a solas, allí, en aquel santuario boscoso, comencé a cantar un antiguo himno que acababa de asumir un nuevo significado para mí: "Bajo sus alas ¡seguro descanso!, aunque anochece y amaga el turbión; en él confío, su brazo me guarda; hijo soy de su eternal redención". Mi corazón estaba liviano y bajé corriendo por el sendero todavía cantando:

–"Bajo sus alas, mi alma estará salva y segura por siempre".

CINDY WALIKONIS

2 de abril

Veneno de víboras

La muerte y la vida están en poder de la lengua, y el que la ama comerá de sus frutos. Proverbios 18:21.

TEMÍA LAS VISITAS DE JULIA. Dejando de lado el tema del clima, no hay nada que uno pueda comentar con Julia. ¿Ropa? Ella vive en una atmósfera santa, muy por encima de tal asunto mundano como lo es adornar el cuerpo. ¿Casa? Ella piensa que es pecaminoso gastar mucho dinero en un lugar para vivir, cuando tantos en el mundo padecen de abrigo y alimento. ¿Autos? El auto que ella compró una vez de otro cristiano, le resultó problematico, y la ha dejado permanentemente amargada.

Pero es la iglesia lo que realmente la pone en marcha a Julia. En realidad, no los ladrillos y el cemento, ustedes entienden (aunque algunas veces tiene puntos de vista definidos acerca de ellos, también). Es la gente que la compone y dirige la iglesia, ambos laicos y líderes.

–¿*A él* como presidente de la Asociación? No lo hubieran elegido si supieran algunas de las cosas que ha hecho. Mi padre lo conoció en el colegio.

–Sí, ella enseña bien la clase de Biblia y todos los niños la quieren, pero su arreglo personal deja mucho que desear.

–Sí, los miembros de tal iglesia son amigables, pero no saben mucho acerca de la Biblia. Pídele a cualquiera de ellos que te explique Daniel 11 o Apocalipsis 13; no tienen ni idea.

–Seguro, Ana es responsable, y hace un trabajo maravilloso con los jóvenes. Pero yo escuché que el año pasado, cuando los llevó de campamento...

Siempre siento un gran alivio cuando Julia se envuelve en su manto de justicia y se marcha. Debió de haber existido gente como ella hace dos mil años, porque me recuerda lo que Pablo dice en Romanos 3:13: "¡Veneno de víbora hay en sus labios!"

Pobre Julia; está revelando un problema propio. Solamente la gente con una autoestima extra pobre es tan crítica de otros como lo es ella. Sus comentarios cáusticos no producen una jota de diferencia en aquellos que critica. Todo lo que está haciendo es amargar su propio carácter y arruinar su caminar con Cristo.

Querido Señor, por favor, múestrame la forma de ayudar a Julia. Y, al comenzar un nuevo día, por favor controla mis pensamientos de modo que pueda hablar solamente palabras amables, amorosas, de ayuda, que darán ánimo a aquellos con quienes me encuentre en el camino de la vida. Gracias. Amén.

GOLDIE DOWN

Bebés de azulejos; ¡llegó la primavera!

Se han mostrado las flores en la tierra, el tiempo de la canción ha venido, y en nuestro país se ha oído la voz de la tórtola. Cantares 2:12.

SIEMPRE ME HAN FASCINADO LAS AVES, especialmente desde cuando gané mi oblea de pájaros, mientras enseñaba a los alumnos en una escuela relacionada con la iglesia. Armamos un comedero de pájaros frente a la ventana del aula y procedimos a aprender acerca de los diferentes pájaros y cómo identificarlos. Uno de mis alumnos de primer grado aprendió a ubicar al azulejo rápidamente. Y comenzó a adivinar nombres de otras aves a partir de la que conocía.

Cuando nos jubilamos y radicamos en Tennessee, uno de mis primeros proyectos fue pedirle a mi esposo que instalara una casa para pájaros que incluyera dos parejas de pichones de paro carbonero y de hornerillos. El segundo año, un par de azulejos examinaron la casa y se sentaron encima, pero finalmente decidieron que no estaba bien construida para ellos.

Le mencioné esto de los azulejos a una de nuestras vecinas.

–Cómo desearía que pudiéramos tener algunos azulejos anidando en nuestra casa para pájaros –le dije.

Ella le contó a su esposo, y no pasó mucho tiempo hasta que ella me trajo una sorpresa. Él, amablemente, había construido una casa apropiada para azulejos. La pintamos de rojo y, efectivamente, esa misma primavera tuvimos dos parejas de bebés de azulejos en nuestra nueva casa para pájaros. Guardo un par de binoculares sobre el horno de microondas, y así estoy preparada para observar más de cerca todo lo que ocurre en el vecindario de los azulejos.

A menudo me he preguntado por qué nos atraen los pájaros. Yo creo que es porque traen esperanza. Vivimos en un área donde emigran muchas de las aves, partiendo durante los tediosos días de invierno. Las aves son una cosecha de la primavera, junto con las flores: nuevos pichones, jardines, suelos verdes. Las nieves del invierno pueden ser hermosas... o mortíferas. Pero la primavera es apropiada para casi todos.

Cuando reflexionamos en cosas tales como el 11 de septiembre de 2001, pensamos que nuestro mundo está envejecido, peligroso y mortífero. Anhelamos una tierra nueva, nuevos cuerpos y una vida más cercana con Jesús, nuestro Salvador, quien nos ha prometido no más tristeza, no más llanto, no más muerte (ver Apoc. 21:4). Él ha prometido venir y vivir con nosotras para siempre. Mi oración para ti hoy, querida lectora, es por un caminar con esperanza, que finalmente nos guiará a nuestro hogar en los cielos.

LORAINE F. SWEETLAND

4 de abril

Mi visita a Khuma

No temas... cuando pases por las aguas, yo estaré contigo; y si por los ríos, no te anegarán... Porque yo Jehová, Dios tuyo, el Santo de Israel, soy tu Salvador.
Isaías 43:1-3.

LA VOZ, EN EL OTRO EXTREMO de la línea del teléfono, habló en un dialecto diferente. Parecía tan entusiasmada, que finalmente se había comunicado conmigo. Su nombre era Adelaide y me contó que había comprado el libro de meditaciones matinales para las mujeres *Este lugar tranquilo.* Había notado que yo era una contribuyente desde Ciudad del Cabo, y deseaba contarme cómo mis relatos la habían elevado espiritualmente. Me preguntó si estaría dispuesta a mantener correspondencia con ella.

En sus cartas, Adelaide me confesó que si llegaba a cumplir su sexagésimo aniversario, le gustaría festejarlo conmigo. Luego de haber mantenido correspondencia por tres años, llegó la hora para que fuera. Viajé en ómnibus, en una jornada nocturna de 17 horas para encontrarla en Klerksdorp en la provincia del Noroeste. Cuando nos encontramos personalmente por primera vez, me abrazó una y otra vez.

Ella vivía lejos, en las afueras de la ciudad en Khuma. No me había imaginado adónde estaría yendo o cómo serían las condiciones. Era una cultura diferente, hablaban el lenguaje Xhosa, un lenguaje desconocido para mí. Tuvimos que tomar dos taxis para alcanzar su hogar, donde me hizo sentir muy bienvenida, especial y cómoda durante el tiempo de mi estadía.

Llegué un viernes, la celebración sería el domingo y el martes partiría de Khuma a las 3:30. A las 2:00, se desató una tormenta eléctrica torrencial. Los relámpagos atravesaban el cielo, retumbaban los truenos, la lluvia caía a torrentes y el granizo golpeaba contra las ventanas. Me sobrecogió el temor. Miré hacia afuera, por la ventana del dormitorio. El suelo rojo se había transformado en una alfombra blanca. ¿Cómo podría salir de aquí? Lo único que podía hacer era orar.

La tormenta se detuvo a las 3:00, pero la calle de ripio rojo parecía un río de sangre. ¿Cómo podría cruzar? Mis pies se empaparían. Elevé otra oración al Cielo:

–Por favor, Dios, tú abriste el Mar Rojo para que cruzaran los hijos de Israel; obra un milagro para mí, también.

No había tiempo para perder, así que valientemente crucé hasta el otro lado de la calle. ¡Mis zapatos y mis pies estaban secos! ¿Sorprendida? ¡Sí! Dios contestó mi oración, instantáneamente y milagrosamente.

Una vez más, pude recordar que las promesas de Dios nunca fallan.

PRSICILLA ADONIS

5 de abril

De crema sucio a blanco como la nieve

Si vuestros pecados fueren como la grana, como la nieve serán emblanquecidos. Isaías 1:18.

ESTABA POR DISFRUTAR DE mi hogar recientemente renovado. De una decoración en un crema sucio y roble dorado, había sido transformado en un hogar jardín californiano con brillantes paredes blancas, cubiertas de ventanas, y un sofá que miraba hacia una habitación con plantas y flores, y más allá, un patio con naranjos y laureles de California de un rosado oscuro. Lo que me preocupaba era la alfombra. Cuando la colocaron y la vi por primera vez, me pareció ser mucho más blanca que la muestra que había seleccionado.

Pero ahora, estaba saliendo por el fin de semana, dejando mi flamante casa decorada en las manos capaces de mi empleada doméstica. ¡Estaba preparada! ¡Tenía indicaciones!

–No permitas que Sheba (mi Dobermann negra) se acueste en ningún otro lugar que no sea su frazada. Aliméntala con alimento para perros en la cocina; no lo hagas sobre la alfombra.

Tenía más instrucciones:

–¡No comas fideos con salsa de tomate en la sala; y tampoco tomes jugo de uva! Y recuerda sacarte los zapatos.

Entonces, justo antes de que mi empleada pudiera decir: "¡Renuncio! Me voy donde la gente tenga alfombras negras o verde oscuro", le dije:

–Trata de evitar que suceda cualquier cosa, pero si sucede, hay un remedio.

Saqué mi esponja limpiatodo, un rollo de toallas de papel, un quitamanchas y un polvo blanco que renueva la alfombra.

No fue hasta que terminé la demostración, que me di cuenta del significado de la lección objetiva que acababa de ocurrir. Dios nos dice:

–No arruines tu vida. Deseo que seas productiva y feliz. ¡No hagas malas elecciones! Pero, si lo haces, hay un remedio. Hay perdón.

Él dice: "He aquí, yo hago nuevas todas las cosas" (Apoc. 21:5). Y hay más: "Si vuestros pecados fueren como la grana, como la nieve serán emblanquecidos" (Isa. 1:18). De la suciedad del pecado, él puede transformarnos en algo maravilloso, blanco como la nieve.

Y sí, en caso de que te estés preguntando, todo marchó bien aquel fin de semana.

EDNA MAE GALLINGTON

6 de abril

Bendiciones mezcladas

He aquí yo envío mi Ángel delante de ti. Éxodo 23:20.

ERA LA PRIMAVERA de 1990, y yo me sentía agobiada. Necesitaba desesperadamente hablar con alguien, alguien que demostrara interés y que fuera de confianza. Me volví a mi pastor. Mi auto estaba en reparación y no tenía transporte cuando lo llamé por teléfono. Él me dijo que vendría a visitarnos a Sonny, mi hijo con necesidades especiales, y a mí en unas pocas horas. Mientras caminábamos, compartí mis preocupaciones con el pastor Hessel.

Nos estábamos acercando a la entrada de un centro comercial, cuando el pastor comentó:

–¡Qué amor tiene usted por el pequeño Sonny!

Qué impresión provocó esa declaración en mi mente cansada, mientras llevaba en mis brazos a Sonny, de 3 años. Esas eran palabras especiales que Dios quería que yo escuchara.

Pronto se abrieron las compuertas, y comencé a escribir mi diario personal *Dimensiones del amor*. Unas pocas semanas más tarde, escribí mi primera meditación. ¿Estás preparada? Terminé el artículo con esta oración: "Sobre mis rodillas, estaré preparada para lo que me espera por delante, y pido las fuerzas, la paciencia y la sabiduría que necesito. Se me ha mostrado una nueva dimensión del amor, más allá de lo que puedo describir. Es un amor tan puro, pero tan frágil, como el niño que adorna. Mi oración, por este niño, es: "Por favor, Señor, prepárame y manténme preparada. Bendice esta preciosa comprensión en los pocos que me acompañan en el camino". Escribiendo con absoluta sinceridad, he colocado mi mente, mi corazón y mi alma sobre el altar.

A la mitad del verano tuve un quebrantamiento emocional, y pasé dos semanas hospitalizada. Presté atención, cuando el pastor Hessel me aconsejó que buscara ayuda profesional, porque yo sabía que él me amaba, y yo también lo amaba y confiaba en él. Desde entonces, familiares y amigos me han alcanzado con sus tarjetas y poemas. A menudo hay amigos que dejan sus tarjetas de ánimo en mi casillero de la iglesia. Cada carta que envían es sinceramente apreciada. Mi amiga Dianne una vez me envió una tarjeta con un poema especial acerca de cómo los actos de bondad se transforman en recuerdos atesorados. En otra ocasión, me llegaron palabras especiales de una preciosa amiga, que llegaron en el preciso momento en que más las necesitaba. A veces me desaliento mucho, y clamo al Señor: "Por favor, ven rápido, Señor; no todas las prisiones tienen barras y puertas llaveadas".

Que Dios te bendiga, al alcanzar a alguien que tenga una necesidad especial de tu toque.

DEBORAH SANDERS

Gracia

Porque no tenemos un sumo sacerdote que no pueda compadecerse de nuestras debilidades... Acerquémonos, pues, confiadamente al trono de la gracia, para alcanzar misericordia y hallar gracia para el oportuno socorro.
Hebreos 4:15, 16.

UNA MAÑANA, DURANTE los comentarios en una clase de Biblia, la coordinadora nos pidió que compartiéramos una experiencia de nuestras vidas en la que otra persona hubiera intercedido por nosotros; una comparación humana de Jesús intercediendo por nosotros ante el Padre. La historia que compartí viene de mi niñez:

Calculo que tenía unos 11 años, y mi hermana alrededor de 10. Le dije a mi madre una mentira acerca de mi hermana. Era una historia terrible; pero, en mi inocencia, no percibí la seriedad de mis palabras y, por lo tanto, en ningún momento esperé una reacción negativa de parte de mi madre. Pero, he aquí que a ella no le pareció divertido ni remotamente, y el castigo del azote para mi hermana fue inmediato y severo. Movida a la acción, rápidamente confesé mi pecado y le dije a mi madre que le había mentido. ¡No le pareció divertido tampoco! Con la mirada de la paliza que se venía en sus ojos, avanzó hacia donde me encontraba. Entonces sucedió algo asombroso. Mi hermana, todavía en la miseria de su propio castigo, dijo:

–¡Por favor no la azotes a ella!

Mi madre consintió; ya que mi hermana era la que había sido acusada y castigada injustamente, mamá honraría su pedido y no me daría el azote.

¡Qué cuadro de la misericordia de Dios! Eso es lo que Jesús está haciendo aún ahora por mí: injustamente acusado y, oh, tan injustamente castigado. Él ha ascendido al cielo, a la diestra de Dios el Padre. Todavía doliente y marcado por su propio castigo injusto, le dice:

–Padre, por favor no la castigues a ella. No tuvo malas intenciones.

Y Dios, que ama más que todos los padres que hayan existido alguna vez, está respondiendo:

–Tú eres el que fue acusado y castigado injustamente. Te concederé el derecho de decidir.

Yo no sé si alguna vez le expresé adecuadamente mi gratitud a mi hermana por interceder por mí. Quizá, debiera intentarlo otra vez. Pero, desde entonces, me he sentido siempre agradecida. Es contrario a la naturaleza humana hacer algo semejante. En aquel momento, ella estaba emulando a Cristo, ayudándome a comprender un poquito mejor el significado de la gracia.

RACHEL ATWOOD

8 de abril

Declara la amorosa bondad de Dios

Bueno es alabarte, oh Jehová, y cantar salmos a tu nombre, oh Altísimo: Anunciar por la mañana tu misericordia, y tu fidelidad cada noche.
Salmo 92:1, 2.

ACABABA DE COMETER un error al despachar una carta con una estampilla de 33 centavos, cuando debiera haber sido una de 34 centavos. No era una gran cosa, pero decidí regresar a la pequeña estación postal y retirar la carta. Cuando llegué, había una cola de varias personas esperando para que se las atendiera, y me uní a la fila. Mientras esperaba mi turno, escuché que la gente se quejaba porque no se podían conseguir estampillas ni de 34 centavos ni de un centavo. Una de las mujeres dijo que había tenido que usar dos estampillas de 20 centavos para despachar su carta. Ella siguió quejándose de cómo era posible que el sistema postal más importante hubiera decidido cambiar los costos de envíos, cuando el personal de oficina no estaba en condiciones de hacerle frente. Ese comentario pareció abrir el nido de las avispas. Otros se unieron con sus propias quejas, pareciendo añadir más fuego a las quejas acaloradas. Una persona sugirió que en ese país se estaba volviendo como un país en vías de desarrollo. No pude soportar más las quejas irrazonables. Acababa de visitar mi país de origen, y posiblemente esta gente no sabía de lo que estaba hablando.

Tratando de decirlo en la forma más suave, junté coraje y dije:

–Yo no soy una ciudadana de este país, aunque soy una residente legal aquí. Estoy agradecida de poder vivir aquí, donde puedo disfrutar de tantos privilegios que no existen en mi país de origen. Aquí tenemos un hogar cómodo, disfrutamos abundancia de alimentos. Tenemos montones y montones de agua limpia en este lugar.

Fue asombroso como las palabras y los comentarios positivos cambiaron la perspectiva de esas personas. En poco tiempo, después de mis palabras, la gente comenzó a decir cuán bueno era vivir en su país. Entonces, uno de ellos me agradeció por mi actitud positiva. Dios debió de haber colocado esos pensamientos en mi mente y me debió de haber ayudado a ser contagiosa, porque la gente apreció lo que dije.

Oh, Dios, tú has sido misericordioso, amable y fiel para conmigo. Soy tan solo una mota en el planeta Tierra, y tú te interesas en mí. Por favor, ayúdame a apreciar tus bendiciones, y a declarar y compartir con otros cuando se presente la oportunidad. Dame coraje y una actitud positiva para influir en otros para atraerlos a ti.

OFELIA A. PANGAN (Adaptado.)

Mi precioso regalo de cumpleaños

Porque de tal manera amó Dios al mundo, que ha dado a su Hijo unigénito, para que todo aquel que en él cree, no perezca, sino tenga vida eterna. Juan 3:16.

ERA MI CUMPLEAÑOS, y estaba embarazada. Tenía la esperanza de que la bebé se adelantara dos semanas, pero ella había decidido seguir el modelo de sus hermanos mayores. Ellos se habían atrasado dos semanas extras, así que el parto había sido siempre inducido. El día anterior a mi cumpleaños, había ido a la clínica, donde se me habían aplicado algunas drogas para inducir el parto, pero sin resultado.

No estaba particularmente entusiasmada con ninguna celebración. ¿Cómo se puede celebrar con una tremenda panza? Todo lo que deseaba era que saliera mi bebé, así podría estar libre. Al levantarme aquella mañana, me sentí débil y decidí ir a la clínica. Llegué allí cerca del mediodía, para quejarme por mi debilidad. Mi enfermera me deseó un feliz cumpleaños y, en broma, me dijo que quizá Dios deseaba que yo tuviera un regalo de cumpleaños. Yo no la tomé en serio.

Como el día anterior me habían inducido sin resultado, no esperaba que hubiera nada más que pudiera hacerse. Mi médica me dijo que fuera a la sala de partos, donde me colocó un goteo. A las cinco horas, mi niña había nacido, exactamente a las 6:25 p.m.; por lo tanto, ese fue mi regalo especial de cumpleaños.

Hoy, mientras escribo, mi hija está dejando atrás la adolescencia. En todos los años, desde que llegó, hemos celebrado nuestros cumpleaños juntas. Ella fue maravillosamente creada. Se asemeja físicamente a mí, al punto de que es fácilmente reconocible por aquellos que me conocieron cuando tenía su edad. Así, queridas lectoras, es nuestro gran Dios.

Hay muchos regalos especiales que se pueden recibir a lo largo de la vida, pero ninguno, en mi opinión, puede exceder al don de otro ser humano. Existe, sin embargo, otro don especial para ti y para mí, otra persona que es mejor, aun, que mi hija. Ese es el don de Jesucristo. Juan 3:16 nos dice que Dios nos amó tanto que nos dio a su Hijo, Jesucristo, para que a través de él pudiéramos tener el don de la vida eterna.

Querido Padre, gracias por el regalo de cumpleaños, en la persona de mi hija; es tan especial para ti y para mí. Pero te agradezco especialmente por el don de la vida eterna a través de Jesucristo, mi Señor y Salvador.

BECKY DADA

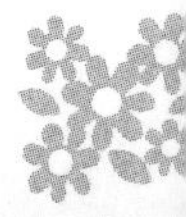

10 de abril

El visitante indeseado

Conciben maldades, y dan a luz iniquidad. Incuban huevos de áspides, y tejen telas de arañas. Isaías 59:4, 5.

HABÍAMOS INVITADO VISITAS PARA el té de la tarde. Había conocido a la anciana pareja tan sólo brevemente, pero cuando nosotras las mujeres conocemos a alguien, es para visitarnos y conversar; ¿no es lo que hacemos todas? Limpiar, limpiar y volver a limpiar. Saqué el polvo y barrí, queriendo que todo estuviera bien. Lavé mi mejor juego de té y pulí mi azucarera de plata. Más importante aún, horneé un montón de cosas. Hice torta de frutas, galletitas con trozos de chocolate y otros dulces. Corté rodajas de tomates, listas para colocar sobre bizcochos.

Al fin, todo estaba listo, pero quería tener un centro de mesa. Como siempre soy renuente a cortar flores de mi jardín, miré alrededor para inspirarme. Había una pequeña planta en una maceta en el patio, un cactus con lindas flores de color rojo brillante. ¡Exactamente lo que deseaba! La maceta, en sí, estaba un poquito sucia, sin embargo, con una tela de araña en un lado de la planta. La llevé al lavadero y la coloqué en la pileta para limpiarla. Algo me dijo que tuviera cautela, así que busqué una herramienta del jardín para remover la tela de araña. Entonces la vi; la gran franja roja brillante. Era la araña de espalda roja más grande que hubiera visto alguna vez salir de la base de mi planta, y comenzó a avanzar lentamente hacia el fondo de la pileta. (Las arañas de espalda roja son altamente venenosas y se pueden encontrar por todas partes en Australia. Las arañas son negras; la distintiva franja roja les merece el nombre.) Corriendo a la cocina, busqué un insecticida y lo apunté hacia la araña con una mano, mientras abría la canilla de agua caliente con la otra.

A una vecina la había picado una araña de espalda roja un tiempo atrás, mientras estaba sentada en nuestro patio conmigo. Había terminado en el hospital por una noche, para recibir un antídoto. Ese episodio me había enseñado a estar más alerta, de modo que con mi esposo pasamos muchas horas fumigando, limpiando y revisando para eliminar las arañas.

Ahora, con la araña bien muerta, completé la tarea que tenía en mis manos. Limpié la maceta y las hojas.

Satanás es como una araña. Está siempre allí, escondido, listo cuando y donde menos lo esperamos, para salir y atacarnos con el veneno del pecado. Agradecemos que existen insecticidas y antídotos para el pecado, también. Estemos siempre vigilantes y preparadas con Jesús.

LEONIE DONALD

11 de abril

¡El don de la memoria!

Doy gracias a mi Dios siempre que me acuerdo de vosotros, siempre en todas mis oraciones rogando con gozo por todos vosotros. Filipenses 1:3, 4.

RECIENTEMENTE RECIBÍ LA TRISTE noticia de que una querida amiga y colega se encontraba padeciendo de la enfermedad de Alzheimer. Su memoria, una vez brillante, se había deslizado en el olvido. Su habilidad para articular el evangelio y para compartir lo que sentía en lo profundo del corazón eran dones que ella había ejercido con generosidad.

Teniéndola presente en mi mente, había hecho de esto un motivo especial de gratitud a Dios, por la memoria y los recuerdos. Esta misma tarde, mientras arrancaba malezas de mis macetas grandes del patio, recogí un pimpollo de clavelón, y lo estrujé entre mis dedos. Entonces, inhalé su fragancia, permitiendo que mi mente regresara en el tiempo al jardín de mi abuela Jennie, que siempre tenía lugar para clavelones. Le agradecí a Dios por su preciosa influencia en mi vida y por los clavelones que me recuerdan a ella.

Durante las dos semanas pasadas, los arbustos de zarzamoras, junto al camino que nos trae a nuestro hogar, han estado dobladas con la carga de frutas maduras. Un día no pude resistir más la tentación; luego de atar un pequeño balde a mi cinturón, comencé a vagar por el camino. Pronto había recogido suficientes frutas como para hacer un pastel, un plato favorito de mi familia. Pero mientras permanecía entre los pastos altos en un día húmedo de verano recogiendo zarzamoras, mi memoria me llevó de regreso a los bosques de Michigan y a sus días de verano, cuando cosechábamos toda clase de frutas pequeñas. La resistencia de mi abuela sobrepasaba por lejos la mía. Como niña, soportaba la tarea de cosechar frutas; como abuela, la disfruto.

Recientemente, mi hija, Heidi, dijo que quería conservar tomates y puré de manzanas este otoño. Ya he visto los frascos alineados en los estantes de su garage, esperando un baño de agua caliente que sellará la fruta y la conservará para los meses que están por delante. No, ella no necesitará remitirse a un libro de recetas. Cuando era joven, le pasé las recetas, así como mi abuela lo había hecho conmigo antes. Los preciosos recuerdos ayudan a perpetuar las tradiciones familiares.

Las Sagradas Escrituras declaran: "En mi corazón he guardado tus dichos, para no pecar contra ti... En tus mandamientos meditaré; consideraré tus caminos. Me regocijaré en tus estatutos; no me olvidaré de tus palabras" (Sal. 119:11-16). Ejercitemos nuestras mentes, guardando la Palabra de Dios en nuestras mentes y corazones, y agradezcámosle por los dulces recuerdos de la vida.

ROSE OTIS

12 de abril

Una lección de fe para mí

Y sabemos que a los que aman a Dios, todas las cosas les ayudan a bien, esto es, a los que conforme a su propósito son llamados. Romanos 8:28.

ME HABÍA SOMETIDO A UNA OPERACIÓN RECIENTEMENTE, para reemplazar mi rodilla derecha. Cuando me dieron el alta del hospital, el médico me dijo que fuera muy cuidadosa y que no me cayera. Cuando fui para un nuevo control, el médico me dijo que probablemente tendría que someterme a una cirugía, para enderezar la rodilla y ajustar los ligamentos.

Regresé a casa aquella tarde sintiéndome decaída, pero orando que de alguna manera Dios arreglara las cosas para que yo no tuviera que someterme a otra cirugía. Mientras tanto, dos pájaros habían dejado excrementos en mi porche del frente. ¡Era un desastre! Decidí animarme y buscar la manguera, y lavar el porche. Sabiendo que no me encontraba bien o bien segura sobre mis pies, oré y procedí a hacer la tarea. Todo fue bien hasta que volví a colocar la manguera en su lugar. Entonces, sentí que me caía.

Comencé a llamar a mi vecino, para que me ayudara. Nadie me escuchó, así que permanecí allí sentada por 45 minutos. Por fin, oré: "*Señor, tú dijiste que todas las cosas ayudan a bien a aquellos que te aman y confían en ti, pero yo no entiendo lo que me está sucediendo. ¿Cuál es el bien de esto?*

Entonces, una vecina, que vive cruzando la calle, me escuchó y vino para ayudarme. Era una mujer de constitución pequeña, así que le pedí que buscara a mi hijo, que vive a unas tres cuadras de distancia. Para entonces, otro vecino se enteró de lo que había sucedido y vino. Juntos me ayudaron a levantarme y a entrar en la casa.

Cuando llamé al médico para decirle lo que me había sucedido, me pidió que lo fuera a ver inmediatamente. Luego de tomar radiografías de mi rodilla, me dijo:

–Pareciera que no va a necesitar la cirugía, después de todo; la rodilla está en su lugar otra vez.

El bien que no había podido ver en la caída, Dios lo había visto y permitido, porque él tenía su propia forma de contestar mi oración; una forma que yo nunca hubiera esperado.

Señor, ayúdame a recordar que tus tiempos y caminos son diferentes de los míos. Por favor, dame la fe y la paciencia para esperar en ti y ayúdame a confiar en tu promesa, porque realmente todas las cosas ayudan a bien a aquellos que te aman, a los que son llamados de acuerdo con tu propósito.

MARGURITE HILTS

13 de abril

El circo

Y verán al Hijo del Hombre viniendo sobre las nubes del cielo, con poder y gran gloria. Mateo 24:30.

RECUERDO CUANDO LLEGABA EL CIRCO a mi pueblo. Era un evento emocionante. Se clavaban propagandas a los postes de teléfono, los graneros o los edificios. La emoción aumentaba especialmente el día en que llegaba la caravana. Siempre había un desfile, guiado por el órgano de vapor que resoplaba y bufaba, y llenaba el aire con música.

Pasaban desfilando por la calle principal: caballos, elefantes, animales en jaulas y payasos divertidos, invitando irresistiblemente al circo. Se desenrollaban lonas y se transformaban en cubiertas gigantes. Se armaban tiendas más pequeñas para el paso central. Por una pequeña suma, podíamos ver a los animales de cerca, con sus jaulas talladas y brillantemente pintadas en una de las carpas. Estaba el espectáculo secundario de maravillas exóticas, un ternero con dos cabezas conservado en formol, una mujer más gorda que la que cualquiera de nosotros hubiera conocido, una mujer con barba, un hombre con una cola de caballo, y una mujer con un bebé creciendo en el exterior de su pecho, ambos disecados como una momia. Había un hombre con tatuajes sobre todo su cuerpo, un hombre fuerte que podía levantar pesos fabulosos y una cabeza de mujer sin cuerpo, todo camuflado con espejos. Todo era muy emocionante para un niño.

El día del circo nos encontraba a todos adentro de la gran tienda, esperando ansiosos para que comenzaran los espectáculos. El maestro de circo anunciaba cada acto. Los caballos adornados con plumas galopaban alrededor del círculo, con lindas mujeres haciendo equilibrio sobre sus lomos. Los trapecistas actuaban desde sus altas hamacas y varales, flotando a través del aire con una increíble facilidad. ¡Era tan emocionante! Nos dolían los cuellos de tanto mirar hacia arriba.

Demasiado pronto se terminaban la actuaciones y se dispersaba la multitud. A la mañana siguiente, las tiendas se habían guardado y la gente del circo, los animales y el ahora silencioso órgano a vapor se habían ido de nuestro pueblo.

Dios ha colocado sus señales de un evento que se acerca, para que todos lo vean. Nos muestra extraños sucesos en los eventos mundiales y en su Palabra. Nos advierte para que estemos velando y esperando con emoción hasta que el evento principal se haga realidad.

Su caravana será la más ruidosa, el evento más espectacular desde la creación. Nadie se lo perderá, porque todo ojo estará fijo en aquel evento maravilloso.

LAURIE DIXON-MCCLANAHAN

14 de abril

Oraciones de deseo

Y antes que clamen, responderé yo, mientras aún hablan, yo habré oído.
Isaías 65:24.

EL 1º DE ABRIL, me sentí impresionada a orar hasta las reuniones a las que asistiría en julio, para poder conseguir un juego usado de *Testimonios para la iglesia*. Sentí que alguien tendría una colección extra que no estaría usando. Decidí que pediría a tantas personas como pudiera que oraran, y que lo anunciaría en la iglesia.

El 5 de abril, cuatro de nosotras fuimos juntas a la casa de mi hermana y oramos mi "oración de deseo". En 1985 había tenido una experiencia espiritual breve y había comprado un nuevo juego de los libros, pero había leído tan solo unas pocas páginas. Pronto después, los había vendido rebajados de precio, para obtener un dinero que necesitaba mucho. Mi hermana me había dicho más de una vez que no los vendiera. Me había dicho que quizás algún día los necesitaría otra vez, pero yo le había asegurado que no.

El 8 de abril, en nuestro grupo de oración de mujeres, compartí cómo el Espíritu me había impresionado para orar por los libros. Expliqué cómo me había desecho de los nueve y de mi reavivado nuevo deseo de alimento espiritual. Si no podía conseguir un juego usado, les dije, tendría que comprar libros nuevos. Así que solicité que mi pedido fuera colocado en nuestra lista de oración, y lo remarqué con mi dedo sobre la lista.

Mientras estaba hablando, la dueña de casa caminó hacia su armario de loza (yo pensé que estaba siendo descortés) y abrió las puertas. Allí, en el estante más alto, estaba el juego exacto de libros que yo deseaba. Los bajó y los colocó sobre la mesa, justo frente a mí. Ella dijo que los había heredado de una amiga y que los había guardado, pensando que algún día alguien los necesitaría. Dios había planeado de antemano la respuesta para mi oración.

Aun antes de que pidamos, él está deseoso y feliz de satisfacer nuestras necesidades. Yo sé que él impresionó a mi amiga para que los guardara. Él sabía que yo tendría un cambio de corazón y que iba a desear esos libros otra vez, algún día. Me sentí colmada de alegría. Es, en verdad, una realidad que "antes que clamen, responderé yo, mientras aún hablan, yo habré oído" (Isa. 65:24). Me sucedió a mí. Y Dios proveyó aún más de lo que había pedido, cuando otra amiga me dio un juego diferente de libros, como alimento espiritual también.

Dios nos da bendiciones llenas, abultadas, hasta que sobreabundan.

VIDELLA MCCLELLAN

15 de abril

Día del Ketchup

Y acabó Dios en el día séptimo la obra que hizo; y reposó el día séptimo de toda la obra que hizo. Génesis 2:2.

CUANDO ERA JOVEN, y la gente me preguntaba: "¿Cómo pasaste el fin de semana?", generalmente tenía algo interesante para informar. Estar libre del trabajo significaba tiempo para pasarlo fuera de casa. Tal vez había ido a patinar sobre hielo o a ver espectáculos de perros. Tal vez iría a los festivales en la calle, exposiciones de artesanías y manualidades, o simplemente a negocios de antigüedades. Siempre estaba lista para ir a la playa o para probar un nuevo restaurante.

Hoy en día, las cosas han cambiado mucho. Mis fines de semana ahora están llenos de listas de cosas para hacer. Juzgo el éxito de mis días de acuerdo con las cosas que puedo lograr hacer, y no en cuánto me divertí. Cada vez que hago un mandado al pueblo, parte de mi mente está pensando en las tareas que dejé sin hacer en casa.

Algunas veces, me tomo un día libre para celebrar el "Día del ketchup". Esta es una fiesta a la que estoy invitada, y ocurre varias veces al año, cuandoquiera que me sienta sobrecargada y mi lista de cosas para hacer se me va de las manos. El Día del Ketchup es un día que coloco aparte para ponerme al día con las tareas: planchar, sacar malezas u ordenar los roperos. El día me deja con el sentimiento de estar en el control de las cosas una vez más y con un montón menos de confusión en mi mente.

Considero al sábado como el máximo Día del Ketchup, bendecido por Dios. Cuando el mundo fue creado, Dios separó el séptimo día como un descanso, un día santo de descanso. Las personas que guardan el sábado se abstienen de trabajar durante ese día, pero el sábado se trata más bien de lo que hacemos y no de lo que no hacemos. El sábado es un tiempo especial, que separamos para que podamos ponernos al día con nuestro Hacedor.

Durante la semana, el tiempo que pasamos con el Señor puede estar limitado por las presiones de un trabajo de tiempo completo o por criar una familia o tratar de hacer ambas cosas al mismo tiempo. Las oraciones pueden ser cortas y los temperamentos puedan alterarse mientras nos apresuramos con nuestras listas de tareas y mandados. Pero el sábado guardamos nuestras listas. Las cosas que parecían importantes durante la semana no tienen comparación con un día separado para centrarnos en nuestro bienestar espiritual y para utilizar nuestro tiempo tranquilo a fin de ponernos al día con nuestro Dios. Dedicar tiempo para estar con Alguien que amas, ¡es una forma maravillosa de tomarse un día libre!

GINA LEE

16 de abril

Días de preparación

Antes bien, como está escrito: Cosas que ojo no vio, ni oído oyó, ni han subido en corazón de hombre, son las que Dios ha preparado para los que le aman. 1 Corintios 2:9.

EN ALGÚN MOMENTO DE LA VIDA, cada una de nosotras ha tenido que hacer preparativos para alguna ocasión: nuestro día de bodas, trabajo, iglesia, graduación, el primer día de clases en la escuela para un hijo o un funeral.

Con el paso de los años junto con mi esposo, nos hemos contado mutuamente algunas de nuestras experiencias de vida. La experiencia que sobresale más vívidamente en mi mente, de lo que me compartió, fue la preparación que tuvo que hacer como joven, al ser reclutado para el ejército. Tuvo que preparase mentalmente para decírselo a sus padres, y entonces dejar el hogar. Él recordaba cómo reaccionó su madre al recibir la noticia. Ella lo miró, puso sus brazos alrededor de sus hombros y, con una voz suave, le dijo:

–Siéntate hijo. Querido, tú siempre tienes que poner toda tu confianza en Dios, porque él es el único que está en el control de tu vida, y él te enviará de regreso a casa.

Estas palabras, me contaba él, habían sido el acto de coronación para su preparación.

Él sobrevivió a la Segunda Guerra Mundial y se embarcó en otro día para el cual había tenido que prepararse: pedirme que me casara con él. Mi esposo recordaba que sus sentimientos habían sido muy diferentes. Me contó que había decidido decírselo a sus padres al mismo tiempo, pero finalmente optó por mencionárselo a su padre. Este le recordó los votos matrimoniales, diciéndole:

–Recuerda hijo, en las buenas o en las malas –y entonces había venido la pregunta–. Hijo, ¿amas realmente a esa joven?

Su respuesta fue sí, y cuando mi esposo falleció habíamos permanecido casados por 53 años.

Así como el padre de mi esposo le había preguntado: "¿Hijo, amas realmente a esta mujer?", Cristo nos pregunta a cada una de nosotras: "Mi hija, ¿realmente me amas? Si es así, ¿qué preparativos estás haciendo diariamente a fin de estar lista para mi regreso?"

Gracias por amarme tanto, querido Jesús, y por hacer provisión para mí y para otros, de modo que podamos estar listos para aquellas mansiones que has preparado. Difícilmente puedo imaginar lo fantásticas que serán, pero yo te conozco, así que sé que serán maravillosas.

ANNIE B. BEST

Buscad y hallaréis

Escudriñad las Escrituras; porque a vosotros os parece que en ellas tenéis la vida eterna, y ellas son las que dan testimonio de mí. Juan 5:39.

MIS TAREAS DE ASPIRAR y sacar el polvo en mi casa, a menudo quedan de lado a causa de un horario sobrecargado. Otras veces, otras actividades menos prioritarias, como mi pasatiempo relajante de bordar, ocupa el primer lugar. Cuando sé que recibiré visitas, hago un retoque. Infrecuentemente me tomo el tiempo para hacer una limpieza profunda, moviendo los muebles y limpiando las esquinas con la aspiradora.

Una mañana, estaba decidida a limpiar cada rincón y cada hendidura en mi condominio. Tengo un enorme sillón tapizado, que es mi lugar favorito para descansar. Es suficientemente grande como para recostarse para una siesta, o para acomodarse para leer un libro o completar rompecabezas, mientras se saborean palomitas de maíz. Había llegado la hora de aspirar ese sillón. Así que, levanté el almohadón para aspirar cualquier pedacito de palomita que hubiera caído por los bordes.

¡Que sorpresa! En el centro del sillón había dos monedas de oro de $1 canadienses. No había forma en que esas monedas hubieran podido caerse del bolsillo de alguien. Si ese hubiera sido el caso, las monedas habrían estado cerca del borde. Alguien debió de haberlas colocado deliberadamente debajo del almohadón. No tenía ni una idea que guiara mi trabajo de detective para resolver el misterio de quién lo hizo. No podía recordar cuándo había sido la última vez que había aspirado debajo de los almohadones, y tampoco podía recordar quién de mis visitantes se había sentado en aquel sillón. He hecho alguna requisa, pero sin resultado. Si hubiera aspirado más frecuentemente, podría haber descubierto al que iluminó mi día.

Esta experiencia me hizo pensar en mis hábitos de estudio de la Biblia. ¿Cuán a menudo he dejado pasar el estudio de la Palabra de Dios? ¿Cuán a menudo me apresuro al hacer mis devociones? Puede ser que me haya quedado dormida y tenga que apurarme para salir al trabajo, así que me prometo a mí misa, y a Dios, que lo haré en la noche. Cuando regreso a casa del trabajo y termino de cenar, lavar los platos y revisar la correspondencia (o ir a una reunión de emergencia), estoy demasiado cansada para concentrarme. Prometo hacerlo mejor mañana.

¿Como te va a ti? La fidelidad en el estudio de la Biblia ayudará a desenterrar promesas especiales, palabras de ánimo, esperanza y futuro, o "justo lo que necesitaba para hoy". Entonces, al compartir lo que leímos en la Palabra de Dios, podremos iluminar el día de alguna otra persona.

EDITH FITCH

18 de abril

El orden natural de las cosas

Mas buscad primeramente el reino de Dios y su justicia, y todas estas cosas os serán añadidas. Mateo 6:33.

POR TANTO TIEMPO COMO pueda recordar, la música ha sido lo que me hace palpitar. Me he vuelto a la música para buscar consuelo y satisfacción. Durante el tiempo en que estábamos buscando respuestas a lo que le estaba sucediendo a nuestra hija Morgan, me escapaba para escribir canciones y para cantar, de modo que pudiera adquirir algún sentido de paz. Pero no la encontraba en nada.

Recibimos el diagnóstico de "autismo", finalmente un nombre para lo que estaba volviendo a nuestra familia patas para arriba. La intervención temprana era importante, pero encontrar esa intervención fue algo que se añadió a la masa. Pasaron los días, y Morgan no estaba recibiendo la ayuda que necesitaba.

Una mañana, luego de una semana más difícil que de costumbre, envié a las niñas a la escuela y me senté para mis devociones. Derramé mi corazón ante Dios. Estaba exhausta y llegando al final de mi soga mental. Le dije a Dios que estaba lista para hacer cualquier cosa que se necesitara para recuperar a mi hija. Dejaría de lado mi música, si eso era necesario. Dios conocía mi corazón, y sabía que era sincera. Debía colocar mis prioridades en su lugar.

Dios escuchó mi oración. Después de aquella introspección con lágrimas, abrí mi meditación. El título para esa fecha era "El poder de la música". Cuando le entregué mi música a Dios, él me la devolvió. Allí mismo, le hice la promesa de hacer mi música para él y de hacerla con un propósito.

Las cosas se pusieron en su lugar, y siempre lo harán cuando colocamos el Reino de Dios primero. Tuvimos que mudarnos, porque la ayuda para Morgan no se conseguía donde nosotros vivíamos. Oramos a cada paso del camino. Descubrimos una entidad que se especializaba en tratamientos de autismo. Rudy encontró un trabajo en una concesionaria en Nashville. Nuestra casa se vendió en tan sólo seis semanas.

John Rees, el propietario de una casa de grabación, me pidió que formara parte de su equipo luego de escuchar algunos de mis trabajos. La esposa de John, Holly Lu, es una activista en favor de necesitados especiales. Ella nos ha dado una riqueza de información y apoyo. ¿Una coincidencia? ¡Lo dudo!

Morgan ha mejorado. No todos los días son perfectos, pero estoy contenta de que está en las manos de Dios. Y yo estoy finalmente encontrando la paz que sobrepasa todo entendimiento (ver Fil. 4:7).

TAMMY VICE

19 de abril

Hazme un arco iris viviente, Señor

Mi arco he puesto en las nubes, el cual será por señal del pacto entre mí y la tierra. Génesis 9:13.

¿EXISTE ALGUIEN QUE NO SE SIENTA fascinado por la visión de un arco iris? Con su espectro de colores, realmente captura nuestra atención. Estoy segura de que esa es la razón por la que el arco iris se utiliza como un logo para muchos negocios. La obra de arte induce un sentimiento alegre en el que lo contempla.

¿Por qué nos impresiona tanto este fenómeno? Los factores de búsqueda parecen ser la reunión de todos los colores básicos y la vastedad del arco, en adición a su terminación elusiva. ¡Ah! ¡Poder contemplar un arco iris!

Para mí, el aspecto más hermoso del arco iris es que es un símbolo de la promesa de Dios. Nosotros, los escritores, hemos tratado en vano de describir la esencia del arco. Los artistas han trabajado diligentemente con diferentes medios para capturar la señal admirable, como también los fotógrafos, pero al final todos estos esfuerzos son solamente un pobre reflejo del original.

Una descripción japonesa del arco iris es: "El puente flotante al cielo". ¡Me gusta eso! Es como una conexión de su pacto con nosotros, los humanos.

¿Recuerdan la canción infantil "Cristo quiere que yo brille"? Así es cómo me siento acerca del arco iris. Me gustaría ser un arco iris viviente, para atraer a otros a él. Pero no necesitamos ser un gran espectáculo para hacerlo. Así como se encuentran arco iris en otros lugares diferentes del cielo, pueden ser como pequeños arcos iris sorpresas, que se encuentran en el agua que danza en una fuente, o en el spray de una manguera de agua, o en una ola que rompe en contra de una roca sobresaliente, o en la caída de una catarata de agua o hasta en una sola gota de lluvia.

"Sí, Señor, hazme como un arco iris en una gota de agua, si no puedo ser otra cosa, para traer gozo a otros, para traer gloria a tu nombre".

Existe otro arco iris que deseo ver, el que nos describen los escritores de la Biblia Ezequiel y Juan. Juan lo llamó una joya: "Y había alrededor del trono un arco iris, semejante en aspecto a la esmeralda" (Apoc. 4:3). Si existe alguna forma de capturar un arco iris, ¡ésta es la que planeo tocar!

Tengo una sugerencia: la próxima vez que veas un arco iris, ¿por qué no renovar tu pacto personal con él? ¡Esto nos transformará a todas en arcos iris vivientes!

BETTY KOSSICK

20 de abril

Pobre pensamiento

Jehová te pastoreará siempre, y en las sequías saciará tu alma, y dará vigor a tus huesos, y serás como huerto de riego, y como manantial de aguas, cuyas aguas nunca faltan. Isaías 58:11.

"CULTIVANDO EL JARDÍN DE DIOS" fue el lema del retiro de un día para mujeres. Comenzando con un estudio de la naturaleza y la exposición de nidos de pájaros, el día continuó con un enfoque en crecer como mujeres cristianas de la misma manera que crece un jardín. Como un regalo de despedida, nos dieron a todas una planta de pensamientos para colocar en nuestros jardines. El alegre pensamiento nos recordaría que debíamos crecer donde estábamos plantadas.

Yo elegí una planta con un brillante pimpollo amarillo, que estaba saludable y prometía un crecimiento vigoroso. Al llegar a casa aquella noche, lo coloqué en la tapa del canasto de desperdicios de nuestro pasillo abierto. Allí lo dejé por varios días, solo y olvidado. Días más tarde, vi cuán necesitado estaba de agua. Los tallos y las hojas estaban marchitos, y la preciosa flor amarilla había inclinado su cabeza, como sedienta por agua viviente. Me había olvidado de cuidar mi pobre pensamiento.

Mientras lo sostenía sobre la pileta de la cocina y derramaba agua en la maceta, el suelo sediento bebió cada gota. Mientras observaba cómo se absorbía el agua, me di cuenta de que la planta necesitaba estar en un contenedor donde se pudiera absorber de una fuente continua. Colocando la maceta dentro de un vaso de agua, había asegurado que la planta continuara bebiendo. El pobre pensamiento puede una vez más mantener su cabeza en alto. El plantarlo en el rico suelo de mi jardín permitirá que crezca y hunda sus raíces profundamente en la tierra, para conseguir la humedad necesaria.

Me pregunté a mí misma: "*¿Hay veces en las que he olvidado a mis amigas y las he dejado luchando mientras ansiaban una gota de agua de bondad y alegría?*" Algunas veces yo también me siento sola y olvidada. La cura para esos momentos de soledad es levantar el teléfono y llamar a una amiga o una vecina. A menudo descubro que he elegido llamar a una amiga que, así como yo, se está sintiendo sola o luchando para mantener su cabeza en alto en medio de los problemas. Como resultado de dar palabras de ánimo, yo recibo un buen riego para el jardín de mi alma, que me anima y restaura el placer de vivir.

EVELYN GLASS

Ajustarse para estar con Dios

En su brazo llevará los corderos, y en su seno los llevará. Isaías 40:11.

NOSOTROS TENEMOS LARGOS ASIENTOS acolchonados en nuestra iglesia, y aunque no son tan cómodos como podrían ser, ofrecen algunas ventajas distintivas. Cuando tenemos muchos amigos que vienen a la iglesia con nosotros, podemos seguir amontonándonos ¡hasta que entramos todos! Cuando limpiamos la iglesia, es más fácil barrer alrededor de los bancos que alrededor de un montón de patas de sillas. Pero, lo mejor es que es más fácil ajustarse o acomodarse más cerca que cuando estamos sentados en sillas individuales.

Mis dos hijos menores son varones, y cuando ellos vienen a sentarse cerca de mí en la iglesia, les gusta que me siente entre los dos. Mi hija, Bethany, es más grande ahora, y siempre desea sentarse con sus propias amigas en la siguiente hilera. En algunos aspectos esto es bueno, porque solo tengo dos lados, y mi esposo, pastor, no siempre puede sentarse con nosotros.

Aunque Nathan y Joel tienen 10 y 13 años, les gusta acomodarse cerca de mí, especialmente durante la oración. Durante tres años estuve muy enferma y no podía arrodillarme con facilidad para orar, así que permanecía sentada. Los muchachos se acomodaban cerca, y yo colocaba mis brazos a su alrededor. Supuse que con el tiempo madurarían y dejarían este hábito, pero no lo hicieron. Comencé a preguntarme si estaba haciendo bien o si debía hacerlos arrodillar para orar, aun cuando yo no podía.

Entonces, un día, una mujer en mi iglesia dijo:

–¡Me encanta la forma en que sostiene a sus muchachos durante la oración! Es una hermosa idea. Piense tan sólo que, dondequiera que oren, ellos van a recordar el sentimiento de ser amados, estar seguros y ser sostenidos cerca de su corazón. Esa es justo la forma em que Dios desea que nos sintamos cuando hablamos con él.

Nunca había pensado en esto de esa forma. Y sí, ¡ella tenía razón! Hasta el día de hoy, mis muchachos siguen arrellanándose a mi lado en la iglesia durante la oración. Yo no los detengo, ni me siento mal. Mientras nos acomodamos cerca, pienso en cómo Dios nos sostiene cerca también, y de alguna manera abre una dimensión completamente nueva a nuestras oraciones.

Hoy, cuando ores, imagínate siendo sostenida cerca del corazón de Dios, acariciada, segura y amada. Háblale a él como lo harías si él se encontrara allí mismo, sosteniéndote cerca, y entonces experimenta su amor por ti en una manera nueva y fresca.

KAREN HOLFORD

22 de abril

Fajas y oraciones contestadas

Clama a mí, y yo te responderé, y te enseñaré cosas grandes y ocultas que tú no conoces. Jeremías 33:3.

CUATRO MESES DESPUÉS DE HABER dado a luz a mi primer hijo, todavía me encontraba luchando para sacarme de encima cinco kilogramos y un panza muy poco atractiva. Durante semanas había mirado propagandas acerca de una nueva faja "milagrosa", que en diez días haría desaparecer mis kilos de más.

Finalmente, junté coraje para ir al negocio y ver de qué se trataba. Mi sobrina, que también estaba tratando de perder algún peso, después de su segundo embarazo, me acompañó. El arreglo era que yo la iba a usar primero y, si daba resultado, entonces ella la iba a probar. Encontramos el negocio, y me paré frente a la vidriera, tratando de decidir si debía invertir tanta cantidad de dinero en una faja que no estaba segura de que funcionara. La vendedora, dandose cuenta de mi dilema, se acercó y comenzó a recitar los beneficios de la particular faja que estaba observando.

Me volví hacia ella momentáneamente mientras leía la información en la caja. Todavía tratando de decidirme, examiné la faja desde cada ángulo posible, y traté de imaginar si realmente cumpliría con todas sus promesas. Entonces, me volví a la vendedora, la miré directamente a los ojos y pregunté:

–¿Funciona realmente esta cosa?

Ella asintió enfáticamente:

–Sí, sí; realmente funciona.

Mi sobrina observaba confusa, mientras yo le agradecía a la mujer y salía con las manos vacías. Esperé hasta que nos encontrábamos a una distancia segura; entonces le expliqué.

–Esa joven, a cargo de la venta de esa faja milagrosa, ¡tiene unos diez kilos de sobrepeso! Si ella cree tanto en el producto que representa, ¿por qué no lo ha probado? ¿O lo ha hecho?

De regreso en casa aquella noche, reproduje la situación en mi mente. Algunas veces, como cristianos, somos la peor propaganda posible: si la oración es tan maravillosa, ¿por qué gastamos tanto tiempo corriendo por delante de Dios y lamentándonos por lo inevitable, cuando todo lo que él nos pide es que coloquemos eso, lo que sea, en sus manos y se lo dejemos?

¡La oración funciona! "Gustad, y ved que es bueno Jehová" (Sal. 34:8). Entonces, cuando otros preguntan la razón de la liviandad en nuestros pasos, podemos ser testimonios vivientes de cuánto desea Dios bendecirnos, si tan solo se lo pedimos.

DINORAH BLACKMAN

Justo cuando uno lo necesita más

Y el mismo Jesucristo Señor nuestro, y Dios nuestro padre, el cual nos amó y nos dio consolación eterna y buena esperanza por gracia, conforte vuestros corazones, y los confirme en toda buena palabra y obra. 2 Tesalonicenses 2:16, 17.

EL ÁREA DE ESPERA ESTABA todo menos desierta, cuando me llamó la atención una mujer contrariada. Desde mi asiento en una mesa cercana, pude escuchar sus ruegos desesperados, aún incrédula de que no podría subir al avión. Se inclinó pesadamente sobre el mostrador para recobrar su aliento, después de correr a la puerta. Sus bolsos permanecían desparramados donde ella los había arrojado. En forma alternada reñía con el agente y con ella misma por haber perdido su vuelo. Instintivamente oré por esta mujer, esperando que pudiera lograrlo, pero he aquí que se dio media vuelta y se sentó.

Mientras comía mis papas fritas y observaba a los demás viajeros, le pedí a Dios que me mostrara a alguien que estuviera todavía de su lado. La respuesta de Dios me sorprendió. ¿Te han llamado alguna vez para relacionarte con un extraño cuando te encontrabas a cierta distancia? ¿Has pensado: "*¿No es suficiente la oración intercesora?*".

Luego de pensar: "*¿Qué me estás pidiendo que haga?*", me encogí de hombros. Bueno, total ¿qué tenía para perder? Deshaciéndome de las papas fritas que me quedaban, me aproximé orando a la mujer enojada. Para entonces se encontraba en el teléfono, insultando y llorando su historia a alguna oreja conocida. No había nada que pudiera hacer hasta más tarde aquella noche. Esperé hasta que terminó, y entonces, respetuosamente, le dije que había escuchado su situación difícil. Mientras ella comenzaba a volcar su historia otra vez, la detuve y le pregunté si me permitía que le cantara una canción. Ella se sorprendió un poco, pero accedió y me ofreció un asiento a su lado. Le canté una versión modificada del himno "Cuando te quiero", personalizando algunos versos para su situación. ¡Qué momento grandioso! Ella secó sus ojos, y yo permanecí sentada deleitándome en la gracia de Dios, que me había fortalecido para esta misión tan singular.

Hablamos abiertamente entonces, acerca de su vida, sus preocupaciones, y de las promesas de Dios. Ella sacó un Nuevo Testamento de bolsillo ¡que estaba llevando consigo! Ella era la que todavía estaba en el lado de Dios, alguien que necesitaba que Dios interviniera y le recordara su amor, así podría confiar en él, aun cuando hubiera perdido su avión.

¡Puede ser que te sientas sorprendida por las respuestas de Dios a tus oraciones hoy! Lo que sea que te impulse a hacer hoy, ¡hazlo con fidelidad! ¿Qué perderías? ¡Él está con nosotros, cuando más lo necesitamos!

JANEL RAELENE PALMER

24 de abril

Un salto de fe

Es pues, la fe la certeza de lo que se espera, la convicción de lo que no se ve.
Hebreos 11:1.

CON MI ESPOSO, VIAJAMOS por sendos motivos, por negocio y por placer, y cuandoquiera que visitamos otra ciudad, una de nuestras atracciones turísticas favoritas es el zoológico local. Recientemente nos encontramos en la hermosa San Diego, hogar del zoológico mundialmente famoso, así que nos tomamos tiempo libre para disfrutar un día allí. Compramos pases para un ómnibus que hacía el recorrido, y viajamos entre una variedad de corrales de animales y áreas de paisajes. Notamos que los canguros estaban encerrados en un área con una pared de retención baja, de alrededor de un metro, y una zanja con poca agua justo del lado de adentro de la pared. Como los canguros son conocidos como extraordinarios saltadores, le pregunté al guía cómo podían mantener a los animales en ese encierro de paredes tan bajas.

–Los animales no saltarán si no pueden ver el suelo afuera del corral –fue su respuesta–; así que, en tanto que no puedan acercarse lo suficiente al cerco como para ver el suelo, no tratan de saltar afuera.

Tan pequeño impedimento hacia la libertad, sin embargo; ¡daría lo mismo si tuviera un kilómetro de altura! Los animales permanecían en su prisión porque no podían ver un suelo sólido afuera.

Vi muchas otras cosas aquel día, pero ese escenario permaneció conmigo. ¿Cuántas veces no hemos actuado porque no vemos el suelo más adelante? ¿Estamos trabadas con raíces porque tememos fallar? ¿Dudamos de que Dios pueda alcanzarnos si caemos?

He descubierto que, algunas veces, cuando estoy temerosa de seguir adelante con un nuevo proyecto o de probar algo diferente, es porque no lo he encomendado a Dios y obtenido su aprobación. Puede ser que se trate de algo que no es lo que más me interesa. Pero, generalmente el temor a lo desconocido es el culpable, o dudar de mí misma.

La forma más segura y efectiva de conquistar la duda es con acción. Nuestros primeros pasos pueden ser tímidos o endebles, o podrían hasta parecer insignificantes. Pero la mejor forma de llevar a cabo un tarea es comenzar, aun si no podemos ver claramente el camino que está por delante. Mientras comenzamos a avanzar, nuestras dudas comienzan a desaparecer. El coraje, tal vez hasta la confianza, comenzará a reemplazar el temor. No solamente tendremos la satisfacción de lo realizado, sino también el deseo de alcanzar mayores logros llegará a ser una parte de nosotras. No permitamos que el temor y la incertidumbre paralicen nuestras acciones. ¡Da un salto de fe, y vuela!

FAUNA RANKIN DEAN

25 de abril

La casa de papá

Dejad a los niños venir a mí, y no se lo impidáis; porque de los tales es el reino de Dios. Lucas 18:16.

CINCO SEMANAS ATRÁS, con mi esposo partimos para lo que pensábamos que sería una vacación de dos semanas. Manejamos hasta la costa para visitar a nuestro hijo y su familia, que se habían mudado recientemente allí. Durante sus dos primeros meses en aquella localidad, vivieron en cuatro lugares diferentes: dos semanas de inactividad, entonces diez días en la casa de un amigo, luego dos noches en un hotel y, finalmente, un mes en una pequeña suite. Se haría septiembre antes de que pudieran ocupar su casa.

Todos se estaban sintiendo estresados, especialmente nuestra nieta de 2 años de edad, Meagan. Había dejado de ser la niña feliz que habíamos conocido. Por sus frecuentes explosiones de mal genio, se había hecho evidente que se encontraba totalmente de mal humor. Mi hijo tenía que comenzar a trabajar inmediatamente, así que su esposa tenía que lidiar con sus hijos sola. Percibimos que necesitaba un descanso, y cuando le ofrecí permanecer dos semanas adicionales, mi nuera aceptó agradecida. Eso significaba que mi esposo tendría que regresar a casa solo.

Dos semanas más tarde estábamos todos juntos en nuestro hogar por un fin de semana largo. Nuestra nieta había tomado bien el vuelo, pero ¿cómo reaccionaría a tener que dormir una vez más en otra cama ajena? Aquella primera noche, ella se sentó, miró alrededor y dijo:

–La casa de papá –entonces se acostó en la almohada y quedó dormida.

Al día siguiente, se sentó tranquila en el culto con sus tíos.

Era un hermoso día de otoño, así que decidimos tener nuestro almuerzo de sábado en el nuevo muelle. Mientras hacíamos la comida con mi nuera, Meagan estaba ocupada jugando con sus animales de felpa. Habían pasado dos meses desde que sus tíos la habían visto, así que le llovieron besos y abrazos. Me sentía asombrada al ver cuán contenta estaba ella, aunque nuestro hogar no le fuera familiar. Mi esposo llegó a la conclusión de que ella estaba más contenta cuando tenía a todos sus parientes a su alrededor. Demasiado pronto pasó el fin de semana, y todos habían partido.

"Los niños reconocen cuando son amados", me dijo mi médica aquella semana, cuando le hice una visita de rutina. Esto me recordó cómo les gustaba a los niños estar con Jesús. Los discípulos deseaban despedirlos, pero Jesús los invitó para que vinieran con él. Los tomó sobre sus rodillas y los bendijo. Ellos estaban contentos. Sabían que eran amados. ¿Lo sabemos nosotras?

VERA WEIBE

26 de abril

Jehová es mi pastor; nada me faltará

¿A quién tengo yo en los cielos sino a ti? Y fuera de ti nada deseo en la tierra. Salmo 73:25.

A MI HIJA DE 8 AÑOS no le gustan los cambios. Para ella es muy estresante si se le cambian los muebles de lugar o se renuevan las cortinas. Su hermana mayor se queja a menudo que ella cita el Salmo 23 para apoyar su necesidad de que todo permanezca igual.

Una tarde, la llevé conmigo mientras hacía algunos mandados de último momento en un centro comercial. Al pasar por un negocio de ramos generales, me detuve frente a la sección de loza muy bien arreglada. Una vocecita muy clara, a mi lado, murmuró:

–Jehová es mi pastor; nada me faltará.

Entendí el mensaje, y seguimos adelante. Me llamó la atención un estante con velas perfumadas. Mientras estiraba el brazo para alcanzar una particularmente hermosa, otra vez escuché un suave susurro:

–Jehová es mi Pastor; nada me faltará.

Y así continuó a través del negocio. Con su ayuda no tan tenue, dejé el negocio con las manos vacías. Cuando fuimos al negocio de venta de mascotas, sin embargo, fue una historia muy diferente. Teníamos que conseguir algo para el perro, un nuevo juguete para el pájaro y maíz para los hámsteres.

–Y ¿dónde quedó "Jehová es mi pastor; nada me faltará"? –quise saber.

–Pero, mami, yo soy su pastor. Ellos necesitan estas cosas. Dependen de mí –su pequeña voz era insistente.

Me di cuenta de que su argumento, aunque muy torcido a su favor, dada la situación, tenía una aplicación más amplia. Recordé una cita del libro *El discurso maestro de Jesucristo*: "Tenemos el privilegio de pedir por medio de Jesús cualquier bendición espiritual que necesitemos, con la sencillez de un niño. Podemos exponerle nuestros asuntos temporales, y suplicarle pan y ropa, así como el pan de vida y el manto de la justicia de Cristo" (p. 113).

Mi pequeña hija me había recordado que así como sentía que las mascotas dependían de ella para su cuidado, protección y entretenimiento, nosotros también debemos depender de Dios para suplir todas las perplejidades de la vida. Porque él es nuestro Pastor, a pesar de nuestros deseos, no tenemos necesidad de absolutamente nada.

Padre Dios, ayúdanos en todas nuestras elecciones a darte el control absoluto. Recuérdanos que debemos confiar en tu habilidad para resolver las cosas y que podamos entregarte hasta la administración de las cosas más triviales.

JANET M. GREENE

27 de abril

Atrapada en el barro

Y me hizo sacar del pozo de la desesperación, del lodo cenagoso, puso mis pies sobre peña, y enderezó mis pasos. Salmo 40:2.

CON MI ESPOSO, RON, acabábamos de pasar un día glorioso en el santuario de pájaros de Point Calimere, en la costa oriental de la India. Miles de aves acuáticas, patos, cigüeñas y garzas llenaban las tierras anegadas de la costa. Masas de flamencos, agrupados juntos, volvían el agua rosada. Cuando todos salían volando al mismo tiempo, era suficiente como para quitarnos el aliento. A la luz del sol, sus alas resplandecían blancas, rosas y negras en contra del cielo azul.

Para poder observar más de cerca, caminamos por los cenagales y, para cuando regresamos al auto, noté que mis zapatos estaban revocados con barro. Me sentía cansada, y no tenía ganas de caminar los pocos metros hasta la orilla para lavarlos. Cerca del auto, a no más de seis metros de distancia, había un charco de agua, o así me pareció. Pisé dentro de un barro negro que actuaba como arenas movedizas, chupando mis pies hacia abajo. Cuando traté de sacar un pie afuera, el otro se hundió más todavía en ese lodazal inmundo. No pude encontrar nada para aferrarme. No veía la forma de salir de este desastre.

–¡Ayúdenme! –grité.

Manuel, nuestro chofer, llegó primero. Desde el suelo firme del angosto sendero, se estiró y me sostuvo firmemente de la mano derecha, y tiró con fuerza. En pocos momentos me encontraba parada sobre suelo firme una vez más.

Ahora estaba más sucia que nunca. Fui hasta la orilla y traté de lavar la masa pegote, pero no salía. Tuve que cambiar mis ropas, medias y zapatos, antes de poder entrar otra vez en el auto. Los zoquetes blancos que había tenido puestos estaban negros. No pude imaginar ningún detergente que pudiera volverlos blancos otra vez, así que los tiré. Mis *jeans* todavía están manchados hasta las rodillas.

Seré muy cuidadosa desde ahora en adelante al seleccionar dónde lavaré mis pies. Las cosas no siempre son como lo aparentan. Una solución rápida no es siempre la mejor. Estas, y muchas otras lecciones, las escribí en mi diario aquella noche.

Probablemente, la parábola más clara para mí, sin embargo, fue que cuando nos llegan momentos como este en la vida, cuando quedo atrapada en el pozo cenagoso del pecado, no hay forma de poder salir por mí misma. Perecería de no tener ayuda. Entonces, cuando clamo: "¡Jesús, ayúdame!", él me alcanza con sus brazos de amor y asienta mis pies una vez más en la sólida roca de su salvación.

DOROTHY EATON WATTS

28 de abril

Atesora el momento

Sobrellevad los unos las cargas de los otros, y cumplid así la ley de Cristo.
Gálatas 6:2.

EL SEGUNDO MARTES DE cada mes, cuando las mujeres cristianas de todas las iglesias en nuestra área se reúnen para una comida, es un momento especial para muchas de nosotras. Siempre tenemos una expositora invitada con un mensaje inspirador, una presentación especial, un momento de amistad y selecciones musicales para elevarnos después de la comida.

A menudo me siento con las mismas mujeres cada mes, pero un día, una persona que no había visto antes se sentó a mi lado. Siempre nos colocamos pancartas con nuestro nombre, y rápidamente noté que compartíamos, con esta dama, nombres similares. Mientras conversábamos, descubrimos que ambas habíamos pasado algún tiempo viviendo en los mismos países extranjeros. Ella y su esposo estaban planeando construir su hogar, para los años de la jubilación, en el futuro próximo. Era una persona muy placentera, y las demás en nuestra mesa disfrutaron de conocerla también. Esta era la primera vez que ella asistía al lunch del Club de Mujeres Cristianas.

No nos dijo nada acerca de su salud, pero yo noté que estaba caminando con un bastón. Cuando hicimos la fila para buscar nuestros alimentos en la mesa del bufé, yo la ayudé a caminar, pues iba a ser difícil para ella llevar su plato mientras utilizaba su bastón. Aceptó gustosa mi ayuda, pero fue todo en un tono muy suave. No fue sino hasta cuando estábamos casi listas para irnos, que me enteré de que ella era católica, mientras que yo era protestante; pero eso no disminuyó nuestra amistad recién iniciada. No pude evitar desear que ella se sentara en nuestra mesa otra vez al mes siguiente.

Los días volaron, y era casi la fecha para nuestro lunch otra vez. Mientras estaba dándole una mirada a nuestro diario local un día, por alguna razón me encontré a mí misma revisando los obituarios. *"Es bueno que no haya nadie que yo conozca"*, pensé. Pero entonces, al mirar más detenidamente, vi el nombre de mi nueva amiga. ¡Qué golpe! No teníamos idea de que ella se encontraba con una enfermedad terminal, y quizás hasta ella no había tenido idea de que le quedaba tan poco tiempo. Al siguiente almuerzo, compartí esta triste noticia con mis otras amigas en la mesa, y fue un momento solemne para todas nosotras. No habíamos pensado que nunca más podríamos tener la oportunidad de disfrutar de su compañerismo otra vez. Nos quedó la esperanza de que el tiempo que habíamos pasado juntas con ella hubiera sido un punto luminoso en su vida, como lo había sido en las nuestras.

Señor, ayúdame a hacer el mejor uso de cada momento, es mi oración hoy.

BETTY J. ADAMS

29 de abril

El pensamiento amarillo

Muchas mujeres hicieron el bien; mas tú sobrepasas a todas. Engañosa es la gracia, y vana la hermosura; la mujer que teme a Jehová, ésa será alabada. Dadle del fruto de sus manos, y alábenla en las puertas sus hechos.
Proverbios 31:29-31.

ALLÍ ESTABAN, mientras entraba en el parque de la playa de estacionamiento: una masa de pensamientos con pétalos color púrpura, siendo acariciados por la brisa de primavera. Y uno de pétalos amarillos brillantes se destacaba desde el medio del cantero.

Tuve que sonreír; parecía tan fuera de lugar y, sin embargo, tan hermoso, tan especial. Mientras seguía manejando pensé acerca de la gente que parece tan fuera de lugar, tan conspicua y, sin embargo, tan hermosa.

Pensé en los niños con necesidades especiales, al observarlos algunas veces en persona, algunas veces en la televisión. He notado que a menudo tienen muy hermosas sonrisas y actitudes. Los he observado en las olimpíadas especiales, tan felices con sus esfuerzos. Desearía que los participantes de las otras olimpíadas estuvieran tan contentos. He escuchado a más de una persona decir cuán especiales son estos niños, tan amorosos, pacientes, tan como el pensamiento amarillo en un campo de púrpura.

Pensé en las otras personas que han sobresalido en la multitud, dispuestas a ser diferentes y a marcar una diferencia: Juana de Arco, Rosa Parks, Sacajawea, Helen Keller o Aung San Suu Kyi, y tantas otras que son anónimas y no celebradas. Pienso en las miles de mujeres del siglo XIX que se opusieron al alcohol en sus ciudades y hogares, logrando la bendición de la prohibición.

En la misma centuria, estuvieron las mujeres que patrocinaron el sufragio de las mujeres, dando a las mujeres, en los Estados Unidos, el derecho de votar. Muchas de estas mismas mujeres hicieron campañas para mejorar escuelas, prisiones, instituciones de salud mental, y lucharon por la legislación del servicio social. Qué diferencia pueden producir las personas cuando están dispuestas a pararse y ser especiales.

Existen, por supuesto, mujeres en la Biblia cuyas acciones remarcables han sido registradas para darnos coraje: Débora, Ruth, Esther, Jael, las hijas de Zelofehad, todas las mártires, Priscilla, Febe y Lidia. Cuán feliz me siento por ellas y muchas otras que se encuentran en las Escrituras.

¿Qué sucede contigo, qué sucede conmigo? ¿Estamos dispuestas a ponernos de pie, a destacarnos y ser notadas, si esto podrá marcar una diferencia para otros? Sí, nosotras podemos parecer fuera de lugar, pero yo pienso que estaremos exactamente en el lugar en el que Dios quiere que estemos y para el que nos creó.

ARDIS DICK STENBAKKEN

30 de abril

Nuestro ángel con cabello de lana

Dios es nuestro amparo y fortaleza, nuestro pronto auxilio en las tribulaciones. Salmo 46:1.

EL PLAN ERA PASAR la noche en Atlanta con algunos amigos de la familia y tomar el avión a la mañana siguiente hacia Barbados. Habíamos planeado el viaje durante varios meses, y estábamos ansiosas y emocionadas de poder ver a mis padres y familiares. El día anterior al viaje hicimos revisar el auto, y el mecánico me aseguró que todo estaba bien para nuestro viaje de cuatro horas.

Nos encontrábamos a alrededor de una hora y media de nuestro destino, cuando el auto comenzó a disminuir la velocidad. Me mantuve apretando el acelerador, pero el auto terminó deteniéndose. Con mis tres hijas, estábamos asustadas: la noche era terriblemente oscura. Oramos a fin de que el Señor enviara a alguien para ayudarnos. Yo abrí el capó y les hice señales a los vehículos que circulaban, pero pasaban de largo. A nadie parecía importarle. Desesperada, decidí caminar hasta la salida más cercana, para pedir ayuda. Les dije a mis hijas que permanecieran en el auto y que no le abrieran la puerta a nadie. Mi segunda hija, temerosa de dejarme ir sola, vino conmigo. Hicimos señas a los conductores, pero ellos nos pasaban zumbando, casi haciéndonos volar de la banquina. Caminamos y oramos. De repente, paró un camión:

–Mujer, ¿está loca? ¿No sabe que es peligroso caminar en la autopista de noche?

El chofer se ofreció para llevarnos de regreso a nuestro auto y ver si podía arreglar el problema. Cuando regresamos, otro camión había estacionado detrás de nuestro auto, y el conductor estaba mirando debajo del capó. Los dos camioneros conversaron acerca de qué hacer; entonces, el conductor de cabello como lana nos dijo que el otro chofer nos ayudaría. Le agradecimos por rescatarnos. El otro camionero nos llevó hasta el teléfono más cercano, para llamar al servicio mecánico de emergencia. Cuando llegamos a la estación de servicio, el mecánico dijo que él había planeado salir de viaje antes, pero por alguna "extraña" razón no lo había hecho.

El camionero permaneció con nosotras hasta que nos arreglaron el auto, y entonces nos siguió con su camión por alrededor de ocho kilómetros, para asegurarse de que todo estuviera bien. Nunca recibimos la boleta del mecánico. En el medio de nuestro temor y preocupación, Dios proveyó la persona correcta en el momento correcto y en el lugar correcto para ayudarnos. Mis hijas experimentaron de primera mano que Dios contesta las oraciones. Él es verdaderamente nuestro pronto auxilio en las tribulaciones.

SHIRLEY C. IHEANACHO

1° de mayo

Agua viviente

Mas el que bebiere del agua que yo le daré, no tendrá sed jamás; sino que el agua que yo le daré será en él una fuente de agua que salte para vida eterna. Juan 4:14.

ERA UNA DE ESAS MAÑANAS calurosas y húmedas de Madagascar, que vuelven agrios los temperamentos con la elevación del mercurio. Podía ver al propio guarda del propietario y a su esposa teniendo una "conversación" animada. Me di cuenta de que no se trataba de una conversación marital común. Dominick, de maneras suaves, estaba siendo arengado verbalmente, mientras le daba a Gina el tratamiento del silencio.

No era un lindo cuadro, esta exposición pública de un asunto obviamente privado. Gina finalmente salió hacia el mercado con un dramático desaire, y nuestro patio quedó tranquilo una vez más.

Una hora más tarde, traté de concentrarme en mis devociones mientras un rítmico *clip, clip* flotaba a través de la ventana abierta. Dominick estaba cortando su propio pasto con tijeras de podar. El recuerdo de su presencia me hizo elevar oraciones en una dirección más específica:

"Señor, no sé lo que anda mal entre Gina y Dominick; pero, por favor, ayúdalos a enmendarlo pronto. No tengo idea de cómo ser un testigo aquí. ¿Cómo puedo mostrar tu amor cuando ni siquiera les puedo hablar?"

–Dale un vaso de agua fresca –fue tan claro como si alguien lo hubiera dicho en voz alta.

Me empecé a reír de solo pensar en la simplicidad de la idea. ¡Por supuesto! En un día sofocante como este, ¿quién no apreciaría un vaso de agua?

Saboreé la inusual conciencia de que Dios había contestado mi oración tan rápido, tan específicamente y en una forma tan práctica. Minutos más tarde me dirigí al patio del frente, con una jarra de agua helada en la mano.

–Dominick, esto es para ti –le dije en mi vacilante francés, apoyando la jarra en un escalón cercano.

Él esbozó una sonrisa tímida, pero continuó con su trabajo.

Varias horas más tarde, cuando regresé de la ciudad, Dominick apareció detrás de la esquina y me dijo, en francés:

–¡Gracias!

Con una sonrisa, me alcanzó la jarra ahora vacía y se apresuró a seguir carpiendo con la azada.

Dios no tenía un gran drama en mente. Este no fue un evento de cambio de vida. Pero, aunque él no lo sabe, Dominick bebió del Agua Viviente aquel día, y yo espero derramar más sobre él en los meses y años venideros.

KIMBERLY BALDWIN RADFORD

2 de mayo

El picaflor

Cosas que ojo no vio, ni oído oyó, ni han subido en corazón de hombre, son las que Dios ha preparado para los que le aman. 1 Corintios 2:9.

ME ENCANTA TRABAJAR EN MI JARDÍN. Con mi esposo debiéramos haber colocado regadores varios años atrás; nos hubieran ahorrado un montón de tiempo. Lo pensábamos cada vez que veíamos a nuestros vecinos añadiendo esta comodidad en sus céspedes, pero por varias razones postergamos el método más fácil de riego y continuamos cuidando nuestro patio con una manguera de jardín.

Estoy contenta de que hayamos decidido permanecer "a la antigua", porque ahora que estoy cerca de jubilarme disfruto mis momentos temprano en la mañana y al final de la tarde, cuando observo el césped absorber su bebida refrescante, abriéndose en largas briznas a la suave luz del sol y del agua. Pareciera volverse un poquito más verde justo delante de mis ojos.

Fue en una de esas mañanas, mientras estaba observando desarrollarse este cambio interesante en el césped, que escuché un zumbido inusual. Seguí manteniendo parejo el flujo del agua, mientras escuchaba con más atención el curioso sonido ¿De qué se trataba esto y dónde estaba? En unos segundos, me di cuenta de que se encontraba al nivel de mi hombro, y provenía de mi derecha. Lentamente volví mi cabeza, para mirar a un precioso picaflor de garganta rubí batiendo sus pequeñas alas varios cientos de veces por minuto, mientras revoloteaba a un poco más de un metro de distancia de donde me encontraba.

Me resultó una sorpresa tan placentera, que comencé a hablarle suavemente:

–Hola, querido; ¡eres tan hermoso!

En lugar de asustarse con mi voz, el pequeño picaflor decidió moverse más cerca para verme mejor. Pronto había maniobrado acomodándose a medio metro de distancia, y tuve que resistir el deseo de tocar aquella pequeña forma. Demasiado pronto concluyó la magia, y mi pequeño amigo ascendió y se alejó.

Dios me enseñó una hermosa lección aquella mañana. Había tenido un minúsculo anticipo del cielo. Allí las criaturas vivientes nos entretendrán sin temor. Las hermosas aves descansarán en nuestro hombro; mansos leones y tigres de buena disposición vendrán en respuesta a nuestro llamado. Nuestros pequeños jugarán con osos de temperamentos dulces y alimentaremos con uvas a los amigables cocodrilos. Los ángeles contestarán muchos cómos y por qués y, lo mejor de todo, Jesús estará allí.

Señor, ¡apresura el día! MILDRED C. WILLIAMS

El amamantamiento de nuestro Padre celestial

¡Cuántas veces quise juntar a tus hijos, como la gallina junta a sus polluelos debajo de las alas, y no quisiste! Mateo 23:37.

DE ACUERDO CON LA LIGA Internacional La Leche (LLLI), el amamantamiento es una forma de arte; por lo tanto, el título de su libro es El arte femenino de amamantar. Como madre que amamanta a mellizos de 3 meses, Joshua y Hannah, difícilmente piense de mí misma como una artista extraordinaria. En realidad, nuestros "frenesíes" cuando llega la hora de alimentarlos (con mi esposo llamamos, amorosamente, a nuestros hijos: "Seis comidas más por día") son todo menos obras de arte.

Luego de haber experimentado esta forma de arte, yo pensé que la LLLI debería renombrar su libro como *El arte divino de amamantar.* Aunque la imagen de nuestro Padre celestial amamantando a sus hijos puede parecer inusual, estoy convencida de que él ha creado este milagro como otra manera singular de revelar su relación con sus hijos; una metáfora infinitamente brillante.

Mientras acomodo a Hannah y a Joshua para su mamada, recuerdo que es Dios quien inició nuestra relación, en nuestro estado frágil y vulnerable de pecado; él nos amó primero, y entonces su bondad nos guía a arrepentirnos, reconciliándonos por su gracia en una relación con él. ¡Qué mensaje salvador y simple nace de acomodar a mis hijos en mi regazo!

Algunas veces, durante la alimentación, nuestros bebés responden a su estómago hambriento con caras rojas, ojos cerrados, bocas abiertas y sacudiendo sus cabezas furiosamente, desesperados por solucionar su hambre. De la misma manera, nuestros corazones claman vacíos y, sin embargo, tan a menudo obcecadamente rehusamos someternos a la paz que se puede encontrar en el Espíritu de Dios, que nutre plenamente. Yo sé cuánto deseo guiar a mis hijos a la paz. ¿Cómo se debe sentir Dios?

Ocasionalmente, uno de nuestros dulces bebés buscará insistentemente su alimento en la dirección opuesta al premio. No es hasta después de que han protestado agitados y llorado que los puedo guiar de nuevo en la correcta dirección. ¿Cuántas veces ha abierto Dios mis ojos para revelarme que he perdido el rumbo y que necesito una nueva provisión de gracia?

Dios anhela cobijarnos debajo de sus alas, para protegernos. A través del arte divino de amamantar, Dios me revela diariamente que nosotros somos como bebés vulnerables, obcecados, perdidos, con la necesidad del poder sustentador del amamantamiento de nuestro Padre celestial.

JOELLE ASHLEY

4 de mayo

No nos cansemos, pues, de hacer el bien

No nos cansemos, pues, de hacer bien; porque a su tiempo segaremos, si no desmayamos. Gálatas 6:9.

UN DOMINGO CUANDO entraba a la casa de Daisy, tuve la sensación de entrar en una atmósfera desagradable. Daisy, bañada en lágrimas, se quejó acerca de su familia. Siendo su vecina y amiga, podía entender bien su problema. Después de enseñar en la escuela, Daisy regresaba a casa para continuar enseñando a alumnos que necesitaban ayuda extra. Día tras día, trabajaba duro para alcanzar a cubrir los gastos. Ella estaba contenta de ganar algo extra para sostener a su familia. Sin embargo, en este domingo en particular, algo había salido mal. Y entonces no se pudo contener más. Como resultado, desahogó su frustración. Parecía ser que su esposo no había visto la importancia de celebrar su cumpleaños número 45, que había sido la semana anterior, ni siquiera con alguna atención especial de su parte. Ella, hasta había comprado una torta para facilitarle a él las cosas. Morando bajo esta frustración, se sentía rechazada, y esto la hizo pensar que todo su arduo trabajo por la familia era en vano y que no valía la pena.

¿Se sienten otras madres algunas veces así, como Daisy? ¿Vale la pena sacrificar nuestros tiempo y energía por la familia, cuando aun en nuestro cumpleaños nadie parezca interesarse en nosotras? Mientras meditaba en el rol de una madre, leí una vez más Proverbios 31, que bosqueja lo que Dios espera de nosotras. De mi análisis, concluí que hay por lo menos una docena de expectativas.

Luego de este análisis pensé: "*¿Es posible, para mí, alcanzar este blanco? Pareciera insuperable para mí. La expectativa es tan grande hasta para intentar*". Sin embargo, decidí de acuerdo con el capítulo, que habrá buenos resultados si trato de cumplir mi rol como Dios lo espera: "El corazón de su marido está en ella confiado, y no carecerá de ganancias... Su marido es conocido en las puertas, cuando se sientan los ancianos de la tierra... Fuerza y honor son su vestidura; y se ríe de lo por venir... Se levantan sus hijos y la llaman bienaventurada; y su marido también la alaba: Muchas mujeres hicieron el bien: Mas tú sobrepasas a todas... La mujer que teme a Jehová, ésa será alabada... Y alábenla en las puertas sus hechos" (Prov. 31:11-31).

Dios, en su amor y preocupación por las madres, desea que nuestra estima "sobrepase largamente a la de las piedras preciosas" (vers. 10). Entonces, no es tan difícil cuando el dice: "No nos cansemos, pues, de hacer el bien; porque a su tiempo segaremos si no desmayamos".

ANNIE M. KUJUR

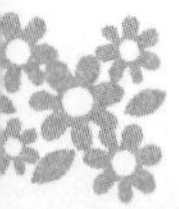

El gozo exuberante de Dios

Alégrense los cielos, y gócese la tierra; brame el mar y su plenitud. Regocíjese el campo, y todo lo que en él está; entonces todos los árboles del bosque rebosarán de contento. Salmo 96:11, 12.

ALGUNAS VECES ME PREGUNTO si el salmista padecía de trastorno bipolar. En los Salmos se exhiben cambios extremos de estados de ánimo, ¡desde el desaliento más profundo hasta la exuberancia! Pero me encanta la forma en que retratan a Dios, quien está dispuesto a absorber nuestra desesperanza, y entonces nos llena con la luminosidad de su gozo.

El gran naturalista Loren Eiseley nos dice que quedó atrapado en la playa en una tormenta repentina. Buscando refugio debajo de un pedazo grande de madera, se encontró a sí mismo de frente con un pequeño cachorro de zorro, demasiado joven como para conocer el temor. Juguetonamente, lo desafiaba a él a jugar a la mancha con un hueso de pollo. De ese entretenido encuentro, descubrió que en el corazón del universo "el rostro de Dios viste una sonrisa".

El bien conocido autor cristiano Philip Yancey describe una oportunidad en que se hizo amigo de tres cachorros de zorro cerca de su hogar en Colorado, un verano. Lo seguían por todas partes, encantándolo con sus travesuras juguetonas y ofreciendo "un emocionante vistazo retrospectivo al Edén, cuando todavía no había surgido el temor".

Nunca podré olvidar una mañana temprana de sábado, cuando estaba caminando en los hermosos jardines botánicos cerca de nuestro hogar en Maryland. Al entrar en el jardín de hierbas, vi a un cuervo negro asentado en el borde del bebedero, mirando a su alrededor, como si estuviera esperando que alguien viniera y le diera un trago. Me detuve un momento, y entonces lentamente me aproximé hablándole en un tono suave y amigable. Me observó con cautela y, mientras me acercaba cada vez más, estiré el brazo para hacer salir agua. Por varios segundos puso su pico en la corriente de agua, y entonces salió volando perezosamente, ¡graznando en gratitud!

Mi sonrisa de puro deleite se hizo eco de la sonrisa que sentía en lo profundo de mi interior. Por un momento, yo también conocí la gozosa emoción que Adán y Eva debieron de haber conocido. Se despertó una gran hambre, en mi interior, por un mundo de placer inocente, el día cuando podamos olvidar nuestro amargamente ganado conocimiento del bien y del mal y gozar nuestra condición como criaturas de nuestro Dios y Rey, conociéndolo, gozándolo y adorándolo.

Querido Padre-Creador, ¡gracias por ofrecernos disipar las nubes negras del pecado y la culpa, y por llenar nuestros corazones con la dulzura de tu gozo y libertad! ¡Marantha!

CARROL GRADY

6 de mayo

Un día memorable

Pues a sus ángeles mandará acerca de ti, que te guarden en todos tus caminos.
Salmo 91:11.

ERA UNA MAÑANA BRILLANTE, soleada, de primavera, mientras me alistaba para un viaje corto, a fin de hacer compras cerca de nuestro hogar en una ciudad pequeña, en Illinois, EE.UU. Después de que mi esposo hubo salido hacia su trabajo y nuestro hijo se hubo ido a su escuela, yo arreglé nuestro hogar para que todo estuviera en orden cuando regresara. Luego de revisar nuestra habitación en la planta baja, me di vuelta para salir. Con una mirada retrospectiva, permanecí en la puerta para estar segura de que todo estuviera terminado y que no me hubiera olvidado de nada.

Repentinamente, un sonido fuerte y siniestro explotó en el silencio. Cuando miré hacia arriba, a la fuente de donde provenía el ruido, una larga sección del techo de la habitación quedó colgando. Con un estallido y un golpe, muchos pedazos grandes y pesados de revoque y listones de madera cayeron al piso, ¡dejando de alcanzarme por escasos centímetros!

Momentáneamente aturdida, contemplé la desastrosa escena. Era un milagro que no hubiera sido lastimada. Inmediatamente ofrecí una oración de agradecimiento a Dios por haberme protegido del peligro. Todavía conmovida, le notifiqué del incidente al administrador de la propiedad.

Descansé unos pocos minutos en la sala, en un esfuerzo por recuperar mi compostura. Entonces, tomé una pala y comencé la ardua tarea de limpiar la habitación una vez más, esta vez de su pila de escombros. Luego de haber terminado de limpiar la segunda vez, resolví no preocuparme tanto acerca de las cosas pequeñas, y salí en mi corta jornada ¡muy agradecida de poder hacerlo!

Aquella noche le anuncié a mi familia:

–¡Tuve una experiencia amenazadora y horrible hoy!

Mientras describía la experiencia a mi familia, todos agradecimos especialmente a Dios por su maravillosa protección hacia cada uno de nosotros, todos los días de nuestras vidas. Este había sido ciertamente un día memorable e inolvidable para mí. Muy a menudo nos olvidamos de dar gracias.

Querido Padre celestial, muchas gracias por tu vigilante cuidado diario, protección y guía sobre nosotros. Constantemente nos asombras con tu benignidad y amor. Manténos cerca de ti ahora con tus brazos protectores, y concédenos tu paz de acuerdo con tu voluntad. En el nombre de Jesús, amén.

ROSEMARY BAKER

Calva

Pues aun vuestros cabellos están todos contados. Mateo 10:30.

CONTINUÉ BUSCANDO EN MI concordancia, tratando de encontrar un texto de ánimo para una mujer; yo, en realidad, cuyo cabello se estaba cayendo de a puñados. Como la mayoría de los pacientes con quimioterapia, el día 14 después del primer tratamiento es el momento más común para comenzar a perder el cabello. ¡Y cómo lo estaba perdiendo! Primero leí: "Haréis descender mis canas con dolor al Seol" (Gén. 42:38). Sí, me estaba por entregar al dolor. En Salmo 40:12, David declaró que sus iniquidades eran más que el número de los cabellos en su cabeza.

Luchando con la depresión y el pánico, anuncié la pérdida de cabello, vía correo electrónico, a mis amigas más cercanas. Sus reacciones pronto llenaron mi casilla de correo electrónico. Una ex estudiante me escribió: "Usted ha sido siempre una hermosa mujer. Estoy segura de que la pérdida de su cabello no producirá ni un poquito de diferencia. Solamente tendrá algunos obstáculos menos para permitir que brille su espíritu". Otra me recordó: "Con o sin cabello, todavía seguirá siendo todo lo que es ahora: miembro de iglesia y música, esposa, mamá, amiga, hija especial y solícita. ¡Ninguno de estos papeles requiere cabello!"

Una ex colega me animó: "Tú eres una hermosa rubia, y serás una calva aún más hermosa, ¡porque no habrá nada que disminuya la luz que brilla desde adentro! Tú eres su hija, su hija amada. Casi puedo escucharlo riendo de deleite por la maravillosa sorpresa que está planeando darte, ¡tan sólo a la vuelta de la esquina!"

Mi hijo respondió: "Mamá, es bueno el hecho de que tienes una cabeza bien formada. [¿Cómo podría saberlo? Nunca me había visto calva.] Lamento no estar allí para barrer el cabello detrás de ti".

Miré por la ventana hacia afuera. A pesar del día gris, comencé a sonreír por todo el ánimo que Dios me estaba enviando a través de algunos de los suyos. Puede ser que tener un montón de cabello no sea algo tan importante. Después de todo, aunque Absalón tenía la cabeza con el cabello más hermoso del mundo, tampoco lo pudo salvar. ¿Y no nos prometió Cristo que su Padre siempre estaría atento a la cuenta del cabello de cada individuo; ya sea que tuviera cuarenta mil o cuatro miserables pelos? Eso significaba que él estaría conmigo a través de esta penosa experiencia.

Regresando a la pantalla de mi computadora, leí la última frase del correo electrónico de mi hijo: "Espero que te sea posible descansar en los brazos de Abba".

Y lo estaba.

CAROLYN SUTTON

8 de mayo

Tiempo de esperar

Bueno es Jehová a los que en él esperan, al alma que le busca. Bueno es esperar en silencio la salvación de Jehová. Lamentaciones 3:25, 26.

LOS PRIMEROS DOS TRIMESTRES de mi embarazo estuvieron llenos de gozo anticipado. Observando cómo crecía mi abdomen, sintiendo las protuberancias cuando palpaba mi abdomen y finalmente sintiendo los primeros movimientos de vida, eran todas señales de vida y gocé cada momento de ello.

Entonces llegó el tercer trimestre, y con él las molestias y los dolores, y movimientos más lentos y espalda curvada. Los últimos tres meses se tornaron en una espera eterna. La espera, en sí, se sentía como una carga penosa. ¡Oh, cuánto anhelaba poder aliviarla! Muchas noches deseaba que el bebé naciera ya, esa misma noche.

¿Qué habría sucedido si el bebé hubiera salido cuando yo lo había deseado? ¿Y si la naturaleza no hubiera seguido su curso y el bebé, también, se hubiera cansado de esperar y hubiera venido prematuramente? ¿Cuál habría sido la posibilidad de que sobreviviera?

Cuando miro hacia atrás, a mi impaciencia, agradezco a Dios por no contestar todas mis oraciones inmediatamente sino responderme con el pedido de que simplemente espere. Aun un corto período de espera puede parecer muy largo. Pero hay un tiempo para todas las cosas.

Algunas veces somos impacientes con Dios y deseamos que venga ahora, porque pensamos que estamos listas. Deseamos que él venga ahora porque deseamos un fin al dolor y a la falta de ley. Sin embargo hay mucha gente que no está preparada para su regreso.

Mientras esperamos, investiguemos su Palabra y sigamos aprendiendo acerca de él. Necesitamos identificar nuestros talentos y habilidades dados por Dios; y usarlos para bendecir a alguien. Puede ser que Dios esté esperando darnos una oportunidad. Puede ser que la espera sea para desarrollar nuestra paciencia.

Preparémonos hoy para esperar pacientemente en el Señor. Hagamos todo lo que está en nuestro poder para apresurar su retorno. Compartamos con otros su amor y su deseo de llevarnos al hogar para estar con él. Consolémonos en sus palabras: "Guarda silencio ante Jehová, y espera en él" (Sal. 37:7). Porque realmente "Bueno es Jehová a los que en él esperan".

GLORIA GREGORY

Planta de oración

Debemos siempre dar gracias a Dios por vosotros, hermanos, como es digno, por cuanto vuestra fe va creciendo, y el amor de todos y cada uno de vosotros abunda para con los demás. 2 Tesalonicenses 1:3.

LOS REGALOS QUE RECIBO DE MI SUEGRA son siempre hermosos; sigo apreciando las plantas de oración que ella me regaló varios años atrás. Las hermosas plantas vivientes son parte de mi destino, al menos así parece, de modo que estas dos nuevas plantas que fueran compartidas conmigo cuando comenzamos todo de nuevo en Oregon, son especiales.

En algún lado leí cómo cuidarlas. Una vez al año, dicen los expertos, hay que trasplantarlas a una maceta más grande y fertilizarlas. Pero habían pasado tres años, y las mías todavía crecían. Cada año perdían las hojas y les brotaban nuevas, y estaba decidida a trasplantarlas pronto, pero todavía no había encontrado el tiempo para hacerlo.

Finalmente, la semana pasada, mientras estaba trasplantando plantas de exterior, recordé mis olvidadas plantas de oración. Trayéndolas afuera, a mi área de macetas, busqué en vano macetas más grandes. Como no encontré ninguna, usé varias chicas y débiles. Cuando saqué las plantas de sus macetas, pude ver que sus raíces estaban entrelazadas, con raíces que crecían extensamente en la parte de afuera de los fondos de las macetas.

"*Humm*", pensé, "*estas pobres plantas necesitan espacio para expandirse*". Separé los distintos brotes y los pequeños bulbos que podrían formar nuevas plantas, y los coloqué en una nueva maceta. En cada una de mis macetas originales coloqué de nuevo un brote simple y saludable. ¡Había hecho seis nuevas plantas de las dos plantas de oración originales!

Cuán a menudo hago lo mismo con las cosas espirituales. Elimino el tiempo para orar y hacer mis devociones. Mientras tanto, corro de acá para allá, trabajando duro, pero todo por mí misma. Atada por las raíces; eso es lo que me sucede cuando no me conecto a la Fuente. Las pequeñas obras que hago nunca alcanzan su potencial verdadero, porque están hechas con mi propio poder, sin oración. Pero, cuando oramos, compartimos, y cuando compartimos viene la multiplicación de esfuerzo y crecimiento.

Ahora tengo el privilegio de compartir mis nuevas plantas de oración y sus lecciones espirituales con mis amigas. El próximo año, estoy planificando cuidar mis plantas de oración más a tiempo, y espero tener más para compartir. ¡Y me aseguraré de no olvidar la procedencia de mi poder para compartir!

BECKI KNOBLOCH

10 de mayo

Sorprendida por el gozo

Porque con alegría saldréis, y con paz seréis vueltos; los montes y los collados levantarán canción delante de vosotros, y todos los árboles del campo darán palmadas de aplauso. Isaías 55:12.

FUE CON TRISTEZA QUE la partera anunció la desagradable noticia: "La bebé nació muerta". La bebé fue envuelta en una frazada y colocada en una esquina de la habitación. Se necesitaba hacer los arreglos para su entierro. Su padre, que se encontraba trabajando en el extranjero en el momento de su nacimiento, no tendría la oportunidad de ver a su beba. Una anciana vecina, que había venido para animar a la joven madre, procedió a desenvolver el pequeño bulto. La bebé estornudó. Esto, según me cuenta mi madre, fue el comienzo de mi lucha por sobrevivir.

Como una bebé prematura, nacida a los 7 meses de gestación, viví en un país en desarrollo con limitadas facilidades médicas y con padres que tenían aún más limitadas habilidades financieras para acceder a los servicios médicos existentes. La vida era difícil para la familia.

Recuerdo que, como niña joven, siempre había temas acerca de mi salud. Contraje casi todas las enfermedades infantiles y se me etiquetó como niña enfermiza. No es para sorprenderse, por lo tanto, que haya gritado de alegría cuando celebré mi vigésimoprimer cumpleaños, cuando se alcanza la mayoría de edad en Inglaterra, donde vivía en aquel tiempo. Se dan cuenta, nunca esperaba vivir hasta la adultez.

Estaba sorprendida de gozo cuando llegué a ser madre, no una sino dos veces. Cada hito en mi vida ha sido celebrado con inestimable gozo, por el logro de que se me conceda otra oportunidad en la vida. Esto podría ayudar a explicar en parte el deseo insaciable que tengo de vivir la vida siempre apurada.

Cada mañana se nos concede la oportunidad de comenzar de nuevo. Este nuevo día, y el gozo inexpresable que trae, es un regalo gratuito de nuestro Salvador, dado a nosotros con amor. Depende de nosotros que lo aceptemos. Solo necesitamos invitar al Señor para que sea parte de nuestro día. Dense la oportunidad, hoy, de experimentar la presencia de nuestro Salvador. Pídanle que les conceda los deseos de sus corazones. "Deléitate así mismo en Jehová, y él te concederá las peticiones de tu corazón" (Sal. 37:4).

Como pecadoras, no siempre conocemos verdaderamente cuáles son esos deseos. Debemos, por lo tanto, confiar en él para que nos revele esa verdad. Entonces, espera pacientemente. ¡Tú también serás sorprendida por el gozo!

AVIS MAE RODNEY

Notable parecido

En esto conocerán todos que sois mis discípulos, si tuviereis amor los unos con los otros. Juan 13:35.

MABEL TENÍA SUS 90 años cuando nos conocimos, y su mente era aguda. Trabajaba como voluntaria en la unidad de pacientes estables en el hospital. Ella deseaba que su familia conociera la historia de su vida, así que me pidió que la ayudara a escribir su árbol genealógico.

Me sentí bendecida por este pedido, e hice de este proyecto una prioridad. Cuando la hija de Mabel y su familia vinieron desde Florida a visitarla, haciendo uso de tacto, pedí disculpas y me retiré, para que ellos pudieran visitarla en privacidad. Mabel insistió en que no me fuera.

–Tú estas siempre aquí para ayudarme; ellos no. Por favor, quédate –me dijo.

Yo me sentí fuera de lugar.

Le dije a Mabel muchas veces que si alguna vez me necesitaba, todo lo que tenía que hacer era llamarme. Sólo una vez me llamó por teléfono. Era en la víspera del domingo de Pascuas. Me dijo que ella pensaba que se estaba muriendo, y me pidió si podía por favor ir rápido. Hablamos con ella y oramos juntas, y regresé a casa a la medianoche.

Sonny, mi hijo autista, era muy especial para Mabel, y la hacía feliz cuando se lo traía para que la visitara. Era el séptimo cumpleaños de Sonny, un sábado, cuando Mabel falleció. Ajena a lo que había sucedido, fui a buscarla para cantar himnos el siguiente miércoles de mañana y vi que la placa con su nombre no estaba más al lado de su puerta. Mi corazón dio un vuelco, y le pregunté a una enfermera cercana:

–¿Murió Mabel?

Ella levantó la vista de su planilla y replicó:

–Falleció poco después de que terminaras la visita el sábado de tarde.

Sorprendida, le dije:

–Yo no estuve aquí el sábado. ¡Debes de estar confundida!

Se lo repetí tres veces, pero ella parecía no escucharme. Me sentí tan agobiada, que llamé a mi madre por teléfono para contarle lo sucedido.

Los ángeles son mensajeros espirituales enviados por Dios para proteger y consolar a los herederos de la salvación. Llegué a la conclusión de que Dios debió de haber enviado a un ángel guardián, para estar al lado de Mabel durante sus últimos breves minutos de vida, porque no había otros familiares o amigas allí. Si se puede percibir la presencia de los santos ángeles rodeándonos, cuánta seguridad se debe sentir, aun en el momento de morir.

DEBORAH SANDERS

12 de mayo

Bien hecho

Bien, buen siervo y fiel... entra en el gozo de tu señor. Mateo 25:21.

MI ESPOSO SE APROPIÓ de la sala de estar de nuestro sótano y la remodeló como su propio pequeño santuario electrónico. Como este era su proyecto, no tuve mucho para hacer con la remodelación, más que ayudarlo a seleccionar los colores y unos pocos muebles.

Mi profesión como diseñadora de interiores me mantiene en contacto cercano con otros en campos similares, así que consulté con pintores profesionales acerca de cuál era la mejor pintura para usar, explicándoles cuál era la pintura ya existente y el resultado final deseado. Armada con suficientes datos sobre los pinceles apropiados, rodillos, cinta y ropa para pintar, le pasé la información, paso por paso, a mi esposo.

Mi esposo, de más edad y más perfeccionista que aquellos que me aconsejaron, y más experimentado, decidió que como la habitación ya estaba pintada, el sellado era innecesario. Llegué a casa desde el trabajo varios días más tarde a una habitación hermosa y cuidadosamente pintada, y a un esposo cansado pero feliz, alabándose por su realización.

Una vez que estuvo instalada la alfombra, inspeccioné esta nueva fase de desarrollo. Noté, sin embargo, que se estaban descascarando pequeñas partes de la pintura de la moldura de adorno. No queriendo causar conflictos en mi feliz hogar, comencé a preguntarle a mi esposo, con mucha cautela, acerca de los pasos que había seguido al aplicar la pintura.

Ambos nos enteramos, con el tiempo, de que la pintura de las paredes se adhieren bien sin el sellado, pero con las molduras de adorno es otra historia. Como lo habían predicho los expertos, la moldura necesitaba el sellado para que la nueva pintura se adhiriera a la vieja. Como resultado de la negligencia de mi esposo en aquel paso de preparación, la nueva pintura se caía fácilmente con el mínimo toque o rasguño.

Así sucede también con nuestras vidas. Todos sabemos los pasos apropiados para una vida mejor con Cristo. Tenemos las pautas claramente escritas en la Palabra de Dios, y tenemos la experiencia de otros para guiarnos, pero demasiado a menudo decidimos ignorar estos consejos. En la superficie externa todo podría parecer bien, y podríamos aparentar tener una relación con Cristo, pero es la preparación de nuestros corazones y el resultado final lo que se debe considerar.

Si nosotros escogemos vivir fuera de sus principios, indefectiblemente sufriremos las consecuencias de nunca poder escuchar su voz diciéndonos: "Bien hecho".

PAULETTA COX JOHNSON

13 de mayo

Inocente

De cierto os digo, que si no os volvéis y os hacéis como niños, no entraréis en el reino de los cielos. Mateo 18:3.

UN DÍA ESTABA jugando al doctor con Brandon, mi nieto de 3 años de edad. Como siempre, la abuela era la paciente y Brandson era el doctor. Cuando pasó la novedad, él empacó el instrumental y se dirigió hacia la habitación en la que se guardan los juguetes. Cuando se encontraba a mitad de camino, se volvió hacia mí y me dijo con mucha seriedad:

–Yo no soy en realidad un médico; ¡soy sólo un niño!

Quedé sorprendida por su honestidad. Él no me quería engañar. Este muchachito no quería que su abuela pensara que él era algo que en realidad no lo era.

Ahora, tres años más tarde, Brandson estaba torciendo el brazo del abuelo jugando a la Tierra de los Caramelos. Como generalmente es la abuela la que juega con él, el abuelo no tenía idea de cuáles eran las reglas. No había pasado mucho tiempo, cuando Brandon exclamó:

–¡Gané! ¡Gané! –y entonces añadió–: ¡Yo hice trampa, y te gané!

La honestidad continúa allí.

Al crecer los niños, muchas veces se sienten tentados a engañar para poder ganar. Ellos disfrutan del premio que recibe un ganador. Si los pescas haciendo trampa, lloran y lo niegan, porque saben que el resultado puede ser un castigo. Pero, peor que eso, sienten la pérdida del respeto de parte de los demás. Los adultos tienen una mirada de frustración en sus caras, y otros niños se podrían referir a ellos como "tramposos".

Este nietecito nuestro es muy abiertamente honesto, pero nosotros nos damos cuenta de que es probablemente una cuestión de tiempo antes de que Brandson intente engañar. Después de todo, vivimos en un mundo dañado por el pecado. Nuestras oraciones son que Dios le dé la fortaleza de carácter para ser siempre honesto.

¿No sería este un mundo maravilloso si todos fuéramos tan honestos como un niño? Podríamos creerles a todos los políticos, a todos los comentadores de noticias y a todos los vendedores de autos usados. Cuán fácil sería tomar decisiones si supiéramos que toda la información que recibimos es la verdad.

Dios desea que la gente en su reino sea honesta y confiable. Jesús vino a nuestro mundo para revelar el carácter del Padre. Existen muchas facetas en el carácter de Dios, y Jesús demostró que la honestidad es una de ellas. La lección que necesitamos aprender de los pequeños es que nuestros caracteres necesitan reflejar la honestidad que vemos en ellos.

JUDY HAUPT JAGITSCH

14 de mayo

Ve al jardín del Maestro

Para los hombres es imposible, mas para Dios, no; porque todas las cosas son posibles para Dios. Marcos 10:27.

UNA DE MIS FRUTAS FAVORITAS es el caqui. Cuando me enteré de que mis amigos habían hecho crecer con éxito un árbol de caqui en Virginia, yo planté dos árboles.

La primera primavera, uno de los árboles tuvo muchas frutas pequeñas, que comenzaron a desarrollarse. Pensé que tendría una abundante cosecha de caquis el siguiente invierno.

Casi cada día contaba ansiosamente cuántas frutas quedaban colgando del árbol. Para el fin del verano, más de cincuenta frutas potenciales se habían disminuido a tres; y luego a una.

Un día revisé el último caqui que se estaba madurando, pero no lo coseché. Esperé hasta que estuviera completamente maduro. Cuando regresé, la fruta había desaparecido. La encontré en el suelo; la preciosa fruta había sido picada por un pájaro. Me sentía muy frustrada.

Tres primaveras más tarde, conté más de quinientos caquis que comenzaban a crecer. Le consulté a alguien que tenía más experiencia a fin de descubrir qué hacer para mantenerlos conectados hasta que estuvieran listos para la cosecha. El experto dijo:

–Vaya a un vivero y consiga algo para fumigarlos.

Otro experto dijo:

–Tiene que ralearlos. Entresaque unos cuántos a fin de permitir más espacio para que crezcan los otros.

Un agricultor dijo:

–Lleva cinco años estabilizar un árbol de caqui antes de que pueda producir un número considerable de frutas.

Comencé a entresacar lo que pensé que sería necesario descartar. Una fruta afuera, otra fruta permanecía. Una fruta tirada, una fruta dejada. Antes de que pudiera terminar de ralear apropiadamente, comenzó a aproximarse una tormenta. Así que me arrodillé entre los árboles y oré: "Oh, Señor, he hecho todo lo que podía. He consultado a los expertos y a los profesionales. Dejaré el asunto en tus manos, ahora. Por favor, haz lo que te parezca. Tú eres el Maestro Jardinero. Dejo este asunto a tu cuidado y en tus propios tiempos".

Hoy se están madurando las frutas. Podré cosechar abundantemente. ¡Dios es tan bueno! Una llamada al Maestro Jardinero fue suficiente. Él hace lo que es mejor, y yo sé que él hará lo mejor para nosotros, los que confiamos en él también.

ESPERANZA AQUINO MOPERA

El amor de una madre

Estando persuadido de esto, que el que comenzó en vosotros la buena obra, la perfeccionará hasta el día de Jesucristo. Filipenses 1:6.

CUANDO ÉRAMOS NIÑOS, algunas veces nos preguntábamos por qué nuestros padres nos castigaban tan a menudo. Yo nunca entendí por qué mamá me daba una reprimenda cuando hacía algo impropio. Nunca entendí por qué no me permitía visitar ciertos lugares adonde les gustaba ir a mis pares. De vez en cuando me permitía salir de acuerdo con mi deseo, pero para mi horror y sorpresa, era tan desagradable, doloroso y aun vergonzoso como ella me lo había predicho.

Con el paso de los años, cuando crecí, comencé a darme cuenta de cuánto amor intervenía en aquellas reprimendas. Si mamá no me hubiera guiado en la dirección correcta, probablemente estaría perdida espiritualmente, hoy en día. Durante las horas de culto, ella mencionaba a sus doce hijos por nombre, aunque la mayoría de ellos habían crecido y estaban casados. Un día, durante los años de colegio superior, me impactó la idea de que había algo especial en lo que ella había hecho por nosotros. Así que, me tomé tiempo para escribirle y agradecerle en una carta. Le dije que si no hubiera sido por sus ruegos de cada día por mí, yo no sería lo que soy hoy. Hasta le agradecí por aquellas reprimendas que había odiado tanto. Le agradecí por mostrarme tanto amor al formarme como la joven hermosa que soy hoy. Le agradecí por estar allí cuando yo la necesitaba. Le agradecí por ser una mamá ejemplar. Fue allí que capté el arte de amar y el tiempo que ella había invertido en modelarme en lo que soy hoy.

Solo existe un día en el año para agradecer a todas las madres, pero la mía es una bendición cada día. Sí, las madres son especiales. Tener una madre temerosa de Dios es el regalo más maravilloso.

Así como mi madre hizo su parte, Dios sigue obrando en mí cada día. Algunas veces, tengo un espíritu rebelde, pero le agradezco a Dios por esa suave voz, que ruega con amor cada vez, cada día. Algunas situaciones se vuelven amargas, y me pregunto por qué. Pero ahora sé que estoy debajo de sus alas cada día. Algún día, Dios estará allí para contestar todos esos "por qués" que tengo. Espero aquella mañana gloriosa para agradecerle cara a cara, y decirle que soy lo que soy, gracias a él.

SIBUSISIWE NCUBE-NDHLOVU

16 de mayo

La asombrosa D

Porque sol y escudo es Jehová Dios; gracia y gloria dará Jehová. No quitará el bien a los que andan en integridad. Salmo 84:11.

ERA MI ÚLTIMO AÑO DE EDUCACIÓN superior. Mi consejero revisó por última vez mi certificado de estudios para asegurarse de que todos los requisitos para mi graduación estuvieran cumplidos.

–Falta una cosa todavía –me dijo–. Es lo mismo que ha estado faltando durante los dos últimos años.

–Está faltando un crédito de Educación Física, y debes registrate para este trimestre.

Mi coordinación ojo-mano es virtualmente inexistente, así que nunca me destaqué en deportes.

–¿Qué te parece badminton? Yo sé puedes hacerlo. Está bastante claro. A mis hijas les encanta.

Me anoté para el curso. La primera clase fue bien mientras aprendíamos las reglas del juego. En la segunda clase fuimos a la cancha. Las cosas salieron bien hasta que descubrí que esquivar un tiro, mientras la pelota estaba en movimiento sobre la red, no era aceptable. Tenía que devolverla.

–No puedes cerrar los ojos cada vez que el pajarito viene en tu camino –me aconsejaron mis compañeras con amabilidad.

Sin embargo, yo esquivaba cada vez que era mi turno de devolver el tiro.

Llegué a temer los martes, el único día que pasábamos en la cancha. Mi instructora trató valientemente de darme ideas para mejorar mi juego, pero todavía tenía problemas. Era claro que las posibilidades de que hubiera una mejoría de mi parte eran pocas. La esperanza de pasar la asignatura y graduarme disminuyeron.

Justo antes de la graduación, se publicaron las notas finales. Dubitativa, caminé a través del campus para revisar la lista de Educación Física. ¡No podía creer lo que veía! Había pasado la clase de badminton. Con una D, pero la había pasado.

Esa experiencia, de hace mucho tiempo, le dio a la torpe alumna una nueva perspectiva del significado de la gracia, de la que habla Pablo: "Porque por gracia sois salvos por medio de la fe; y esto no de vosotros, pues es don de Dios; no por obras, para que nadie se gloríe " (Efe. 2:8, 9). ¡Eso es lo que hace que la gracia sea tan maravillosa!

Gracias, Señor misericordioso. Tu rápido seguimiento de esta pecadora indigna, que posterga, me desconcierta. Me traes tanta bondad, que ¡nunca podré alabar suficientemente tu nombre!

GLENDA-MAE GREENE

¡Un amigo para siempre!

El que tarde en airarse es grande de entendimiento; mas el que es impaciente de espíritu enaltece la necedad. Proverbios 14:20.

MUCHOS AÑOS ATRÁS, SHELLIE STEIN no se encontraba en la lista de mis personas favoritas. En realidad, no la conocía bien en ese momento, pero por un tiempo dejé que mis percepciones me mantuvieran alejada de ella. Los años han pasado desde entonces, y yo no puedo siquiera recordar nada que estuviera particularmente mal con ella. Al mirar hacia atrás, me parece tonto el gran valor que coloqué en una primera impresión. Bien pronto, me di cuenta de que mis percepciones iniciales me podrían haber costado una valiosa amistad. Estoy agradecida de que mi percepción cambió, especialmente porque Shellie es una de las mejores amigas que tengo y, a través de su amistad, he visto cómo Jesús es un amigo para siempre.

Shellie me ha ayudado personalmente más de lo que alguna vez podría devolverle. Recuerdo cuando tuve a mi primera hija. Con mi esposo, estábamos perdidos. Para cambiarle los pañales, teníamos que hacerlo entre los dos. La pequeña cosita de 3,600 kg ¡sabía cómo moverse! Así que, necesitamos ayuda cuando llegó el momento de "cómo hacer" para bañarla. Shellie vino enseguida y nos mostró cómo, sin hacerse problemas por nuestra falta de habilidades paternales. Ella también tiene la habilidad de organizar información y números en su cabeza. Nunca protesta cuando dependo de su base de datos, aun cuando le pregunte por la misma información una y otra vez. Unos pocos años atrás, cuando estaba pasando por un momento particularmente estresante, ella me escuchó, no pronunciando nunca una palabra juzgadora y dándome ánimo.

Aunque nos hemos mudado y la extrañamos mucho, no se encuentra lejos de mi corazón. Es como una hermana para mí y aprecio nuestro contacto semanal telefónico o por correo electrónico. Shellie es una de esas personas especiales que es bendecida y parece estar siempre conectada con Dios. Aprecio su apoyo espiritual y siempre me conforta saber que está orando por mí. Espero poder ser una amiga para ella y para otros, como ella lo ha sido para mí.

La gente como Shellie me recuerda cómo era Jesús cuando vivió en esta tierra. Él no solamente es nuestro Salvador sino también nuestro amigo. Los ejemplos de como él ayudaba a otros nos muestran su amor incondicional. Él es un amigo por siempre, que se encuentra a solo una oración de distancia. Jesús está siempre a mi lado, aun cuando cometa errores. ¡Me siento realmente bendecida!

MARY WAGONER ANGELIN

18 de mayo

Justo a tiempo

Oh Jehová, de mañana oirás mi voz; de mañana me presentaré delante de ti, y esperaré. Salmo 5:3.

ACABO DE EXPERIMENTAR TRES respuestas maravillosas y positivas a oraciones en mi vida. Habíamos establecido nuestros planes para el programa de los Ministerios de la Mujer en nuestro congreso anual, y ahora faltaba solamente una semana. Todavía había una miríada de cosas pequeñas para hacer, para asegurar que todas las cosas funcionarían bien. ¡Cómo estábamos orando por la bendición especial de Dios sobre cada mujer!

Algunas semanas antes había enviado nuestro pedido a Bangladesh, de hermosas tarjetas con paneles en punto cruz de una empresa, de modo que pudiéramos venderlas. Esto nos permitiría ayudar a las mujeres que las hacían al otro lado del mundo, ayudándolas a comprar alimento para sus hijos.

El único problema era que faltaba un poquito más que una semana para que comenzara el congreso, y el pedido no había llegado. En aquel particular jueves de mañana, elevé mi pedido al Señor y, muy confiadamente, le pedí que por favor hiciera que la empresa enviara nuestro pedido ese día. Entonces, había tantas otras cosas para hacer que pronto olvidé el asunto.

Un par de horas más tarde, mientras estaba ocupada con la correspondencia, sonó el timbre, y mi esposo abrió la puerta del frente. Cuando escuché que se cerraba la puerta otra vez, pregunté:

–¿Llegó mi pedido de la empresa?

–Bueno, sí, así es –me conestó.

Entonces le conté del pedido que le había hecho a Dios.

Otra oración contestada fue la emocionante conversación telefónica con una querida amiga que había estado luchando con un trauma por tres meses, pero que ahora lo había superado.

Tercera, yo decidí despejar una canasta con ropa para planchar, y acababa de repasar el cuello de la quinta camisa, cuando me sentí impulsada a telefonear a alguien de quien sabía que estaba teniendo una lucha espiritual. Así que, simplemente dejé la camisa y la plancha, y caminé a mi escritorio, tomé la guía telefónica para mirar el número, y justo entonces sonó el teléfono. Me quedé sorprendida al escuchar la voz de la mujer que estaba por llamar. Mientras compartíamos esta experiencia, nos sentimos seguras de que Dios deseaba que habláramos acerca de él. En ese momento y lugar lo hicimos. Mientras oraba por esta persona especial, al final de nuestra conversación, nuestra fe en Dios se había fortalecido grandemente.

¿Está Dios con nosotros cada día? ¡Oh, sí! Acabo de tener tres pruebas.

URSULA M. HEDGES

Entre la vida y la muerte

El Espíritu de Dios me hizo, y el soplo del Omnipotente me dio vida. Job 33:4.

ERA ENERO DE 1986. Estaba sentada con la vista clavada en el médico de la Clínica Mayo, que reconfirmaba el diagnóstico que había recibido un mes antes. Tenía hipertensión primaria de pulmón, una enfermedad incurable del pulmón que empeora progresivamente muy rápido. Él me dijo que contaba con un promedio de entre seis meses a dos años de vida y probablemente no más de seis años en el mejor de los casos. Me dijo que la única posibilidad que tenía de sobrevivir era tener un trasplante de pulmón, y que debía colocarme en la lista de espera tan pronto como fuera posible.

Fue como si me hubiera vuelto de piedra, y parecía que no podría pararme para salir de la oficina del médico. Estaba muy contenta de que mi dulce mamá hubiera venido conmigo y me pudiera ayudar a regresar al hotel. Una vez que llegamos al hotel, lo primero que hicimos fue orar.

Había tenido grandes dificultades para respirar durante dos años, pero como tenía asma, pensamos que se debía a eso. No era así.

¿Qué haría ahora? Hice planes para trabajar más tranquila, pero mi trabajo era demasiado demandante de todas maneras, pero mi esposo no se encontraba bien tampoco, así que nos preocupamos. Mi médico de cabecera me aseguró que nadie podría realmente asegurar cuánto tiempo me quedaba, y me animó a seguir trabajando hasta cuando pudiera.

Con gran dificultad y mucha oración, pude mantenerme en mi trabajo por seis años más. En ese tiempo oré para que Dios me sanara. Entonces, me pregunté a mí misma: "*¿Por qué me sanaría a mí cuando otros oran y sin embargo mueren? ¿Por qué merezco estar bien más que cualquier otro?*"

Dios hizo algo por mí, sin embargo. No, no obtuve un trasplante, ni tampoco fui sanada. Todavía lucho por respirar cada día. Sacudo tres alfombras, barro medio piso, y entonces debo descansar. Debo hacer mi trabajo poco a poco, por partes. Estoy agradecida porque necesito oxígeno solamente de noche, y viajamos frecuentemente.

Me siento muy bendecida, porque estoy escribiendo 17 años después del diagnóstico. Pero mi vida cambió en 1986. Yo sé más que nunca que cada día es un regalo. Por alguna razón, mi enfermedad está estabilizada, al menos por ahora, y espero que no dejaré pasar un día sin hacer algo para ayudar a alguien. ¡Alabo a Dios porque al menos puedo respirar! Cuando estaba lista para darme por vencida y las cosas parecían sin esperanza; él estuvo, y está siempre allí.

DARLENE YTREDAL BURGESON

Consolaos unos a otros

Para que sean consolados sus corazones, unidos en amor. Colosenses 2:2.

CONTABA CON SOLO 18 AÑOS, cuando quedé embarazada de nuestro primer hijo. Con Harold, alquilamos una casa amoblada pequeña, de dos habitaciones; y, con una cuna de mimbre prestada, esperamos el nacimiento de nuestro bebé. Fue un embarazo sin complicaciones hasta la última semana. Creyendo que el bebé se había pasado de fecha, el médico decidió inducir el parto. Así fue que el 12 de noviembre de 1941 di a luz a una hermosa beba de 3,200 kg. Pero, por razones que ni siquiera el médico que me atendió pudo explicar, nuestra hija nació muerta.

Cuando regresé a casa desde el hospital dos días más tarde, no se hizo mención del bebé. La cuna, las ropas de bebé y todo lo que pudiera traernos recuerdos fueron ocultados en cajas y cómodas.

No vi a mi beba mientras estaba en el hospital, y no fue sino hasta la mañana en que se ofreció el servicio funeral que me la trajeron. El que dirigía el funeral apoyó el pequeño ataúd blanco al pie de mi cama, y fue allí que lloré por esta pequeña persona que nunca podría sostener en mis brazos.

Yo era muy joven cuando todo esto tuvo lugar, y años más tarde, cuando reflexioné una vez más en los sucesos de aquel triste día, algo además de hacer duelo por la muerte de mi niña seguía trabajándome en la mente. Había sido dejada sola para llorar mi pena. Ni mi esposo, ni otros miembros de la familia, siquiera vinieron a mi habitación para compartir mi dolor.

No fue sino hasta años más tarde, después de recibirme de enfermera, que pude comprender mejor el verdadero significado de la compasión y la simpatía durante los momentos de enfermedad y muerte.

Mi familia no había sido insensible aquel día de 1941; sino que no sabían cómo aproximarse a un asunto tan delicado. Para ellos era más fácil cerrar sus mentes y corazones a toda la tristeza, que enfrentar la realidad. Ellos pensaron que esto aliviaría mi dolor, cuando en verdad puede ser que lo haya prolongado. Lo que yo percibí como falta de sensibilidad a la situación que estábamos manejando, era su forma de disimular sus propios sentimientos. Después de todo, ellos estaban sufriendo también.

Con el tiempo, pudimos experimentar el necesario proceso de sanidad, y más adelante fuimos bendecidos con dos hijos saludables, un varón y una nena.

Como dice en Deuteronomio 31:6: "Esforzaos y cobrad ánimo; porque Jehová tu Dios es el que va contigo; no te dejará, ni te desamparará". Otros pueden fallar, pero Dios nunca lo hace.

CLAREEN COLCLESSER

Verduras del Espíritu

Mas el fruto del Espíritu es amor, gozo, paz, paciencia, benignidad, bondad, fe, mansedumbre, templanza. Gálatas 5:22, 23.

¿TE HAS PREGUNTADO ALGUNA VEZ por qué Dios nos mandó tener el "fruto del Espíritu" y no las "verduras del Espíritu"? Esto me llevó a pensar acerca de las diferencias entre los dos.

La mayoría de las verduras, tales como el repollo, el coliflor, las zanahorias, las cebollas y el brécol, son plantas anuales. Deben plantarse cada año. Producen una cosecha, y entonces mueren. Sus raíces son planas, comparadas con las de los árboles frutales. Cuando se las planta, muchas de las semillas son pisoteadas o caen en un suelo rocoso. O son ahogadas por otras plantas. Se pueden dañar fácilmente por la falta de agua, demasiado o muy poco sol, malas hierbas o mantenimiento pobre.

Los árboles frutales, tales como el manzano, el peral, el duraznero, el banano, la palmera datilera y la higuera, llevan varios años para madurar. La mayoría de los árboles ni siquiera dan fruto por tres años o más, después de que el árbol ha sido plantado. Sus raíces son tan profundas y anchas en el suelo, como la altura arriba de la superficie. Sobrevive a través de estaciones con nieve, hielo y temperaturas congelantes. Una fruta también tiene semillas que permiten que crezcan más árboles.

¡Me doy cuenta de por qué Dios desea que nuestra vida cristiana lleve fruto! Cuando comenzamos la vida en Cristo, somos meramente árboles jóvenes; pero, al ir creciendo, llegamos a estar más afirmados en la Palabra de Dios y en nuestra vida de oración. Esto nos capacita a fin de llevar fruto para el Señor. De este fruto, las semillas son plantadas en otros, y el Espíritu Santo puede obrar poderosamente en ellos para llegar a ser árboles fuertes por sí mismos. Nosotros podemos soportar grandes pruebas y circunstancias desfavorables porque estamos arraigados muy profundamente en nuestra relación con Dios. Aun el árbol de la vida y el árbol del conocimiento del bien y del mal, en el Jardín del Edén, eran árboles frutales.

Así como los vegetales, los árboles frutales pueden correr peligros de enfermedades, sequías o de no producir. La Biblia dice: "Y ya también el hacha está puesta a la raíz de los árboles; por tanto, todo árbol que no da buen fruto es cortado y echado en el fuego" (Mat. 3:10). Si nosotros escogemos llevar fruto para el Señor, debemos estar profundamente enraizados en él. Con la mano del Maestro Jardinero cuidando de nosotros, podemos producir en el árbol todos los nueve frutos que encontramos en Gálatas 5:22: amor, gozo, paz, paciencia, benignidad, bondad, fe, mansedumbre y templanza.

KAREN PHILLIPS

22 de mayo

La alternativa

De la boca de los niños y de los que maman, fundaste la fortaleza, a causa de tus enemigos, para hacer callar al enemigo y al vengativo. Salmo 8:2.

DESPUÉS DE TANTOS AÑOS, no puedo recordar cuál era la crisis o por qué nos había molestado tanto. Recuerdo que mi hijo Drew, entonces de 6 años de edad, se encontraba en el auto mientras estábamos comentando cuán frustrante era cierta situación. Mi hijo, sentado cerca de mí, en su butaca ajustada al cinturón de seguridad del auto, escuchaba pacientemente mientras mamá despotricaba dale que dale. Ocasionalmente él hacía preguntas y escuchaba tranquilamente mis respuestas.

Evidentemente, el problema estaba relacionado con una situación en la que alguien había hecho un gran lío, porque Drew de repente se volvió a mí, con su cara iluminada con la convicción de que él tenía la solución al problema, y exclamó:

–¿No es maravilloso que, no importa cuán grande sea el lío que hayamos hecho, Dios siempre tiene una alternativa?

Su perspectiva me tomó de sorpresa. Sostuve mi aliento en la garganta, y tuve que luchar contra las lagrimas que querían salir de mis ojos, mientras continuábamos andando por la ruta. Se me cruzó Proverbios 23:15 como un relámpago por mi mente: "Hijo mío, si tu corazón fuere sabio, también a mí se me alegrará el corazón".

Cuando pude hablar sin llorar, le contesté de la única manera que podía:

–Sí Drew, Dios siempre tiene un plan ideal para nuestras vidas. Pero no importa cuánto hayamos fallado y nos hayamos desviado de ese plan original, Dios tiene una alternativa, y esa circunstancia fallida puede todavía ser para la gloria de Dios y la felicidad de la persona que cometió el error.

Mi hijo asintió con seriedad. No había razón para continuar la conversación anterior. Él había resuelto el problema con su iluminación infantil.

Él también le ha enseñado a su madre la lección más importante acerca de la gracia, el amor y el apoyo de Dios por sus criaturas; mientras ellas van tambaleándose en la vida, cometiendo equivocaciones y errores, y fallando en tantas cosas en el intento. Realmente es maravilloso el hecho de que, no importa cuánto arruinemos una situación, Dios siempre tiene una alternativa.

Querido Dios, gracias por la sabiduría de los niños. Y gracias por tener una alternativa lista cuando cometemos errores. Amén.

DARLENEJOAN MCKIBBON RHINE

Expectativas

Quiero que seáis sabios para el bien, e ingenuos para el mal. Romanos 16:19.

—¡NUESTRO EQUIPO SALIÓ TERCERO! ¡Terceros! Estábamos tan seguros de que ganaríamos –continuó gimiendo Melissa–. ¡Hasta le habíamos hablado a Josh para que tomara el último relevo!

La humedad, que parecía sospechosamente lágrimas, se acumulaba en sus ojos de adolescente. Yo sabía que habían sido meses de mucha práctica.

–Una vez –comencé yo–, se trasplantó un cactus a una laguna... –vi cómo se despertaba su interés–. Un caminante, notando que la planta estaba comenzando a pudrirse, comentó: "No hacen crecer los cactus como lo solían hacer antes".

La risa contagiosa de Melissa burbujeó en el aire.

–¡Oh, me puedo imaginar a ese pobre pequeño cactus! –exclamó (su habilidad para crear imágenes mentales es asombrosa)–. Estaba en el ambiente equivocado. ¿Cómo esperar que prosperara?

–Eso es exactamente lo que quiero señalar –repliqué.

–¡Oh, quieres decir que Josh es un corredor de larga distancia, y que nosotros esperábamos que él corriera la carrera corta del relevo! –contestó.

La niña era rápida. Terminamos compartiendo una de nuestras conversaciones especiales, el recuerdo de las cuales guardo para siempre.

Hablamos del poder de la expectativas y de cómo Josh había aceptado finalmente a fin de hacer lo mejor para el bien del equipo, "aunque no sea mi fuerte", como lo había citado Melissa. Dialogamos acerca de la forma en la que nuestra cultura típicamente aplaude el resultado e ignora el esfuerzo.

–Josh realmente merece un 10 por el esfuerzo –continué yo–. Especialmente por tratarse de un área fuera de sus talentos innatos.

También hablamos acerca de ganar habiendo hecho el máximo de nuestros esfuerzos *versus* ganar para salir primeros.

–Permiso por un minuto –Melissa pegó un salto–. Tengo que llamarlo a Josh.

Las palabras flotaron por encima de su hombro:

–Nuestro equipo ganó, en realidad; nosotros hicimos absolutamente lo mejor de nuestra parte.

Yo permanecí enroscada en mi sillón favorito, escuchando el tintineo de su voz mientras charlaba con Josh. Y pensé acerca de las expectativas; de las mías, tanto como las de otros, y de las expectativas del Señor para nosotros. "Buscad lo bueno, y no lo malo, para que viváis" (Amós 5:14). Afortunadamente, con la ayuda de Dios, ¡esto se encuentra siempre dentro de nuestras habilidades para lograrlo!

ARLENE TAYLOR

24 de mayo

¡Cristo me ama, esto sé!

Con amor eterno te he amado; por tanto, te prolongué mi misericordia.
Jeremías 31:3.

UNA VEZ ESCUCHÉ UNA HISTORIA de una mujer que dejó a su esposo y viajó a un país lejano. Al final, su dinero se le terminó, y todas sus amigas exceptuando una, le dieron la espalda. Pronto llegó una carta de su esposo diciendo que, como ella se había ido tan lejos, podía quitarse el anillo de bodas. Ella se sacó el anillo por primera vez desde que su esposo se lo había colocado en su dedo, y lo colocó en una mesita. La amiga lo levantó y lo miró. Repentinamente, le dijo:

–¡Mira! ¿Has leído lo que está inscrito adentro del anillo?

Por primera vez, la mujer leyó la inscripción de adentro: "Siempre recuerda dos cosas: yo te amo, y el nombre del banco".

La mujer recogió sus bolsos y regresó a su amante esposo, quien la estaba esperando con los brazos abiertos. Allí encontró su verdadero amor otra vez; él había estado esperando su retorno a él y a su hermoso hogar. Tuvieron muchos años más de felicidad juntos, de acuerdo con el relato.

Encuentro una lección oculta en esto. Yo extraño a mi querido esposo ya fallecido. Él me dejó el pequeño hogar y la entrada que tengo, gracias a su amor, el amor que él aprendió de Dios. Yo puedo reclamar la promesa de Isaías 54:5 y 6: "Porque tu marido es tu Hacedor; Jehová de los ejércitos es su nombre; y tu Redentor, el Santo de Israel; Dios de toda la tierra será llamado. Porque como a mujer abandonada y triste de espíritu te llamó Jehová, y como a la esposa de la juventud que es repudiada, dijo el Dios tuyo".

Esas palabras en el anillo, "Siempre recuerda dos cosas: Yo te amo, y el nombre del banco", suenan más bien como la promesa inscrita en la Palabra de Dios. Él tiene un amor siempre anhelante y el nombre del banco del cielo. Y el banco del cielo está siempre lleno. ¡Él está preparando mansiones allí para nosotros!

Yo puedo reclamar esas promesas cada día al desarrollar una relación con Jesús, mi Señor; su verdadero amor nunca falla. Él me acerca hacia sí, con sus brazos amantes a mi alrededor. Nunca deseo perder la conciencia de su amor eterno por mí. Inscrita en sus manos están las marcas de su verdadero amor por cada persona en esta tierra. ¡Ese amor trasciende todas las circunstancias!

BESSIE SIEMENS LOBSIEN

El hermoso mundo

Los cielos cuentan la gloria de Dios, y el firmamento anuncia la obra de sus manos. Salmo 19:1.

ERA UNA HERMOSA MAÑANA DE domingo de primavera. Me encontraba en los jardines junto al arroyo en Wheaton, Maryland, EE.UU., con una amiga, disfrutando los exquisitos tulipanes de muchos colores. No puedo ni siquiera explicar la belleza majestuosa de las flores, cada pétalo tan perfectamente formado y cada color perfectamente balanceado.

Nos sentamos en un banco para embebernos de la belleza y observar a la gente, joven y anciana, hombres y mujeres, exclamando su gozo al contemplar cantero tras cantero de preciosos tulipanes y respirar profundamente el aroma dulce de las flores.

También vimos a una pareja de ancianos ayudándose mutuamente para poder inclinarse a fin de tocar y oler las delicadas y hermosas creaciones. Vimos a otros gozando tan solo de caminar debajo de los árboles.

Dos nenitas preciosas, probablemente de entre 5 y 6 años, estaban ocupadas saltando alrededor, concentradas en oler las flores y jugando a que eran actrices posando para la cámara enfrente del hermoso fondo. Mientras las nenas gozaban de la belleza de los alrededores, notamos a la madre cariñosa, sonriendo, mientras observaba cómo se divertían sus hijas.

Si dedicamos tiempo a salir del ambiente cerrado de nuestras casas, oficinas y aulas, y gozamos de la belleza de la naturaleza que Dios ha hecho tan maravillosa y cuidadosamente para cada uno de nosotros, nuestro cariñoso Padre, que nos ama muchísimo, sonreirá desde el cielo, feliz de que nos hayamos tomados tiempo para gozar de la belleza que nos ha regalado. Me imagino su sonrisa mientras nos ve gozando al caminar en los bosques, tocando el suelo fértil y plantando una flor delicada o colocando una semilla. Casi puedo ver su sonrisa cuando nos ve hacer una pausa para acariciar a nuestro perro, para escuchar un pájaro cantando, para observar los colores cambiantes de un arco iris o una brillante salida de sol.

Algún día, por supuesto, nosotras deseamos ver a nuestro Padre en el cielo, y allí lo veremos en realidad a él sonriendo, mientras nosotros gocemos de todas las cosas que él ha creado y plantado para nosotros. Pero, tomemos algún tiempo hoy y agradezcámosle por la belleza de la naturaleza que nos rodea.

Padre, por favor, ayúdanos a hacer tiempo para sentir tu amor a través de las bellezas de la naturaleza durante esta estación.

JEMIMA D. ORILLOSA

26 de mayo

Paz y contentamiento

Tú guardarás en completa paz a aquel cuyo pensamiento en ti persevera, porque en ti ha confiado. Isaías 26:3.

CADA AÑO, SIN FALTA, un par de palomas forman su nido en una estructura de tipo enrejado que construimos para ayudar a trepar las guías de una enredadera de calabacines. Tan pronto como el follaje o las guías se vuelven suficientemente tupidas como para camuflar el nido de las aves, las palomas se ocupan de hacer su nido, en el que depositan dos huevos y crían a sus pichones. Tan pronto como el nido termina de construirse, la hembra se sienta en él por dos semanas, mientras el macho busca comida. Ha sido asombroso observar a las dos aves cuidarse mutuamente mientras están en el proceso de criar a una familia.

Un día, después de que la planta de calabacín hubo crecido y producido algunos calabacines grandes, comestibles, quisimos sacar uno. El calabacín que decidió sacar mi esposo estaba tan cerca del nido, que él pensó que la paloma hembra protestaría. Para entonces, los dos pichones habían salido de los huevos y estaban siendo alimentados. El padre estaba observando de cerca, quizá queriendo saber lo que mi esposo haría. Después de todo, él tenía que cuidar de su familia. Sin queja o protesta, la madre permaneció allí, sentada tranquilamente. Nosotros pensamos que ella representaba un cuadro perfecto de paz y confianza. ¿Sabía que nosotros no le haríamos daño a ella y a sus pichones? ¿Comprendía que a nosotros nos interesaba protegerlos de los dos o tres gatos del vecindario que generalmente andaban alrededor, en nuestro patio? ¿Sabía ella, por instinto, que nosotros estábamos allí para protegerlos ? Su paz y confianza realmente me impresionaron.

Aquí estaban dos criaturas de Dios, "comunes" palomas, que demostraban confianza en los seres humanos, que tenían el poder de aniquilarlas. ¡Oh, que nosotras las mujeres pudiéramos mostrar la misma confianza en nuestro amante e interesado Dios, que nos creó a su propia imagen! ¿Podremos nosotras, como hijas de Dios, demostrar la misma paz y contentamiento, y confianza en él? Muy a menudo, un pequeño problema eriza nuestros temores. ¿No podemos confiar en el que nos hizo y sabe cómo estamos formadas? Isaías 26:3 nos dice que Dios nos guardará en perfecta paz si nuestra mente permanece en él. Salmo 91:3 y 4 dice: "Él te librará del lazo del cazador... Con sus plumas te cubrirá, y debajo de sus alas estarás seguro".

Sí, así como esas palomas confiaron en mi esposo, tú y yo podemos confiar en nuestro poderoso Padre celestial.

OFELIA A. PANGAN

27 de mayo

¿Dónde está Dios?

En su mano está el alma de todo viviente, y el hálito de todo el género humano. Job 12:10.

MIENTRAS VISITÁBAMOS EL MUSEO DE LOS dinosaurios en Drumheller, Alberta, Canadá, me maravillé con la hermosa exhibición de fósiles, peces extintos, insectos y figuras de dinosaurios, algunos que alcanzaban hasta el techo del segundo piso y de una extensión del largo de muchos autos. Existen vídeos y exposiciones de ciencia acerca de cómo se encuentran los restos, cómo se conservan, montan y etiquetan.

La falta de creencia en la creación se podía verificar cerca del fin de la exposición. Había un cuadro demostrativo que iba de pared a pared, casi de dos pisos de altura e igualmente ancho, que demostraba alrededor de ocho figuras, de aproximadamente tres metros de altura, y describía cómo comenzó supuestamente la raza humana.

Comenzaba con una criatura semejante a un ave que evolucionaba hasta caminar sobre el suelo, pero que todavía se parecía bastante a un ave. Entonces venía una criatura que gradualmente se iba pareciendo a un mono y que comenzaba a caminar más erecta, seguida por un mono y entonces un hombre de la caverna. Después de una mayor evolución, el hombre de la caverna llegó a ser un hombre moderno. No se le daba ningún crédito al Dios de la creación, el responsable por todo lo que somos y tenemos.

Esto me pesó en el corazón. Cuando estábamos por salir del edificio, di una mirada hacia arriba, y allí, sobre una esquina curvada, en grandes letras, estaba escrito solamente el texto: Job 12:8. Deduje que por lo menos en parte reconocían al gran Creador. No me habían dejado totalmente desalentada.

Cuando regresé a la casilla rodante, busqué el versículo y me di cuenta de que no conocían al Dios de la creación tomando aquel versículo sólo. Mi espíritu decayó un poquito otra vez. El versículo decía: "O habla a la tierra, y ella te enseñará; los peces del mar te lo declararán también". Me sentía confundida. ¿Cómo podían ellos demostrar que nosotros evolucionamos y todavía decir que la tierra nos enseñaría y los peces declararían? Continué leyendo más adelante, mientras sentía que había algo en esta experiencia para mí. Cuando leí los versículos 9 y 10, me sentí agradecida por el Dios que conozco. Pensé en mi interior: "*Tendrían que haber colocado los versículos 9 y 10*". Me gustaría pensar que alguien cometió un error al escoger cuál de los versículos colocarían en aquella pared.

Esto también me hace pensar acerca de cuán a menudo nos olvidamos de darle crédito a Dios por las maravillas que realiza en nuestras vidas, familias y comunidades cada día.

VIDELLA MCCLELLAN

28 de mayo

Líneas de comunicación

Tarde y mañana y a mediodía oraré y clamaré, y él oirá mi voz. Salmo 55:17.

AL LLEGAR NAVEGANDO AL puerto de Copenhague, brillaba con entusiasmo. "Seguramente, encontraría alguna forma de comunicarme con miembros de mi familia allá en mi hogar, sin tener que pagar los 15 dólares por minuto(el precio por una llamada telefónica desde el barco)", razoné yo. Me había ido por unos pocos días, y extrañaba poder hablar con mi familia allá en casa. Mi meta era tocar base antes de comprometerme en mis actividades.

Varios negocios, a lo largo del puerto, exhibían carteles de propaganda de dónde enviar fax, correo electrónico o comprar tarjetas telefónicas. Los precios oscilaban entre 3 y 32 dólares para enviar un correo electrónico.

Cuando vi esto, me sentí muy especial. Generalmente, oro acerca de casi cada cosa, y esta era ciertamente otra respuesta a la oración. ¡Un correo electrónico por tres dólares! Por menos de 10 dólares podría enviar correos a mis dos hermanas y a mi hijo.

Rápidamente, entré en el negocio para averiguar acerca de la existencia real y la legitimidad de esta operación. Descubrí que era en verdad real; todo era exactamente como estaba anunciado. ¿Por qué tres dólares aquí y 32 unas pocas puertas más allá? Una vez que estuve convencida y confirmada, lo demás era historia.

Buscar en mi libreta las direcciones me hizo caer en la realidad de que definidamente necesitaba ponerla al día. ¡No tenía sus datos actuales! ¡Qué rudo despertar! Con una diferencia horaria de 6 horas en los husos horarios entre los Estados Unidos y Europa, mis hermanas y mi hijo probablemente estarían trabajando o durmiendo a una hora razonable para que yo los llamara. Un correo electrónico o un fax habrían sido el medio perfecto de comunicación. Aprendí que es imperativo mantener la libreta de direcciones al día.

Existen líneas de comunicación abiertas que me conectan con mi Padre celestial. Él me ha dado un directorio personalizado que nunca necesita que se lo ponga al día. Lo puedo alcanzar a través del ayuno y la oración, el estudio de la Biblia, mi lección de la Escuela Sabática, cantos de alabanza, una reunión de maestros, servicios de culto y aun estando sola en mi placar.

Puedo llamar a cualquier hora, día o noche. Se lo puede alcanzar más rápido que por correo electrónico, fax, teléfono o telegrama. Nunca da señales de ocupado. Él está siempre disponible y nunca hay un cambio.

CORA A. WALKER

29 de mayo

Dilo ahora

Manzana de oro con figuras de plata es la palabra dicha como conviene.
Proverbios 25:11.

AYER ASISTÍ AL FUNERAL DE una solitaria mujer soltera de 69 años de edad, que había sido nuestra organista de iglesia, por tanto tiempo como cualquiera pudiera recordar. Música apagada, hermosas flores e iluminación suave realzaban la solemnidad de la muerte; hasta que el ministro oficiante anunció un período para expresar "Recuerdos de Margaret".

Una estudiante llorosa vino al micrófono y murmuró entre sollozos que la señorita Margaret nunca se había enojado con ella, aunque no hubiera practicado, sino que amorosamente le había dicho que para tener éxito debía trabajar más duro en sus lecciones de música. Una mujer soltera más joven, y organista asociada, nos hizo sonreír a todos mientras nos contaba cómo las dos solían juntarse para hablar acerca de hombres y de música. Entonces, una pianista clásica dijo que cuando ella se había enterado de que la señorita Margaret admiraba particularmente a Bach, había venido temprano a la iglesia una noche de viernes y las dos habían tocado Bach por puro placer.

–Margaret no se vestía con la ropa de última moda –dijo una vecina–, pero siempre vestía una sonrisa.

Entonces, el ministro testificó acerca de la voluntad de Margaret para hacer cualquier cosa que pudiera para su Señor.

–Uno podía confiar en ella como en una abeja obrera. Caminaba kilómetros con el fin de solicitar fondos para ADRA, o para la Cruz Roja, o distribuyendo propaganda de evangelización. Cuando le dolían sus pobres viejos pies, se ponía zapatillas y seguía trabajando.

Una vez él tenía que conducir una boda y, a último momento, se dio cuenta de que nadie había hecho arreglos para la música. Rápidamente llamó a Margaret. Ella sabía que no recibiría remuneración, pero a la hora señalada estuvo en la iglesia tocando música apropiada. Ella tocó, y tocó y tocó hasta que la novia, que provenía de un país donde el tiempo no significa nada, llegó sin pedir disculpas, dos horas y media tarde.

Mientras escuchaba estos tributos orales, me pregunté cuántos de los que habían hablado, habían expresado su aprecio a la señorita Margaret por su música, su bondad y su trabajo misionero mientras todavía vivía. Cómo hubieran resplandecido sus ojos detrás de sus anteojos.

Querido Señor, ayúdame a mostrar tu amor hablando palabras de aprecio y ánimo a aquellos que están a mi alrededor. Y, gracias por todo lo que tú haces por mí. Amén.

GOLDIE DOWN

30 de mayo

Inspiración en un cementerio

Y cuando esto corruptible se haya vestido de incorrupción, y esto mortal se vista de inmortalidad, entonces se cumplirá la palabra que está escrita: Sorbida es la muerte en victoria. ¿Dónde está, oh muerte, tu aguijón? ¿Dónde, oh sepulcro, tu victoria? 1 Corintios 15:54, 55.

¡ERA SÁBADO OTRA VEZ! Otro brillante, hermoso y sereno día había amanecido. Un día para el descanso físico, sí, pero aún más, para recibir inspiración y bendiciones.

A las 8:30 de la mañana, con mi esposo cargamos nuestros libros y el almuerzo en el auto, en preparación para nuestra jornada de 32 kilómetros hasta la iglesia, nuestra primera visita a esa iglesia en particular en Jamaica. Mientras viajábamos por el camino solitario y serpenteante, tratamos de absorber el asombroso escenario. En medio de la nada, descubrimos una iglesia vieja abandonada, con su cementerio descuidado. Decidimos detenernos allí al regresar.

Cuando paramos en el viejo cementerio más tarde, notamos tumbas de varios estilos y tamaños. Nos apresuramos hacia una estructura dilapidada. Adentro, el aire era nauseabundo, y el arreglo, aparte de unas pocas placas que quedaban sobre las paredes, había desaparecido hacía mucho. La luz del sol, sin embargo, se abría paso a través del techo desmoronado, como si la *shekinah* de la gloria de Dios estuviera brillando.

Continuamos leyendo las placas que estaban dedicadas a veteranos que habían entregado su servicio. Una decía: "En memoria de John Sotwe, por 31 años de servicio. 'Y yo [Juan] escuché la voz desde el cielo diciendo ante mí: Escribe: bienaventurados los muertos que mueren en el Señor' ". Inmediatamente me sentí sobrecogida por la emoción, y exclamé:

–¡Sí, escribe!

Entonces me apresuré a salir para encontrar más inspiración. Leímos los variados epitafios; la fecha más antigua que encontramos databa de 1858. En una se leía: "Nada en mi mano traje/ Simplemente a tu cruz me aferro". Otro: "Jesucristo, el mismo ayer, hoy y por los siglos". Contemplando las glorias que aguardan a los santos de todas las edades, muertos o vivos, y emocionados ante las expresiones de esperanza y seguridad, prorrumpí cantando: "Gloria sin fin, eso será, gloria sin fin, eso será, cuando por gracia su faz vea allí, eterna gloria será para mí".

¿Estamos listos para la gloriosa aparición de nuestro Señor?

BULA ROSE HAUGHTON THOMPSON

Arriba, arriba y lejos

Pues a sus ángeles mandará acerca de ti, que te guarden en todos tus caminos. En las manos te llevarán, para que tu pie no tropiece en piedra.
Salmo 91:11, 12.

LA CASA ERA UN BARULLO de actividad mientras nos apurábamos a alistarnos para nuestro viaje de emergencia. Unos amigos habían llegado para llevarnos al aeropuerto. Mi madre había muerto en casa, mientras dormía; habíamos tenido un servicio en memoria de ella el siguiente miércoles. Ahora estábamos en camino a Montreal, Canadá, para el funeral del domingo, porque ese había sido nuestro hogar antes de que me mudara hacia el oeste, a Alberta. Mamá me había seguido y había vivido conmigo desde entonces. Nueve de nosotros nos acomodamos en dos camionetas y nos pusimos en marcha. Mi hijo mayor, de 16 años, estaba como de costumbre como si nada, aparentemente. Este era su primer viaje en avión, y yo sabía que estaba ansioso, porque no sabía qué esperar. Había sufrido dolores de estómago durante la noche, debido a sus nervios.

Llegamos al aeropuerto temprano y pasamos el tiempo dándoles un vistazo a los negocios del aeropuerto y contando cabezas para asegurarnos de que no habíamos perdido ninguno de los más chicos, mis nietos. Aunque el propósito de nuestro viaje era triste, estábamos entusiasmados cuando subimos al avión. Mi hijo observaba ansioso cómo la asistente de vuelo demostraba los procedimientos de seguridad. Hasta revisó el bolsillo del asiento de enfrente, para asegurarse de que la tarjeta con información relevante y la bolsa por si se descomponía estuvieran allí. Seguro de que todo estaba en su lugar, se puso cómodo en el asiento al lado de su hermana melliza y de su hermano menor.

Todos ofrecimos oraciones silenciosas y nos alistamos para el vuelo de cuatro horas hasta Montreal. Mientras observaba alrededor a los otros pasajeros, me pregunté cuántos de ellos eran cristianos y habían orado para pedir la misericordia de Dios en este viaje. Algunos estaban durmiendo; otros estaban trabajando con sus computadoras portátiles; algunos estaban leyendo y otros miraban la película en la pantalla. Los pasajeros viajaban totalmente despreocupados. Su destino estaba en las manos del piloto y de su equipo.

Esto me hizo recordar el texto que dice que las oraciones de los justos pueden mucho (Sant. 5:16). Me sentía confiada de que nuestras oraciones los habían abarcado a ellos, tanto como a nosotros, y que la voluntad de Dios se cumpliría en el vuelo. Su destino podría estar en las manos del piloto y su equipo, pero yo sabía que el nuestro estaba en las manos de Dios. Si Dios es por nosotros, ¿quién contra nosotros?

SHARON LONG (BROWN)

1° de junio

Un lugar propio

Y si me fuere y os preparare lugar, vendré otra vez, y os tomaré a mí mismo, para que donde yo estoy, vosotros también estéis. Juan 14:3.

CUANDO NOS MUDAMOS a nuestra nueva casa, unos amigos nos regalaron varios arreglos florales. Mi cuñada y su esposo enviaron un enorme buqué de flores primaverales que adornó nuestra mesa de comedor por más de una semana. Para mi cumpleaños, cada una de mis buenas amigas y miembros de uno de mis círculos de oración, me trajo un lirio exótico que se desarrolló en nuestro porche cerrado. El departamento de los Ministerios de la Mujer de nuestra iglesia nos dio una maceta con una exquisita orquídea que floreció en la sala por mucho más de seis meses. Otra amiga de mi otro círculo de oración me trajo dos rosales florecidos.

El rosal rosado prosperó, dando pimpollo tras pimpollo todo el verano. El rosal rojo, sin embargo, dio solo una rosa. Pronto sus hojas comenzaron a marchitarse. Parecía que iba a morir.

–Quizá lo tienes muy cerca del regador –me sugirió una amiga, desarraigándolo con cuidado y plantándolo en un lugar diferente.

En una semana le estaban brotando nuevas hojas. Pronto, los pequeños brotes y luego los nuevos pimpollos dieron señales de vida vibrante. Había encontrado un lugar propio, uno más apropiado para sus necesidades singulares.

A veces pasamos demasiado tiempo en los pantanos del desánimo. Dejamos de crecer y comenzamos a marchitarnos. Elena de White escribió una preciosa promesa para ayudarnos con situaciones como esta: "Cuando creamos realmente que Dios nos ama y quiere ayudarnos, dejaremos de acongojarnos por el futuro" (*El discurso maestro de Jesucristo,* p. 85).

Las ofrendas florales también simbolizan nuestros diferentes dones. Algunos dones, como una sonrisa contagiosa, son tan hermosos y de corta duración como los arreglos de flores cortadas. Otros, como una oración ferviente, son tan duraderos como los hermosos lirios. Dios los recuerda y utiliza a todos.

Cuando pasamos tiempo en el sol de su vigilante cuidado amoroso, comenzamos a crecer y progresar como lo hizo mi rosal. Dios nos ama tanto, que desea que encontremos nuestro lugar propio en este mundo y en el jardín que él tiene preparado para nosotros.

Gracias, Maestro jardinero, por brillar para bendecir nuestras vidas y por los dones que tenemos para compartir con otros. Gracias por prepararnos un lugar aquí y en el mundo porvenir.

CAROL J. GREENE

¿Pudo haber sido un ángel?

El eterno Dios es tu refugio, y acá abajo los brazos eternos.
Deuteronomio 33:27.

UN DÍA NOS ENCONTRÁBAMOS cuidando de Carly, una brillante niña de 8 años, en nuestro hogar. Decidimos dejarla que nos ayudara a llevarle un ramo de rosas frescas de nuestro jardín a un par de consultorios dentales cercanos. Ella tenía puesto un sombrerito precioso de Washington D. C., y con su sonrisa y las flores era una niña feliz, digna de verse.

En el camino de regreso, luego de llevar las flores, decidimos parar y ver el jardín de rosas de la ciudad. Caminamos alrededor de los jardines y pasamos un momento glorioso. Hasta vimos un árbol especial de cerezas, que tenía 155 años, un árbol grande y majestuoso con ramas que se abrían hacia afuera y parecían invitar a los niños aventureros a trepar entre ellas. A nuestra pequeña amiga le hubiera encantado hacerlo, pero por supuesto iba contra las reglas del parque.

Luego dimos una linda caminata a lo largo del río, siendo cuidadosas de no acercarnos demasiado a la orilla. Después de un rato, con Carly decidimos que era hora de regresar y comenzamos a trepar el banco empinado. La pequeña Carly no tenía problemas, pero yo luchaba, aun con la ayuda de mi esposo. Cuando estábamos como a un metro del área de césped, un hombre se acercó rápidamente y dijo:

–Aquí, yo la ayudo. Descanse, y yo la voy a hacer subir.

Entonces me levantó en sus fuertes brazos como si fuera una pluma. Fue una emoción sentir sus brazos fuertes. Nunca he sentido semejante fuerza. Más tarde, mientras caminábamos, me sentía asombrada y me preguntaba si el hombre había sido un ángel. ¡Qué figura del cuidado de Dios, al cual aferrarnos!

Pensando hacia atrás en mi vida, estoy segura de que muchas veces Dios ha enviado a su ángel para salvarme; algunas veces ni siquiera me he enterado. Pero una vez, mientras estaba manejando sola en mi auto, otro auto que venía en la dirección opuesta se colocó directamente en mi camino. Todo lo que pude pensar fue: "¡Señor, sálvame!" Repentinamente, el otro auto se alejó, como si hubiera estado empujado por fuertes brazos de ángel. Todavía temblando pero intacta, ofrecí una oración de gratitud a Dios allí mismo y en ese momento, por haberme salvado la vida.

Querido Señor, gracias por la promesa de tus brazos eternos para ayudarnos en tiempos de necesidad. Deseo sentir tu presencia en todo momento, recordando siempre tus bendiciones.

FRIEDA TANNER

3 de junio

El legado de la oración

Y este será mi pacto con ellos, dijo Jehová: El Espíritu mío que está sobre ti, y mis palabras que puse en tu boca, no faltarán de tu boca, ni de la boca de tus hijos, ni de la boca de los hijos de tus hijos, dijo Jehová, desde ahora y para siempre. Isaías 59:21.

DEJAR UNA HERENCIA PARA los descendientes de uno es uno de los temas que se entrelaza a través de la Biblia. Sin embargo, muchas de nosotras, las madres, estamos temerosas por la suerte de nuestros hijos. Tratamos de hacerles bien a través de nuestras palabras de consejos y por nuestra vigilancia. Pero las palabras, o hasta nuestro amor envolvente, parecen inútiles. Entonces, ¿que clase de herencia espiritual podemos dejar?

Con sorpresa y deleite, encontré la simple respuesta: nuestras oraciones. Las oraciones nunca se pierden, sino que son ofrecidas nuevamente por nuestro Intercesor, mientras ruega por sus amados. Juan 17 nos muestra que Jesús oró por todas las generaciones futuras de creyentes. ¡Todavía es ofrecida y respondida esa oración! Lo mismo se cumple con las oraciones de las madres. Bendito el joven que tiene una herencia de oración; padres de oración, abuelos y bisabuelos.

Pronto después de que nuestro nieto mayor se bautizara a los 11 años, nuestro hijo y su esposa añadieron una habitación en su hogar, para que Tommy pudiera tener un dormitorio propio. Cuando estuvo listo, tuvimos un servicio especial de dedicación, dedicando la habitación y su uso para el Señor. Con los padres de Tommy y mi esposo, llenamos el dormitorio con oraciones y cánticos, pidiendo al Espíritu Santo y a los ángeles que moraran allí continuamente, protegiendo la mente de este jovencito que era tan especial para todos nosotros.

¿Contestó Dios nuestras oraciones? ¡Sí! Esas oraciones todavía se ofrecen en el cielo. Tommy, ahora de 18 años, está asistiendo a la escuela de evangelismo y predicando la Palabra de Dios. Nuestro privilegio, como padres y abuelos, es continuar en oración por él, presentándolo delante del Señor.

La oración es una herencia que no puede ser destruida por fuego, inundación o ladrones. Cuando oramos por nuestros hijos y nuestros nietos, esas oraciones continuarán siendo respondidas a través de los años, aun después de que hayamos muerto. "Así ha dicho Jehová: Reprime del llanto tu voz, y de las lágrimas tus ojos; porque salario hay para tu trabajo, dice Jehová, y volverán de la tierra del enemigo. Esperanza hay también para tu porvenir, dice Jehová, y los hijos volverán a su propia tierra" (Jer. 31:16, 17).

CARROL JOHNSON SHEWMAKE

Un desembarcadero de ángeles

Entonces Nabucodonosor dijo: Bendito sea el Dios de ellos, de Sadrac, Mesac y Abed-nego, que envió su ángel y libró a sus siervos que confiaron en él.
Daniel 3:28.

Habíamos pasado la tarde navegando y practicando esquí en el lago con nuestro Club de Conquistadores. Un bote se dirigió de regreso al embarcadero para cargar el bote y llevar a los chicos a casa. Yo estaba en el segundo bote con otros siete. Varias personas esquiaron, y estábamos gozando del atardecer soleado cuando comenzaron a formarse nubarrones. Pronto comenzó a soplar el viento. Los adultos en nuestro bote, comenzaron a preocuparse, porque nos encontrábamos a varios kilómetros del embarcadero. Uno de ellos comenzó a dirigir lentamente el bote en la dirección correcta, mientras el viento soplaba cada vez más fuerte y se agigantaban las olas. Recuerdo a uno de nuestros líderes de conquistadores diciendo: "¡Sigan sacando el agua y oren para que Dios nos lleve con seguridad hasta la orilla!"

Repentinamente, el conductor del bote dijo:

–¡Miren! Allí hay un desembarcadero privado.

Entonces, cambió de dirección, mientras las olas parecían volverse más encrespadas. Pronto estábamos atando el bote con firmeza y amontonándonos en el seguro desembarcadero de madera. Caminamos por el sendero hasta la casa en la ladera de la colina. Nuestro líder de Conquistadores hizo sonar el timbre, y explicó a los dueños de casa que habíamos sido sorprendidos por la tormenta y que habíamos atado nuestro bote en su desembarcadero, porque no podíamos regresar al área de desembarco pública. Les pedimos permiso para utilizar su teléfono con el fin de comunicarnos con el resto de nuestro grupo. La gente fue muy amable, y nos permitió que usáramos su teléfono y nos proveyó de un lugar seco para esperar. Pero nos explicaron que ellos no tenían un desembarcadero. Nuestro líder de Conquistadores dijo:

–Bueno, debe de ser el de sus vecinos. De todas maneras, estamos tan agradecidos de que el Señor nos haya provisto de un lugar seguro para desembarcar y traer a los chicos a un sitio seguro.

Pero los dueños de casa insistieron en que no había ningún desembarcadero a lo largo de la costa donde se encontraba su casa, aunque los ocho lo habíamos visto claramente y habíamos caminado sobre él.

Y era así: cuando la tormenta pasó y nuestros líderes fueron a retirar el bote, allí estaba, en la arena; no se veía ningún desembarcadero. Seguramente fuimos acompañados por ángeles aquel día, ¡un desembarcadero de ángeles!

SANDRA SIMANTON

5 de junio

Fragancia viviente

Sin embargo, gracias a Dios que en Cristo siempre nos lleva triunfantes y, por medio de nosotros, esparce por todas partes la fragancia de su conocimiento. Porque para Dios nosotros somos el aroma de Cristo entre los que se salvan y entre los que se pierden. 2 Corintios 2:14, 15.

SOY UN HERMOSO FRASCO de perfume, cuyo contenido es único y especial. Tengo mi propia fragancia y la libertad de escoger qué hacer con ella. Puedo darle alegría a la gente, al entregar el delicado aroma de las flores y los frutos maduros, o puedo transmitir el olor fuerte de un viejo perfume a los que se encuentran a mi alrededor.

No importa mi cultura, color de piel, altura o posición social. Lo importante es que soy una fragancia de vida, un dulce y buen perfume. Mi vida es mi testigo.

Dios, a quien también le gusta el perfume, planificó hacer del Reino una depósito de perfumes deliciosos en el que encontramos delicadas fragancias de rosas, lilas y jazmín; el fuerte aroma del anís, clavo de olor y nuez moscada; y el perfume de mangos, ananás y duraznos.

El dulce perfume se puede comparar con las oraciones privadas; es esencial como el alimento, el agua o el aire y la luz del sol en nuestras vidas. El fuerte aroma se compara con el estudio diario de la Biblia y escritos espiritualmente inspirados. El perfume placentero y de efecto tranquilizador, y la belleza de los frutos, es la aceptación de uno mismo, dejando a un lado los sentimientos de inferioridad.

El olor de perfume viejo puede no ser placentero, provocar náuseas y hacer que la gente se retraiga. Son las características de una mujer quejosa, orgullosa e insegura. La mujer cuyo aroma resulta vigorizante es voluntaria, atenta, simple y equilibrada.

El tamaño, la forma o el color del recipiente no son importantes. Más importante es ser un buen perfume de Dios, llevando el aroma del amor, del gozo y de la paz a otros.

Soy un hermoso frasco de perfume. Quiero escoger ser una fragancia dulce en todo lugar y circunstancia.

IVONE FELDKIRCHER PAIVA

¿Un ganso tonto?

Y en efecto, pregunta ahora a las bestias, y ellas te enseñarán; a las aves de los cielos, y ellas te lo mostrarán; o habla a la tierra, y ella te enseñará; los peces del mar te lo declararán también. ¿Qué cosa de todas estas no entiende que la mano de Jehová la hizo? En su mano está el alma de todo viviente, y el hálito de todo el género humano. Job 12:7-10.

¿NUNCA HAN ESCUCHADO la expresión "Tú, ganso tonto"? Bueno, yo he llegado a la conclusión de que un ganso es, quizás, una de las criaturas más sabias en el universo. Tenemos una gran población de gansos canadienses aquí en el área. Principalmente, me supongo, porque Nashville está rodeada por el Río Cumberland y por los lagos Old Hickory y Percy Priest. Los gansos tienen un santuario aquí. Son protegidos y muchos de ellos permanecen en nuestra área durante todo el año.

Como tenemos un lago en nuestro fondo de cerca de una hectárea, tenemos la oportunidad de ser anfitriones de toda clase de aves acuáticas. Los gansos canadienses han aprendido que el granjero, Al, alimenta con granos a los caballos allí cada día y que esos caballos hacen un desparramo cuando comen. Dejan granos desparramados todo alrededor, y así ayudan a alimentar muchas aves silvestres en plenitud. Siempre hemos gozado observando los hábitos de los gansos y hemos descubierto muchas cosas interesantes acerca de ellos. ¿Sabían que establecen un ejemplo perfecto de vida en familia?

Número uno; se aparean de por vida. Si algo le sucede a su compañero, el ganso sobreviviente permanecerá con la bandada, solo, aunque rodeado de los demás gansos. ¿Los han observado alguna vez cuando emprenden vuelo? Siguen de cerca al líder en perfecta formación. Nunca los observé peleando por el primer lugar o luchando por ser el líder. Si uno de los gansos tiene problemas y queda atrás, los otros nunca lo dejan solo. Vi a un ganso con un ala quebrada. El resto de la bandada partió, pero un par permaneció atrás para estar con el ganso herido. ¡Qué sistema de apoyo! ¡Y nosotros los llamamos gansos tontos!

Quizá debiéramos pasar más tiempo observando a los gansos. Los seres humanos podrían aprender algunas lecciones valiosas acerca de vida familiar, compromiso y cuidado de los unos por los otros si tan solo observamos a los gansos. Algunas veces, las lecciones de Dios se nos enseñan a través de hechos muy sencillos de la naturaleza.

BARBARA SMITH MORRIS

7 de junio

Ojos para ver

He aquí, Dios es grande, y nosotros no le conocemos. Job 36:26.

PARECIERA QUE SIEMPRE he tenido problemas con mis ojos. Cuando nací, casi perdí mi ojo derecho cuando el médico introdujo pinzas, metiéndolas en el ojo para ayudarme a salir. El ojo se salvó, pero se produjo un daño en mi cara debajo de mi ojo; así que, la gente siempre me pregunta qué pasó que tengo un ojo negro.

Al principio usaba anteojos, pero ahora tengo lentes de contacto. No soy suficientemente valiente, o rica, como para intentar una cirugía con rayos láser. Nunca di por sentada la capacidad de ver, pero generalmente no pensaba que mis ojos eran particularmente vulnerables, tampoco, hasta que me llevé por delante un árbol de yuca.

Para los que, entre ustedes, no viven en un clima seco, un árbol de yuca es más un cactus que un árbol. Crece muy alto, y tiene hojas largas y pinchudas. Me encontraba sacando malezas alrededor de la base de una yucca, cuando una hoja se hincó en mi ojo.

Caí de dolor sobre mis rodillas. Abrí mi ojo, pero mi visión era desesperadamente borrosa. Corrí a la casa, temerosa de mirar en el espejo, segura de que vería una masa de sangre. Cuando miré, no había sangre. El ojo estaba solo un poquito rojo y lagrimeaba. Me di cuenta de que mi visión estaba borrosa porque mi lente de contacto se me había caído.

Fui de nuevo afuera y recuperé mi lente. Cuando lo llevé al baño y lo lavé con desinfectante, el líquido se filtraba a través del lente. Lo sostuve delante de mi ojo bueno y descubrí que la yuca le había hecho un gran agujero.

Los seres humanos pueden ser criaturas realmente fuertes y resistentes, pero la verdad es que todos somos vulnerables. Cuando vi el agujero en mi lente de contacto, pensé cuán fácilmente podría haber sucedido eso en mi ojo. Nuestras vidas se encuentran a menudo en riesgo; un resbalón en la bañera, un trozo de alimento que vaya por la vía equivocada, un conductor descuidado, y nuestras vidas pueden terminarse.

Podríamos vivir temerosos, pero yo prefiero vivir agradecida. Sabiendo que la vida puede terminar en cualquier momento, eso la hace mucho más preciosa. Aquellos de nosotros que somos bendecidos con ojos para ver, tenemos toda la creación para explorar. Dios ha salvado mi vista una vez más, y yo gozo con el simple hecho de estar tranquila y observar las maravillosas vistas a mi alrededor, incluyendo mis yucas. ¡Pero ahora me coloco anteojos de seguridad cuando trabajo alrededor de ellas!

GINA LEE

Casi dejada afuera

Por tanto, también vosotros estad preparados; porque el Hijo del Hombre vendrá a la hora que no pensáis. Mateo 24:44.

RECIENTEMENTE, HICE UN VIAJE al proveedor de artículos de peluquería. Como era domingo, yo sabía que cerraría temprano, a las 6:00. Salí de mi casa alrededor de las 4:30; esta fue mi primera parada. Llegué alrededor de las 4:45, encontré el artículo que necesitaba y di un vistazo por algunos minutos antes de ponerme en la cola de salida.

Mientras esperaba, noté que la persona a cargo le dijo a un asistente que cerrara la puerta y que sólo la abriera para dejar salir a los clientes que iban completando sus compras. Me pareció más bien extraño, porque el negocio no cerraría hasta las 18. Mientras me adelantaba lentamente en la línea, vi gente que trataba de entrar, solamente para que se les negara el paso. Era demasiado tarde. Una mujer rogó, a través de la puerta de vidrio, que se la dejara pasar:

–Por favor, ¡necesito comprar sólo una cosita!

Pero la persona a cargo le dijo:

–No, está cerrado.

La mujer continuó rogando, pero se le negó repetidamente el paso. Frustrada, finalmente se retiró, como lo hicieron otros que habían tratado de entrar después de que la puerta se hubo cerrado.

Cuando llegué a la caja, le pregunté al cajero:

–¿A qué hora cierra el negocio?

–A las 5:00 –fue su pronta respuesta.

–¿Todos los domingos? –pregunté sorprendida.

–Sí –me contestó–, todas las semanas.

Yo casi llegué tarde, pensando que tenía más tiempo. Si no hubiera hecho de ésta, mi primera parada, a mí también se me habría negado la entrada.

Mientras caminaba hacia mi auto para partir, me vino a la mente que, por la gracia de Dios, necesito establecer mis prioridades en forma correcta y poner primero las primeras cosas. Qué tragedia sería perder el cielo y ser dejada afuera por colocar cosas menos importantes en primer lugar, pensando que tengo más tiempo.

Querido Dios, por favor ayúdame a vivir como si tú estuvieras viniendo en cualquier momento. Ayúdame a prepararme, a estar preparada y a permanecer preparada para esa hora que quizá yo no espero, pero en que tú vendrás con seguridad.

GLORIA J. STELLA FELDER

9 de junio

Jardines bien regados

Jehová te pastoreará siempre, y en las sequías saciará tu alma, y dará vigor a tus huesos; y serás como huerto de riego, y como manantial de aguas, cuyas aguas nunca faltan. Isaías 58:11.

FLORES PERENNES EMBELLECEN mi patio de atrás. El hacer crecer flores me provee de una labor de amor constante, enseñándome diariamente valiosas lecciones de vida.

Para preparar mis canteros de flores, primero remuevo varios centímetros de pesada arcilla mezclada con piedras, palada tras palada. A continuación, la reemplazo por tierra abonada. Después preparo el suelo, y selecciono cada planta con gran cuidado. Como mi patio es sombrío, escojo flores que se adapten al ambiente. Los colores, las alturas y las variedades también necesitan mi consideración.

Cuidadosamente planto cada planta preciosa; luego de colocar cada violeta, alegría del hogar, prímula, o petunia rosada, las cuido como si fueran bebés, fertilizándolas, regándolas y manteniendo limpio de malas hierbas, según sea necesario. Si cubro el suelo con paja, esto ayuda a mantener la humedad en el suelo. Una vez que queda arraigada una planta, el mantenimiento que se necesita es mínimo.

Cuando una planta crece demasiado o si deseo ubicarla en otro lugar, debo sacarla. Para hacer esto, introduzco una pala en el medio de la planta, cortando raíces y todo, y tomo una parte para colocarla en otro lugar. Otras veces desentierro toda la planta y la separo en varias partes, para multiplicarla. A causa de su vigor, pueden soportar estos procesos de separación. Mis esfuerzos son recompensados con ricos y coloridos pimpollos.

Tú y yo nos parecemos mucho a las flores de mi jardín perenne. El Maestro jardinero cuida amorosamente de nosotras con infinita mayor pasión que la que yo prodigo a mis flores. Utilizando la pala del amor, se ocupa de remover la arcilla dura de nuestros corazones. En su lugar, coloca sensibilidad, suavidad y humildad. El fertilizante de la guía de su Palabra nos conduce y dirige.

A pesar de nuestra raza, color, tamaño o forma, cuando nos rendimos a su voluntad, él nos coloca justo en la ubicación ideal para crecer. Así como las raíces de la planta extraen nutrientes del suelo, la oración nos acerca al Divino Jardinero. Él, a cambio, nos fortalece para desarrollar características semejantes a las suyas. Justo cuando lo necesitamos, él aplica el agua del coraje y el ánimo de muchas maneras diferentes. En respuesta, nos pide que ayudemos a avanzar su Reino, embelleciendo y regando bien el jardín que ha colocado en nosotros.

MARIAN M. HART

10 de junio

¡Dios me habló!

Y antes que clamen, responderé yo; mientras aún hablan, yo habré oído.
Isaías 65:24.

HE ESCUCHADO A PERSONAS QUE DICEN: "Dios me dijo tal y tal cosa" o "Dios me habló". Yo lo he cuestionado, ¡pensando que estaban jactándose, o que estaban imaginando o inventando cosas! En la actualidad, yo no dudo tanto, ¡porque ayer Dios me habló!

Unos pocos días atrás, una amiga me llamó la atención a cierta situación. Dos miembros de nuestro coro siempre parecían encontrar tiempo para quedar hablando juntos después de la práctica del coro. Generalmente quedaban parados en el estacionamiento mientras que el resto de nosotros nos alejábamos, manejando en la oscuridad. Al pensar en esto, sentí la impresión de cuán inapropiado era que dos personas casadas (pero no el uno con la otra) compartieran ese tiempo juntos. Con mi amiga comenzamos a orar para que Dios nos guiara y nos ayudara a encontrar una solución. Hicimos planes con el fin de encontrarnos a los cinco días para conversar acerca de esto.

Cuando llegó el día, le dije a Dios: "*No escucho tu voz; ¿podrías hablarme y darme alguna instrucción?*" Había pasado una hora, cuando me llamó otra amiga. Conversamos por un tiempo, y entonces le compartí mi necesidad de una respuesta de Dios a esta situación. Ella me aconsejó:

–Debes hablar con la mujer; dile cuán especial es ella para ti, y háblale de lo que has observado y de lo que te preocupa. Necesitas decirle: "Esto no es lo que Dios desea que estés haciendo".

Repentinamente, me di cuenta de que Dios me estaba hablando, ¡impresionando los pensamientos de mi amiga mientras ella me hablaba! Me mencionó, además, el consejo dado en Mateo 18, y entonces oró conmigo. Qué paz me sobrevino cuando decidí seguir el consejo de Dios en esta situación.

Aquella noche, luego de la práctica del coro, invité a la joven mujer a permanecer para que pudiéramos conversar. Cuando nos encontrábamos solas, comencé a decirle cuán especial era ella para mí, y entonces le expresé la preocupación que sentía por ella y el peligro en el que se estaba colocando.

–¡Usted tiene toda la razón! No me conviene seguir en esto –contestó.

Dios me había dado las palabras para hablar y había preparado su corazón para recibirlas. Ella se mostró humilde y aceptó mis palabras. Juntas hablamos con Dios y le pedimos que la ayudara a continuar con su decisión de romper esta relación. Nos abrazamos con lágrimas en los ojos.

Yo sabía que Dios nos había hablado a ambas y que él continuaría haciéndolo.

SHARON FOLLETT

11 de junio

Los anteojos olvidados

Porque Jehová no mira lo que mira el hombre; pues el hombre mira lo que está delante de sus ojos, pero Jehová mira el corazón. 1 Samuel 16:7.

CON MI ESPOSO, RON, estábamos dirigiéndonos hacia nuestra casa luego de visitar a su padre en el hospital. El médico le había dicho a Ray que tenía hemorragia interna y problemas severos de hígado. El médico creía que contaba con menos de dos años de vida. Ray no había entregado su corazón al Señor, y mi esposo-pastor había tratado de compartir el amor de Jesús con su padre, sin resultados.

Mientras andábamos, repentinamente exclamé:

–¡Detente! Me olvidé mis anteojos en la habitación de tu papá.

Hicimos un giro en U y comenzamos a regresar. Ron me esperó en el auto mientras yo buscaba mis anteojos.

Entré apresurada y recogí mis anteojos, sonreí y dije:

–Necesito esto para manejar.

Los ojos de Ray se encontraron con los míos; parecía como si hubiera estado llorando, y entonces le pregunté:

–Ray, ¿está usted bien?

–Nicole –me dijo él–, no deseo morir.

Solamente Dios me podía dar las palabras que necesitaba decir después de su vulnerable declaración. Luego de una rápida oración silenciosa, le dije:

–Tú sabes que puedes tener vida eterna. Nosotros estamos en esta tierra solamente por un tiempo; y sí, uno puede morir. Pero si nosotros creemos en Jesús como Señor y Salvador, tendremos vida eterna.

–Ray, ¿me permitirías orar en tu favor, y ofrecer la oración de un pecador arrepentido? –le dijo sobrecogido por la emoción.

Él asintió positivamente, y entonces oré:

–"Querido Padre celestial, por favor, ven al corazón de Ray, perdónalo por sus errores que haya cometido. Límpialo de toda injusticia y ayúdalo a estar preparado cuando Jesús venga a llevarnos al hogar, en un mejor lugar. Confórtalo y permanece cerca de él. Por favor, Jesús, rodéalo con tu amor, de modo que pueda confiar en ti y no tener temor".

Cuando miré a Ray a través de mis lágrimas, vi que estaba sollozando y secándose también los ojos. Me miró y me dijo simplemente:

–Yo creo.

Ray falleció alrededor de un mes más tarde. Alabo a Dios por haberme olvidado los anteojos, que me ayudaron a ministrar a mi suegro de modo que pudiera ver la luz del amor y del perdón, y creer.

NICOLE PARADIS-SYDENHAM

Deseo correr otra vez

Entonces los ojos de los ciegos serán abiertos, y los oídos de los sordos se abrirán. Entonces el cojo saltará como un ciervo, y cantará la lengua del mudo, porque aguas serán cavadas en el desierto y torrentes en la soledad.
Isaías 35:5, 6.

ERA EL ÚLTIMO VIERNES DE noche de las reuniones, y mi esposo me pidió si podría reunirme con él en nuestra cabaña después de la reunión.

–La esposa de uno de nuestros pastores ha desarrollado esclerosis múltiple por años y ha pedido el ungimiento –me explicó.

Mi respuesta inmediata fue que no, porque tenía una práctica de coro de campanas en ese horario. Entonces se me ocurrió que como estas eran las primeras reuniones a las que Cheryl asistía, ella no conocía a mucha gente, y quizá me necesitaba.

El orador de las noches había compartido experiencias de sus propios años de lucha con fibromialgia. A veces, el dolor había sido insoportable. Los vuelos extensos habían sido lo peor. Durante uno de esos bajones, él había decidido pedir un ungimiento. Luego del servicio de ungimiento, había quedado liberado del dolor. Y continuó contando que desde entonces no había padecido más dolores. Si Dios pudo sanar al orador invitado, ¿no podría sanar a Cheryl? Esto era lo que los había llevado a ella y a su esposo a solicitar el ungimiento.

Rodeada por un pequeño grupo de amigos, Cheryl oró primero. Mirando hacia el cielo, dijo:

–Jesús, esta es Cheryl –y luego de comenzar a enumerar sus bendiciones, fue al grano–. Debo ser franca contigo, Jesús: estoy cansada de esta enfermedad. Estoy cansada de poner una máscara de valentía todo el tiempo. Solía ser una corredora, y deseo poder correr otra vez.

Entonces oramos todos, y en el momento apropiado el pastor visitante colocó aceite en su cabeza. Él oró fervientemente por la sanidad de Cheryl.

Al día siguiente recorrí con mi vista la multitud, buscando a Cheryl. Al terminar el servicio de la mañana, la vi unas pocas filas detrás de nosotros. Ella se abrió paso hacia mí sin un bastón o sostén metálico en sus piernas. Una sonrisa iluminaba su rostro. Lágrimas de gozo llenaron mis ojos mientras le daba un abrazo.

Ya han pasado dos meses desde aquel fin de semana. ¿Cómo le estará yendo?, me preguntaba. *Sería maravilloso, Señor, si pudiera ser sanada; pero si no lo es, oro para que pueda tener paz, sabiendo que un día, cuando Jesús vuelva, podrá en verdad correr otra vez.*

VERA WIEBE

13 de junio

Pide en oración

Y todo lo que pidiereis en oración, creyendo, lo recibiréis. Mateo 21:22.

NO SE PODÍA IGNORAR la situación, o dejarla de lado; se estaba volviendo desesperada. Era jueves, y Alice y Art necesitaban a alguien que los llevara a casa desde el lugar de reuniones el domingo. Habíamos conocido a Alice y a Art cuando asistíamos a la misma iglesia, pero nuestros caminos no se habían encontrado recientemente. Ellos se habían mudado a unos cincuenta kilómetros de distancia, y asistían a una iglesia cercana a su hogar. Mi amiga Mary me había informado de su situación, no sabiendo que nosotros ya nos conocíamos.

Su auto los había llevado desde la costa norte de California hasta las reuniones. A varios kilómetros del lugar de reuniones, sin embargo, el motor había perdido una varilla y se negó a continuar. El auto, arruinado, había tenido que ser transportado a un lugar en el que compraban chatarra. Esto los dejó sin movilidad para regresar a casa. Ellos no se desesperaron, sino que con tranquilidad pidieron ayuda al Señor. Les contaron a unos pocos amigos acerca del problema y se mantuvieron orando.

Mientras caminábamos lentamente y hablábamos con Mary, Alice justo venía caminando hacia nosotras, y todas nos detuvimos para hablar. Cuando ella preguntó cómo estábamos, decidí ser diferente y evitar la respuesta "Muy bien, gracias".

Le dije que tenía un nervio ciático pinzado y que estaba soportando algunos dolores poco placenteros, no solamente en mi espalda sino también en mis muslos y piernas.

–Oh –me dijo ella–, te puedo ayudar a solucionar eso. Ven a mi carpa mañana.

Con mi esposo comentamos la necesidad de Alice y Art de regresar a su hogar y pensamos que sería muy posible que pudieran viajar con nosotros. Al día siguiente, llegué a su carpa con un plan: nosotros podríamos intercambiar transporte por una terapia de masaje. Alice estaba muy contenta, aceptó nuestra oferta e hizo que mi espalda se compusiera, y me alivió muchísimo el dolor. Ambas sabíamos que esta había sido la contestación a nuestras oraciones.

El domingo manejamos los cuatrocientos ochenta kilómetros hasta casa. Gozamos enormemente del viaje, la conversación y la parada para comer. Cuando llegamos, Alice me hizo un nuevo masaje en la espalda, haciendo que me sintiera mucho mejor. Alice y Art estuvieron seguros en casa antes del anochecer, alabando al Señor y agradeciéndonos profusamente.

LILLIAN MUSGRAVE

14 de junio

Confundida en el maizal

Mas el que persevere hasta el fin, éste será salvo. Mateo 24:13.

DOS GRANJEROS QUE VIVÍAN a cinco kilómetros de distancia del pueblo, plantaban cuatro hectáreas de maíz cada año en la forma de un laberinto.

Una vista aérea del maizal permitía distinguir el contorno de nuestra provincia, Alberta. Dentro de sus límites estaba el diseño del escudo provincial, mostrando montañas con picos nevados, una extensión de colinas, las praderas, los parques y parvas de granos. También estaba incluida la rosa silvestre, la flor emblemática provincial.

Con mi hermana, aceptamos el desafío de recorrer el laberinto desde el comienzo hasta el final. Luego de pagar la entrada, se nos dio a elegir si queríamos un pasaporte para guiarnos al atravesarlo. Estos pasaportes ofrecían una serie de preguntas, con respuestas múltiples. Cuando alcanzábamos una señal numerada en el maizal, debíamos parar y contestar la pregunta del mismo número del cartel. Todo va bien si uno sabe la respuesta a la pregunta. La respuesta que nosotras escogíamos nos indicaba qué sendero seguir, a la izquierda, a la derecha o derecho hacia adelante.

Con el maíz, que alcanzaba una altura de tres metros, no había forma de espiar por encima, y las plantas estaban colocadas tan cercanas que no podíamos ver nada a través de ellas. Muchas veces llegamos a caminos sin salida o regresábamos a la señal que acabábamos de dejar. Entonces, elegíamos una respuesta diferente a la pregunta y seguíamos adelante. Trepamos al mirador en un momento, para ver si estábamos cerca del final. Seguramente habíamos caminado varios kilómetros, y ¡debíamos estar casi llegando a destino y libres! Por el contrario. Tuvimos que seguir adelante con determinación.

En un lugar estábamos totalmente confusas. Parecía que no había un camino de salida al circuito del maizal. A través del maizal había "guías de rescate", para ayudar a aquellos que pudieran encontrarse desanimados, sufrieran de claustrofobia o, simplemente, estuvieran perdidos. Nosotras pedimos ayuda a uno de los guías. Finalmente encontramos la salida y nos regocijamos de que habíamos terminado mejor que el promedio de una hora.

Nuestra jornada en la vida es como aquel maizal. Si estudiamos y seguimos las instrucciones de nuestro pasaporte, la Biblia, podemos alcanzar nuestro destino del cielo. Habrá desvíos, pero no te desanimes. Habrá caminos sin salida, pero no te des por vencida. Busca consejo y ayuda de los guías a lo largo del camino. Ellos pueden ser: tu pastor, un miembro de la familia o un amigo.

EDITH FITCH

15 de junio

Pero, ¡quién lo sabía!

Antes que te formase en el vientre te conocí, y antes que nacieses te santifiqué.
Jeremías 1:5.

UNA SONRISA FORTUITA Y UN saludo casual se intercambiaban en medio del abrir y cerrar de puertas metálicas de los armarios del colegio. Fue allí donde por primera vez me di cuenta de la existencia de una compañera de la escuela secundaria. Habíamos asistido a diferentes escuelas elementales, y nuestros vecindarios se encontraban a kilómetros de distancia. Nunca compartimos ninguna clase durante los cuatro años de colegio secundario. Parecía que no teníamos nada en común. Era sólo en los pasillos vacíos de la Escuela del Sur que nuestros caminos tenían alguna razón para cruzarse. Pero, ¿quién sabía?

Luego de la graduación, me matriculé en la carrera de Administración. Pronto me casé y conseguí un empleo como secretaria. Entonces, nació una hija. Mis pensamientos se volvieron hacia Dios, recordé la iglesia de mi madre y sus hermanas, y asistí a ella. Pensé que sería un buen lugar para comenzar. Pero, ¿quién lo sabía?

Al entrar en el atrio, una mano estrechó la mía dándome una cordial bienvenida. Ambas sonreímos e instantáneamente nos reconocimos como ex compañeras de la escuela secundaria, con armarios vecinos. Brotaron los cómos, los por qués y los cuándo. Ella se había casado con un miembro de una familia que asistía a esta iglesia. Yo estaba regresando a la iglesia de mi madre. Nuestras primogénitas eran, ambas, niñas muy cercanas en edad. La distancia entre nuestros hogares era ahora asombrosamente cercana. Nos hicimos amigas rápidamente. Llamadas telefónicas semanales y almuerzos compartidos en camaradería afirmaron una hermosa amistad.

Tuve el privilegio de formar parte de los primeros años en la redacción de aventuras en su diario. ¿Quién sabía adónde la llevaría, cuando la conduje en mi automóvil para cumplir con sus asignaciones de escritora y entrevistadora para el pequeño diario rural de Ohio? ¡Nuestro Señor lo sabía! Ella llegó a ser una escritora profesional y periodista por más de treinta años, y lo sigue haciendo.

Y ¿quién sabía que ella encontraría mérito en esta escritora tardía en florecer, en estos relatos y poemas de recuerdos de abuela? Ella ahora me lleva, no en un auto, sino con palabras de ánimo. Sí, mi querida amiga Betty es también mi tutora. Pero, mejor que todo, somos hermanas en Cristo con brillantes arco iris entretejidos en un hermoso tapiz que ha durado por más de cincuenta años. Sí, ¡él lo sabía!

MARIANNE TOTH BAYLESS

La luz trae nuevas perspectivas

Mi Dios alumbrará mis tinieblas. 2 Samuel 22:29.

MIENTRAS TRABAJABA PARA UNA librería cristiana, tuve que ensamblar un sector de exposición para un congreso. Sería una exposición atractiva, que exhibiría algunas ofertas grandes de música para niños. Miré las piezas para armar los estantes y me pareció: "Esto será fácil". Por supuesto, estaba tratando de armar todo rápido, lo que significó que no me tomé el tiempo para leer las instrucciones y solamente le eché una mirada a los diagramas. Traté de unir los extremos primero. ¡No marchó! ¿Los lados primero? No. Era hora de que leyera las instrucciones. Y ahora sí, pude armar todo con facilidad, y hasta afirmar el cubículo. Pero, antes de unir la parte de arriba, tenía que armar los compartimentos para sostener los discos compactos y los casetes. Este fue el desafío más grande. Colocando el escaparate en una posición diferente, todavía no podía imaginar cómo hacerlo. Comencé a ponerme nerviosa, y tenía que mirar a menudo las indicaciones y el diagrama.

Me vino a ayudar una compañera de trabajo, pero ella se encogió de hombros y me dejó después de unos pocos intentos. Todavía estaba probando varias maneras de conseguir armar los compartimentos, hasta usando la fuerza, pero no adelantaba. Llegó otra compañera. Después de evaluar el problema, emprendió la tarea con determinación. Le conté todo lo que había intentado hacer, así podría beneficiarse de mis errores, pero mi consejo cayó en oídos sordos. ¿No es así como somos? Seguimos intentando algo que ya se nos dijo que no funcionaría. Ella anunció:

–Yo nunca me doy por vencida hasta que está bien hecho.

–Realmente necesitamos un doblez aquí –seguí insistiendo.

Pero no parecía haber ninguno.

Conclusión: las indicaciones estaban equivocadas y los fabricantes estaban equivocados. ¡No podíamos ser nosotras! Caminé al otro lado de la habitación y observé la sección una vez más. Y adivinen qué: a la luz de aquel ángulo se veía una tenue línea de doblez. ¡Sí!, justo donde me parecía que tenía que haber una.

Cuán semejante a mi propia vida. Deseo ver los resultados de ser diferente, pero no estoy intentando nada diferente. Cuando dejo de concentrarme en el problema o la situación y comienzo a ver las cosas en una luz diferente, las cosas parecen diferentes. Las piezas encajan mejor cuando comprendo que debo permitir que Dios derrame su luz en mi vida. Leer el mensaje de Dios, en diferentes libros de la Biblia, o de diferentes versiones, puede traerme nueva luz también. La luz trae realmente una nueva perspectiva.

LOUISE DRIVER

17 de junio

Codazos suaves

Te haré entender, y te enseñaré el camino en que debes andar, sobre ti fijaré mis ojos. Salmo 32:8.

CUANDO ME ENCONTRABA TRABAJANDO en una escuela secundaria cristiana, con mi esposo, siempre le regalábamos a cada graduando una pequeña placa o tarjeta para billeteras, que decía: "Señor, ayudame a recordar que nada me sucederá hoy que tú y yo no podamos resolverlo juntos". Año tras año le dábamos a cada graduando el mismo regalo, hasta que las placas no se conseguían más.

Recibimos muchas palabras de agradecimiento. Algunos años más tarde, cuando uno de nuestros graduados perdió su vida ahogándose accidentalmente, sus padres me contaron cómo habían encontrado la placa entre sus pertenencias y cuánto había significado para ellos.

En la clase de 1984, había un jovencito a quién llamaré Bob. Tan pronto como Bob se graduó, fue a la marina de guerra y vivió una vida de marinero. De vez en cuando me llamaba desde Arabia Saudita o desde Francia, o dondequiera que estuviera, y me informaba que seguía llevando la tarjeta en su billetera. Sin embargo, él no estaba viviendo una vida cristiana.

Pasó algún tiempo, y Bob fue liberado del servicio en la armada. Se mudó de regreso a nuestra área y se casó con una mujer con niños. Comenzó a venir a la iglesia por sí solo y se sentaba con nosotros, porque su esposa tenía creencias diferentes de las suyas. Un sábado de mañana, sacó esa pequeña tarjeta de su billetera y me mostró que aún la conservaba consigo. Entonces, como caída del cielo, le hice la siguiente pregunta:

–Bob, ¿haz pensado alguna vez en rebautizarte?

No había terminado de decirlo, cuando me pregunté de dónde me había surgido ese pensamiento. Él me miró y, con lágrimas en sus ojos, respondió:

–Sí, lo he pensado, ¿cómo lo sabía?

Lo abracé y le dije que me hiciera saber cuándo sería la ocasión, porque yo quería asegurarme de estar allí.

Durante las vacaciones, me sentí impresionada a llamar a casa y recibir los mensajes que se encontraban en la máquina contestadora. Había uno de Bob, en el que nos decía que se estaba por bautizar y esperaba que pudiéramos estar allí para la ocasión. ¡Qué emoción ver aquel bautismo!

Qué evento de mayor emoción, aún, es saber que era Dios el que nos dirigió al regalar esas pequeñas placas y tarjetas de billetera, y que era Dios el que me inspiró a preguntarle a Bob si él había pensado alguna vez en ser rebautizado.

ANNA MAY RADKE WATERS

Antes que llamen

Y antes que llamen, responderé yo, mientras aún hablan, yo habré oído.
Isaías 65:24.

Estábamos preparándonos para un largo viaje para la boda de una sobrina, donde tendría que recitar una poesía, así que practiqué y pulí mis versos. Cuando estábamos a punto de partir, llegó una amiga que me dejó un paquete de guayabas amarillas en mi mano.

A la hora del almuerzo, paramos para comer lo que había preparado y, por supuesto, disfrutar de las guayabas. Ahora, no puedo pasar por alto la explicación de que estas frutas deleitables tienen unas semillas blancas, pequeñas y duras como hierro. Repentina y penosamente, dejé de comer, enviando mi lengua para explorar los daños. Una semilla dura se había instalado entre mis incisivos, rompiendo el relleno y partiendo un diente en forma de V. Mi primera reacción fue romper a llorar y rogarle a mi esposo que me llevara de regreso a casa. ¿Cómo podría recitar con un espacio abierto entre mis dientes incisivos? Para completar mi problema, era viernes de Pascuas. Yo sabía que sería imposible conseguir asistencia dental.

Fue entonces que recordé una oración muy singular. Los dos hombres que viajaban conmigo esperaban mi explosión, pero las palabras de la oración fluyeron en mi mente como un bálsamo tranquilizador: "Gracias, Señor, por resolver este problema. Es demasiado grande para mí; te lo entrego gozosa y confío en ti".

–Edna, ¿qué te has hecho? –me preguntó mi cuñada al llegar.

–Confío en que el buen Señor resolverá el problema, Hazel, porque no sé si alguien más lo podrá hacer –contesté explicando la situación.

Hazel hizo una pausa y luego dijo:

–Justo esta mañana, cuando leía el diario, vi un recuadro donde se anunciaba un servicio de emergencia dental para el fin de semana de Pascuas –ella corrió para encontrar la dirección–. Subamos a mi auto y vayamos.

Me surgió otro problema en la mente, mientras íbamos en el auto: "*¿Qué hacemos si hay una larga fila de espera, y no puedo ser atendida antes de la puesta del sol?*" Entonces, me reprendí una vez más y dije: "*Gracias Señor, por resolver este problema, también. Es demasiado grande para mí. Estoy confiando en ti*".

No había cola. Le propuse al dentista que me pusiera un relleno temporario para ahorrar tiempo. Él sonrió y me aseguró que haría algo mejor que eso. Y lo hizo. Dios había provisto la solución mucho antes de que surgiera la emergencia, y le agradezco a él cada vez que cuento la historia.

EDNA HEISE

19 de junio

Feliz Día del Padre

Honra a tu padre y a tu madre, para que tus días se alarguen en la tierra que Jehová tu Dios te da. Éxodo 20:12.

ME ENCANTA LEER POR unos pocos minutos antes de dormirme, así que generalmente tengo varios libros amontonados en la cabecera de nuestra cama. Darell me hace bromas de que tendría que temer que me caigan encima durante la noche. La semana pasada, mientras me inclinaba por una ventana para lavar el exterior de la otra, me apoyé en contra de la cabecera provocando que se cayera. Pensé que podría reparar rápidamente el daño y seguir con las actividades del día. Sin embargo, no resultó tan simple. Necesité ayuda para poder levantar la cabecera.

Cuando Darrell llegó a casa para el almuerzo, me ayudó a levantar la parte pesada, y le aseguré que yo terminaría las reparaciones y que todo andaría bien. Al comenzar a trabajar, me di cuenta de que no podía hacerlo. Cuando él llegó a casa para la cena, le dije que no había podido completar el trabajo. Mi esposo amoroso buscó las herramientas y, sin ningún comentario, fue a arreglar las cosas.

En ningún momento me reprochó o me dijo que yo debía haber sido más cuidadosa. Él simplemente reparó mi lío. Los que lo conocen a Darrell, saben que le encanta hacer chistes o contar historias divertidas. Ahora, tiene la base para una buen historia; él se deleita en contar cómo mi pila de libros hizo que colapsara la cabecera de la cama. Nos reímos juntos y disfrutamos del humor de la situación.

El incidente de la cabecera de la cama me recuerda cuán a menudo él ha hecho cosas similares a lo largo de los años, no solamente por mí, sino también por nuestros hijos. Como esposo y padre, ha trabajado pacientemente a fin de hacer la vida mejor para cada uno de nosotros. Cuando hemos cometido errores, nos dio su amor, perdón y ayuda para arreglar las cosas, haciendo todo con un espíritu de alegría.

Nuestro hogar ha sido bendecido con un esposo y padre que es paciente, amable y amante ante cada situación. El cuidado de los padres por sus familias, reír con ellas, hacer de cada día uno mejor que el anterior, reparar las cosas cuando hay accidentes, es sólo una de las formas en que lo hacen. También reparan los corazones, ayudan a sanar pequeñas heridas que experimentamos cada uno de nosotros.

Me gusta pensar en un Padre celestial así como este, ¿no te parece?

EVELYN GLASS

Seguridad de un perfil

Con amor eterno te he amado; por tanto, te prolongué mi misericordia.
Jeremías 31:3.

TENGO UNA HIJA QUE es joven y hermosa, y tiene un corazón del tamaño de Texas. Aunque es muy considerada y amable, es contundentemente honesta, así que siempre sabes lo que piensa de ti.

El año pasado me casé por última vez en mi vida.

El mes pasado, mi hija voló desde California para visitarme y ayudarme a empacar algunos viejos recuerdos y condensar mis 17 años de criar hijos sola, después de un triste divorcio. Con John nos estábamos mudando, y yo necesitaba su ayuda y apoyo moral.

Con Amber terminamos exhaustas nuestra semana acelerada, descansando mientras tomábamos un té, nos reíamos y compartíamos un collage de fotos. Una de las fotos de la boda mostraba mis mejillas regordetas y chiquitas resplandeciendo con la lluvia.

–¡Uh! No me gusta esa –sacudí mi cabeza.

Siempre he tenido sobrepeso, pero esta mostraba mi doble mentón y, porque me estaba riendo, me achicaba los ojos y hacía que mis cachetes lucieran más rellenos.

–¡No, a mí me encanta esta! –insistió Amber–. Mamá, ¡no sabes cuánta seguridad encuentro en tu perfil!

Ella se rió ante mi reacción, forzándome a ponerme seria y escuchar.

–Desde que era un bebé, observé ese perfil desde el lado opuesto sentada en la parte de atrás del auto. Generalmente me sentabas al lado tuyo cuando salíamos a comer afuera. Tu perfil es probablemente el lado de tu cabeza que más he visto.

Ella estaba en lo correcto hasta aquí. Durante toda su niñez, yo había tenido que trabajar en la ciudad, así que manejaba los casi treinta kilómetros hasta la casa de la niñera. En el auto conversábamos, le contaba historias, catábamos canciones, nos leíamos una a la otra, y compartíamos historias de la escuela y dolores de cabeza mientras comíamos comida mejicana acompañada de vasos grandes de té. Y aunque me volvía para mirarla a ella, gran parte del tiempo era el costado de mi cara lo que ella veía.

Todavía está lejos de ser mi foto favorita, pero la lección es mucho más grande que una simple fotografía de 8 por 16. Nunca voy a ser una mujer delgada y hermosa como mi hija, pero tengo la bendita seguridad de que soy profundamente amada y que le he dado a mi hija la seguridad de un perfil de madre.

SALLY J. AKEN-LINKE

21 de junio

Escoge no recordar

Yo, yo soy el que borro tus rebeliones... y no me acordaré de tus pecados
Isaías 43:25.

LA FILA ERA LARGA y el día caluroso en la pequeña oficina de correo. Mientras andaba por la ciudad, me había dado una escapada para despachar un paquete por correo.

Traté de no escuchar la conversación que se estaba desarrollando cerca del frente de la fila, pero la oficina de correo era pequeña y la voz era fuerte. Una mujer había entrado y reconocido a otra mujer, a quien obviamente había conocido en el trabajo en algún momento del pasado. Evidentemente, había pasado mucho tiempo desde que se habían visto por última vez. La primera mujer se dirigió hacia la segunda, que estaba parada en la fila con su hijo adolescente, y comenzó a decirle, en voz alta, todas las cosas desagradables que habían sucedido desde que se habían visto por última vez. La mujer en la fila no dijo mucho.

Después de soportar esto por un tiempo, la mujer chillona y negativa, que parecía haber trabajado en Atención al Personal en el hospital, volvió su atención al muchacho adolescente:

–¿Recuerdas cuando te dimos una paliza? –le dijo con crueldad, suficientemente fuerte como para que todos nosotros la escucháramos. Para entonces, había captado la atención de todos, en ambas filas.

–No –replicó el muchacho.

–¡Por supuesto que te acuerdas! –replicó ella.

–No –dijo nuevamente el muchacho, devolviendo una mirada firme.

–Seguro que sí, no podrías olvidar aquello.

Él miró a la mujer por un momento, y dijo lenta y deliberadamente:

–Elijo no recordar.

Se dio media vuelta y salió por la puerta.

Hubo silencio en la oficina de correo. Nadie dijo una palabra. Yo casi esperaba que rompiéramos en aplausos. Pero, en nuestros corazones, lo ovacionamos puestos de pie.

A veces no podemos hacer nada con lo que sucede en nuestras vidas. No siempre podemos evitar el cometer errores tontos. Pero podemos "escoger no recordar" y seguir adelante en el camino de la vida hacia mejores elecciones. Dios tampoco lo recuerda.

EDNA MAYE GALLINGTON

22 de junio

Un Dios que se interesa

Echando toda vuestra ansiedad sobre él, porque él tiene cuidado de vosotros.
1 Pedro 5:7.

UNA NOCHE CÁLIDA DE VERANO, mi papá decidió invitarnos a salir a comer, porque mamá tenía que trabajar. Decidimos ir a Taco Bell y disfrutar de una rica aunque poco saludable cena. Luego de satisfacer nuestros estómagos con el gourmet de Taco Bell, salimos por la puerta para dirigirnos a Baskin-Robbins, a fin de comprar helados.

Cuando llegamos a casa, estaba justo terminando mi helado cuando recordé mis correctores de dentadura. ¿Dónde los había dejado? Miré por la cocina y en mi habitación; y entonces recordé. ¡Los había puesto en mi bandeja en Taco Bell y no los había recogido!

–¡Papá, mis aparatos dentales! –exclamé–. Pienso que los dejé en Taco Bell.

–Estas bromeando –me dijo mi hermana, incrédula.

–¡Hablo en serio! Los puse en la bandeja, y creo que los tiré sin darme cuenta.

–Entonces, vamos de regreso a Taco Bell –sugirió mi hermana.

Aunque temía que fuera demasiado tarde, ya que habíamos partido una hora antes, los tres nos apuramos a subir al auto y regresamos directamente a Taco Bell. Al llegar, un empleado estaba justo sacando la basura. Corrí y, sin aliento, pregunté si podía buscar mis aparatos correctores de los dientes en las bolsas de basura. Él me dio una mirada comprensiva y se ofreció para ayudarme. Por suerte, encontramos los aparatos cerca de la superficie y los encontré en unos diez minutos.

Salimos de Taco Bell riéndonos. ¡Qué experiencia! En nuestro regreso a casa, susurré una oración de gratitud. Me sorprendió cómo Dios había contestado una oración que nunca había salido de mis labios. Dios se había asegurado de que el empleado hubiera esperado justo un poquito más para sacar la basura. Dios se había interesado por algo muy pequeño comparado con todos los otros problemas de este mundo.

¡Cómo nos ama Dios y cómo se interesa por nosotros! Cuán importantes somos para él. Yo sé que algunas veces nos sentimos pequeñas y sin importancia. Algunas veces sentimos que Dios no se molesta por nosotras porque nuestros problemas son una partícula de semilla comparados con el hambre y los terremotos. Pero, si él estuvo dispuesto a contestar una oración no expresada, ¿no piensas que estará dispuesto a contestar las tuyas? Si él se interesó lo suficiente en mis aparatos y en mí, ¿no piensas que se interesa por ti?

CRISTINE JEDA ORILLOSA

23 de junio

Paz para mi corazón acongojado

Y antes que clamen, responderé yo; mientras aún hablan, yo habré oído.
Isaías 65:24.

LOS DOMINGOS DE MAÑANA, GENERALMENTE, me quedo haciendo pereza debajo de las tibias frazadas, porque es el único día que no tengo que salir corriendo a fin de vestirme para el trabajo o para ir a la iglesia. Este domingo en particular, decidí ir a la planta baja para mis devociones. Al sentarme en el sofá, me surgieron pensamientos que atormentaban mi mente y que no tenían nada que ver con mis devociones. Quedé abrumada en mi búsqueda por respuestas a los desafíos que parecían consumirme, y comencé a ahogarme en mi propia cisterna de desaliento y autocompasión. Muchas veces, en nuestro caminar en la vida cristiana, Satanás tiene éxito en apartar nuestra vista de Jesús, privándonos de la dulce comunión que podemos tener con nuestro amoroso Padre celestial.

Mientras hojeaba la devoción *Tienda de telas*, las páginas se abrieron en la lectura para el 5 de marzo. Estaba por buscar la fecha del día, cuando mis ojos captaron el título: "Para mujeres que han caído y no pueden levantarse". El texto decía: "Tendrás confianza, porque hay esperanza" (Job 11:18). Había estado luchando con asuntos que me habían preocupado durante varias semanas. ¡Cuánto pesaba la carga sobre mí! Mientras leía la devoción, pensé que era justo para mí. Hablaba de sentirse cargada y cómo una conversación con Dios acerca de las preocupaciones grandes y pequeñas puede marcar una diferencia. Aquellas palabras fueron una fuente de ánimo.

Medité por unos pocos momentos, y entonces me volví a la lectura del día. Otra vez Jesús habló a mi corazón: "Y antes que llamen, responderé yo; mientras aún hablan, yo habré oído". Dios estaba diciendo que él sabía lo que me estaba sucediendo y que estaba allí para fortalecerme. Cuando estaba por cerrar el libro, mis ojos se fijaron en la otra página. Casi mirándome directo a los ojos, estaban las palabras: "Venid a mí todos los que estáis trabajados y cargados, y yo os haré descansar. Llevad mi yugo sobre vosotros y aprended de mí, que soy manso y humilde de corazón, y hallaréis descanso para vuestras almas" (Mat. 11:28, 29). ¡Qué bendición tener un amigo y alguien que me ayude a llevar las cargas, como Jesús, quien me ama y se interesa en mí! Estoy agradecida a Dios por las preciosas palabras que me envió.

Hoy, si estás caminando a través de desiertos áridos en tu vida, no te des por vencida; toma coraje, mira hacia arriba, y ve hacia adelante con confianza en el conocimiento del amor supremo y abundante de Dios. Él está siempre allí, esperando para llevar tus cargas, si se lo permites.

SHIRLEY C. IHEANACHO

La gloria de la mañana

¡Cómo caíste del cielo, oh Lucero, hijo de la mañana! Isaías 14:12.

GLORIA DE LA MAÑANA. ¡QUÉ hermoso nombre para una flor! Tiene la forma de un embudo y no tiene pétalos separados. El nombre científico es ipomoea. (Las batatas son miembros de la misma familia. Se originaron en las Indias occidentales, pero se diseminaron en forma silvestre a través de los trópicos y subtrópicos.) La flor gloria de la mañana da un esplendor de color púrpura a nuestro cerco, que está formado por tecomaria capensis. Las flores crecen en lo alto del cerco; se abren temprano en la mañana y se cierran tarde en el día.

Sin embargo, a pesar de su hermoso nombre, la gloria de la mañana es una planta venenosa. También es irritante y tóxica. Puede causar dolores de estómago, náuseas, visión nublada y alucinaciones.

La gloria de la mañana produce zarcillos que se enroscan ajustadamente alrededor del cerco. Hay que tener mucha paciencia y tiempo para desenroscar cada zarcillo, que parece crecer muchos metros de largo. Muchas veces las ramas del cerco se quiebran cuando uno trata de librarlas de ellos. La gloria de la mañana que se arranca, tiene que ser destruida; de lo contrario, crecerá en otro lugar. Uno tiene que lavarse las manos profusamente, para poder quitar la sustancia pegajosa que despide; de lo contrario, las manos pican y se enrojecen.

¡Cuánto se asemeja la planta gloria de la mañana a Lucifer! El nombre Lucifer significa "el que brilla", hijo de la mañana. ¡Qué nombre con significado más hermoso! Fue una vez un ángel exaltado en gloria, creado en el cielo. Era tan elegante (más hermoso, aun, que una gloria de la mañana), que se volvió orgulloso de su hermosura y deseó ser como el Altísimo. Fue echado del cielo con aquellos ángeles que creyeron en sus mentiras. Satán es el padre de mentira, el gran engañador. Obra tan subrepticiamente para atraparte en sus garras (como los zarcillos de la gloria de la mañana), hasta que eventualmente no puedes librarte de sus garras. A Satanás le gusta tener control. No debemos permitirle que gane ventaja sobre nosotros, porque no ignoramos sus engaños (2 Cor. 2:11).

Necesitas un amigo jardinero para quebrar esos zarcillos de pecado. Así como el cerco, no podemos remover los zarcillos por nosotros mismos. Semejante a las ramas que se quiebran, debemos estar dispuestos a rendirnos totalmente a Cristo. "Pero gracias sean dadas a Dios, que nos da la victoria por medio de nuestro Señor Jesucristo" (1 Cor. 15:57).

PRISCILLA ADONIS

25 de junio

Dios cuida de nosotros

Y seré salvo. Salmo 119:117.

HACE UNOS POCOS AÑOS, con mi esposo viajamos desde Brisbane hasta Adelaide, en Australia, un viaje que lleva dos días completos con su noche de descanso. Fervientemente le pedí a Dios su protección. No solamente era una época de vacaciones con mayor tráfico en las rutas, sino también representaba una distancia de alrededor de 2.250 kilómetros. Partimos temprano y contemplamos la salida del sol. Fue un deleite ver la creación de Dios evidente en todas las cosas. Había belleza en los sauces con sus ramas colgando hasta el agua y en una formación rocosa con piedras grandes balanceándose entre sí precariamente. Se encontraba belleza en las colinas que daban lugar a llanos, con suelos quemados de color marrón.

Fue bueno llegar a Adelaide, pero los días se pasaron demasiado rápido, y pronto comenzamos al viaje a casa. La rutas de regreso se encontraba más en el interior, llevándonos primero a través del pueblo minero de Broken Hill, un área de desolada sequedad. Pasamos sobre puentes cuyos arcos se extendían por encima de lechos de ríos completamente secos. Permanecimos, durante la noche, en un pequeño pueblo en el campo, donde el suelo es tan rojo, que el color se impregna en el pavimento de la ruta.

Partimos temprano en la mañana y, como era justo antes del amanecer, durante la siguiente hora o más, fue como manejar a través de un parque de vida salvaje. Encontramos la mano de Dios una vez más, esta vez en sus animales: había zorros que corrían a los arbustos. Disminuimos la marcha por causa del ganado y de las ovejas que divagaban sobre la ruta, y tuvimos que parar el auto un par de veces cuando los emús, grandes aves no voladoras, cruzaban frente a nosotros. Detectamos un águila, muchos pavos silvestres, y grandes lagartos descansando sobre un tronco. Había bandadas de aves de brillantes colores que levantaban vuelo desde los pastizales a lo largo del camino, al escuchar el sonido del paso del auto. Pero lo que realmente nos hizo disminuir la marcha fueron los canguros, docenas de canguros, desde los grandes "rojos" hasta los más jóvenes. Saltaban frente al auto, al lado del auto, detrás del auto. Elevé más oraciones hacia el cielo, y muchas horas más tarde estábamos en la entrada para coches de nuestro hogar. Agradecí a Dios por la seguridad que tenemos de conocer que Dios se encuentra tan solo a una oración de distancia, vigilando continuamente por nosotros.

Al transitar los caminos de la vida, Padre, pedimos tu seguridad y guía. También te pedimos que abras nuestros ojos a las evidencias de tu amor y presencia, expuestas a lo largo de nuestra ruta.

LEONIE DONALD

Gozo y alegría para el corazón

Fueron halladas tus palabras, y yo las comí; y tu palabra me fue por gozo y por alegría de mi corazón. Jeremías 15:16.

¡VIRGINIA ES UNA MUJER MARAVILLOSA! Percibí esto cuando la vi por primera vez. Yo acababa de entrar como amateur a la radio Novo Tempo, cuando ella me visitó.

Ella estaba encantada con todo lo que había aprendido a través de los programas radiales y de cuánto había aprendido en tan corto tiempo. Cuando esta mujer sincera y religiosa recibió el diagnóstico de un posible cáncer, le había prometido al Señor que si los análisis daban negativo, pasaría una hora diaria arrodillada frente al altar de su iglesia orando, y que dedicaría su vida completamente a ayudar a los necesitados. Y estaba cumpliendo fielmente lo que le había prometido a Dios.

Pero, al descubrir que Jesús desea que nuestra religión sea una relación de amor personal espontáneo, Virginia había venido a preguntarme si Dios la perdonaría si ella cambiaba el tiempo de oración en el altar por momentos de devoción en su propio hogar.

Cada mañana, Virginia se levantaba mucho antes que su familia y pasaba tiempo en comunión con Dios, estudiando su Biblia y orando. Entonces, copiaba textos bíblicos para que sus hijos y su esposo pudieran llevar estos textos consigo a la escuela y al trabajo, para que los tuvieran a mano y quizá buscaran ayuda en estos versículos, si los necesitaban.

Mientras limpiaba su casa, extrañaba el tener una relación íntima con Jesús, así que en varios momentos a través del día, hacía una pausa en su trabajo, iba a su habitación, se arrodillaba al lado de su cama, y leía algunos versículos más y oraba otra vez. Sentía un placer indescriptible durante estos momentos de comunión.

Yo pensé en mi vida de devoción. Y no me sentía como ella. Unas pocas horas después de mi tiempo de devoción, yo no me sentía "extrañando a Jesús". ¿Por qué se sentía ella de esta manera? Luego de conversar varias veces con Virginia, descubrí que por cuarenta años, Virginia había sentido hambre y sed de la Palabra de Dios en su iglesia. Ahora la Biblia era un verdadero tesoro y cada versículo era una preciosa gema para ella.

Señor, ayúdame hoy a sentir el mismo hambre espiritual y la misma sed. Que los momentos de comunión que paso contigo me traigan verdadero gozo y puedan guiarme a desear tu compañía, no solamente mientras viva en esta tierra, ¡sino también por toda la eternidad!

SONIA RIGOLI SANTOS

27 de junio

Lavado de ropa

No os afanéis por el día de mañana, porque el día de mañana traerá su afán.
Mateo 6:34.

LOS BAÑOS TENÍAN INODOROS TURCOS, las duchas no tenían flores para ducharse y las mesas de computadoras estaban sostenidas por cajones. Pero había cosas lindas acerca de la escuela que servía como nuestro cuartel de excavación. Había árboles que rodeaban el patio, lechuzas que volaban de árbol en árbol después de que anochecía y (lo mejor de todo) nuestro lavadero había sido hecho para nosotros. Más bien que utilizar palanganas de agua para lavar la ropa dura, con la tierra de las excavaciones, llevábamos brazadas de ropas sucias al lavadero de la escuela y, varias horas más tarde, recibíamos de vuelta enormes pilas de ropa recién lavada, quizá no de un blanco resplandeciente, pero por lo menos más limpias. No me importaba seleccionar entre sesenta pares de pantalones marrones para encontrar los dos pares de pantalones que había gastado hasta lo último. Al enfrentarme con cien camisas, todavía podía sonreír, feliz de no haber tenido que lavar mis cuatro a mano.

Estaba contenta, hasta un fin de semana cuando, buscando mis ropas limpias, descubrí que me faltaba casi la mitad. ¿Dónde estaban mis remeras desteñidas? ¿Y qué había pasado con las camisas de manga larga que usaba para protegerme del sol? No pude encontrar una sábana y, lo peor de todo, mis pantalones de cavar no se veían por ninguna parte.

Podría haber actuado como flemática frente a la situación, pero recientemente había tirado dos pares de pantalones. Después de pasar una semana en un campo luchando con piedras afiladas, no podía seguir utilizando ninguno de ellos, porque no les quedaba ninguna semblanza de modestia. ¿Qué podría hacer si el resto de la ropa no aparecía pronto?

Mientras caminaba hacia el comedor para la cena y revisaba una vez más para encontrar mi ropa perdida, me crucé con John.

–A mí también me faltan cosas –me respondió él–: una toalla de mano, tres remeras, dos camisas de manga corta y un par de pantalones. Con este promedio de desaparición –añadió con una sonrisa–, para el fin de la excavación estaré cavando con mi traje de baño y una de estas bufandas árabes, un *kaffiyeh*. No te preocupes por el mañana; mañana traerá su propio afán.

Su actitud positiva desarmó mi preocupación, y pude ver las cosas desde una perspectiva correcta otra vez. Nada estaba perdido; sino atrasado. Y, en el peor de los casos, podría reclamar mis ropas sucias y lavarlas yo misma o usarlas sucias por un día más . Entramos riéndonos en el edificio.

DENISE DICK HERR

28 de junio

Un milagro junto a la carretera

Pues a sus ángeles mandará acerca de ti, que te guarden en todos tus caminos.
Salmo 91:11.

LA HIJA DE MI AMIGA ESTABA por casarse en la ciudad de Campo Grande, Mato Grosso do Sul, en la República del Brasil, donde había vivido por casi 8 años. Con mi hija de 16 años realmente deseábamos asistir a la boda, y decidimos que iríamos en auto, solo nosotras dos, a pesar del consejo de mi esposo de que sería más seguro viajar en ómnibus.

Rogamos para que los ángeles guiaran el auto por mí y que Dios nos diera su protección. Partimos muy temprano en la mañana, así podríamos llegar a destino antes de que oscureciera. El viaje sería aproximadamente de 650 kilómetros, y yo no conocía bien esta ruta y necesitaba prestar mucha atención a las señales del camino.

Habíamos andado unos 325 kilómetros, cuando me confundí y tomé el camino equivocado. Aunque todavía podíamos llegar a Campo Grande, esta ruta era más larga. Pero yo no quería regresar, y decidimos continuar hacia adelante. Para no tener que viajar durante la noche, aumenté la velocidad del auto. No sé exactamente lo que sucedió, pero hice un viraje rápido que me sacó de la ruta un poquito, y la rueda quedó sobre la banquina de pedregullo. El auto patinó hacia el guardarriel de un puente. Tiré del volante hacia un lado, entonces hacia el otro, y ahora el auto se estaba yendo rápidamente en dirección al guardarriel.

–¡Madre! –escuché a mi hija gritar desesperadamente.

–¡Vamos a chocar! –grité yo.

El auto pasó por encima de unas rocas grandes, rompiendo ambas cubiertas del lado derecho. No importaba cuánto doblara el volante, el auto no respondió. Se cruzó al otro lado de la ruta, donde no había guardarriel en el puente, solo algunos árboles en un barranco profundo delante del cual fluían las aguas de un río. No había nada más que yo pudiera hacer; sentí que íbamos a morir. Con gran desesperación, grité:

–¡Dios, no mi hija!

El auto paró inmediatamente. Estaba gravemente dañado y tuvo que ser remolcado, pero no sufrimos ninguna lastimadura, ni siquiera un rasguño. Uno de los oficiales de policía que llenó el informe de nuestro accidente, nos dijo:

–Sus santos deben ser muy poderosos para que ustedes hayan salido con vida de este accidente.

Por fe, pude ver claramente que los ángeles de Dios estuvieron allí con nosotras.

MARIA BALDÂO QUADRADO

29 de junio

La fuerza del amor

Llena está la tierra de su amor. Salmo 33:5

EN UNA FERIA LOCAL, con mi esposo caminamos a través de los corrales para ver los animales y las actividades. Las escenas, en la pista, cambiaban a medida que observábamos a las ovejas que eran esquiladas, el ganado juzgado, las cabras lavadas y los puercos roncaban. Entonces vimos los caballos.

Hasta este momento no había tocado ni un solo animal, pero al continuar avanzando a través de los diferentes corrales de caballos, se fue acumulando el deseo. Desdichadamente, los caballos estaban ubicados en sus establos ¡con sus colas hacia el público! Finalmente llegamos hasta donde se encontraban los caballos de carrera, y sus establos abiertos hacia el exterior de los galpones, donde podían estirar sus cuellos por entre los portones.

Caminé a lo largo, pasando frente a cada uno, deteniéndome para hablarles, rascar una oreja aquí, acariciar un cuello allí, y sentir sus suaves narices. De repente, me encontré con un caballo que era diferente del resto. Me di cuenta de que realmente gozaba de mis atenciones, porque frotaba su morro contra mí. Al comenzar a alejarme de él, descubrí que se había prendido del frente de mi remera y la estaba sosteniendo fuertemente entre sus dientes. El dueño del caballo, que se encontraba sentado en las cercanías, se rió cuando vio mi dilema. Me dijo que su hija era la responsable por enseñarle al caballo esa habilidad; y eso significaba que él no quería que me fuera.

Mientras meditaba más tarde en este incidente, el himno "Amor que no me dejarás" me vino a la mente. Pensé en la cantidad de veces que el amor de Dios me ha retenido y sostenido cautiva. Este año he experimentado el amor de Dios de muchas maneras: lo he visto en la luz de una luna llena, en las aguas transparentes y azul-verdosas del Caribe y en las cambiantes sombras del cañón del Yellowstone. Lo he escuchado en los cantos o sonidos de los grillos y las ranas en una noche de verano, o en el bajo ulular del búho.

¿No sientes el amor de Dios en la tibieza del sol, en el despliegue de colores de las flores, el cariño de una mascota, o en la pureza de la nieve recién caída? La naturaleza tiene un poder que se ase de nuestros corazones, llevándonos hacia el Creador.

Señor, muchas gracias por todo lo que nos has dado para mostrarnos tu amor; ayúdanos a aceptarlo y a responderte con amor.

DONNA MEYER VOTH

30 de junio

Lámpara de noche

Lámpara es a mis pies tu palabra, y lumbrera a mi camino. Salmo 119:105.

NOS HABÍAMOS MUDADO YA UNAS CUANTAS veces en el corto período de vida de nuestros dos muchachos. Brandon, el mayor, tenía 7 años en ese momento y ya podía recordar tres mudanzas. Para Jonathan, de 4 años, esta sería la primera mudanza que recordaría. Cuando entrábamos por la puerta del frente, el día en que nos mudábamos, él dijo simplemente y más bien filosóficamente:

–Este es nuestro nuevo hogar ahora.

Con esa pequeña declaración, pareció haber cerrado el capítulo con el lugar anterior y estaba listo para comenzar a aventurarse a descubrir los secretos que le esperaban en este nuevo lugar. No fue así el caso con su hermano Brandon.

Mientras los acurrucaba en sus camas improvisadas con bolsas de dormir entre las cajas, Brandon estaba más que afectado. Él conocía el lugar anterior con los ojos cerrados, pero este nuevo lugar sería diferente. ¿Cómo me encontraría? En realidad, el lugar no era tan grande, pero para un niño de 7 años supongo que parecía como si estuviera a un continente de distancia. Entonces, le llamé la atención a la lámpara de noche.

–¿Ves esa lámpara de noche? –le pregunté, señalando a la pequeña lámpara de noche que había enchufado–. Cuando salgas de tu habitación, encontrarás otra. Y, cuando llegues hasta aquella, podrás ver el resplandor de otra más, un poquito más adelante en el pasillo. Simplemente, sigue esas señales que coloqué estratégicamente a lo largo del camino, y ellas te mostrarán un sendero luminoso para llegar hasta mí.

Las luces, junto con un abrazo, parecieron proveer la seguridad que necesitaba.

Cuando dejé a los niños, siguiendo el sendero de las luces de noche, pensé en cómo Dios me ha dado la misma seguridad. Aunque el camino que transite pueda ser nuevo y desconocido, pueda presentarse tortuoso, y lleno de obstáculos y desafíos, él ya me ha señalado el sendero.

Te alabo y agradezco, querido Jesús, por proveer las lámparas de noche de tu Palabra para dirigirme. Que pueda recordar y reconocer las señales del camino que has colocado estratégicamente en mi vida, para que no necesite sentirme perdida. Ayúdame, en este día, a avanzar con la confianza y la seguridad que necesito, porque tú estas iluminando y guiando mi camino. Tu Palabra es verdaderamente una lámpara a mis pies y una lumbrera en mi camino.

MAXINE WILLIAMS ALLEN

1° de julio

¡La lucha trae victoria!

Por lo cual, por amor de Cristo me gozo en las debilidades, en afrentas, en necesidades, en persecuciones, en angustias; porque cuando soy débil, entonces soy fuerte. 2 Corintios 12:10.

EL VERANO PASADO, DECIDÍ que nuestro buzón blanco quedaría lindo con algunas glorias de la mañana color púrpura trepando al poste y cubriendo el buzón. Así que, compré un paquete de semillas y las puse en remojo durante la noche. No podía creer lo rápido que crecieron una vez plantadas en tierra, y me sorprendí más aún por la forma natural en que trepan. Muy pronto, el cartero era saludado por una floreciente planta de glorias de la mañana púrpuras. El único inconveniente era que tenía que acarrear un balde de agua casi todos los días para regarlas o se hubieran marchitado.

Aunque las disfruté todo el verano, al siguiente año decidí plantar nuevas semillas de glorias de la mañana, donde tenían acceso a los regadores de agua. Para mi gran sorpresa, pronto descubrí que las glorias de la mañana no son violetas tímidas. Sin esfuerzo de ninguna clase, las semillas del año anterior comenzaron a abrirse paso a través del suelo seco de Virginia, y no había pasado mucho tiempo hasta que las guías estaban prendiéndose del poste del buzón una vez más.

Para la semana pasada, las más decididas habían rodeado el buzón y produjeron hermosos pimpollos púrpuras, ¡sin mi ayuda! *¿Cómo lo habían logrado?*, me pregunté. No las había ayudado; en realidad, ayer mismo, el informe meteorológico dijo que estábamos experimentando la peor sequía en cuarenta años. ¡Creo que nadie se molestó en explicarles esto a las glorias de la mañana! ¡Se habían gozado en su debilidad! No habían permitido que mi falta de interés las desanimara. Cualquier dificultad que mi falta de riego les hubiera causado en su proceso de crecimiento, las volvió más decididas; en el proceso, ¡habían llegado a ser vencedoras!

Así que, veremos qué nos trae el próximo año; pero, en lo que a este año se refiere, me han enseñado una lección importante.

He escuchado decir: "Cuando el camino es duro, ¡solo los duros caminan!"

Dios, ¡dame la fortaleza de la humilde gloria de la mañana! Hazme fuerte cuando me siento débil. Cuando los insultos, las dificultades y las privaciones se crucen en mi camino, que tu bálsamo sanador me sostenga.

ROSE OTIS

Quitamanchas

Si vuestros pecados fueren como la grana, como la nieve serán emblanquecidos; si fueren rojos como el carmesí, vendrán a ser como blanca lana. Isaías 1:18.

UNO DE MIS POSTRES FAVORITOS es una compota de frutas pequeñas. Como estas frutas son caras y no se producen donde nosotros vivimos, generalmente compro una mezcla de frutas pequeñas congeladas: zarzamoras, frambuesas y arándanos.

Una noche, mientras estaba disfrutando mi compota de frutas, mis pensamientos me llevaron a recordar una ocasión, algunos años antes, cuando una experiencia me enseñó una lección espiritual.

Era uno de esos hermosos días de sábado que tenemos a menudo en Hawaii. Este era un sábado aún más especial, sin embargo, porque incluía una reunión coral de nuestro coro de iglesia. Ex miembros provenientes de todos los Estados Unidos habían volado para cantar una conocida cantata de Pascuas que había seleccionado nuestro director del coro. El coro lucía bien en sus "uniformes": los hombres tenían pantalones oscuros, camisas de vestir blancas y una corbata roja, y las mujeres se habían vestido con vestidos largos y blancos. Cantamos con todo el corazón, y a continuación tuvimos un hermoso y delicioso almuerzo a la canasta, con comidas de distintas etnias. Fue allí cuando experimenté un "accidente".

Había estado comiendo algunas frutas, cuando alguien me señaló algunas manchas en mi uniforme blanco. Para mi desazón, tenía manchas rojas de frambuesas en mi hermoso vestido blanco.

–¡Oh, no! –gemí–. ¡Espero que no quede arruinado!

Me apresuré a ir al baño, con la duda de que pudiera sacar semejantes manchas intensas.

Justo en ese momento, mi amiga Ardis me dijo:

–Espera; voy a conseguirte agua bien caliente. Es lo mejor que conozco para quitar manchas de frambuesas.

Y así fue: mientras Ardis derramaba agua caliente sobre las manchas, estas desaparecieron. Cuán agradecida y aliviada me sentí cuando mi vestido estuvo, una vez más, limpio y blanco.

Nuestros pecados; los tuyos y los míos, son como manchas de frambuesas: parecen imposibles de limpiar. Solamente Jesús, nuestro Salvador, puede eliminarlos de modo que el manto de nuestro carácter pueda ser blanco como la nieve.

Gracias, Señor, por tu maravillosa y poderosa limpieza.

AILLEEN L. YOUNG

Brilla el sol en mi alma

Todos éstos perseveraban unánimes en oración y ruego, con las mujeres, y María la madre de Jesús, y con sus hermanos. Hechos 1:14.

ESTÁBAMOS PARADOS EN LA IGLESIA CANTANDO: "Brilla el sol de Cristo en mi alma", pero yo no me sentía muy iluminada. Estaba sola otra vez, y era un fin de semana feriado. El canto también declaraba: "Cada día voy feliz así", pero en realidad no lo era. Se asemejaba más a la siguiente estrofa [que dice en inglés]: "Y Jesús puede escuchar la canción que no puedo cantar".

Justo en ese momento, una mujer se deslizó en el mismo banco. Me di cuenta de que éramos tres, todas mujeres, en el mismo banco, todas solas. Me olvidé acerca del resto del himno y comencé a pensar en el ministerio de Jesús a las mujeres, mujeres solas. En verdad, mientras pensaba en las mujeres de las Escrituras, me di cuenta de que un gran número de ellas se encontraban solas. Algunas eran viudas, y no conocemos el estado marital de otras. La mayoría de las mujeres en tiempos bíblicos estaban casadas (o lo habían estado). Se casaban jóvenes, y muchas lo hacían por matrimonios convenidos.

Pensé en Ana en el Templo. Lucas dice que ella había vivido 7 años con su esposo luego de casarse, y entonces había permanecido viuda durante 84 años. Nunca salía del Templo, sino que adoraba día y noche, ayunando y orando (Lucas 2:36, 37). ¡Eso fue mucho tiempo para estar adorando sola!

Entonces pensé en la madre de Jesús. Realmente no tenemos idea de la edad de María o de Jesús cuando su esposo, José, falleció, pero pudo haber sido temprano en la vida de Jesús. Sin embargo, ella continuó adorando, sola. Lo último que sabemos de ella, ocurrió justo después de la ascensión de Jesús, cuando se reunió con otros en el aposento alto, esperando la venida del Espíritu Santo.

También se encuentran la mujer hallada en adulterio, María y Marta, la viuda de Naín, y la mujer junto al pozo. Y Lidia en Filipos, Febe, María, Trifena, Trifosa, Pérsida, la madre de Rufo, Julia, y las otras mujeres mencionadas en Romanos 16. ¿Tenían familias que las apoyaban o se dirigían a adorar solas? No tenemos forma de saberlo.

Mientras pensaba en estas y otras mujeres, me di cuenta de que verdaderamente con "Su faz sonriente, al contemplar, ¡cuánto gozo siento en mí!"

ARDIS DICK STENBAKKEN

4 de julio

El agua viviente

El agua que yo le daré será en él una fuente de agua que salte para vida eterna. Juan 4:14.

UNA DE LAS COSAS BUENAS DE VIVIR en Europa es la oportunidad de visitar lugares acerca de los cuales otros solamente pueden leer, tales como la Plaza de las Columnas de Pompeya. De todas las escenas maravillosas, un objeto simple me sigue trabajando en la mente: una columna romana baja, de mármol ahuecado, que servía de pozo en uno de los patios de Pompeya. Nunca había visto un pozo como ese, tan pequeño, pero tan útil. Solamente un balde que se sumergía en la columna ahuecada de mármol, hasta la profundidad de la tierra, podía extraer la preciosa bebida fresca que tanto necesitaban sus dueños.

Me asombró pensar que estas personas estaban vivas y activas cuando Cristo caminó por los senderos de Palestina. Pero ellos no conocían el Agua Viviente, Jesucristo. Eran ricos, no necesitaban nada. Apreciaban el agua de la tierra, decoraban sus hogares con los colores de los mares, y adoraban los dioses de la pasión y de la plenitud. Pero un día, hace mucho tiempo, todas estas cosas se desvanecieron en una gigante erupción volcánica. Entonces, hubo silencio donde había habitado la música, oscuridad donde había danzado la luz. La vida cesó para muchos y se alteró para otros.

Su agonía está conservada por cenizas volcánicas, para que podamos observarla con ojos intrigantes. Pero, ¿qué sucedió con aquellos que escaparon, dejando sus hogares, posesiones, familias y esclavos detrás? ¿Adónde fueron? ¿Se abrieron camino hacia lugares donde los amigos de Cristo los encontrarían algún día? ¿Probaron finalmente el Agua de Vida? ¿Encontraron a Alguien y alguna cosa que pudieran conservar para siempre, sin la amenaza de un desastre natural o de guerras en cierne? De toda esta tragedia y caos, ¿terminó siquiera uno de ellos a los pies de Jesús?

No puedo olvidar la sensación, bajo el toque curioso de mis dedos, de los bordes finos de mármol del pozo romano. Se me ocurre que algunas veces los peores eventos de nuestras vidas nos traen desapercibidamente al Río de Bendiciones del Agua de Vida.

Querido Padre, en estos tiempos problemáticos, abre nuestros ojos para que comprendamos el lugar en el que nos encontramos en este momento. Que podamos oler el precioso aroma de tu gracia, probar los dulces beneficios del Agua de Vida y sostener con firmeza tus brazos, que todo lo abarcan. Que podamos reír con el gozo de tu bondad y atesorar lo eterno, sin dejarlo escapar por placeres temporarios. ¡Amén!

NANCY ANN (NEUHARTH) TROYER

5 de julio

Pichones de negretas y torrentes

Y si me fuere y os preparare lugar, vendré otra vez, y os tomaré a mí mismo, para que donde yo estoy, vosotros también estéis. Juan 14:3

UNO DE NUESTROS LUGARES favoritos para ir como familia es un parque que rodea la gran catedral de San Albans, en Inglaterra. La hermosa catedral se eleva silenciosa y elegante sobre la cima de la colina, y brilla en tonos rosados a la luz del sol del atardecer de verano. Los jardines guían suavemente colina abajo, hacia el estrecho río; grandes robles se elevan desde la suave hierba y desde los jardines de flores. Nos gusta ir al parque para alimentar las aves: gansos canadienses, patos, cisnes, garzas, polla de agua y negretas.

Un atardecer estábamos caminando junto a la corriente de agua, cuando vimos algo en el agua. Desde la distancia parecía como un pequeño pompón negro. Al acercarnos, nos dimos cuenta de que era un pequeño pichón de negreta, que había caído de la seguridad de su nido. Habíamos visto a la madre sentada en su gran nido en el centro de la corriente, con los otros bebés asomando debajo de sus alas. Pero este pequeño debió de haber caído de cubierta en el torrente de agua, y ahora estaba remando desesperadamente, con sus pequeñísimas patitas, tratando de regresar a casa.

Para ser honesta, se las estaba arreglando muy bien. Cuando estaba intentando al máximo, se las arreglaba para avanzar unos pocos centímetros, y entonces se cansaba y flotaba, retrocediendo otra vez. Parecía tan chiquito, tan frágil, tan cansado. Entonces, vimos algo más. Justo detrás del pichón estaba su padre, asegurándose de que el pichón no sería arrastrado demasiado lejos corriente abajo, protegiéndolo del peligro, aunque el pequeño no lo podía ver.

Me sonreí. No había necesidad de que me siguiera preocupando. Papi estaba allí.

A menudo pienso acerca de aquel pequeño pichón, probablemente porque hay muchas veces en las que me siento como si la corriente me estuviera arrastrando cada vez más lejos de mi zona de comodidad, mi hogar y mis blancos. Por más que reme lo más rápido que pueda, parezco flotar fuera de control, empujada por las corrientes de la vida. Pero no necesito preocuparme, porque Papi está justo detrás de mí, guardándome segura, protegiéndome del peligro y previniendo que no sea arrastrada adonde él no desea que vaya. Algunas veces estoy tan ocupada luchando, que ni siquiera noto cuán cerca se encuentra él. Pero es bueno saber que está allí, y que algún día llegaremos al hogar juntos.

KAREN HOLFORD

Oportunidades para testificar que Dios colocó en mi camino

Me seréis testigos. Hechos 1:8.

DURANTE UN GRAN CONGRESO DE LA IGLESIA en Toronto, Canadá, mi corazón fue tocado profundamente, mientras escuchaba muchas experiencias de ganancia de almas de personas alrededor del mundo. Yo también quería compartir mi fe. Una mañana le pedí a Dios que me utilizara en alguna forma para testificar por él. Asombrosamente, él proveyó oportunidades allí, en mi habitación del hotel. Antes del viaje, se nos dijo que dejáramos una propina cada día para el personal de limpieza. El primer día dejé una propina con una nota que decía: "Gracias, que pase un buen día". Cuando regresé a la habitación, había una nota sobre el escritorio: "Quiero que sepa cuán feliz estoy por su bondad. Dios la bendiga junto con su familia. muchas gracias. Lorna. Personal de limpieza".

Al día siguiente, le dejé otra nota con su propina. La nota de respuesta decía: "Apreciada huésped, muchas gracias. Personal de limpieza. Myrna".

El 6 de julio, cuando regresamos de las reuniones, me esperaba otra nota de Lorna. "Apreciados señora y señor, ¿cómo se encuentran hoy? Yo creo que siempre bendecidos por el Señor. Amén. Bueno, les escribo una carta a ustedes porque deseo pedirles un favor. ¿Podrían, señor y señora, por favor orar por mi esposo para que acepte al Señor como Salvador de su vida? Les pido esto porque yo sé que ustedes son siervos de Dios. Ayer no limpié su habitación. Espero que todo haya estado bien. Regresaré el domingo. Que Dios los bendiga, y muchas gracias. Que tengan un maravilloso y bendecido fin de semana. Lorna".

Yo creo que mi Biblia y mis libros de devoción en la habitación del hotel pudieron haber servido como testigos silenciosos. Aunque no conocí personalmente a estas personas que me dejaron notas, parecía que nos hubiéramos conocido a través de las pequeñas notas que compartimos.

Antes de regresar a casa, me sentí impresionada a dejar una nota, alguna literatura, y un libro de devociones para Lorna, Myrna y Marcus, el conserje (se mostraba siempre cortés y atento). Me pregunté si yo siempre desplegaba semejante gozo en servir. Oré para que Dios utilizara los materiales para tocar esos corazones. También oré para que el esposo de Lorna entregara su corazón a Jesús.

Estoy agradecida a Dios por la gente que él ha colocado en mi camino y por la oportunidad de testificar. *Señor, dame el celo y la pasión por testificar para ti y para ser un canal a través del cual tú puedas fluir hacia otros.*

SHIRLEY C. IHEANACHO

7 de julio

La yuca

A ti alcé mis ojos, a ti que habitas en los cielos. Salmo 123:1.

TENEMOS UNA PLANTA DE YUCA creciendo en nuestro jardín. Es una planta nativa de California, que crece erecta con muy grandes panículas que se ramifican para dar lugar a nuevas panículas. La planta, algunas veces, sobrepasa la altura de un metro. Las flores tienen forma de campanas, de color crema, y son perfumadas.

A pesar de la desventaja de que la planta no recibe plena luz del sol, por causa de un cerco que crece detrás de ella, me sentí agradablemente sorprendida al ver la yuca comenzando a florecer otra vez, luego de ocho años. Me deleité observándola día tras día mientras sus panículas tomaban forma. Entonces, noté que la yuca estaba tratando de alejarse del cerco en busca de mayor iluminación solar.

Cada mañana, al abrir la puerta, me detenía y admiraba mi yuca. Mientras la admiraba, estos versículos del Salmo 121 vinieron a mi mente: "Alzaré mis ojos a los montes; ¿de dónde vendrá mi socorro?" (Vers. 1). La yuca era tan majestuosa, magnificente y orgullosa.

Una mañana, mi planta de yuca estaba tirada en el suelo. Hasta las hormigas la habían atacado en busca del dulce néctar. Llamé a mi esposo para que me ayudara a estaquear la planta, de modo que pudiera permanecer erguida una vez más.

A nosotras, las mujeres, se nos puede comparar con la yuca. Podemos crecer en pureza y gracia, erguidas y altas. Algunas personas nos admiran por ciertas cualidades y características. Algunas veces, sin embargo, nos volvemos arrogantes, caracterizadas por burlas desdeñosas o indiferencia hacia otros que no reúnen nuestras expectativas. "Seis cosas aborrece Jehová... los ojos altivos..." (Prov. 6:16, 17). "Antes del quebrantamiento es la soberbia, y antes de la caída la altivez de espíritu" (Prov. 16:18).

Satanás puede aproximarse con algunas formas engañosas de tirarnos abajo; quizá podría ser tentándote a ser laxa en tus devociones personales. Tal vez la gente, así como las hormigas que buscan el néctar, estén pasando bocados jugosos de chismes acerca de ti. No importa lo que te haya hecho caer, hay un jardinero que vendrá a rescatarte, para ayudarte a levantarte otra vez. Así como la yuca, no puedes levantarte sola. Necesitas al jardinero. Él está listo para ayudarte ahora, si se lo pides.

Oh, Señor Dios, levantamos nuestros ojos a los cielos, de donde vendrá nuestra ayuda. Que no seamos distraídas por el brillo de los engaños de Satanás. Que podamos concentrarnos solamente en ti.

PRISCILLA ADONIS

Totalmente preparada

Esto era necesario hacer, sin dejar de hacer aquello. Mateo 23:23.

–¡CONFISCADO! ¡CONFISCADO! ¡CONFISCADO! Esta era la respuesta del control de seguridad a mi ruego de que se me permitiera mantener mi inofensivo pequeño cortaplumas. Les rogué, imploré, pero en vano.

–¡No, no! ¡Confiscado! –fue la respuesta.

Con mi esposo, habíamos decidido ir de vacaciones a Jamaica, en las Indias Occidentales, poco después del 11 de septiembre de 2001. Como teníamos cuestiones urgentes que resolver, tuvimos que hacer apresurados preparativos de última hora. Mientras hablábamos con otros, nos recordaron los posibles peligros que podríamos enfrentar y nos advirtieron acerca de incluir en nuestras valijas cosas aparentemente inocuas que pudieran ser consideradas como armas peligrosas y objetos de terror.

Finalmente pudimos terminar con la lista de cosas que debíamos realizar antes de partir. Salimos hacia el aeropuerto, seguros de que estábamos en condiciones de viajar, totalmente preparados.

Llegamos al mostrador en el que debíamos presentar los boletos, dos horas antes de la hora de partida. Fuimos procesados inmediatamente y dirigidos a la puerta apropiada de salida. En el control de seguridad, la alarma sonó mientras lo atravesaba. Allí fue cuando apareció el cortaplumas. Me dirigieron a una cabina cerrada y me ordenaron que me sentara, y que me quitara los zapatos y mi sombrero, mientras el control de seguridad me registraba. Me devolvieron mi sombrero y mis zapatos, pero el cortaplumas fue confiscado.

¡Perdí mi pequeño cortaplumas! Mientras sufría en silencio por mi pérdida, reflexioné en la vanidad de las posesiones mundanas, tesoros preciados. Me di cuenta de que lo que había sucedido era la consecuencia de mi negligencia en tomar las precauciones necesarias y revisar doblemente mis pertenencias para el viaje.

Cuán a menudo, en nuestra jornada espiritual a través de la vida, descuidamos buscar a la gente, herederos del Reino, preciosos tesoros, nuestros familiares, amigos, vecinos, compañeros de trabajo, que se encuentran entrampados por el maligno. No los hemos involucrado entre aquellos que debiéramos estar preparando para llevar con nosotros al cielo. ¡Salvos, no confiscados!

¿Cómo te encuentras? ¿Estás preparándote cuidadosamente para la jornada o los negocios de esta vida te están manteniendo demasiado ocupada? Es un pensamiento solemne y puede tener serias consecuencias.

QUILVIE G. MILLS

9 de julio

Un nuevo corazón para alabar a su Dios

Os daré corazón nuevo, y pondré espíritu nuevo dentro de vosotros.
Ezequiel 36:26.

A COMIENZOS DE LA DÉCADA DE 1990, me encontraba muy enferma con problemas cardíacos. El término oficial era cardiomiopatía severa. Me dijeron que solo me quedaban unos pocos meses de vida. Mi única posibilidad de vida sería un trasplante de corazón. A pesar del hecho de que contaba con 63 años, 3 años por sobre el límite para semejante cirugía, en julio de 1995 se colocó mi nombre en la lista, y solo 11 días después fui notificada de que habían identificado un posible donante. Dos equipos estuvieron trabajando el día en que recibí mi nuevo corazón: el equipo de trasplante y el equipo de oración. Es algo maravilloso ser sostenido en oración por amigos y familiares de todo alrededor del mundo.

La vida que siguió después del trasplante no siempre ha sido fácil. El tratamiento antirrechazo no fue placentero, pero era necesario. Repentinamente, alrededor de 1 año después del trasplante, comencé a experimentar desvanecimientos, y se me dijo que mi nuevo corazón estaba funcionando mal.

–Necesita un marcapasos –me aconsejó el médico–; es lo único que salvará su vida.

Me lo colocaron, y tuve otra oportunidad de vivir. Desde entonces, he estado bien y todavía sigo fuerte a los 70 años de edad.

Luego del trasplante de corazón, el equipo médico prescribe tres cosas esenciales para recobrarse físicamente: dosis diarias de medicación, dieta y ejercicio. Si aquellos que tenemos trasplantes de corazón nos adecuamos a estas indicaciones esenciales, cosechamos los beneficios de la salud.

Puedo asegurarte que hay beneficios que debemos adquirir para nuestra vida espiritual también, si aplicamos la misma fórmula: renovación diaria de nuestro compromiso de una relación personal con Jesús, una dieta regular de alimentarnos con su Palabra, y el ejercicio espiritual por medio de la oración y del testimonio personal. Estas son las cosas que mantienen fuertes y regulares los latidos de nuestro corazón. Si has tenido un trasplante de corazón espiritual, desearás seguir el régimen.

Padre celestial, concédenos a cada una de nosotras nuevos corazones hoy. Un corazón en sintonía contigo. Un corazón que se mantenga sano en una relación cercana contigo. Un corazón que no rechace tu llamado sino que lata con las vibraciones de obediencia a tu voluntad. Amén.

NADEGE MICHEL

El cuidado infalible de Dios

Pues a sus ángeles mandará acerca de ti, que te guarden en todos tus caminos.
Salmo 91:11.

EL SOL BRILLABA DESDE UN CIELO despejado, y nos vigorizaba el aire frío de la montaña. Con mi esposo, estábamos ansiosos por ver los picos de las montañas antes de que el clima cambiara y las nubes comenzaran a asentarse sobre ellas. Habíamos viajado desde una zona de clima subtropical, en Australia, para pasar unas vacaciones en los Alpes austríacos. Como no somos esquiadores y no teníamos vestimenta adecuada para los rigores alpinos, escogimos los meses más tibios del verano para visitarlos.

Llegamos a un área desde donde podríamos contemplar las cumbres de los principales picos. Habían construido un sendero de madera sobre las rocas y la vegetación, que guiaba al punto ventajoso desde el que se podía obtener una vista panorámica, y se encontraban carteles identificando las diferentes montañas. Nos gozamos con la belleza prístina, por algún tiempo, antes de comenzar a regresar a nuestro automóvil.

En el camino de regreso, sentí que me estaba resbalando sobre las tablas, y perdí el control, hasta que me encontré tirada boca abajo entre las rocas cubiertas de musgo. Mi esposo, que iba caminando delante de mí, escuchó el resbalón y se dio vuelta. Para su horror, me vio cayendo de cabeza hacia las rocas que se encontraban debajo y se imaginó que me habría quebrado el cráneo, o roto la nuca o provocado alguna herida grave. ¿Cómo podría localizar ayuda para llevarme hasta el hospital? No era la época de turismo alto, y nadie más se encontraba en este sendero y el camino estaba escondido de la vista.

Cuando comencé a moverme, casi se desmaya de alivio. No sentí dolor. Cuando examinamos mi cuerpo, particularmente mi cabeza y mi cuello, no había señales de que estuvieran lastimados. El espeso musgo sobre las rocas debió de haber ayudado a salvar mi cabeza de algún accidente serio, a pesar de sentirme mareada por unos pocos momentos. Con la ayuda de mi esposo, trepamos de regreso al sendero de madera sin ningún esfuerzo o incomodidad. Caminamos de regreso al auto y nos maravillamos por la forma en que Dios había enviado a los ángeles para que se hicieran cargo de nosotros. Alabamos y agradecimos al Señor porque los ángeles me habían rodeado y protegido de cualquier accidente. Continuamos con nuestros planes para el resto del día, siempre conscientes del cuidado protector de Dios.

Al mirar hacia atrás, en mi vida, me maravillo de cuántas veces has enviado ángeles para protegerme del peligro. Gracias, Señor.

JOY DUSTOW

11 de julio

Gran reunión

Alégrate mucho, hija de Sion; da voces de júbilo, hija de Jerusalén; he aquí tu rey vendrá a ti. Zacarías 9:9.

ESTÁBAMOS ASISTIENDO A LAS REUNIONES CAMPESTRES por primera vez desde que habíamos llegado a los Estados Unidos. Como acabábamos de llegar como estudiantes, no pensamos que nos encontraríamos con alguien conocido. Todavía estábamos disfrutando de las reuniones, cuando ubicamos rostros familiares que habíamos conocido por años; algunos habían sido misioneros en África, otros eran colegas del colegio y algunos eran amigos. ¡Pueden imaginarse la emoción que nos sobrecogió ese día!

Algunos, que habían sido misioneros mientras éramos adolescentes, no nos pudieron reconocer al principio, pero créanme, las viejas historias comenzaron a despertar un sinnúmero de recuerdos. Realmente pasamos momentos maravillosos poniéndonos al día con tantos sucesos.

Esto me trajo a la mente la gran reunión que nos espera. Imagina cuán difícil ha sido para Jesús estar lejos de nosotros por tanto tiempo. Estoy segura de que él nos ha extrañado mucho. Él prometió que regresaría para que nosotros podamos estar con él para siempre en aquel hogar que ha preparado para cada uno de nosotros. Nuestros amados que ahora se encuentran durmiendo, serán despertados por el sonido de la trompeta. En aquel día, no habrá más tristeza. Todo será gozo, porque seremos transformados. Sí, algunas veces nos puede parecer un largo tiempo antes de que Jesús vuelva, pero estoy segura de que no falta mucho. Habrá lágrimas de gozo cuando podamos encontrarnos, sin más adioses. ¡Qué ocasión gloriosa será para todos aquellos que hayan hecho su voluntad!

La Biblia dice: "Cosas que ojo no vio, ni oído oyó, ni han subido en corazón de hombre, son las que Dios ha preparado para los que le aman" (1 Cor. 2:9). ¡Qué artista exquisito! Imagina el gozo que todos tendremos al sentarnos a sus pies y ponernos al día con los sucesos de las edades que han pasado. Será una ocasión gloriosa; ¡el mayor congreso de la historia! Nos encontraremos con amigos olvidados por largo tiempo y los amados, para regocijarnos por siempre.

No sé lo que piensas, pero yo estoy decidida a estar allí por la gracia de Dios. Su invitación está aún abierta, así que decídete mientras hay tiempo. Yo deseo estar allí, regocijándome y conociendo a cada una de ustedes.

Señor, ayúdanos a prestar atención a tu Palabra y a prepararnos para aquella gran reunión.

SIBUSISIWE NCUBE-NDHLOVU

Haciendo huellas

Regocijaos en el Señor siempre. Otra vez digo: ¡Regocijaos! Filipenses 4:4.

UN NIÑO DE 2 AÑOS DE EDAD SE RÍE. Su cara es todo sonrisas, y el gozo burbujea desde su interior, surgiendo en radiante exuberancia.

–¿Ven mis pisadas? –exclama mientras corre arriba y abajo en un charco que quedó como evidencia de una lluvia de verano.

Sus zapatos chapoteando adentro y afuera del agua, absorben tanta agua como es posible. Una y otra vez salta, hasta que se encuentra completamente cubierto con salpicaduras de agua.

Envidiando la diversión, me uno a él. Riendo juntos, llenamos el espacio de cemento seco con huellas pequeñas y grandes.

–Yo también puedo hacer huellas –le digo mientras también quedo salpicada–. ¡Mis huellas son más grandes que las tuyas!

Sus ojos están brillando, y nunca he visto a nadie más feliz y lleno de vida que esta pequeña persona en este mismo momento.

–¡Eh! –exclama una vez más, esta vez dirigiéndose a un extraño transeúnte–. ¡Mira las huellas que hice!

Mientras nos despedimos del charco que nos ha entretenido por los últimos 15 minutos, todo lo que queda es una vereda completamente cubierta de pequeñas huellas de zapatos de un "osezno correcarreras" y de una mujer de calzado número 39. Tan orgulloso al contemplar sus propias huellas y su propia habilidad para crearlas, esta pequeña persona feliz parlotea con cada nueva cara que se le cruza por el camino a medida que avanzamos. Nunca lo he visto así antes.

La vida está llena de las huellas que dejamos, y a menudo encontramos placer en cada paso del camino. Otras veces es más fácil tratar de evitar la oscuridad de un problema, como si fuese a un charco, saltando por encima. Sin embargo, para poder atravesar completamente una experiencia difícil necesitamos confiar completamente en Dios y saltar de pleno en los charcos. Él nos guiará, para dejar hermosas huellas mientras nos enseña más acerca de él. Necesitamos ser como pequeños muchachos que no temen saltar en un charco y que siempre están curiosos por ver los diferentes dibujos que dejarán las huellas.

¡Qué aventura! ¡No perdamos nuestra capacidad de maravillarnos al saltar charcos y dejar huellas! Siempre podemos estar gozosos en el Señor. Regocijémonos al mirar hacia atrás y ver dónde nuestro Señor nos ha guiado. "Otra vez digo:¡Regocijaos!"

ALANNA O'MALLEY

13 de julio

La jornada casi ha terminado

Bienaventurados los que lavan sus ropas, para tener derecho al árbol de la vida, y para entrar por las puertas en la ciudad. Apocalipsis 22:14.

EN UN DÍA CALUROSO Y HÚMEDO en Nueva York, me abrí paso para subir las escaleras y salir del caluroso subterráneo. Había bajado del tren dos paradas antes de la normal, que me deja a una cuadra del trabajo. Quería comprar algunas golosinas especiales para mi sobrina Jeanine. Esta golosina era particularmente favorita de ella, pero no la había podido encontrar en California, donde ella había vivido, y tampoco en Huntsville, Alabama, donde asistía a la escuela, ni en Maryland, donde vivía ahora. Estaba por ver a Jeanine aquel fin de semana, y no me podía aparecer sin esto.

Después de comprar el dulce, había planeado subir al tren otra vez y continuar hasta mi trabajo. Pero entonces me detuve en una zapatería cercana. Cuando salí a la calle otra vez, miré hacia lo que parecían unas pocas cuadras y pensé: "*No necesito tomar el tren, puedo caminar hasta el trabajo; la distancia es mínima*". Así que, comencé a caminar.

En el calor sofocante, cada cuadra se hacía más y más larga. ¿No había hecho una decisión necia? Continué adelante. Mientras llegaba cada vez más cerca de mi terreno conocido, el famoso toro que está ubicado en medio de Wall Street, comencé a tener esperanza. ¡Casi estaba allí! Lo lograría.

Cuando casi había llegado a mi lugar de empleo, me detuve y miré hacia atrás, hacia donde había comenzado mi jornada. ¡Cuán largo me había parecido el camino! Pero ahora, que me encontraba sólo a una cuadra de distancia de mi destino, no parecía para nada largo.

Aquella mañana me recordó mi jornada como cristiana. Mientras camino la senda cristiana día tras día, algunas veces parece demasiado larga, demasiado cansadora, demasiado alejada del destino. Entonces, miro hacia atrás y veo de dónde me ha traído Dios, y entonces hacia adelante, adonde me está guiando, y me regocijo. El viaje casi ha terminado, y pronto alcanzaré mi destino.

"*Sí, ven, Señor Jesús*" (Apoc. 22:20).

DARLEEN SIMMONDS

La Fuente de la vida

Respondió Jesús y le dijo: Cualquiera que bebiere de esta agua, volverá a tener sed; mas el que bebiere del agua que yo le daré, no tendrá sed jamás; sino que el agua que yo le daré será en él una fuente de agua que salte para vida eterna. Juan 4:13, 14.

MIENTRAS OBSERVABA POR LA VENTANA una mañana, durante mis momentos de devoción, vi a un picaflor bebiendo del bebedero que colgaba del porche. Pensé en cuánto y cuán a menudo el pequeño pájaro debía beber para sobrevivir. Cada mañana, al amanecer, aparece el primer pajarito y se alimenta abundantemente para tener un buen comienzo. Algunos días, los pájaros se alimentaban abundantemente durante el día también. Pero, cada día se alimentan más al comenzar el día, de mañana y, al finalizar, al anochecer.

Pensé en nuestra necesidad de dirigirnos a nuestra Fuente de vida, Jesús. Diariamente necesitamos comenzar nuestro día bebiendo del agua viviente que ofrece Jesús. Necesitamos que el Espíritu Santo llene nuestras vidas, así podremos soportar lo que pueda traer ese día. Necesitamos la energía espiritual que proviene como resultado de pasar tiempo en oración y estudio, bebiendo del Agua de vida. Si tuviera que comenzar el día sola, estaría tratando de hacer frente a los cuidados del día sola también.

Jesús nos dice: "No puedo yo hacer nada por mí mismo" (Juan 5:30). Si Jesús no podía hacer nada por sí mismo, ¿qué me puede hacer pensar que yo pueda alguna vez hacer alguna cosa por mí misma? Necesito beber del Espíritu Santo tan abundantemente como los pequeños picaflores beben del agua azucarada. Antes de retirarme a la noche necesito dedicar tiempo a estar con Jesús, para llenar mi mente y corazón con el Agua viviente, para proteger mi mente del maligno mientras duermo, para mantenerlo afuera.

Cada primavera espero ansiosa la llegada de los picaflores. Ellos envían un explorador para encontrar alimento; entonces, el explorador guía a los otros a la fuente de alimento. Paso horas observándolos mientras ellos vuelan velozmente de bebedero en bebedero, defendiendo su territorio. ¿Estoy preparada para defender a aquel que me da el agua de vida? ¿Guiaré a otros a la Fuente para que ellos también puedan beber y vivir?

Gracias, Jesús, por el hermoso cuadro que me has revelado a través de estas pequeñas criaturas tuyas. Por favor, ayúdame a que siempre esté dispuesta a guiar a otros al Agua de vida, el Agua viviente.

DONNA COOK

15 de julio

Bendiciones del fuego

Se alegrarán el desierto y la soledad; el yermo se gozará y florecerá como la rosa. Isaías 35:1.

MI HIJA, MARINA, VIVE alrededor de una hora de distancia desde donde me encuentro. Para llegar a su casa, en el desierto de California, se requieren unos treinta minutos de viaje a través del Paso Cajón, un área vasta de autopistas pavimentadas rodeadas de cactus del desierto, árboles y arbustos. Yo crecí en Arizona, así que me gustan los hermosos paisajes y he manejado en esta autopista suficientes veces como para que el viaje no parezca tan largo como en realidad lo es.

Durante las primeras dos semanas de junio de este año, el área estaba plagada de incendios espontáneos. Tan pronto como los bomberos extinguían uno, comenzaba a arder el otro, destruyendo todo lo que el primer fuego había dejado atrás. El paso tuvo que cerrarse por varias horas.

Alrededor de un mes más tarde, con mi hija habíamos planeado invitar a algunos amigos a su casa. Como Marina necesitaba atender algunos compromisos cerca de mi casa un par de días después del evento, decidimos compartir un viaje a su casa y entonces regresar a la mía. Mientras viajábamos juntas, charlábamos acerca de nuestros planes y cómo ibamos a disfrutar los momentos que pasaríamos con los miembros de la familia y seres amados. Pero cuando habíamos avanzado unos pocos minutos por el paso, quedamos silenciosas al mirar toda la devastación que se había producido. Los arbustos una vez verdes, matas, árboles, flores silvestres y hasta las rocas estaban como esqueletos negros y habían adoptado raras formas al carbonizarse.

Finalmente, Marina rompió el silencio:

–Me da tanta tristeza por esas pobres plantas –dijo ella–. Todo parece tan triste.

Hace un tiempo escuché una exposición dada por un guardabosque. Él explicó que los fuegos en los bosques y los campos no son totalmente perjudiciales.

–El fuego limpia de malas hierbas y malezas –había dicho–, dejando lugar para que aparezcan algunas de las hermosas plantas que, en muchos casos, no hemos visto por años.

¡Cuán a menudo Dios utiliza la naturaleza para explicar sus obras en nosotros! Si se lo permitimos, él permitirá que se enciendan fuegos en nuestras vidas espirituales; para destruir la maldad que impide que su belleza crezca en nuestros corazones.

Querido Señor, que florezcamos en este día, y cada día, para ti. Amén.

MILDRED C. WILLIAMS

Ángel del Valle de la Muerte

El ángel de Jehová acampa alrededor de los que le temen, y los defiende. Salmo 34:7.

ATRAVESAR EN AUTOMÓVIL EL VALLE DE LA MUERTE, a mediodía, puede parecer cuestionable, pero ¡era emocionante! Con mi amiga Zlata habíamos dejado a nuestros esposos ocupados en sus trabajos en casa, por decisión propia, y nos habíamos lanzado en nuestro viaje al oeste. Volamos desde Florida hasta Phoenix, alquilamos un auto y comenzamos nuestra aventura hacia la costa norte de California.

Nuestra costumbre diaria era hacer una oración juntas, pidiendo al Señor que enviara nuestros ángeles guardianes con nosotras en las aventuras del día. Sabíamos que para poder experimentar toda la belleza natural junto al camino, nos encontraríamos en lugares aislados como ser bosques, cuevas en la playa y lo que se presentara.

Era necesario cruzar el Desierto de Mojave al dejar atrás el maravilloso Parque Nacional Zion en Utah y dirigirnos hacia la parte sur de California. El marco de tiempo resultó ser al mediodía, pero el hecho de que era el mes de julio ¡no nos amedrentó! Siguiendo la indicación de los carteles de "apagar el aire acondicionado por los siguientes treinta kilómetros" y de beber mucha agua, pensábamos que nosotras dos y nuestro vehículo sobreviviríamos el calor.

Todo fue bien mientras hacíamos paradas frecuentes para admirar un poco de la flora y observar los paisajes; hasta que llegamos a una intersección que no aparecía en el mapa. Nosotras sabíamos que tomar el camino equivocado en el medio del desierto, donde no habíamos visto más que dos autos durante la última hora, podría desencadenar un desastre.

Inmediatamente inclinamos nuestras cabezas y le pedimos al Señor que nos mostrara la dirección correcta. Al abrir nuestros ojos, se aproximó un auto en el cruce proveniente de la dirección opuesta y paró sin razón aparente. El conductor se bajó del auto, y entonces con Zlata nos dirigimos hacia él para pedirle indicaciones. Él nos explicó qué camino tomar y, sin mayor explicación, siguió manejando.

¿Una coincidencia? Más bien difícil, dada la precisión de la hora y el lugar. Que haya sido realmente un ángel o tan sólo un hombre que Dios utilizó para ayudar a dos mujeres en necesidad, no lo sabemos. Sin embargo, desde ese momento en adelante, al agradecer al Señor por su respuesta tan inmediata a nuestra oración, nos referimos a él como nuestro ángel del Valle de la Muerte.

DOROTHY WAINWRIGHT CAREY

17 de julio

Mayordomo de mi alma

Bien, buen siervo y fiel; sobre poco has sido fiel, sobre mucho te pondré.
Mateo 25:23.

ACOMODADA EN LA MESA DEL CAFÉ, me saqué el abrigo y los zapatos. Un vaso de jugo de pomelo proclamaba mi derecho a ocupar ese espacio, al menos por un tiempo. Faltaban cerca de tres horas para mi conexión con otro vuelo. Sacando un bloc de hojas rayadas y colocándome mis anteojos, comencé a escribir: "Querida Melissa". Las palabras comenzaron a fluir fácilmente sobre el papel, mientras describía el aeropuerto lleno de vida, incluyendo el café pintado en rosado fucsia y amarillo limón. Me sonreí. Melissa disfrutaría de la descripción de sus dos últimos colores favoritos. (Casi la podía oír exclamar: "¡Estás bromeando! ¡No puede ser!")

Entonces, mi lapicera se fue deteniendo. Y se detuvo. ¿Qué decir en respuesta al mensaje que me había dejado en mi teléfono celular? Entonces, los fragmentos de la conversación que se escuchaba desde una mesa contigua me llamaron la atención. No, no me estaba inmiscuyendo; sus voces se elevaban de tal manera que se las podía escuchar por encima del ruido y las conversaciones de esa hora cargada de clientes.

–Esas son mis tres posibilidades –explicaba la mujer más joven–; no sé cuál elegir.

Me quedé atenta, para escuchar la respuesta de su acompañante. ¿Cuál sería?

La voz de la mujer mayor era más suave y el tono un tanto más bajo, pero me las arreglé para pescar:

–...las tres son... buenas opciones –una pausa, y entonces–: en esas situaciones... yo trato de seleccionar la óptima posibilidad... como mayordomo de mi alma.

La joven asintió y sonrió con aprecio. Casi ausente de mente, las observaba cómo controlaban la hora, recogían sus pertenencias, dejaban una propina sobre la mesa y partían.

¿Cuán a menudo había escuchado esas palabras en forma separada? Muchas veces. Pero nunca antes combinadas en esa frase exacta: mayordomo de mi alma. ¡Qué concepto! ¿Cuán a menudo me había enfrentado con múltiples opiniones, y cualquiera de ellas podría considerarse como apropiada, hasta deseable? Muchas veces. Nos sucede a todos. Pero nunca había hecho conscientemente mi decisión en términos de la óptima elección como mayordomo de mi alma. Ajá.

Aquí estaba la respuesta al dilema de Melissa. Volví a tomar mi lapicera.

ARLENE TAYLOR

Compromiso

Pero una cosa hago: olvidando ciertamente lo que queda atrás, y extendiéndome a lo que está delante, prosigo a la meta. Filipenses 3:13, 14.

VARIOS AÑOS ATRÁS, tenía una gran pasión por la decoración de interiores. Pasé horas examinando mis libros y revistas con fotos de cómo renovar y rehacer todo en colores vivos para cada habitación de la casa.

Pero eso fue en aquel entonces. Era más joven, y nos mudábamos más a menudo. Era divertido decorar cada "nueva" casa, dependiendo de mi estado de ánimo y de nuestro bolsillo, en ese momento. Ahora, excepto por las pilas de revistas, de las que no me da el corazón para deshacerme de ellas, la gran pasión se ha reducido, de escoger papel para empapelar y pinturas, a tan sólo un montón de buenos recuerdos. Supongo que puedo decir que ahora tengo una nueva pasión, escribir. Ya sea escribir historias acerca de mi vida (que es de lo único que sé escribir) o enviar cartas y tarjetas a familiares y amigos a los que me parece que les debo escribir.

Todavía soy novata. Alguien me dijo una vez que debería conseguir una computadora, o al menos una máquina de escribir eléctrica, porque eso facilitaría mucho mi trabajo. Pero yo prefiero mi anticuada Smith Corona portátil que he tenido por años.

Otro poco de buen consejo que recibí es que un artista debiera pintar algo en su tela cada día; de la misma manera, un escritor debiera escribir algo cada día, aunque no sea más que unas pocas líneas. Yo creo que lo hago sin siquiera pensarlo.

Pero debo admitir que no siempre soy tan disciplinada como debiera serlo; me desvío fácilmente. Algunos días me encuentro con más de un hierro sobre el fuego al mismo tiempo. Ha habido veces en que he tenido un relato en la máquina de escribir, y entonces me quedo trabada y tiendo a seguir a mi mente, que se va en una dirección diferente. Quizás es por mi edad, otra señal de senilidad que me invade.

Cuando era joven, debiera haberme concentrado en cosas espirituales. Ahora me resulta más difícil enfocar los asuntos más importantes de la vida. Proverbios 16:3 dice: "Encomienda a Jehová tus obras, y tus pensamientos serán afirmados".

Señor, ayúdame a ser una persona comprometida. Permite que esto suceda de modo que pueda glorificar tu nombre y ser un testigo para alguien cada día.

CLAREEN COLCLESSER

19 de julio

Campanas resonantes

He aquí, yo estoy a la puerta y llamo; si alguno oye mi voz y abre la puerta, entraré a él, y cenaré con él, y él conmigo. Apocalipsis 3:20.

ERA UNA NOCHE CALUROSA, y la ventana de la habitación del hotel estaba totalmente abierta. En las horas tempranas de la mañana, había recordado el hecho de que la ciudad estaba llena de iglesias, cuando las campanas comenzaron a resonar. Los creyentes eran llamados a la Misa matutina. Me di vuelta y dormí hasta que las campanas de las iglesias comenzaron a sonar otra vez. Sentía como si las campanas estuvieran sonando para mí, como si Dios me estuviera diciendo: "¡Despiértate! ¡Es hora de que pases tiempo conmigo!"

Así que, comencé a reflexionar en las campanas. El sonar de campanas ha tenido varias funciones durante las pasadas centurias. Pueden expresar muchas cosas: advertencia, gozo, regocijo, tristeza. Nuestro oído está conectado con nuestras emociones, y tenemos diferentes clases de sentimientos, dependiendo de la ocasión por la que suenan las campanas. El resonar de campanas para un funeral traspasa nuestra alma. Las campanas de victoria después de una de las batallas de Napoleón debieron de haber consolado a las esposas de los soldados: "*Tal vez él está vivo todavía*". En tiempos medievales, las campanas despertaban a aquellos que se encontraban en peligro de fuego o advertía acerca de la presencia de plagas. La campana de la escuela permitía que los alumnos estuvieran libres para gozar su tiempo de recreo. Las campanas de las vacas, en los Alpes, se perciben de varias maneras, ya sea como una molestia o como algo para disfrutar. En África, una llanta oxidada de camión sirve como campana de iglesia, llamando a los creyentes a adorar. Una campana como timbre, anuncia la presencia de visitas. Una campana puede llamar a la familia hambrienta a la mesa.

¿Estamos hambrientas por la Palabra de Dios? ¿Hay una campana que nos recuerda venir a la mesa de Dios? ¿O preferimos permanecer hambrientas porque somos demasiado perezosas para aceptar su invitación?

La puerta ante la cual Jesús está esperando y golpeando, porque desea comer con nosotros, no tiene un picaporte del lado de afuera. No hay un timbre fuerte, no hay una campana; solamente un suave golpe. Dios no siempre nos llama con el sonido resonante de campanas. Nuestra vida, a menudo, está tan llena de ruido y ocupaciones que no podemos escuchar el llamado. Y es por eso que debiéramos tranquilizarnos, de modo que podamos pasar tiempo con nuestro Señor.

HANNELE OTTSCHOFSKI

Un brazo más fuerte

¡Oh, Señor Jehová! He aquí que tú hiciste el cielo y la tierra con tu gran poder, y con tu brazo extendido, ni hay nada que sea difícil para ti. Jeremías 32:17.

ME ENCANTA SER ABUELA. Vivo solamente a diez kilómetros de mis dos nietas menores, y poder observar cómo crecen me llena de placer y orgullo. Quizás es porque he pasado por este camino antes y conozco las trampas que se deben evitar. O quizás es porque sé que la responsabilidad de criarlas no es mía sola. Cualquiera que sea la razón, cuando descubrí que las tenía que buscar después de la escuela, fue imposible borrar la sonrisa de mis labios. Es así como disfruto de relacionarme con estas mentes jóvenes.

Un martes de tarde en particular, la de 8 años decidió que deseaba probar una receta que había visto en Internet. Con mucha seriedad buscó todos los elementos para su receta escrita a mano, buscó una fuente para mezclar y una cuchara de madera. Me indicó a mí, su asistente voluntaria, que le precalentara el horno.

Pronto pude ver la pequeña cabeza inclinada industriosamente sobre la fuente, como si se estuviera diciendo a sí misma, con cada batido: "*Voy a hacer brownies* [torta de chocolate y nueces]. *Serán maravillosos. A mi mamá le van a gustar. Le va a gustar a mi hermana mayor. Hasta los vecinos van a querer probar una muestra*".

Entonces, la observé mientras sus batidos se ponían más lentos y finalmente se detenían.

–Abuela –me llamó–, esto es difícil; necesito un brazo más fuerte. ¿Me puedes ayudar?

Una vez más, fui su asistente voluntaria. Aun a su tierna edad, Briana parecía saber que su éxito al hornear requería un trabajo de equipo. No lo podía hacer sola.

Saboreando su sabrosa golosina, más tarde aquella noche, pensé en las similitudes entre nuestra relación y la que comparto con mi Padre celestial. Formamos un equipo. Mi éxito en mis intentos está basado en mi cercanía a él en la tarea. Yo sé que él se deleita en mi compañía; me lo ha dicho en varias ocasiones. Lo leo en Salmo 100:3 al 5 y en Isaías 43:3 y 4. Yo sé que él está siempre deseoso de ayudarme (Sal. 119:173). Pero, lo más significativo es que él es el brazo más fuerte en nuestra sociedad. Necesito estar alerta a esto y pedir su ayuda en todas las cosas que hago.

Gracias, querido Dios, por tu promesa. Sin importar el tamaño de mi necesidad, siempre estoy en tu mente y en tu mano. Ayúdame a recordarlo.

CAROL J. GREENE

21 de julio

Entrégale a Dios tus ansiedades

Echando toda vuestra ansiedad sobre él, porque él tiene cuidado de vosotros.
1 Pedro 5:7.

Prefiero hablar de "inquietar" más bien que de "preocupar". ¿Te encuentras alguna vez preocupada, no inquieta, acerca de tu matrimonio, hijos, trabajo, finanzas, relaciones, salud, o lo que sea? Yo lo sé, porque lo he estado. Por ejemplo, hace unos pocos veranos, el versículo "La angustia abate el corazón del hombre [mujer]" (Prov. 12:25) me calzó justo.

Había padecido artritis por muchos años, y entonces como consecuencia de la osteoporosis, me encogí 10 cm respecto de lo que había sido mi altura de 1,65 m. Fui a un traumatólogo especialista en columna, que me indicó un mielograma. Le conté esto a una amiga.

–Oh, sí –me dijo ella–, te van a hacer eso; entonces, un estudio más ¡y después vas a cirugía!

Que su esposo acabara de pasar por todo eso no significaba que yo también tuviera que repetir la historia, y no la repetí. *¡Alabado sea el Señor!*

Me colocaron en un programa de ejercicios en un gimnasio especializado en espina dorsal. A pesar de que mi intuición me decía con fuerza que no tendría que someterme a una cirugía, debo admitir que padecí alguna ansiedad por los resultados del mielograma. Encontré que versículos como "Echa sobre Jehová tu carga, y él te sustentará" (Sal. 55:22) y "Cercano está Jehová a todos los que le invocan... Oirá asimismo el clamor de ellos, y los salvará" (Sal. 145:18, 19) fueron de ayuda.

Ruth Bell Graham, en su libro *Legacy of a Pack Rat* [Legado de una urraca], escribió: "De acuerdo con la Biblia, Dios responde a nuestros suspiros, nuestras lágrimas, nuestras murmuraciones, aun a nuestros deseos que pueden interpretarse como oraciones" (p. 235). Entonces ella cita a John Trapp: " 'El Señor está cercano a todos aquellos que lo llaman: sí, él puede percibir el aliento cuando no se puede escuchar la voz a causa de la debilidad' " (comentarios sobre el Salmo 145).

Para "echar toda nuestra ansiedad sobre él", podemos orar, hablándole como a un amigo, porque él es nuestro mejor amigo. Puede ser difícil pensar en él como si estuviera sentado en el extremo opuesto de la habitación, o compartiendo una comida con nosotros o paseando en el auto con nosotras, pero si logramos verlo de esa manera, nos sentiremos más libres para contarle lo que carga nuestras mentes y corazones.

PATSY MURDOCH MEEKER

Una vista aérea

Y sabemos que a los que aman a Dios, todas las cosas les ayudan a bien.
Romanos 8:28.

ANTES DE QUE ESTUVIÉRAMOS CASADOS, mi esposo pertenecía a un club aeronáutico. Había vivido la mayoría de sus años anteriores en el aeropuerto, observando como también volando. Cuando nos casamos, llegué a interesarme en la aeronaútica. Cuandoquiera que mi esposo se entablara en alguna conversación, no pasaba mucho tiempo y se encontraba tratando de llevarte en un vuelo imaginario. Tuvimos cuatro hijos, y él intentó lo mejor que puedo interesar a uno o más de ellos en los vuelos, pero no lo consiguió. Ninguno tuvo el deseo, después de volar una vez con nosotros. Como mi esposo ha madurado en años, su visión y su presión sanguínea lo han obligado a suspender los vuelos. Esto, sin embargo, no ha detenido sus aeronáuticos vuelos mentales. Cada oportunidad que encuentra, vía televisión, libros, revistas o vídeos, él vuela.

Luego de jubilarnos, nos mudamos al sur, a una mini chacra en el campo. Mi esposo siempre había dicho que le gustaría alquilar un avión y volar sobre nuestra tierra, así podría ver el plano desde el aire. Nunca pudo encontrar a nadie que lo llevara, pero no se dio por vencido. Pidió en el pequeño aeroclub del distrito, como también en un aeropuerto vecino, pero le dijeron que no hacían viajes ni alquilaban aeroplanos, por los problemas de los seguros.

Un día, mientras estábamos afuera, trabajando en el patio, un auto desconocido se acercó. Una mujer se bajó, se presentó y explicó su misión. En su mano había una fotografía de nuestra tierra, tomada desde el aire. Yo me sorprendí realmente. Era una hermosa foto. Rápidamente llamé a mi esposo, que se encontraba en otra área del patio. Él se sintió tan sorprendido como yo una vez que pudo calmarme. ¡Estábamos mirando una vista aérea de nuestro campo! ¡Una respuesta a la oración! Ella nos mostró los diferentes tamaños que podríamos comprar.

Sí, ¡Dios contesta nuestras oraciones en su propio tiempo y a su manera! Imagina nuestro amigo Jesús con su visión aérea, sentado en lo alto, mirando a todos sus hijos. Él tiene la habilidad de ver y escuchar cada cosa que decimos y hacemos.

Mi oración es que la visión terrenal de nuestras vidas coincida con la visión aérea que ve nuestro Padre celestial desde lo alto.

ELAINE J. JOHNSON

23 de julio

Pertenecemos a la familia de Dios

Cantad la gloria de su nombre; poned gloria en su alabanza. Salmo 66:2.

HE LLEGADO A CONOCER a mucha gente en mi trabajo y en mis viajes. Ahora, mirando hacia atrás, reviviendo amistades o viejos amigos conocidos, me siento realmente privilegiada de poder decir: "Es maravilloso pertenecer a la familia de Dios".

Vivo en un centro para jubilados que también es un centro de servicio comunitario. Si uno elige estar ocupado o se le pide que haga algo que beneficiará a otros, se encuentra satisfacción en pertenecer a la familia de Dios y puede todavía ayudar a otros.

Cuando conozco a gente que estuvo en la misma escuela secundaria o colegio, en los viejos tiempos, podemos recordar juntos. Siento que pertenezco a una gran familia. Me siento agradecida por la forma en que el Señor me ha guiado y sigue guiando, dándome salud y energía como también la habilidad de mantenerme constantemente ocupada.

Recientemente, una joven amiga me preguntó si me gustaría ir en un viaje a la costa. Ella necesitaba atender algunos negocios y deseaba tener compañía para un viaje tan largo. Me sentí realmente privilegiada. Visitamos otro de nuestros centros de jubilados, en el que conozco a varias de las personas. Nos encontramos con amigas con las que todavía mantengo correspondencia. Nos invitaron a almorzar con ellas, después del culto en la iglesia, al día siguiente. Allí me encontré con varias personas más que había conocido en los días pasados. Las bendiciones del servicio de adoración y las bendiciones del compañerismo a la hora del almuerzo, otra vez, me trajeron el sentimiento de cuán maravilloso es pertenecer a la familia de Dios.

En los congresos me doy cuenta realmente de cuán grande es la familia de Dios. Veo personas con las que trabajé alguna vez, y me saludan con afecto.

Ninguna de mis tres hijas viven cerca de mí. Con las ocupaciones de hoy en día y los costos, no es posible verlas muy a menudo. Así que, valoro a las amistades tanto más.

Qué bendita esperanza es saber que un día aquellos que permanezcamos fieles nos encontraremos, mucho más allá del azul del cielo, con nuestro Padre celestial y nuestro Gran Hermano, que también es nuestro Salvador. ¡Qué familia!

PHYLLIS DALGLEISH

El pequeño cerdito

Porque también Cristo padeció una sola vez por los pecados, el justo por los injustos, para llevarnos a Dios. 1 Pedro 3:18.

MI MADRE FALLECIÓ hace algunos años. Era muy cercana conmigo. Había venido a pasar sus últimos años con nosotros, pero vivía separada en una pequeña casa con un jardín propio. Una mañana, ella estaba muy contrariada al descubrir todo su jardín arruinado. Me llamó para ver su jardín y me preguntó si tenía alguna idea de quién había producido el daño. No tenía idea, y me sentí triste por ella.

Ella volvió a plantar las plantas desarraigadas y acomodó su jardín otra vez, pero aunque sea triste decirlo, a la mañana siguiente encontró el jardín arruinado otra vez. Mamá estaba decidida a encontrar al culpable. Al día siguiente, luego de regar y sacar los yuyos, se fue adentro y miró desde su ventana. No pasó mucho tiempo antes de que viera al culpable: un cerdito precioso, gordito, totalmente blanco, con orejas rosadas y una naricita rosada, bien parada. Probablemente se había perdido de su mamá y no sabía cómo volver hasta donde se encontraba ella. Comenzó a cavar con su nariz.

Mamá se sintió muy desalentada, e hizo de este problema un motivo de oración, pidiéndole que la ayudara a solucionar el problema. Una mañana, mamá me llamó agitada, para que la siguiera hasta su jardín. Allí, entre las plantas arraigadas, había un cerdo muerto. Le pregunté qué había sucedido.

Ella me contó que, aquella mañana, mientras todavía era oscuro, ella había escuchado a perros que ladraban y al cerdo chillar. Y entonces, todo el ruido había terminado. Nos sentimos muy tristes por el pobre cerdo; era solo un bebé sin una madre. La solución había venido en una forma que ninguna de nosotras deseaba necesariamente.

Dios dio a su Hijo unigénito para morir por la raza humana. Aunque él también se interesa mucho en los animales, la muerte de Jesús es una que nadie hubiera elegido. ¡Oh!, que más de nosotros creamos en Cristo como nuestro Salvador.

BIROL CHARLOTTE CHRISTO (Adaptado.)

25 de julio

Suelas podridas

No os hagáis tesoros en la tierra, donde la polilla y el orín corrompen y donde ladrones minan y hurtan; sino haceos tesoros en el cielo. Mateo 6:19, 20.

ME SENTÉ EN LA IGLESIA UN sábado de mañana, esperando que comenzara el servicio. Mientras buscaba un himnario, miré mis zapatos y me sonreí interiormente. Los zapatos grises de cuero eran tan perfectos para mi vestimenta de hoy, como lo habían sido para la boda de Nueva York, para la cual los había comprado quince años antes. No los había usado muy a menudo desde entonces. En realidad, cuando nos habíamos mudado a Florida unos pocos años después de aquella boda, había guardado el calzado en su caja.

Pero, hubo una mañana de sábado en particular en que había decidido ponérmelos. Sus adornos rosados en forma de rosas eran del color exacto de mi vestido, y deseaba usarlos. Imaginen mi horror cuando me senté en la iglesia y vi que, de alguna manera, había traído arena desde el estacionamiento adentro del santuario. Moví mis pies. Más arena en el piso. Otro movimiento dejó aún más suciedad. Cuidadosamente levanté un pie, para descubrir que la suela estaba desintegrándose delante de mis ojos. La otra suela estaba igual. Todavía recuerdo las risas disimuladas de mi hijo cuando salí caminando cautelosamente por el pasillo después del culto.

"Descomposición en seco", había explicado el zapatero más tarde, al reemplazar la suela. El producto terminado lucía como nuevo. Había sido restaurado.

Como aquel zapatero pudo restaurar el calzado que había sido destruido por desintegración, así es con el Señor, quien está deseoso de perdonar todos nuestros pecados que hayamos cometido. Él nos aceptará como si no hubiéramos pecado.

Es muy fácil que mi vida cristiana se desintegre, así como el par de zapatos que había quedado en desuso por un período extenso de tiempo. Yo sé que si paso mucho tiempo haciendo cosas mundanas y descuido alimentar mi alma con la oración y el estudio diario de su Palabra, la descomposición en seco se asentará. Suelas desintegradas y desintegración del alma. Elena de White nos recuerda: "Los que en su corazón anhelen algo mejor que lo que este mundo puede dar, reconozcan este deseo como la voz de Dios que habla a sus almas" (*El camino a Cristo*, p. 26).

Señor, reconozco el anhelo de mi alma. Por favor, ayúdame a centrarme en ti diariamente, y no en las cosas de este mundo.

GLORIA HUTCHINSON

La geografía de Dios

Fíate de Jehová de todo tu corazón, y no te apoyes en tu propia prudencia. Reconócelo en todos tus caminos, y él enderezará tus veredas. Proverbios 3:5, 6.

ESTABA MUY EMOCIONADA CUANDO recibí una respuesta de la Academia Alemana de Intercambio de Servicios. Por el tamaño de la carta, inmediatamente pude adivinar que esta vez era una aceptación. Finalmente había llegado. Había intentado un par de veces antes de conseguir una beca para poder viajar a Islandia, y ahora parecía que todos mis planes podrían concretarse. Abrí la carta con manos temblorosas. Pero ¿qué querían decir con esto? Era una carta de aceptación, está bien, pero no decía nada acerca de Reykjavík o Akureyri. De Islandia no se mencionaba ni siquiera una palabra. La ubicación donde yo debía pasar siete meses como asistente de Lengua era Tingsryd, Suecia, pero este era tan solo el primer golpe. Cuando seguí leyendo, comencé a entender que la escuela había solicitado no una asistente de Lengua con alemán como lengua nativa, sino una persona de habla francesa o inglesa. ¿Y ahora qué?

De pronto, me invadió una profunda paz y seguridad, cuando recordé que yo le había entregado este asunto totalmente al Señor. Había orado sola y junto con mi grupo de oración por meses, así que podía estar segura de que el Señor había tomado el caso en sus manos, aunque me parecía que él no estaba al día con los detalles geográficos. Con esta seguridad y un corazón tranquilo, comencé a escribir un correo electrónico a mi posible supervisora en Suecia. Le expliqué que era alemana y que era una cristiana. La respuesta llegó rápidamente. Mi supervisora también había tenido dudas acerca de todo esto, y había orado la noche anterior porque deseaba encontrar una señal de parte del Señor: la asistente de Lengua debía ser una cristiana. ¡No podría haber recibido una respuesta más directa a las oraciones! Por supuesto, me sentí emocionada al saber que ella era cristiana, y ambas estábamos seguras de que el Señor nos había guiado para que nos encontráramos. Aunque todo parecía haber funcionado mal, de todos modos las cosas saldrían bien.

En retrospectiva, puedo añadir que el Señor me ha mostrado, en esta experiencia, cuán maravillosas pueden salir las cosas si le entregamos la decisión a él y confiamos en las formas en que nos guía. Aquellos siete meses en Suecia me han enriquecido y han cambiado mi vida de una manera especial. Puede ser que Dios no sea tan bueno en geografía humana (por lo menos, así pensaba), pero puede ser que nosotros debiéramos confiar en su geografía divina; ¡él sabe lo que es mejor para nosotros!

SONJA KALMBACH

27 de julio

El arco de la promesa

Si alguno me sirve, mi Padre le honrará. Juan 12:26.

INMEDIATAMENTE DESPUÉS DE GRADUARME con un título superior de dos años en Secretaría Administrativa, me emplearon en el Sanatorio y Hospital de Manila como secretaria administrativa. Cada día de trabajo me esperaba lleno de sorpresas y nuevas cosas para aprender, porque el hospital estaba creciendo a pasos agigantados y rápidamente se estaba convirtiendo en una institución educativa.

Antes de mucho estaba haciéndome cargo de más y más dictados médicos, en adición a mis tareas de secretaria administrativa. Los términos y la información médicos me fascinaban, así que pasaba la mayor parte de mis días libres hojeando los libros de texto médicos de mi hermano, David. Como mi entrenamiento era en administración, tenía que desarrollar mis propias habilidades para comprender los términos médicos.

A medida que la cantidad de pacientes en el hospital aumentaba, también lo hacía la necesidad de que el personal médico tuviera su propia secretaria de tiempo completo. No quedó otra posibilidad que la mía. Poder manejar el lenguaje médico llegó a ser mi obsesión y prioridad.

Leía el *Journal of the American Medical Record Association* [Revista de la Asociación Americana de Registros Médicos] para mantenerme actualizada en cuanto a las tendencias de los registros médicos. En esta revista, encontré una escuela para el entrenamiento en registros médicos. Escribí pidiendo información, llené la solicitud, y recibí la aceptación. Sin embargo, descubrí que tendría que tomar una clase los sábados. Llevé el problema al Señor, y después de decidir que prefería obedecer el mandamiento de Dios, escribí una carta a la escuela renunciando a mi aceptación.

No mucho después, recibí una oferta de una beca del Union College en Nebraska. Un canto de alabanza desplazó mi frustración, llenando mi corazón. El Señor también facilitó esta posibilidad de desarrollarme.

Un feliz día de abril de 1958, me encontraba en un barco navegando hacia California. David estaba viviendo allí, así que podría hospedarme con él y su familia. Él me ayudó a subir al tren hacia Nebraska.

Mientras el conductor anunciaba: "Estamos por atravesar la línea de cruce de estados con Nebraska", apareció un brillante arco iris.

Mientras avanzábamos hacia el arco de la promesa, había un asombro reverente, palpable entre los pasajeros. Yo sentí al Señor diciendo: "Mi hija, yo estaré contigo. Te guiaré".

Gracias, Señor, por cumplir tus promesas.

CONSUELO JACKSON

Bolsillos del alma

Purifícame con hisopo, y seré limpio; lávame, y seré más blanco que la nieve.
Salmo 51:7.

EL DÍA DEL LAVADO DE ROPA ERA SIEMPRE un gran desafío cuando mis cinco hijos eran pequeños. Si eres madre, estoy segura de que puedes identificarte conmigo. Los días jueves estaban destinados al lavado de ropa de los chicos. Tenía cuatro varones pequeños y una niña bebé, así que las pilas de ropas sucias sobre el piso del lavadero eran impresionantes. Puse a lavar una carga de ropa interior blanca, remeras, y soquetes primero, y entonces seleccioné los pantalones y las camisas.

Nunca sabía lo que me esperaba cuando revisaba los bolsillos de los varones, así que aprendí a ser muy cuidadosa. Luego de un paseo a la playa, los bolsillos inevitablemente estaban llenos de caracoles de mar y arena. Más a menudo encontraría bolsillos llenos de piedras, bolitas, autitos de juguete, viejas llaves o bandas elásticas. ¡Una vez encontré un bolsillo lleno de lombrices! Aún peor que las lombrices fue la vez que introduje mi mano dentro del bolsillo de un pantalón y saqué escarabajos muertos. Todavía puedo recordar cómo temblé y grité. Establecí una nueva regla: cada uno era responsable de sacar sus "tesoros" antes de poner sus ropas en el canasto de ropa sucia.

Una vez me olvidé de revisar otra vez los bolsillos de un par de pantalones y descuidadamente puse la carga en la máquina de lavar, y entonces en el secarropas. Cuando el secarropas se detuvo y comencé a sacar la ropa, había manchas de diferentes colores en *jeans* y camisas. Me desconcerté y continué revisando hasta que encontré los envoltorios de lápices de cera vacíos en el fondo del secarropas vacío. Me sorprendió cómo los lápices de cera se habían derretido e impregnado completamente las telas. Traté de lavar la ropa otra vez con quitamanchas, pero los colores de los lápices de cera rehusaron salir.

Nosotras nos sonreímos por las cosas que coleccionan nuestros hijos, las cuales guardan como preciosas, pero ¿no somos semejantes a ellos? Excepto que las cosas a las que nos aferramos, algunas veces, son mucho más insidiosas: celos, envida, sentimientos heridos, y falta de voluntad para perdonar y olvidar injusticias pasadas. Y así como con los crayones derretidos, todas estas cosas que guardamos en nuestras vidas, tienden a teñir y cambiar nuestra personalidad. La única forma de librarnos de estas manchas es rendir nuestras vidas a Jesús y permitirle que nos limpie completamente.

CELIA MEJÍA CRUZ

29 de julio

Princesas

Porque tu marido es tu Hacedor. Isaías 54:5.

¿RECUERDAS EL GLORIOSO DÍA en que Lady Diana dijo: "Sí, prometo" y se transformó en princesa de Gales? Mientras Carlos y Diana paseaban en su carruaje, ella lucía como Cenicienta. Muchas de nosotras probablemente deseamos ser esa princesa. Al observar a Diana desarrollando más confianza, volviéndose más activa en proyectos humanitarios, amando a sus niños y resistiéndose al protocolo real, algunas de nosotras todavía deseábamos poder vivir la vida de una princesa: hermosas ropas y zapatos; poder viajar, esquiar y disfrutar de cruceros; no tener que dedicarse a los quehaceres domésticos; tener niñeras para cuidar a los hijos; y ¡un palacio donde vivir!

Pronto comenzamos a notar el desgaste de la vida real sobre Diana; estaba triste, las actividades la estaban afectando y su príncipe infiel estaba destrozando su corazón. Comenzamos a darnos cuenta de que ser una princesa no siempre es tan bueno como lo pintan. Existen reglas reales para todas las cosas, como ser: reglas de cortesía, de cómo sentarse, cómo sonreír, caminar, cómo disciplinar y educar a los hijos, y cómo aceptar a otras mujeres.

¿Saben qué? Mi Biblia dice que Jesús será mi esposo (2 Cor. 11:2). Él es el "Príncipe de paz" (Isa. 9:6). ¡Esto me transforma en su princesa! Tan solo piensa: ¡Soy propietaria de ganado en miles de colinas, y tengo una mansión que mi Príncipe del universo ha construido personalmente y decorado para mí. Mi guardarropa contendrá más de lo que haya podido soñar, ¡y cada manto tendrá zapatos para hacer juego! Los banquetes a los que asistiré agasajarán a dignatarios del mundo, músicos famosos y gente de toda clase de vida. Mis viajes de lujo serán fuera de este mundo, deteniéndose para visitar constelaciones distantes. Mi peinado perfecto sostendrá una corona adornada con estrellas. Mi Príncipe me dará regalos de oro y joyas. No los usaré alrededor de los dedos o del cuello; caminaré sobre oro y entraré en mi reino a través de puertas de perlas. Mis hijos serán "hijos del Rey", transformándolos en príncipes y princesas también. ¿Qué más podría desear?

Mientras me encontraba orando por la seguridad espiritual de mis hijos en edad universitaria, mi Padre celestial me impresionó a hacer un cuadro de cada hijo vestido en ropajes reales y con una corona. Esto les recordará a ellos quiénes son en realidad. Compré marcos suntuosos, y en el amplio enmarque arriba del cuadro de mi hija escribí: "Hija del Rey". Debajo de eso escribí: "Eso te transforma en princesa; pídele a tu Padre diariamente sabiduría y gracia para vivir a la altura de tu protocolo real".

BETH VERSTEEGH ODIYAR

Envío al día siguiente

Traed todos los diezmos al alfolí... y probadme ahora en esto, dice Jehová de los ejércitos, si no os abriré las ventanas de los cielos y derramaré sobre vosotros bendición hasta que sobreabunde. Malaquías 3:10.

UN AÑO RECIBÍ $150 para mi cumpleaños. Pronto, una guerra no tan civil estalló en mi interior. Mi lado egoísta deseaba gastar toda la cantidad para satisfacer mis deseos. Pero el Espíritu Santo le recordó a "Egoísta" que Dios viene primero. Cuando el yo perdió su batalla, "Generosa" añadió $15 a mi diezmo mensual de $120.

Al día siguiente, cuando íbamos con mi amiga Sharon a jugar al tenis, ella detectó dos cachorros de perro corriendo por la calle; sus dueños no se encontraban a la vista. Sharon parece tener un radar incorporado para animales abandonados. Su familia ya tiene ocho animales abandonados como mascotas, la mayoría rescatados por Sharon y quienquiera que se encuentre con ella. Mientras Sharon, sin dudarlo, maniobró por las líneas de tránsito, me di cuenta de que la próxima "quienquiera" sería yo.

Estacionamos el auto y corrimos calle abajo gritando: "¡Aquí chicho, chichos!"

Finalmente pudimos capturarlos y llevarlos hasta el auto, cada una acarreando un inquieto cachorro pesado. Las mamaderas que compramos juntas, las utilizamos para hidratar a nuestros nuevos animales amigos.

Colocamos los perros en el auto y los llevamos a la casa de Sharon para llamar al número de teléfono que se encontraba en sus collares. Les informamos a los dueños que teníamos sus cachorros, y que se encontraban seguros y sanos. Ellos se alegraron tanto de poder tener de nuevo a sus mascotas, que nos regalaron $300 como recompensa.

Sharon insistió en que yo me quedara con la mitad, $150. El Espíritu Santo me impresionó para que diezmara mi dinero de recompensa, dejándome $135, la cantidad exacta, hasta el centavo, que había entregado como diezmo el día anterior.

Simplemente, no podemos darle de más a Dios. Él es fiel para recompensar nuestra fidelidad, aun cuando implique que tengamos que torcer el brazo para ser fieles.

Gracias, Señor, por tu dulce Espíritu. Te alabamos por darnos las fuerzas para pasar victoriosos las pruebas espirituales; entonces amorosamente nos recompensas por la victoria.

CLARISSA MARSHALL

31 de julio

Perdido en la oscuridad

Jehová es mi luz y mi salvación; ¿de quién temeré? Salmo 27:1.

HA SIDO UNA MARAVILLOSA experiencia y un privilegio para mí el poder viajar a varios países en el extranjero. Disfruto de viajar, observando especialmente cómo vive la gente en otras partes del mundo. Pero, después de un tiempo, pensé que había visto suficiente de tierras lejanas. ¿Por qué no centrar mi atención en viajar dentro de los Estados Unidos? Seguramente había mucho por aquí para ver y explorar.

Un verano, mi amiga Ruth, que es presidenta de un club, me invitó a unirme a ellos en un viaje en ómnibus desde la ciudad de Nueva York hasta la costa oeste, y yo invité a otras tres amigas a acompañarnos. Había 35 hombres y mujeres. La mayoría de las mujeres había viajado antes, a través de la región del medio oeste y de la costa este.

De todos los lugares que visitamos, uno en particular permanece claro en mi mente, no por su belleza de paisajes asombrosos sino por una experiencia que tuve. Era bastante tarde cuando llegamos al Gran Cañón del Colorado, en Arizona, para acomodarnos a fin de pasar la noche luego de un largo día de viaje. Teníamos algo para comer, pero necesitábamos hielo para nuestra bebida. Me ofrecí para ir y buscarlo. Con un balde de hielo en la mano, me dirigí a un dispensador de hielo y recordaba que estaba claro en mi camino de ida. Tuve éxito en conseguir el hielo, porque había luz sobre la máquina de hacer hielo. Cuando traté de regresar al lugar desde el que había salido, noté que había varias calles que se ramificaban en diferentes direcciones, cada una con filas y filas de edificios de departamentos.

Me encontraba en un dilema: ¿por cuál de las calles había venido, y de qué casa? De espaldas a la luz, enfrentaba una oscuridad total. Nadie más estaba en la calle. Allí me encontraba, con el balde de hielo en la mano, perdida en la oscuridad. Comenzó a invadirme el temor. Justo entonces, escuché una voz que susurraba: "No temas, porque yo estoy contigo" (Isa. 41:10). Entonces, me di cuenta de que no estaba sola; mi ángel guardián estaba allí conmigo. Milagrosamente, fui guiada a la calle correcta y subí por el sendero a la casa correcta. Fue un alivio cuando una de mis compañeras de pieza respondió a mi golpe a la puerta.

Como resultado de esta experiencia, el clamor de los "perdidos" me ha pesado en el corazón. Cuán terrible y atemorizador será estar perdido cuando Jesús regrese. *Gracias, Padre celestial y Jesús, por venir a buscarnos y salvarnos. Es glorioso ser hallada.*

DOLORES SMITH

Las campanas de viento

Te alabaré, oh Jehová, con todo mi corazón; contaré todas tus maravillas. Me alegraré y me regocijaré en ti; cantaré a tu nombre, oh Altísimo. Salmo 9:1, 2.

MIS DELICADAS CAMPANAS DE VIENTO habían estado sonando suavemente con las brisas del verano, durante toda la estación, desde su lugar en el porche del frente. Estaban hechas de doce tubos metálicos, cilíndricos, colgados en dos hileras, desde una ornamentada pieza pulida de madera tallada. Tenía tres pequeños discos metálicos, colgados cada tres juegos de cilindros largos, y todos estaban suspendidos por cuerdas fuertes y colgaban pesadamente con piezas ovales de madera pulida. Aun una suave brisa hamacaba las piezas de madera hacia un lado y el otro, golpeando los cilindros ahuecados de metal, haciendo que desprendieran sus tonos melodiosos, encantadores.

Pero un día, al final del verano, me di cuenta de que no estaba escuchando el sonido de mis campanas de viento, así que miré hacia arriba. Parecía normal, hasta que observé más de cerca, y vi que una pequeña araña las había enmudecido con su tela envolvente, sosteniendo con fuerza, por dentro y por fuera, a los cilindros de mis campanas de viento. Con razón no podían producir su hermosa música, hamacándose con la brisa. Estaban atadas e imposibilitadas de moverse. Rápidamente busqué un banco y cepillé las telas de araña ofensivas, llevando a la araña junto con ellas. Una vez más pude escuchar a mi carillón de viento producir sus delicados tonos con la suave brisa. ¡Qué sonido tranquilizador!

Pensé en las telas de araña que a menudo nos envuelven, cuando necesitaríamos cantar alabanzas a nuestro Hacedor. Las telas de araña de estar demasiado ocupadas, del desaliento, de las distracciones mundanales o, aunque más no sea, de la negligencia, nos pueden envolver hasta que finalmente no podemos alabar más.

Decidí que vigilaría de cerca, para evitar cualquier tela de araña en mi vida, que pudiera impedir que alabe a mi Señor cada día, en cada oportunidad que pueda en mi vida diaria. Especialmente deseo expresar mis alabanzas con aquellos que me rodean, así como mi carillón de viento lo ha hecho por mí. Ya sea en el habla o en el canto, expresaré más alabanzas. He encontrado 75 versículos acerca de alabanzas en los Salmos solamente. Tú puedes haber encontrado más. Y hay muchos más en otras partes de la Biblia.

Querido Señor, te alabo hoy por tus obras maravillosas, así como tus ángeles y todas las huestes celestiales.

BESSIE SIEMENS LOBSIEN

2 de agosto

Sabiduría en la pista de aterrizaje

El que encubre sus pecados no prosperará; mas el que los confiesa y se aparta alcanzará misericordia. Proverbios 28:13.

LAS PUERTAS DEL aeroplano se cerraron, y se ajustó mi cinturón de seguridad. Pero todavía permanecíamos esperando.

–Estamos esperando que un vehículo del aeropuerto venga para trasladarnos más lejos de la puerta de entrada. Podremos ponernos en camino en unos pocos momentos –explicó el piloto.

Observé el pequeño vehículo del aeropuerto que llegó y se enganchó con una vara larga desde el frente del avión. Muy lentamente, el pequeño vehículo tiró del tremendo 747 para alejarlo de la puerta, hasta que estuvimos en una posición para movernos hacia adelante. Una vez que se despejó el equipo de tierra, el piloto lentamente movió el jet hacia adelante, avanzando por los corredores, aumentando la velocidad para el despegue.

Un pensamiento repentino me hizo sonreír. Algunas veces debemos retroceder para poder movernos hacia adelante. Si el piloto hubiera movido el avión hacia adelante sin haber retrocedido primero, hubiera dañado el avión, el edificio y, probablemente, vidas también.

Cuán a menudo deseamos empujar hacia adelante, cuando hacerlo sería desastroso. Yo necesito retroceder primero, corregir mis errores, y entonces seguir hacia adelante. Cuán a menudo una relación no puede proseguir hasta que podemos ir hacia atrás y decir: "Perdón".

Pensé en las veces cuando era una niña y estaba aprendiendo a tejer al crochet. Algunas veces hacía demasiados puntos o puntos de menos. Mi madre miraba mi trabajo y decía:

–Dorothy, desata hasta el lugar en el que cometiste el error. Corrígelo y sigue adelante. Solamente así podrás obtener una pieza satisfactoria de trabajo.

Yo odiaba rehacerlo, por supuesto, pero ella tenía razón. Desde entonces, he deshecho muchos proyectos y comenzado otra vez desde el punto de mi error, corrigiéndolo y siguiendo adelante.

Un artículo en un diario, cierta vez, me llamó la atención. Estaba la foto de un gato en la punta de un poste de teléfono y un bombero trepado a la escalera, tratando de alcanzarlo. El gato podría haberse bajado, pero como muchos de nosotros no quería bajarse de su posición. El gato, así como el aeroplano (y, demasiado a menudo, como yo), necesitaba ayuda para retroceder, así podría moverse hacia adelante.

Querido Padre celestial, ayúdame hoy, cuando cometa un error, a estar dispuesta a reconocer que me dirijo en una dirección equivocada.

DOROTHY EATON WATTS

Boda en agosto

El cual nos consuela en todas nuestras tribulaciones, para que podamos también nosotros consolar a los que están en cualquier tribulación. 2 Corintios 1:4.

¡ERA EL DÍA DE LA BODA de nuestra hija! Ella llamó al novio a las 8 aquella mañana, para recodarle qué traer. El teléfono sonó. No había respuesta. Intentó otra vez a las 8:30. Continuaba sin responder. Su hermana había volado para la ocasión, y estaba parando con él, así que comenzamos a preocuparnos, porque había tenido una pelea grande con ella tres días antes.

Otro intento a las 9 sin respuesta. ¡Ahora estábamos todos preocupados! Fuimos en auto hasta el departamento y golpeamos la puerta. Estaba cerrada, y no había nadie en casa. Finalmente ubicamos al cuidador, que nos dijo que no podía darnos la llave. Le rogamos y lloramos, le explicamos la situación, todavía con la esperanza de que aparecieran. La boda estaba planificada para las 4:00 p.m. ¿Qué podíamos hacer? Finalmente, a las 11, el cuidador accedió a permitirnos entrar. Nerviosas, sin aliento y atemorizadas acerca de lo que podría esperarnos, lo seguimos.

¡Había desaparecido todo! Los roperos estaban vacíos. Hasta se habían llevado el auto de nuestra hija. Había quedado un libro sobre demonios y un anillo barato de una serpiente enroscada. ¡Parecía un mal presagio! Entonces vimos su Biblia. Una nota, al lado, decía: "Por favor, perdóname. No estoy preparado para casarme".

Nuestra preciosa Tami quedó desecha. Se le vino abajo todo. El hermoso vestido de boda nunca sería usado, la torta no se comería nunca. Fue como estar en el medio de una pesadilla. Las cosas no podían ser tan malas. ¿Cómo podíamos contactarnos con todos los invitados, y cómo podíamos consolar a nuestra hija?

Hicimos una lista de las cosas más urgentes que debíamos hacer. La confitería dijo que podía congelar la torta. La florista utilizó las flores para otras cosas. Ninguno nos envió la boleta con la factura. Mi pobre esposo permaneció en la iglesia para explicarle a la gente; muchos llegaban de recorrer largas distancias, y él debía repetir la triste historia una y otra vez.

No puedo describir el dolor que sentíamos todos. No podíamos comprender nada de lo que había sucedido, pero oramos por ambos. El novio de Tami había planeado bautizarse la semana después de la boda, y ella había planificado bautizarse con él. A la semana siguiente, Tami se bautizó sola. Dios, en su amoroso cuidado, le dio a ella el coraje y la fuerza para seguir adelante.

¿No es maravilloso que, como cristianos, tengamos un novio que realmente vendrá?

DARLENE YTREDAL BURGESON

4 de agosto

El abismo

Al que tuviere sed, yo le daré gratuitamente de la fuente del agua de la vida.
Apocalipsis 21:6.

ESTABA PARADA SOBRE UN PUENTE rústico, mirando hacia abajo, al abismo. Formando un telón de fondo se veían las montañas revestidas de pinos, mientras el aire impregnado de humedad cosquilleaba en mi nariz. Derecho hacia adelante, una corriente helada se abría paso desde las montañas cubiertas de nieve, acumulando velocidad al pasar por el abismo. Vi enormes rocas descansando en el camino de estas aguas glaciares, que habían cambiado de forma y tamaño por la poderosa corriente. Aparecían grandes huecos en algunas, mientras otras mostraban bordes gastados por años de constante erosión. Otras rocas, más alejadas de los bordes del torrente, descansaban cubiertas de musgo.

Me maravillé frente a esta escena espectacular, fascinada por el poder de la naturaleza. Me sentía visiblemente afectada por el poder de este cuerpo de agua, que tallaba, moldeaba o reformaba los objetos en su camino. Las cosas que se encontraban fuera del camino permanecían intactas, con bordes ásperos y cubiertas con líquenes o musgos.

La lección espiritual afloró con claridad. A la Palabra de Dios se la llama agua de vida. Sin ella, nuestras vidas son como piedras afuera del lecho de la corriente, estancadas y rústicas, con bordes ásperos y cubiertas de musgo. Se necesita un agente poderoso para aplicar el abrasivo necesario.

Pensé en las palabras de Jesús a la mujer samaritana: "Mas el que bebiere del agua que yo le daré, no tendrá sed jamás; sino que el agua que yo le daré será en él una fuente de agua que salte para vida eterna (Juan 4:14). Jesús no ofrece un trago de agua, sino un perpetuo pozo artesiano, que tiene el poder de modelarme, formarme y pulir los bordes de mi carácter. El agua, en este versículo, es un cuadro del Espíritu de Jesús trabajando en nosotros. Él no se encuentra obrando para salvarnos, porque esa obra ya ha sido hecha por su muerte en la cruz.

Él está obrando para cambiarnos.

Dios ha prometido que "el que quiere, tome del agua de la vida gratuitamente" (Apoc. 22:17). Debo estar realmente sedienta de este cambio, esta nueva vida que se me ofrece. Debo dedicar tiempo parra estudiar su Palabra y permitir que la rica corriente de su amor me modele, cambie, pula y labre.

Señor, estoy sedienta por el trago refrescante de tu agua de vida. Ven a mi alma, lávame y purifícame. Gracias, Dios, por esta rica lección objetiva de hoy.

JOAN MINCHIN NEALL

La torta de cumpleaños

Amo a Jehová, pues ha oído mi voz y mis súplicas; porque ha inclinado a mí su oído; por tanto, le invocaré en todos mis días. Salmo 116:1, 2.

MI HIJA, VONI, ESTABA celebrando su duodécimo cumpleaños y se hallaba ocupada en la cocina haciendo la torta para su fiesta. Precalentó el horno, preparó dos cajas de mezcla para tortas de acuerdo con las indicaciones, y en unos minutos tenía la torta en el horno. Me di cuenta, al pasar, que el horno tenía marcado solamente 325 grados. Lo elevé a 350. Voni protestó:

–Pero tú siempre pones nuestro horno más bajo porque calienta demasiado.

–Ya sé –concordé–. Yo lo pongo más bajo, pero no tanto.

Y me fui al *living* para descansar. Ella quedó en la cocina para vigilar la torta. Veinte minutos después, se tiró en el sofá y anunció que mi esposo había pasado por la cocina y había bajado el horno a 300 grados, porque la torta se estaba cocinando demasiado rápido.

–¡Qué! –exclamé, corriendo para controlar la torta.

La sección central se movía, pero la parte exterior parecía lista.

Viendo su desánimo, suspiré, puse el horno a 350, dejé la cocina y susurré: "¡Señor, ayúdanos!"

Diez minutos después, la torta todavía se movía y la parte de arriba se estaba dorando demasiado. La cubrí con papel de aluminio y bajé la temperatura del horno, y continuó horneándose. Finalmente, Voni la sacó del horno, exclamando:

–A mí me parece que está bien.

La torta se había horneado, en total, una hora y quince minutos. A mí no me pareció que estaba bien, pero forcé una sonrisa. Después de que la torta se hubo enfriado, resultó difícil desmoldarla. Una vez decorada, sin embargo, se veía hermosa, sin ninguna señal de que hubiera habido ningún problema. Durante la fiesta, los amigos saborearon torta y más torta. Voni sonreía de oreja a oreja; se había producido un cambio dramático comparado con la niña preocupada de horas antes.

Ella se sintió en la cumbre y orgullosa por su realización cuando escuchó que mi amiga, que en general era más bien quisquillosa, comentó:

–Esta es la mejor torta que haya probado alguna vez.

Su torta, a pesar de los numerosos errores, había salido bien después de todo.

Gracias Señor, por cuidar la torta de cumpleaños y las emociones de una niña de 12 años, y por contestar mi clamor por ayuda. Acudiré a ti por las cosas grandes en la vida también, y sé que escucharás y responderás fielmente.

IRIS L. STOVALL

6 de agosto

Un trabajo de limpieza

Lávame, y seré más blanco que la nieve. Salmo 51:7.

¡ERA UNO DE ESOS DÍAS cuando me preguntaba si podría ver alguna vez las mesadas de mi cocina otra vez! Los tomates de la quinta estaban a punto y demandaban mi atención. Estos, junto con calabacines amarillos y verdes, judías, quingombó y pimientos, cubrían las mesadas. Además de eso, tenía que descongelar el antiguo refrigerador del garage, lo que significaba que debía vaciarlo, desconectarlo y acarrear olla tras olla de agua caliente desde la cocina, escaleras abajo, para colocarlas en el compartimento del congelador. A pesar del hecho de que recientemente lo habíamos limpiado, tenía gruesas capas de hielo, que requerían mucho tiempo y esfuerzo para que se derritieran.

Al fin los tomates estuvieron pelados y hervidos con apio, cebolla y pimientos verdes; a algunos les había agregado otras verduras para usarlos como sopa. Los envases se llenaron y guardaron en el congelador, para hacer una buena cena, para gozarla cuando las nieves cayeran y soplaran los fríos vientos del invierno.

A continuación le siguió el trabajo de limpieza. Se tiró el agua y hielo del refrigerador, se secó el interior y se reemplazó el contenido. Las pavas se lavaron, junto con los otros utensilios de cocina, y se guardó toda la cosecha. Finalmente las mesadas eran visibles otra vez, y yo me alivié.

Hay otros trabajos de limpieza que se deben realizar. Como cristiana, me pregunto cuál es el que yo necesito. No físicamente, porque ya me ocupo de eso diariamente, sino espiritualmente y mentalmente, que pueden resultar más difícil de realizarse. Estoy pensando en los tres monos con sus lemas: "No mires lo malo, no escuches lo malo, no hables lo malo". En el mundo nuestro de hoy, esto puede constituírse en un problema. La tentación de ver y escuchar lo malo nos rodea, aun cuando no lo elijamos. También está la tentación de pasar un bocado jugoso de chisme que hemos recogido. Nuestra única salvaguardia es permitir que el Espíritu Santo nos guíe y que estemos dispuestas a seguir donde él nos guíe, y a pedir su presencia con nosotras cada día.

Hablando de lo diario, hay una canasta de tomates esperando en la cocina justo ahora, esta vez para ser envasada. Hay frascos que lavar y esterilizar, la olla para traer y llenar con agua, tomates para lavar, escaldar, pelar, cortar y cocinar, y frascos para llenar y procesar.

Sí, es un montón de trabajo, pero ¡valdrá la pena para cuando las nieves caigan y los fríos del invierno soplen!

MARY JANE GRAVES

Hijos del Dios viviente

Pues todos sois hijos de Dios por la fe en Cristo Jesús. Gálatas 3:26.

UNO DE MIS AMIGOS ha investigado su genealogía hasta familiares distantes de George Washington y Abraham Lincoln, como también hasta Robert E. Lee. Se emociona cuando sigue los pasos de uno de estos familiares distantes.

Una vez le pregunté en broma:

–¿Todavía te dignas a hablar con nosotros, que somos gente común?

Él me aseguró que sí.

Leer acerca de sus asombrosos descubrimientos me entusiasmó para ver si puedo encontrar algún hallazgo acerca de mi propio árbol familiar.

Trabajo esporádicamente en genealogías cuando las comidas, el trabajo doméstico, las tareas de la iglesia y otros trabajos voluntarios, mi esposo, mi suegra de 98 años de edad y tres perros no requieren mi atención. En este momento estoy trabajando con el árbol familiar del lado de mi esposo. El descubrimiento más reciente es el Brigadier General James Reed, que luchó en Bunker Hill y Ticonderoga. Ahora tengo una foto de este hombre, que es un tatarabuelo de mi esposo, como también una foto de un monumento dedicado a él en Fitzwilliam, New Hampshire.

Me pregunto qué es lo que Dios ha colocado en nuestro interior, que nos hace desear saber quiénes fueron nuestros ancestros, dónde vivieron y cuál era su parecer. Yo, personalmente, tengo el deseo de conocer más acerca de mi madre, que murió a los 30 años de edad, y de mi abuela, que murió a los 62 años. Yo era demasiado joven para recordar gran cosa acerca de cualquiera de las dos. Mi suegra tiene el deseo de saber más acerca de su padre, que falleció cuando ella tenía solamente 1 año de edad. Para otros puede resultar significativo, para el estatus, el estar relacionado con alguien que es considerado un gran personaje, ya sea presidente o cargos semejantes. Nos embarga una emoción vicaria con solo pensar acerca de estas relaciones. Adán y Eva llegan a ser el padre y la madre de todos nosotros, si tenemos la habilidad de poder encontrar nuestras raíces hasta tiempos tan distantes, pero aun Internet y las genealogías de sitios Web no alcanzan a ser tan buenos.

La mayor emoción de todas debiera ser la de saber que somos hermanos y hermanas de Cristo Jesús, e hijos e hijas del Dios viviente, quien nos creó y redimió. Podemos ser sus hijos para siempre y podemos escoger seguirlo.

Padre, qué privilegio es para nosotros, gente común, poder hablar contigo. Te pedimos que tú nos hables. Gracias, porque todos somos hijos del Dios viviente.

LORAINE F. SWEETLAND

8 de agosto

Florece de todas maneras

No amemos de palabra ni de lengua, sino de hecho y en verdad. 1 Juan 3:18.

¡PODEMOS APRENDER mucho de los lirios!

Habían pasado varios días desde que había tenido la oportunidad de ir a mi jardín, disfrutar de las hermosas flores y, por supuesto, de los lirios. Aun sin volverme para observarlos, sabía que los lirios asiáticos estaban en flor; su fragancia celestial impregnaba todo. Mientras me abría paso alrededor de cada planta florecida, examinando los intrincados diseños, disfrutando los colores maravillosos de las flores y sacando las flores marchitas y los pimpollos secos, me vino el pensamiento: nadie ha estado en mi jardín por varios días, para gozar la exquisita belleza de estas flores exóticas. Nadie ha disfrutado sus fragancias penetrantes, cuando impregnaban el aire circundante. Nadie apreció los esfuerzos de estas plantas para transformar el lugar donde florecen en un sitio placentero, hermoso, donde uno puede detenerse y recrear la vista. Y, sin embargo, florecen.

Me pregunto: ¿Florezco yo, "de todas maneras", en mi propio mundo pequeño? ¿Aun cuando nadie está alrededor para ver mis hechos bondadosos? ¿Aun cuando no le importa a nadie lo que haya hecho ese día? Cuando veo que se me presentan oportunidades de compartir amor y compasión hacia otros, ¿florezco de cualquier manera, actuando de acuerdo con mi experiencia y conocimiento cristianos?

No cuesta mucho florecer donde uno esté plantado, perfumar nuestro entorno mostrando el amor de Dios por medio de acciones. Quizá pueda significar extender un abrazo a una persona dolida o solitaria, escribir una nota de aprecio, otorgar una sonrisa contagiosa, compartir cómo Dios ha obrado en nuestra propia vida con alguien que pueda estar luchando, o extender la mano de amistad a un nuevo miembro en la iglesia o la comunidad. Puede significar llevar una comida a alguien que esté enfermo o aislado, hacer una llamada telefónica a alguien que pueda estar desalentado, animar a un niño por un trabajo bien hecho, o simplemente hacer actos de bondad cuando surja la oportunidad. Todos, no importa cuán pobres o ricos sean, pueden hacer estas cosas. ¿Y las recompensas? La "fragancia" de saber que uno ha aliviado la carga de otro es suficiente recompensa.

¿Floreces donde te encuentras plantada? ¿Qué sucede si nadie lo nota? ¡Florece de todas maneras!

BARBARA J. REINHOLTZ

Una casa maltrecha

Porque habéis sido comprados por precio: glorificad, pues, a Dios en vuestro cuerpo y en vuestro espíritu, los cuales son de Dios. 1 Corintios 6:20.

MI SOBRINO COMPRÓ UNA CASA en una zona respetable de la ciudad, pero no tenía atractivo para mí. Manojos de pasto luchaban por sobrevivir en una tierra seca. Las malezas se entrecruzaban a lo largo del cerco desgastado y rodeaban la vereda. Algo de pasto había logrado asomar entre las divisiones de la vereda. Rosales sin podar se extendían hasta el alero en una esquina de la casa. Unas pocas flores valientes competían por sol y humedad entre, las malezas, en los canteros. Enebros bajos, con muchas ramas muertas por el invierno, se alineaban frente a un muro de piedra.

La única atracción del patio era un arce gigante. Proveería sombra refrescante durante los días calurosos del verano. Pero su belleza no podía quitar el hecho de que habría baldes de hojas para rastrillar cada otoño.

El interior de la casa tenía sus problemas también. El mal olor le cortaba el aliento a uno. El propietario había vivido con su mejor amigo, un perro Labrador. La alfombra estaba gastada y manchada con accidentes del perro. Para añadir a esto, había manchas de humo de tabaco. Las paredes eran grises, y nunca se habían lavado las ventanas. El empapelado se estaba despegando en el baño.

Este lugar me parecía que ofrecía mucho trabajo y poca recompensa, pero mi sobrino y su esposa podían ver su potencial. Se sacaron los enebros, se podaron los rosales, se regó el césped, se arrancaron las malezas, y se rasqueteó y pintó el cerco. Adentro, se sacaron las alfombras y se instalaron pisos de madera en el *living*, y se colocaron nuevas alfombras en los dormitorios. Una puerta francesa expandió la apariencia de una pequeña habitación para transformarla en escritorio. Pintura fresca aclaró todas las paredes. Se lavaron las ventanas por dentro y por fuera. Cuán alegre comenzó a lucir el lugar.

Estoy tan contenta de que Dios ve potencial en mí. Él me compró con su sangre cuando todavía era una pecadora. Todavía no soy perfecta, pero con su ayuda estoy haciendo progresos en mi caminar cristiano. Necesito ser fiel en la limpieza de mi casa. ¿Estoy colocando los mejores pensamientos en la biblioteca de mi mente? ¿Está dedicado mi corazón a su servicio?

Alguien dijo: "¡No soy perfecta, pero Dios no ha terminado conmigo todavía!" Permitamos, cada una de nosotras, que Dios obre en nuestras vidas hoy y cada día.

EDITH FITCH

10 de agosto

El jardín de mamá

Sécase la hierba, marchítase la flor; mas la palabra del Dios nuestro permanece para siempre. Isaías 40:8.

A MI MADRE LE ENCANTABAN LAS FLORES y siempre tenía plantas adentro de la casa y en el porche del frente. Recuerdo, sin embargo, que el orgullo y gozo de su vida exterior eran las pequeñas flores del jardín en el costado de la casa, donde conocía el nombre de cada una.

Hubo momentos, cuando crecí, en que me disgustaba saber que la primavera estaba por llegar, porque mamá comenzaría a hablar acerca de plantas para su jardín; qué clases de flores tendría y cuántas. Yo sabía muy bien que cuando llegaran la primavera y el verano, tendría que trabajar afuera, sacando malezas y pasto de su jardín.

Llegaron la primavera y el verano, y claro, mamá me llamó diciendo:

–Annie Belle, saquemos malezas hoy.

"*¿Por qué tenía que decir esas palabras?*", pensé con un gemido.

Un día, con un poco de mala actitud, murmuré en el oído de mamá:

–No veo por qué tengo que sacar malezas tontas todo el tiempo.

En su tono suave de voz, ella me explicó que sus hermosas flores (ella la llamaba a cada una por su nombre) no podrían estar tan hermosas si no sacábamos las malezas y el pasto. Las malezas impedirían el crecimiento de las flores, y harían que murieran.

Pasaron muchos años, y me he sorprendido a mí misma teniendo un pequeño cantero de flores, aunque no como el jardín de mamá. Al sacar las malas hierbas de vez en cuando, mis pensamientos regresan a lo que mamá me decía, llamando a las flores por nombre, que las malezas atrofiarían sus flores impidiendo su crecimiento. Comencé a pensar en mí misma y en otros a quienes Dios a creado como las flores de su jardín de diversidades; él nos conoce a cada uno por nombre; no solamente nuestros nombres sino también el número de cabellos de nuestras cabezas. Mis pensamientos comenzaron a enfocarse en mi vida espiritual, y lo comparé con un jardín espiritual y me pregunté: ¿Tengo malezas creciendo allí, tales como el orgullo, la envidia, la crítica, o malos pensamientos que necesitan ser arrancados para que mi jardín espiritual crezca y no se atrofie?

Mamá dependía de la lluvia para que regara sus flores, y nosotros debemos depender de Dios para recibir el agua de vida.

Estoy agradeciendo otra vez, querido Jesús, por hacerme una de las flores de tu jardín de diversidad humana. Ayúdame a mantenerlo limpio de malezas, para que pueda continuar creciendo en amor a ti y para poder hacer tu voluntad.

ANNIE B. BEST

De la boca de los niños

Lo débil del mundo escogió Dios, para avergonzar a lo fuerte. 1 Corintios 1:27.

NO PUEDO SINO RECORDAR algunas de las frases y las oraciones infantiles que me ayudaron a comprender mejor a Dios. Una noche, mi esposo llevó a nuestra familia a comer afuera, en uno de los restaurantes lujosos de Delhi. Pero, mientras disfrutábamos, de repente nuestro hijo, que contaba con solo 5 años, exclamó:

–Yo no pienso que Jesús está contento de vernos a nosotros aquí.

Tomados por sorpresa, terminamos de comer rápidamente y salimos. Dejamos atrás una música salvaje y un baile.

Una noche me encontraba realmente contrariada, porque nuestro hijo estaba teniendo el problema de mojar la cama toda las noches. Mientras trataba de conciliar el sueño otra vez, repentinamente escuché estas palabras:

–Mami, perdón que no me dormí enseguida otra vez. Le estaba contando a Jesús mi problema.

Y, diciendo eso, se dirigió de nuevo a su cama. Qué lección para aprender.

Dos niños pequeños llamados Anu (hindú) y Alí (musulmán) se abrazaron con una sonrisa de oreja a oreja mientras venían hacia donde me encontraba. Al unísono, se presentaron con estas tres palabras:

–Nosotros somos hermanos.

Yo pensé: "*Si nosotros practicáramos nuestra religión como Anu y Alí, no habría ninguna lucha entre ningún tipo de gente*".

Una mañana en mi escuela en casa, le hice repetir a la pequeña Esther la oración después de mí:

–"Querido Padre, gracias por el lindo día; gracias por la comida; gracias por las flores y los pájaros. Bendícenos hoy. En el nombre de Jesús..."

De repente, la pequeña Esther añadió:

–"Gracias por la hermosa mariposa que enviaste a mi dormitorio esta mañana".

Era la hora de celebrar nuestro culto familiar vespertino. Les pregunté a dos niñas musulmanas, que vivían con nosotros, qué les gustaría pedir a Dios en sus oraciones. Anaita, que tenía 8 años, dijo entusiasmada:

–Yo quiero pedirle a Dios que me lleve a la luna.

Y la pequeña Vaisa, que contaba con 5 años, dijo con seriedad:

–Yo no deseo nada especial, solo quiero estar con Jesús.

¡Qué lecciones nos enseñan los niños!

De aquí que Jesucristo nos amonestara: "Si no os volvéis y os hacéis como niños, no entraréis en el reino de los cielos" (Mat. 18:3).

ANNIE M. KUJUR

12 de agosto

Dueño del mar

Jehová en las alturas es más poderoso que el estruendo de las muchas aguas.
Salmo 93:4.

EN UNA VACACIÓN RECIENTE disfruté de descansar unos pocos días, explorando los caminos de las playas de la ciudad costera australiana de Port Macquarie, ubicada en la boca del río Hastings. Con la luz del sol brillando sobre el agua, los niños jugando alegremente en la playa, y embarcaciones de pesca y recreación yendo y viniendo por los alrededores, era un lugar idílico. Pero la tranquila escena conllevaba recuerdos de una tragedia del pasado.

Al lado del sendero cerca de la escollera, había una hilera de placas (conté 17), cada una representando un barco que había naufragado. Barcos a vela, un barco a vapor y varias otras embarcaciones comerciales se habían perdido cerca de aquel sitio, mientras batallaban para atravesar el angosto canal desde el mar abierto hasta la seguridad del río. "*Quedar a merced del viento y de las olas, sin los recursos de un ingeniero o de algún sistema de seguridad, los cuales nosotros ahora damos por sentado, debió de haber sido una experiencia aterradora*" –murmuré. Pero, si me había sentido tentada a pensar que los elementos pueden ser controlados por la tecnología moderna, las noticias vespertinas trajeron una completa contradicción.

Un poco más adelante junto a la costa, los enormes mares, barridos por vientos de tremendas fuerzas, habían rasgado la quilla de un gigante yate de carrera. Perdida su estabilidad, la nave zozobró, y solamente dos de los miembros de la tripulación habían podido salir vivos del océano. No mucho antes de esto, y más vergonzoso que trágico, una nave de la Armada Real Británica, equipada con todos los instrumentos más modernos de navegación, se había estrellado contra las rocas cerca de la isla Lord Howe. A la tragedia le siguió una operación de rescate multimillonaria.

Navegar los mares de la vida no es menos peligroso, ya sea por tormentas inesperadas o adversidades, falta de atención, confianza desmedida o fracaso al seguir la dirección de nuestro Piloto celestial. Cuán maravilloso es saber que nuestro Dios está en el control y puede todavía traernos al hogar seguros, así como los navegantes sacudidos por las tormentas, descritos por el salmista: "Entonces claman a Jehová en su angustia, y los libra de sus aflicciones. Cambia la tempestad en sosiego, y se apaciguan sus ondas. Luego se alegran, porque se apaciguaron; y así los guía al puerto que deseaban. Alaben la misericordia de Jehová, y sus maravillas para con los hijos de los hombres" (Sal. 107:28-31).

JENNIFER M. BALDWIN

Recolectando para caridad

Porque Dios ama al dador alegre. 2 Corintios 9:7.

CON MI PRIMA, ESTÁBAMOS pasando el día recolectando para ADRA, una organización de caridad que provee ayuda práctica tanto en el ámbito nacional como en el internacional. Estábamos instaladas en las puertas de entrada de la Exhibición Brisbane, un evento anual que se lleva a cabo durante ocho días cada mes de agosto. Este evento atrae un promedio de cincuenta mil personas por día, así que nosotras sabíamos que nos aguardaba un día largo, pero esperábamos que fuera recompensado.

¡Y qué caleidoscopio de gente pasaba por las puertas! Había parejas de gente mayor; había muchos padres con sus hijos muy entusiasmados; había adolescentes. Algunas personas estaban bien vestidas, con su cabello muy bien arreglado, pantalones bien planchados y zapatos lustrados a la perfección. Entonces se presentaba lo opuesto en la escala: gente no tan limpia, algunas veces con ropas arrugadas. Pero todos tenían la mirada feliz de la anticipación de un día entretenido por delante; un día divertido en la exposición. Así que, mientras las multitudes entraban yo extendía mi alcancía de recolección, y las monedas iban entrando. Abundaban las sonrisas.

Especialmente agradable resultaban las veces en que madres jóvenes les daban a sus infantes algunas monedas para colocar en mi lata de recolección. Los pequeñitos, haciendo equilibro, extendían sus manos mientras yo me inclinaba hasta su nivel. Mientras el dinero resonaba en la lata ellos se reían; y entonces, instantáneamente, se daban vuelta hacia la seguridad de sus madres.

Mientras pasaba la tarde, comenzaron a entrar jóvenes en cantidades, listos para la noche de entretenimiento.

Tres jóvenes en *jeans* y remeras manchadas compraron sus entradas y caminaron hacia la entrada. Uno tenía el cabello muy largo, atado en una colilla, mostrando varios aros en una oreja. Al pasarme, colocó varias moneadas en la lata. Le agradecí, e intercambiamos sonrisas, y entonces se fue detrás de sus compañeros. Después de solo unos pasos, dudó, se dio vuelta y abrió su billetera otra vez, y colocó $10 más.

–Aquí tiene –dijo, mientras los colocaba en la ranura.

Yo no había esperado nada de ellos, pero estaba muy equivocada. Mientras le agradecía otra vez, pensé en el texto: "Pues el hombre mira lo que está delante de sus ojos" (1 Sam. 16:7). ¡Qué lección para mí! Yo había hecho exactamente eso; juzgar por las apariencias. Cuán agradecida estoy por nuestro amante Dios, quien mira el corazón.

LEONIE DONALD

14 de agosto

El fruto prohibido

Plantarán viñas, y comerán el fruto de ellas... ni plantarán para que otro coma. Isaías 65:21, 22.

QUERÍA ESCUCHAR LAS noticias vespertinas en la televisión. Había una noticia acerca de un hombre que había sido robado. Había comprado algunos paquetes de semillas de sandía, y las había plantado. Cuando comenzaron a producir frutas, calculó cuánto podría obtener de la venta de sus sandías y cuánta ganancia le quedaría. Las sandías habían crecido muy grandes y hermosas; había sido una buena cosecha. A la mañana siguiente, llevaría su producto al mercado.

Sin embargo, durante la noche, mientras estaba durmiendo, entraron enemigos que saquearon su tierra. Las sandías que no habían sido robadas estaban aplastadas. El hombre estaba totalmente desanimado.

Nos sucedió algo similar. Tenemos un árbol de níspero que produce frutas grandes, dulces y jugosas. Como vivimos cerca de un parque, los niños constantemente venían a visitar el árbol. Tuvimos que colocar portones de acero para mantener los intrusos afuera.

Mis vecinos tenían un árbol enorme de paltas (aguacates). Un día, mientras estaban descansando, algunos niños traviesos saltaron sobre su muro. Las paltas ya estaban grandes, pero todavía verdes. Los niños pelaron el árbol hasta la última palta. Como la fruta todavía estaba demasiado dura para comerla, las aplastaron en la calle.

Nosotros nos amargamos ante semejantes actividades de niños delincuentes, que son tentados por nuestras frutas. En la vida existen otras frutas prohibidas que vemos y algunas veces deseamos. Las frutas lucen muy tentadoras. Como mujeres, también se nos cruzan tentaciones variadas en el camino. Satanás tentó a Eva; ella admiró, tomó y probó el fruto prohibido. Satanás tiene más experiencia ahora, lustrando manzanas de pecado, haciéndolas parecer muy atractivas. Entonces, susurra: "Solo un mordisco no te hará mal". Satanás es un mentiroso. Nos guiará a problemas muy serios.

Estoy muy contenta porque en la Tierra Nueva no habrá mentirosos ni ladrones. "No entrará en ella ninguna cosa inmunda, o que hace abominación y mentira, sino solamente los que están inscritos en el libro de la vida del Cordero" (Apoc. 21:27). "Bienaventurados los que lavan sus ropas, para tener derecho al árbol de la vida, y para entrar por las puertas en la ciudad" (Apoc. 22:14).

PRISCILLA ADONIS

15 de agosto

¡Qué buena idea!

El Espíritu mismo da testimonio a nuestro espíritu, de que somos hijos de Dios. Romanos 8:16.

PARECÍA POBRE Y NECESITADO. Siempre sentía el impulso de colocar dinero en su mano, así que lo hice. Tenía las manos muy tibias. Cortésmente acepté el beso que siempre colocaba en mi mano. Él era mudo, y esta era su forma de decir gracias. El cuadro de él caminando por las calles creaba una imagen mental de lo que podría haber sido la vida de mi hijo. Sonny era todavía un niño (de 5 años), y el espectro de sus incapacidades mentales, incierto. Yo sentía una atracción que me embargaba por este hombre, que no podía ignorar.

Era el verano de 1991, y le hice el siguiente comentario a mi esposo:

–Me pregunto qué hace ese hombre (yo no conocía su nombre) con el dinero que la gente le da. Espero que compre alimentos con eso.

–Si eso realmente te preocupa, ¿por qué no lo llevas a almorzar cuando se te presente la oportunidad? –me dijo mi esposo.

¡Qué buena idea!

Al día siguiente, lo vi en la vereda. Salí corriendo del negocio en el que estaba comprando. En mi lenguaje mudo, lo invité a almorzar con Sonny y conmigo. Tuvimos un hermoso almuerzo en un restaurante. Todos los ojos del lugar parecían estar sobre nosotros. Él señalaba a la gente con su dedo, y entonces me sonreía. Yo estaba almorzando cómodamente con él y feliz de que había aceptado mi invitación.

Juntos, cruzamos la calle. El hombre me sorprendió con un pequeño beso en mi mejilla. Yo le sonreí y partí. Regresé al negocio en el que había estado comprando; el dependiente nos había visto almorzando y me informó que el nombre de mi invitado era Indio Joe.

Varios meses más tarde comencé a trabajar como voluntaria para la cocina donde se servía sopa, del Ejército de Salvación, y en el negocio de descuentos donde Joe era un cliente regular. El personal compartió conmigo las cosas que sabían acerca de él. El último regalo que le di a Joe fue dos platos de mi sopa casera, servidos en la cocina varios días antes de que muriera. En su funeral no podía controlar mis lágrimas; amaba a este hombre al que nuestra comunidad había llamado Indio Joe.

No siempre son necesarias las palabras para una buena comunicación. El amor puede hablar plenamente también.

DEBORAH SANDERS

16 de agosto

Disfruta la jornada

El amor sea sin fingimiento. Aborreced lo malo, seguid lo bueno. Amaos los unos a los otros con amor fraternal; en cuanto a honra, prefiriéndoos los unos a los otros. Romanos 12:9, 10.

ERA UN SÁBADO NUBLADO; en realidad, había comenzado a llover y luego paró. Después de un almuerzo a la canasta, todos estábamos decididos a hacer la caminata que se tenía planeada. Sherry había invitado al grupo a visitar su pequeña iglesia y entonces salir a caminar por la tarde. Eramos 17 los que desafiamos los nubarrones casi negros, de la tarde nublada.

La caminata nos llevó a través de bosques y cascadas. Seguimos las marcas rojas en los árboles, que nos guiaban a las cascadas. No era una caminata fácil, porque uno tenía que saltar, trepar, cruzar arroyos varias veces o pasar por encima de un tronco tambaleante. Hubo veces cuando nos tuvimos que agachar bien bajo para pasar debajo de árboles medio caídos. Algunas de las personas del grupo se cansaban fácilmente, otros tenían miedo de cruzar la corriente, y otros estaban preocupados por si se echaría a llover y nos empaparíamos. Sin embargo, algunos gozamos la caminata grandemente porque nos centramos en caminar y no en los obstáculos en el camino. Hasta cruzar la corriente, usando de puente un tronco tambaleante, fue una emoción para nosotros.

Otra cosa que permitió que disfrutáramos de la caminata, para mí, fue ver y observar cómo se ayudaban unos a otros en el grupo. Al cruzar la corriente, Jamie y Sheila se ubicaron de tal manera que podían cruzar de la mano. Sherry se daba vuelta y le preguntaba a George cómo le iba y si Ceazar estaba bien con sus sandalias. Danny lo esperaba a George; Bob dirigía la marcha; Doug y Sue iban por delante para ver si el camino estaba barroso o no. Howard mantenía la conversación mientras con Ana íbamos comentando la belleza del lugar, y la gente joven corría energéticamente en las partes difíciles y a través de la desafiante corriente de agua.

No puedo dejar de relacionar esto con nuestra jornada hacia el cielo. Si no nos centramos en los obstáculos que son colocados por Satanás: penurias, fracasos, heridas o gente problemática, gozaremos la jornada con nuestra familia, amigos y conocidos. Y si nos cuidamos unos a otros, esto hará que nuestra jornada sea aún más significativa y soportable.

Señor, ayúdame hoy a gozar de la jornada contigo, y ayúdame a ser considerada con aquellos que me necesiten. Usa mi corazón, Señor, para amar a aquellos que necesiten amor.

JEMIMA D. ORILLOSA

Entrando en la ciudad

Bienaventurados los que lavan sus ropas, para tener derecho al árbol de la vida, y para entrar por las puertas en la ciudad. Apocalipsis 22:14.

ANSIOSA POR ENCONTRARME CON MI esposo después de seis meses de separación, me uní a una de las filas en el hall de arribos en el aeropuerto Heathrow. Pronto llegó mi turno, y la oficial de inmigraciones demandó mis documentos para viajar. Le di mi pasaporte y la carta de admisión de mi esposo para el Newbold College.

–Su visa, por favor –dijo ella.

–Eso es todo lo que tengo –repliqué.

Ella se rió y preguntó:

–¿Cómo puede viajar semejante distancia, desde el África sin una visa?

–Yo pensé que la carta de admisión podría cubrirnos a mis dos niñas y a mí; así que vine con eso nada más –repliqué.

–Lo siento, señora; no puede entrar en Inglaterra con esto –dijo ella.

Me devolvió el pasaporte y llamó a la siguiente persona. Había terminado conmigo.

"*¿Qué hacer ahora?*", me pregunté. Como de costumbre, me dirigí a mi confiable Padre celestial para pedir ayuda. Después de una corta oración en mi corazón, me senté en una silla y atendí a mi bebé de 9 meses, mientras mi niña de 4 años permanecía parada al lado.

Después de que todos hubieron salido, el oficial jefe de inmigraciones vino y averiguó por qué me encontraba allí. Le conté mi historia, y él ordenó que se buscara a mi esposo. Mi esposo vino en pocos minutos para hablar con el oficial, que entonces nos permitió entrar con la promesa de presentarnos en la oficina central más tarde para conseguir la visa apropiada.

Muchos son enviados de regreso al África porque no tienen visas. ¿Por qué se me permitió entrar a mí? ¿Fue por mis pequeñas niñas? ¿O porque era una mujer? ¡No! Su padre lo hizo.

De la misma manera, nuestro Padre celestial nos ha provisto con nuestras "visas": el manto blanco de su justicia. Debemos ser cuidadosas de no permitir que nuestros mantos se manchen por el mundo. Es nuestro deber mantenerlos limpios por medio del contacto con él. De otra manera, cuando lleguemos a las puertas de la Ciudad Celestial, no se nos permitirá entrar.

Nuestro Padre, por favor, fortaléceme para recordar a otros que deben lavar sus mantos en la sangre derramada por tu Hijo y prepararse para entrar por las puertas de la Ciudad cuando el tiempo no sea más.

MABEL KWEI

18 de agosto

Apareció un ángel

El ángel de Jehová acampa alrededor de los que le temen, y los defiende.
Salmo 34:7

TODOS LOS LUNES, MIÉRCOLES y viernes, llevo a mi esposo para hacerle su tratamiento de cuatro horas de diálisis. Un día de verano muy caluroso, estábamos en camino, cuando el auto comenzó a fallar. Acababa de entrar en la autopista, cuando el motor comenzó a detenerse. Era un lugar malo, con líneas de cruce y salidas. Necesitaba correrme dos líneas, para poder seguir derecho.

"*Señor, necesito tu ayuda*", susurré rápidamente. El auto retomó velocidad y pareció funcionar parejo.

Llegamos hasta nuestra salida, pero cuando salí de la autopista y llegué hasta la luz roja del semáforo, tuve que parar. El auto quedó muerto allí mismo. Bajé y caminé de regreso hasta una camioneta que había salido detrás de nosotros, y le expliqué al joven conductor nuestro problema y que si quería seguir tendría que rodearnos. Él dijo que, cuando el tránsito se despejara un poquito, se colocaría frente a mi auto y nos remolcaría.

En unos momentos pudo colocarse en el frente, y cuando la señal cambió, nos remolcó cruzando la calle y bajando una cuadra, donde el auto podría quedar fuera del camino. Este hombre joven bajó y desenganchó la camioneta de mi auto. Yo le dije que estaba llevando a mi esposo para diálisis y que tenía que estar allí a las 4:00; y ahora eran las 3:40. Le agradecí por ayudarme a recatarnos y le aseguré que nuestro hijo llegaría pronto para ayudarnos, porque mi esposo lo había llamado con el teléfono celular. Le pregunté si le debía algún dinero.

–No, tan solo ayúdeme alguna vez cuando me quede parado al costado del camino –me contestó.

–Cuenta con eso –le aseguré.

Antes de partir, nos aseguró que lamentaba dejarnos en medio de tanto calor. Sin embargo, ese no es el fin de la historia. En unos cinco minutos él regresó con dos botellas de agua helada para nosotros. No lo podía creer. ¡El agua nos resultó muy refrescante, mientras esperábamos que llegara nuestra ayuda!

Pude sentir la misma mano de Dios obrando a través de este joven, un ángel disfrazado.

¡Señor, ayúdame a servir hoy, y permíteme ayudar a otros en lo que tú me guíes a hacer! Gracias, Señor, por estar con nosotros todos los días, todo el tiempo.

ANNE ELAINE NELSON

¿Dónde estabas?

Él estará contigo, no te dejará, ni te desamparará; no temas ni te intimides.
Deuteronomio 31:8.

EL VERANO TRAE CAMBIOS a mi rutina cotidiana. Cuido de mi única nieta, Megan, que es un gran paquete de energía de 7 años. Nuestros días especiales que pasamos juntas son los miércoles; van desde cuando su escuela de iglesia termina hasta cuando comienza otra vez el programa.

Participé del momento de su nacimiento, y nos hemos mantenido ligadas desde entonces. He disfrutado observándola crecer desde sus simples llantos, comidas y horas de sueño, desde sus días cuando era bebé, y la he visto aprender a caminar, alimentarse y vestirse sola. Ahora se lo pasa charlando constantemente y nos desafía tanto a mí como al ambiente. ¡Es maravilloso!

Yo la recojo de su hogar y la traigo en auto hasta mi hogar. Compartimos el desayuno juntas, y seguimos con una rutina libre de actividades. Ella disfruta de pasar tiempo tranquila, durante el cual le gusta colorear, escribir, mostrarme colecciones de animales y otras actividades de su propia elección. Si necesito salir de su vista inmediata; le explico dónde encontrarme. Pero, una mañana pensé que ella estaba muy ocupada y que yo podría evadirme para ir a nuestro baño principal. Cuando salí, me senté en mi habitación, dejando la puerta abierta para que me pudiera ver con facilidad.

Unos pocos minutos más tarde escuché una frenética voz, y una niña alborotada apareció en la puerta.

–¿Nana, dónde estabas? No te podía encontrar, y te busqué por todas partes.

Mientras luchaba contra las lagrimas que querían asomar, me preguntó:

–¿Dónde estabas?

–Megan –la consolé–, Nana nunca te va a dejar sola aquí. No te preocupes. Aunque no me veas, estoy aquí.

Observé como desaparecían las arrugas de preocupación de su rostro, y apareció una dulce sonrisa.

Entonces me di cuenta de que la misma promesa le hizo Dios a Israel a través de Moisés, y se encuentra en el texto de hoy. Él nos ha transformado a cada uno de nosotros en sus hijos. ¿Cuán a menudo observa nuestros rostros agitados y manchados de lágrimas, mientras nos asegura que, a través de todas las dificultades y las pruebas de la vida, él está allí para nosotros y con nosotros? Aunque no siempre podamos sentir su presencia, ¡él está allí!

Querido Señor, por favor coloca tus amorosos brazos a nuestro alrededor hoy; recuérdanos tu amor y cuidado fieles. Amén.

MILDRED C. WILLIAMS

20 de agosto

Desvío al refugio

Jehová será refugio del pobre, refugio para el tiempo de angustia. Salmo 9:9.
Dios es nuestro amparo y fortaleza, nuestro pronto auxilio en las tribulaciones. Salmo 46:1

MIENTRAS MANEJABA RECIENTEMENTE A través de calles muy transitadas, con mi nieta, vimos una señal de "Desvío" y de "Obreros trabajando". Como cualquier niño de 6 años, ella se preguntó por qué necesitábamos cambiar de rumbo.

–Si uno está andando –le expliqué–, y descubre que el camino está áspero, o con piedras o que es contramano, no sigue adelante sino que inmediatamente dobla y va por el camino correcto, que será más seguro.

Luego de andar un poco por el desvío, vi que había llegado al lugar donde debía doblar para llegar a mi destino. Me moví hasta el carril central de la ruta, a fin de prepararme para doblar. Otra vez, su curiosidad deseaba saber:

–¿Por qué estamos paradas en el carril del centro con autos que nos pasan por todos lados?

Entonces le expliqué que el carril para doblar es como un refugio, y ningún auto puede molestarme mientras estoy en el refugio.

Sus preguntas me recordaron la autopista de la vida. Jesús es tan dulce, a través de todas las circunstancias de mi vida. Él ha estado allí, para señalarme dónde desviarme de los peligros visibles y los encubiertos. Y, justo cuando las cosas parecen insoportables, me coloca en un refugio y me protege de ciertos peligros.

Ya no me estreso por cosas triviales. Algunas veces me he salido del horario; por ejemplo, de llegada al aeropuerto, porque perdí mis llaves o los boletos; tuve que parar y usar tiempo valioso para buscar esas cosas. Puede ser que el Señor permitió que esto sucediera para ayudarme a evitar posibles accidentes de vehículos. He pasado noches de insomnio en algunas ocasiones, para descubrir más tarde que había dejado encendida la cocina o que la puerta no estaba cerrada con llave, y la falta de sueño pudo salvarnos de posibles peligros. Algunas veces el Señor tiene un pensamiento especial que necesita que cultive en las horas tempranas de la mañana, y desea que esté en comunión con él mientras mi mente está fresca todavía; y le estoy agradecida por esto. Los desvíos no siempre son perjudiciales.

No te desalientes por lo que pueda estar sucediendo en el camino de la vida, mientras Dios cuide de ti, en el momento señalado, en la forma señalada, que pueden no ser necesariamente los tuyos; pero lo hará a tiempo, y tal vez no sea tu forma, pero es la correcta.

BETTY G. PERRY

Ejercicio y pecados

Despojémonos de todo peso y del pecado que nos asedia. Hebreos 12:1.

ESTOY EN EL PROCESO de adelgazar. Debo admitir que debiera haberme resguardado en primer lugar, porque el proceso no es fácil. No solamente debo luchar para salir de la cama en la mañana y dirigirme al gimnasio, sino también debo disciplinarme para hacer mi rutina de ejercicios en la cinta fija y con las pesas. ¡Si solamente no hubiera comido tanto! Si solamente no hubiera comido e ido directo a la cama después de aquellas comidas pesadas. ¡Si tan solo hubiera resistido las máquinas con meriendas rápidas! Bien, no lo hice; entonces, ahora tengo que hacer esto. Es asombroso cuán fácilmente se puede subir de peso.

Una mañana, mientras estaba haciendo mi rutina con la cinta de andar, me di cuenta de que existe una cantidad de similitudes entre perder peso y renunciar a pecados acariciados. Ser indulgentes con lo que está mal puede ser muy atractivo y tentador. "*Solamente un pedacito de chocolate*", me digo a mí misma; pero el trozo que se derrite en mi boca hace que me sea difícil resistir otro pedazo. "*Bueno, supongo que dos trozos no me harán nada*". Y pronto me comí las cuatro barras. Entonces, me siento culpable por caer en algo que yo sé que no es saludable, además de engordar.

Lo mismo sucede con el pecado. "*Solo por esta vez*", decimos, y tarde o temprano se vuelve un hábito. Los hábitos son muy difíciles de quebrar. Si alguna vez has tratado de renunciar a algo, entiendes la lucha. Algunos días pareces vencer las tentaciones, pero otros días caes y regresas al mismo viejo hábito. Sin embargo, se vuelve más fácil resistir la tentación cuando con oración ferviente le pedimos al Señor que nos ayude a permanecer fuertes. Pero, debemos poner nuestro esfuerzo. Entonces, descubriremos que la necesidad de ser indulgentes en una práctica pecaminosa, no tiene tano poder sobre nosotros. Es como el ejercicio. Cuanto más ejercicio hago y cuanto más siento los resultados, más fácil me resulta salir de la cama, porque yo sé que la recompensa es grande.

Señor, siempre es difícil poner mi cuerpo en sujeción, espiritualmente o físicamente. Pero yo sé, Señor, que tú estas dispuesto a obrar conmigo para lograr mis metas, porque tú deseas sobre todas las cosas que prosperemos y que gocemos de buena salud. Tú también deseas verme en tu Reino, y yo sé que harás todo lo que esté en tu poder para llevarme allí. Ayúdame a permanecer centrada en la eternidad.

ANDREA A. BUSSUE

22 de agosto

Una espina desgarradora

Y nunca más será... espina desgarradora, ni aguijón que le dé dolor, en medio de cuantos la rodean; y sabrán que yo soy Jehová. Ezequiel 28:24.

NUESTRA AMIGA HABÍA SIDO transferida, y nos pidió que le guardáramos su planta de cactus. Su madre se la había dado, y le había dicho que la planta produciría hermosas flores, y le había pedido que la cuidara y que esperara hasta que aparecieran las flores.

Como extrañaba a su madre y recordaba su promesa, ella se acordó de mí, ya que no le era posible llevar el cactus consigo.

Con mi esposo, plantamos el cactus en un cantero de flores cerca del camino del frente de nuestra casa. Creció hasta una altura de más de más de dos metros. Tenía muchas hojas con forma semejante a espadas alrededor de su tronco. Cuandoquiera que me acercara, me hincaba sus espinas en uno o dos lugares en mis brazos. Lo mismo le ocurría a otra gente. Comenzamos a escuchar aseveraciones poco placenteras acerca de nuestra planta y hasta sugerencias de que la tiráramos abajo. A causa de mi promesa, les rogué a mis vecinos que tuvieran paciencia hasta que floreciera la planta, y entonces la cortaría.

Pasaron cuatro años, pero todavía no había señales de flores. En cambio, crecieron muchos brotes nuevos en su base, que nos pinchaban cuando tratábamos de sacar las malezas. Finalmente, le escribí a mi amiga que queríamos tirar la planta abajo. Así que, comenzamos la tarea de remover la planta ofensiva. Mi esposo tuvo que desarraigar el tronco principal, y remover todos los troncos y brotes nuevos. Para nuestra sorpresa, encontramos numerosas raíces grandes debajo del suelo, que se extendían hasta el final del cantero. Las sacamos a todas, asegurándonos de que no quedara ningún pedacito. Más tarde le prendimos fuego a lo que quedaba. Pero aun de esas raíces chamuscadas comenzaron a aparecer brotes una y otra vez. Me llevó un año terminar de destruir la planta completamente.

El pecado es tan obcecado y dañino como el cactus. Debemos pagar caro por su promesa de cualquier recompensa. Nos sentimos felices por la promesa de que Dios destruirá completamente el pecado, sin dejar raíz ni rama detrás (Mal. 4:1). También miramos con expectativas a la Nueva Tierra, donde no habrá más espinas desgarradoras o aguijones que nos provoquen dolor.

Es mi oración que Dios desarraigue cada pecado, cada inclinación y tendencia hacia el mal en mi vida. Deseo que él me limpie completamente de toda contaminación que pueda permanecer escondida en las cámaras oscuras de mi mente. Pueda Dios, entonces, ver tan solo los hermosos frutos del Espíritu creciendo en mi vida.

BIRDIE PODDAR

23 de agosto

El pájaro confiado y el gato cristiano

Fíate de Jehová de todo tu corazón, y no te apoyes en tu propia prudencia.
Proverbios 3:5.

LOS PERIQUITOS SON MAYORMENTE pequeñas aves felices, llenas de parloteo importante. Mi precioso periquito verde no era una excepción.

El porche le ofrecía un mirador protegido sobre el patio de atrás, y a menudo su parloteo atraía a otros pájaros a su jaula, donde podían picotear semillas que Regie aparentemente desparramaba a propósito.

Su atracción favorita era el gato de la familia, Muffin, quien por horas se sentaba al lado de la jaula. Esta era una invitación para que Regie le picoteara y tironeara la cola, y le extrajera pelos más cerca de su cara de lo que me parecía seguro.

Muffin y Regie, a menudo, se estudiaban atentamente el uno al otro, y mientras yo los observaba me preguntaba qué pensamientos de gato y de pájaro tendrían, pero la barrera de la jaula nunca ofreció una respuesta, hasta cierto día.

Estaba llevando a Regie afuera para limpiar su bandeja, cuando el fondo completo de la jaula se cayó, incluyendo al pájaro. Mientras él volaba cotorreando, yo solamente pude observar impotente, dándome cuenta de que las posibilidades de volver a capturarlo eran casi imposibles.

Volví a armar la jaula y seguí los cotorreos hasta el frente de la casa, desde donde pude verlo en lo alto de un árbol saltando de rama en rama, disfrutando de su libertad. Los minutos parecían horas, y yo sabía que un movimiento equivocado lo haría alejarse más. Desesperada, oré silenciosamente para que Dios salvara a mi mascota emplumada.

Entonces sucedió: Muffin vino a sentarse mientras me observaba. Yo gemí, porque él era la última criatura que yo deseaba en las cercanías en ese momento. Pero estaba equivocada; porque Regie, habiendo divisado al gato, voló derecho a las patas de Muffin. Lo que suponía, no sucedió, y mientras en confianza Regie parloteaba feliz con el gato, yo lo tomé rápido y lo coloqué en su jaula. ¡Qué alivio!

Seguramente, Dios obra en formas misteriosas para realizar sus maravillas. Esto me recordó uno de los maravillosos cuadros del cielo, donde todas las bestias estarán en paz unas con las otras.

Mi gato y mi pájaro me enseñaron una lección significativa aquel día acerca de la paz de Dios, que se extiende a todos los que colocan su confianza en él.

LYN WELK

Aprópiate del día

Este es el día que hizo Jehová, nos gozaremos y alegraremos en él. Salmo 118:24.

RECUERDO HABER TRADUCIDO LA frase "aprópiate del día" en mi clase de latín, en la escuela secundaria, pero ahora es bien conocida en inglés y puede también traducirse literalmente como "captura el día".

Pienso en esto a menudo cuanto estoy hablando con mujeres que están desanimadas por las circunstancias de sus vidas, de manera que tienden a ver solamente cielos grises y negativismo. El enemigo está muy ocupado andando como un león rugiente.

Dios nos ha dicho que él es el "Yo Soy". No importa lo que esté experimentando hoy, él está aquí conmigo. Él no se llama a sí mismo "Yo era", porque el ayer ya pasó; lo puedo dejar tranquila con él. Mañana todavía no es mío; así que, mi preocupación es inútil. Él no se llama a sí mismo "Yo seré". Sin embargo, él sí nos dice: "Yo soy el mismo ayer, hoy y por los siglos" (ver Heb. 13:8), "Yo estoy con vosotros todos los días, hasta el fin del mundo" (Mat. 28:20). Él es el gran Yo Soy, dispuesto a estar conmigo, constantemente conmigo, fortaleciéndome y bendiciéndome hoy. Seguramente esto es motivo suficiente para concederme gozo y una actitud positiva.

Tengo una maravillosa amiga profesional que estaba experimentando un trauma después de otro. Un día oscuro y tormentoso, mientras ella estaba regresando a su casa en auto, le pidió a Dios que le diera algo positivo, aunque fuera pequeño, como un símbolo de su amor y cuidado. Casi inmediatamente, las nubes se abrieron un poquito y el sol se filtró en un esplendor de belleza difusa. Supo que Dios la ayudaría a seguir adelante.

Esta mañana, una querida joven de 18 años, que ha desarrollado una confianza maravillosa en Dios, corrió hacia mí para contarme cómo había estado caminando por un sendero a la orilla del mar, y allí, en los arbustos bajos, había visto una pareja de reyezuelos australianos azules con sus orgullosas colas largas contoneándose mientras saltaban en los alrededores.

–Lo cierto es, que yo le había pedido a Dios que por favor me diera algo especial, en la naturaleza, que me mostrara su amor –dijo ella–, y supe que los reyezuelos azules eran la respuesta. ¡Le hubiera encantado verlos!

Ciertamente, me hubiera gustado, porque yo también me había enamorado de los reyezuelos azules y había comprado algunos cuadros hermosos de ellos, para enmarcarlos y colocarlos en la pared de mi estudio.

Tienes solo el "hoy". Vívelo positivamente con Dios. Transfórmalo en una fiesta con él. Él se deleitará en acompañarte, siempre presente, siempre el Yo Soy.

URSULA M. HEDGES

25 de agosto

El poder de las palabras

Manzana de oro con figuras de plata es la palabra dicha como conviene.
Proverbios 25:11.

HABÍA, UNA VEZ, una niña que soñaba con ser una gimnasta. Era muy feliz practicando los movimientos que veía en la televisión. Pero entonces, un día, su madre la sentó para tener una conversación seria. La madre le dijo que ella nunca podría ser una gimnasta. Solamente las niñas pequeñas y delgadas pueden ser gimnastas, y daba toda la impresión de que ella iba a ser corpulenta cuando llegara a la adolescencia.

La mujer que me contó esta corta triste historia tenía unos 50 años, y había llegado a ser una mujer corpulenta, así como lo había predicho su madre. Se había casado y había tenido una niña, y trabajaba en una oficina. Se sentía satisfecha con el estilo de vida sedentaria que había adoptado, después de que su madre rompió sus sueños. Pero el hecho de no haber logrado su sueño por la gimnasia, la había dejado con un sentimiento de fracaso y amargura.

Sin duda, la madre pensó que la estaba ayudando, al decirle a su niña que la obesidad formaba parte de la familia y que ella debía aceptarla. Pero, yo me pregunto cuántos padres bien intencionados destruyen los sueños de sus hijos insistiendo en que deben aceptar la realidad.

Pensé en el poder de las palabras cuando visité mi pueblo natal y me encontré con una buen amiga, que no había visto por un año. Mientras estábamos sentadas en la cocina, ella dijo que me veía joven, más delgada y saludable. Yo me erguí reanimada. Ella lo repitió varias veces en el transcurso de la conversación. Cada vez me sentía mejor con respecto a mi persona, y cuando salí de su casa, partí con una sonrisa en mi rostro y un brillo en mis ojos, sin lugar a dudas ¡luciendo más joven, más delgada y más saludable!

Nuestras palabras son más poderosas de lo que nos damos cuenta. Pueden influenciar a alguien para alcanzar sus sueños o para renunciar a ellos. Este es un poder que todos tenemos sobre nuestros amados, el poder de ayudar o herir. El poder de las palabras.

Yo deseo usar mi poder para ayudar, no para herir. Deseo usar mi poder para dar ánimo a la gente que amo. Deseo edificarlos con mis palabras y oraciones. Especialmente deseo usar mis palabras para ayudar a los niños con los que entro en contacto en mi vida, a remontarse hacia sus sueños. Como cristiana, no puedo hacer menos.

GINA LEE

26 de agosto

Reflexionando con Mugly

Velad y orad, para que no entréis en tentación: el espíritu a la verdad está dispuesto, pero la carne es débil. Mateo 26:41.

MI GATA CALICO SE ACOMODÓ cerca de mí, en el sofá. Ella estaba totalmente contenta y descansando, hasta que el viento sopló algo de agua de los regadores a través de la ventana, cerca de nosotros. Oh, ¿qué era ese ruido terrible? ¿Era un verdadero peligro? Mugly se tranquilizó, y yo le expliqué con suavidad la situación. No había por qué temer. Todo estaba bien. Horror, allí estaba otra vez. ¡Hora de aterrarse! Más palabras tranquilizadoras y algunas caricias debajo del mentón restauraron la paz. Esto sucedió varias veces, pero cada vez parecía alterarse menos.

Sentada con ella, pensé en cuánta similitud existía con las tentaciones y los ataques de Satanás. Al principio nos alarmamos, hasta nos atemorizamos. Gradualmente, sin embargo, esta preocupación es menos pronunciada. ¿Recuerdas cuando las palabras vulgares comenzaron a invadir los canales de televisión? ¡Cuánto nos desconcertaba y disgustaba! Pero, a medida que esta costumbre se popularizaba, llegamos a acostumbrarnos. Ciertamente siguen siendo ofensivas, pero ya no nos chocan, a menos que nos resistamos deliberadamente.

Le expliqué a mi Mugly que tenía razón para atemorizarse por los ruidos y los eventos inesperados, y que hacerlo la podría ayudar a mantenerse segura. Otra vez, reflexioné en la necesidad de permanecer cerca de Jesús, de manera que no seamos sorprendidas en una trampa puesta por Satanás. Necesito permanecer alerta y no ser engañada por las voces, tanto internas como externas de la iglesia, que dicen: "Oh, está bien. No necesitas preocuparte por eso; no es nada más que una tontería".

Entonces recordé la canción del departamento de Cuna, de la clase de niños, que amonesta a los ojitos a ser cuidadosos con lo que ven, a los labios a ser cuidadosos con lo que dicen y a los piececitos a ser cuidadosos por donde van. Esto es importante. Necesito resguardar las avenidas de mi alma. Así como Mugly sentía cierta medida de seguridad a mi lado, yo sé que tengo un Amigo celestial que realmente tiene el poder de ayudarme a guardar las avenidas de mi alma y capaz de mantenerme segura.

Querido Padre, ayúdame a recordar que mi vida está formada de pequeños actos, y que es importante ser cuidadosa con lo que veo, escucho y hago, y adonde voy. Tú me amas, y no deseo chasquearte siendo descuidada en mis acciones y pensamientos. Gracias por interesarte tanto. Amén.

DOROTHY WAINWRIGHT CAREY

El cuerpo de Cristo

Hay diversidad de dones, pero el Espíritu es el mismo. Y hay diversidad de ministerios, pero el Señor es el mismo. Y hay diversidad de operaciones, pero Dios, que hace todas las cosas en todos, es el mismo. 1 Corintios 12:4-6.

EL VERANO PASADO VIAJAMOS a Canadá. Disfrutamos de visitar familiares y de gozar juntos como familia. Pasamos varios días en las espectaculares y hermosas montañas de los Parques Nacionales de Banff y Jasper, además de disfrutar de hacer excursiones por los senderos y de sacar muchas fotos.

Una tarde comenzamos a caminar por un sendero más arriba del lago Louise, en las montañas Fairview. La caminata era muy agotadora, y rápidamente me di cuenta de cuán fuera de forma me encontraba en comparación con mis hijos jóvenes y activos. El sendero que bordeaba la montaña era sinuoso. Mi hija se apresuraba para alcanzar la siguiente curva y me daba ánimo.

–¡Vamos, podrás lograrlo, mami. No te desanimes, casi estás llegando!

–¿Estás bien? ¿Necesitas agua? ¿Deseas apoyarte en mi palo como bastón? –me decía mi hijo, para apoyarme a su manera.

Era fascinante ver los diferentes dones desplegados por mis hijos en respuesta a la situación. Mi hija es positiva y buena para dar ánimo. Tiene la habilidad de usar sus palabras para animar a otros a seguir adelante, para incentivarlos en sus esfuerzos. Mi hijo es amable, especial para ofrecer cuidados. Se preocupa acerca de los sentimientos de los demás y desea poder suplir sus necesidades.

La experiencia me recordó el texto de 1 Corintios 12, donde Pablo describe los diferentes dones espirituales de las partes del cuerpo, cada uno con su función particular dentro del cuerpo de Cristo. Algunos son buenos como oradores públicos o enseñando; otros tienen el don de la hospitalidad; aun otros tienen el talento de ser pacificadores. Están aquellos con el don de la compasión, de la percepción o los motivadores; están aquellos que pueden planificar y organizar; otros son serviciales y confiables. Cada uno de nosotros, cualquiera sea nuestro talento, constituimos una parte necesaria del cuerpo de Cristo. Como Pablo lo expresa: "Vosotros, pues, sois el cuerpo de Cristo, y miembros cada uno en particular" (vers. 27).

Quizá sientas que no posees una habilidad especial o un talento que ofrecer. O que lo que tú puedes ofrecer es tan pequeño que no vale la pena. Puedes estar segura de que tu Creador, el que derramó sobre ti talentos singulares, ¡anhela mostrarte diferentes formas de usarlos! Pídele que abra tus ojos a las oportunidades que se presenten a tu alrededor hoy. ¡Te sorprenderás de lo que él puede hacer a través de ti!

SANDRA SIMANTON

28 de agosto

Mi vida; un milagro viviente

Me guardarás de la angustia; con cánticos de liberación me rodearás.
Salmo 32:7.

PUEDO ESCRIBIR ESTO HOY, porque el Señor obró un milagro en mi vida. Me salvó y me devolvió la vida. He recogido la información de aquellos que me cuidaron. Con mi hijo, Tlaunga, estábamos regresando desde la ciudad. Mi hijo estaba manejando la motoneta, y yo estaba sentada detrás de él, cuando sucedió el accidente espantoso. Mientras nos dirigíamos hacia nuestra casa, un camión que andaba a toda velocidad chocó nuestra motoneta. Desde ese momento en adelante, yo no supe lo que nos sucedió tanto a mi hijo como a mí. Luego de golpearnos, el camión siguió de largo. El Señor envió a desconocidos que nos llevaron hasta la clínica más cercana.

Tlaunga tenía varios cortes y heridas, y perdió su dedo mayor de la mano izquierda. Luego de recobrarse de una cirugía dolorosa, se le dio de alta en el hospital. La enfermera que vio cuando me bajaban del camión, escribió: "La trajeron sosteniéndola de los hombros y piernas, y yacía inmóvil. Su color era gris, y temí que fuera un accidente de incendio, pero no había ningún olor a quemado. Más tarde descubrí que estaba cubierta de barro negro del costado del camino".

Tenía una herida en la cabeza y estaba vomitando sangre. Cuando llegaron los médicos, comenzaron los primeros auxilios, mientras otros equipos me limpiaban la herida de 7,5 cm de profundidad que estaba llena de barro y sangre. Inmovilizaron mis piernas y manos, que habían sufrido múltiples fracturas. Los médicos inmediatamente me derivaron al hospital más cercano, con mejores facilidades, donde pudieran tratar la espantosa herida de la cabeza.

Uno de los médicos involucrados en extenderme los primeros auxilios escribió: "Estábamos impactados al verla en semejante condición. Usted se encontraba inconsciente, sin respuesta a ningún estímulo. Sus piernas estaban quebradas e hinchadas". Ese día se elevaron muchas oraciones en mi favor. El médico continuaba: "Si se me hubiera preguntado si creía en milagros, diría que sí, porque yo fui testigo de la forma milagrosa en la que el poder sanador de Dios se demostró al salvarle la vida".

Me contaron que mis familiares y vecinos habían planeado mi funeral, en caso de que fuera el plan de Dios que no recobrara la conciencia. Sí, no fue otra cosa que la mano sanadora del Señor, que me tocó y me restauró la vida.

Al mirar hacia atrás, solamente puedo agradecer al Señor por su mano misericordiosa. Hoy, me doy cuenta de que cada día es un milagro. El Señor es grande. ¡Mi vida es un milagro viviente de liberación!

LALNUNMAWII COLNEY

29 de agosto

Dios se encuentra a sólo una oración de distancia

Echando toda vuestra ansiedad sobre él, porque él tiene cuidado de vosotros.
1 Pedro 5:7.

TUVE QUE ABANDONAR EL COLEGIO por problemas financieros. Pero deseaba tanto terminar mi carrera, que decidí regresar e intentar otra vez, aunque sin ningún recurso. Durante todo el camino en el ómnibus, hablé con el Señor: *"Por favor, toca el corazón del encargado de finanzas para que me permita matricularme"*. Cuando fui aceptada, tuve la certeza de que Dios había contestado mis oraciones.

Pero no fue fácil. Una vez mi estómago pedía alimento, pero tenía muchas tareas para terminar. También mi billetera estaba vacía. Nuevamente hablé con mi amante Señor: *"Señor, por favor, ayúdame a sobrevivir"*. Justo en ese momento sonó el timbre, y era la hora en que debía ir a mis clases. Mientras bajaba las escaleras, vi algo; parecía como un rollito de dinero. Me detuve y miré alrededor. No se encontraba nadie a la avista, así que lo recogí. Lentamente lo conté: eran dos mil pesos. Respiré hondo. *"Puede ser que este dinero sea para mi cuota de estudios"*. Cerré mis ojos y pensé: *"¿Qué debo hacer con este dinero? ¿Debo devolverlo a su dueño? ¿O debo guardármelo? Pero yo no conozco al dueño"*. Finalmente, decidí ir y ver a la preceptora, dándole todo el dinero que había encontrado.

Al día siguiente después de aquel incidente, me enteré de que ese dinero había sido reclamado por una mujer que había ido al hogar de nuestra preceptora llorando, porque había perdido el dinero que tenía para pagar la cuota de estudios. Se la entrevistó y le preguntaron cuánto había perdido. Eran dos mil pesos.

Algunas veces, las pruebas y las tentaciones nos rodean, y si Jesús no está en nuestro corazón, daremos lugar a la tentación.

Pasaron los meses, llegó el semestre de vacaciones, y me fui a casa. Al planificar para el nuevo año escolar, descubrí que mis dificultades no habían terminado. Había planeado trabajar en el hogar de un miembro del personal, pero después de un mes me enfermé; me hospitalizaron por hiperacidez, fiebre tifoidea y gastroenteritis. ¡Oh, cuán miserable me sentía! Cuando mejoré, aunque mi condición física era débil, permanecí en el internado y en el colegio.

Entonces, en marzo, recibí una carta en la que se me informaba que había recibido una beca que había solicitado. No había lugar para nada más que gozo en mi corazón. *Gracias, Señor. ¡Realmente creo que te encuentras tan sólo a una oración de distancia! He dejado muchas ansiedades en tus manos, y tú me has cuidado en cada paso difícil del camino.*

DARLENE D. SIMYUNN

30 de agosto

Valió la pena el costo

En la casa de mi Padre muchas moradas hay, si así no fuera, yo os lo hubiera dicho, voy, pues, a preparar lugar para vosotros. Y si me fuere y os preparare lugar, vendré otra vez, y os tomaré a mí mismo, para que donde yo estoy, vosotros también estéis. Juan 14:2, 3.

OPRIMÍ MI NARIZ CONTRA el vidrio y esforcé mi vista para captar mi primera impresión de la línea de la costa. En pocos minutos, mi sueño se haría realidad. ¡Me encontraría en Australia!

Una de mis buenas amigas se había mudado "allá abajo" e insistía para que viniera a visitarla. Además, ¿no había deseado siempre visitar Australia? Nuestro diálogo fue y vino; ella pensaba que debía visitarla mientras todavía era soltera; yo insistía en que no tenía el dinero y el tiempo para estas vacaciones. Ella me recordaba que solamente tenía que mantenerme a mí misma, y me enviaba largos y tentadores discursos, vía correo electrónico, de todos los lugares que la hacían contener el aliento, y que ella había visitado, de la belleza del paisaje y la gente maravillosa que había conocido. Yo deseaba ir. Pero el boleto era muy caro y el vuelo era muy largo, y tendría que separarme por diez días de mi novio, Ron, con el que estábamos comprometidos.

Pero ella tenía razón. Esta era la mejor oportunidad que posiblemente tendría alguna vez. Y podría ver a Lynelle. Y tal vez un canguro o dos. Así que, hice las reservas. Mi jefe fue amable y me permitió tomar unos días extras, y con esto bastaba. Iría a Australia.

El viaje fue mejor de lo que me había imaginado. Todo lo que ella me había contado era cierto, y más también. La experiencia de primera mano era mucho mejor que solamente leer sobre ello. Recorrimos en automóvil parte del Camino del Gran Océano, visitamos un parque de vida salvaje, recorrimos playas, exploramos cavernas, observamos pingüinos, visitamos Sydney, divisamos martines pescadores, osos australianos, koalas y canguros. Conversamos por horas, a menudo hasta tarde en la noche, cantamos juntas con la radio y nos reímos de los chistes de los que nos habíamos reído en la escuela secundaria. Había valido la pena, cada centavo, la experiencia de estar en este nuevo lugar con mi amiga.

Cristo nos prometió que se iría a preparar un lugar para nosotros a fin de que pudiéramos estar con él y que el lugar excederá por lejos nuestra imaginación más extravagante. Aunque el viaje algunas veces parezca largo, una vez que estemos allí, compartiendo la experiencia con nuestro Amigo, será tanto más asombroso que leerlo o escucharlo de segunda mano. Valdrá la pena el costo; cualquier costo, a fin de estar para siempre con mi Jesús.

VICKI MACOMBER REDDEN

31 de agosto

¿A quién te pareces?

En cuanto a mí, veré tu rostro en justicia; estaré satisfecho cuando despierte a tu semejanza. Salmo 17:15.

UN DÍA, CUANDO ME ENCONTRABA en mi primer año de alumna universitaria, fui a un negocio cerca de la Universidad para sacar algunas fotocopias de algunos libros de texto. Tan pronto como entré por la puerta, la empleada me sonrió y me preguntó sin ninguna duda:

–¿Eres la hermana de Guilherme?

–Bueno, sí –repliqué, sorprendida y perpleja al mismo tiempo por su saludo directo y la seguridad en su voz.

–Y ¿cómo sabes quién soy? Y ¿cómo conoces a Guilherme? –le pregunté.

Ella me explicó, entonces, que había asistido varias veces a mi iglesia por la invitación de algunas amigas. Durante una de esas visitas, mi hermano había participado en el programa. A ella le había parecido que era muy agradable, por el saludo amigable que le había otorgado al final del programa.

Después de su primer encuentro, se habían visto en la iglesia en una o dos oportunidades más, pero fue suficiente para que ella recordara su parecido. No solamente recordaba su aspecto, sino también me reconoció como su hermana, ¡sin siquiera haberme visto antes! Su breve encuentro y la recepción amigable que había recibido, realmente la habían impresionado.

Esta experiencia me hizo reflexionar en otra identificación muy importante para nosotros, como cristianos: nosotros somos hermanos y hermanas de Jesús. ¿Reconocería alguien a Jesús después de encontrarse contigo unas pocas veces? Esto también me hizo pensar en la importancia de la comunión diaria con él, y la contemplación de su amor y carácter inmutables. Un encuentro casual o hasta una reunión semanal no son suficientes. Necesitamos encontrarnos cada día con nuestro querido Hermano Mayor, de manera que podamos parecernos más a él y aun los extraños puedan reconocer que estamos relacionados con él.

Padre, ayúdame una vez más, hoy, a buscar la presencia de tu Hijo, Jesús, mi Hermano, en mi vida. Tú me comprendes y sabes cuán difícil me resulta algunas veces, pero no permitas que perezca. Al salir de mi hogar, Padre, deseo que la gente me reconozca como tu hija y que puedan ver en mi sonrisa y en mis ojos el amor de mi Hermano, Jesús, por mí y por ellos.

INGRID RIBEIRO WOLFF

1° de septiembre

Reflexiones de un vuelo

Todo lo puedo en Cristo que me fortalece. Filipenses 4:13.

NOTÉ A LA NIÑA, o más bien sus pequeñas ropas, y pensé que realmente era un trajecito lindo, todo coordinado en color púrpura. Pero no fue hasta que vi que su madre la llevaba alzada por el pasillo del avión hasta el baño, que noté cuán pequeño era su cuerpo en comparación con la edad que parecía tener. También noté sus anteojos con mucho aumento y que no podía sostener su cabeza erguida.

Luego de que las dos hubieron regresado a sus butacas, noté que la madre y la abuela estaban alimentando a la niña con una sonda, y de mi corazón brotó compasión por las tres, al mismo tiempo que gratitud. ¿Por qué gratitud? Porque no era yo la que tenía que enfrentar el desafío de tener un hijo con semejantes incapacidades. Yo sé que nunca habría tenido la paciencia y la fortaleza para enfrentar semejante tarea.

También sé que, con la ayuda de Dios, todos podemos sobreponernos a obstáculos que nunca soñamos que podríamos enfrentar. Puede ser que yo podría haberme acostumbrado a tratar con un niño con incapacidades físicas y mentales, pero Dios no me pidió que lo hiciera, y le estoy agradecida. Pero quiero extender mi respeto y reconocimiento por aquellos que lo hacen, día tras día.

Pienso en otras mujeres y en los desafíos que ellas enfrentan. ¿Cuántas mujeres han hecho cosas por encima y más allá de cualquier cosa que nunca hubieran pensado que podrían, porque se vieron obligadas a hacerlo? Pienso en los millones de mujeres en el mundo que crían a sus hijos solas. Muchas son desesperadamente pobres; no saben de dónde obtendrán la siguiente comida. Dios nunca me pidió que enfrentara nada semejante a esto. Me siento agradecida, pero también quiero hacer lo que pueda para lograr cambios que signifiquen una diferencia para ellas.

Mis pensamientos se vuelven hacia aquellas que son abusadas, que han escapado de sus hogares por causa de la violencia que experimentaban en cualquiera de sus formas. O por aquellas que se han divorciado y que han tenido que tratar con situaciones con las que nunca soñaron. Y existen esposas supervivientes, jóvenes y ancianas, que enfrentan la vida cada día solas, cuando pensaron que siempre tendrían un compañero. Muchas han descubierto que podían hacer cosas que nunca esperaban hacer.

Casi terminó mi vuelo. Tengo desafíos que enfrentar cuando llegue a destino, también. Nunca pensé que podría hacer lo que estoy haciendo, pero yo también "todo lo puedo en Cristo que me fortalece". Por eso estoy tan agradecida.

ARDIS DICK STENBAKKEN

Preparativos

Cosas que ojo no vio, ni oído oyó, ni han subido en corazón de hombre, son las que Dios ha preparado para los que le aman. 1 Corintios 2:9

¡FINALMENTE, UN VIAJE A las montañas! El tan esperado paseo parecía no llegar nunca. Junto con mis amigas Zlata y Helen, comencé a explorar con mucho interés ciudades, negocios y todas las áreas de interés para turistas en los alrededores de Asheville, Carolina del Norte. Había tanto para ver. Una visita a la Estancia de Biltmore estaba en nuestra lista de prioridades.

–¡Oh, mira esto! –decía una de nosotras.

–Ya sé. Dale una ojeada a aquello, ¿No es impresionante?

–¿Viste alguna vez algo semejante? –nos preguntábamos con admiración.

Cada espacio y habitación en la casa parecían más impresionantes que los previos. Los ricos brocados, terciopelos, satines y cueros eran mucho más lujosos que cualquiera en nuestros hogares. Los tallados en madera eran algo digno de contemplar. ¡Qué opulencia!

Después de pasar horas admirando la casa, proseguimos con el vivero y los jardines. No solamente eran hermosos; muchas plantas eran nuevas para nosotras, y nos recreamos con su belleza. La variedad y la belleza eran sobrecogedoras.

Todo esto nos hizo pensar en cómo será nuestro hogar celestial. Sabemos que las plantas y las cosas de esta tierra son tan solo un pálido reflejo de lo que se está preparando para nosotros. Nada puede compararse con los preparativos que se están haciendo allá. Cuando contemplamos esto, sabemos que no podemos ni siquiera comenzar a imaginar el glorioso hogar que Cristo está preparando para nosotros. Las cosas temporales se vuelven insignificantes, y pierden su atractivo.

Existen muchas cosas hermosas en este mundo; tanto las que son fabricadas por la gente, como las que encontramos en la naturaleza. Pero hasta las magníficas flores y la maravillosa vegetación en la que nos deleitamos tanto ahora, nos parecerán como nada cuando alcancemos el cielo. El escenario subyugante, que aquí nos produjo tanto deleite, no será nada comparado con lo que se está preparando para nosotros. Puedes imaginarte llamándonos unas a otras: "¡Tienes que venir a ver esto! ¡Es increíblemente hermoso!"

Cuán significativo es recordar las palabras: "Cosas que ojo no vio, ni oído oyó, ni han subido en corazón de hombre, son las que Dios ha preparado para los que le aman".

DOROTHY WAINWRIGHT CAREY

3 de septiembre

Abrir nuestros corazones y nuestro hogar

Ante todo, tened entre vosotros ferviente amor; porque el amor cubrirá multitud de pecados. Hospedaos los unos a los otros sin murmuraciones.
1 Pedro 4:8, 9.

DURANTE EL VERANO, CON mi esposo contratábamos a muchachos para que nos ayudaran en la chacra. Eran adolescentes en crecimiento, y siempre estaban hambrientos. Me encantaba cocinar para ellos, porque apreciaban con mucha alegría lo que les hacía. Mi esposo apreciaba esto, porque cuando los muchachos están contentos, trabajan voluntariamente. Levantar cientos de fardos de heno, de entre 35 a 40 kg, requería muchas calorías cada día, para mantener la fuerza de un hombre. Hacia el final del verano, habían desarrollado un físico del que podían estar orgullosos. Ninguna cantidad de gimnasia y levantamiento de pesas podría igualar el saludable ejercicio que habían experimentado, mientras trabajaban al aire libre, haciendo un trabajo útil.

Años más tarde, visitamos el hogar de uno de "nuestros" muchachos, Glenn, y su esposa, Linda, y sus hijas. Recordaba a Glenn como un joven a quien le gustaba tocar la guitarra y hacer música. También le gustaba formar parte de nuestra familia durante los tres meses que pasaba allí. Cuando llegamos a su hogar, su esposa me sorprendió contándome que Glenn estaba preocupado acerca de si ella había preparado suficiente comida. Yo me sonreí mientras recordaba su apetito saludable y a Glenn ayudando a armar sándwiches, puré de papas con salsa y varios otros alimentos.

Cuando Glenn llegó a la casa, nos sentamos para participar de una deliciosa comida, y él comenzó a recordar los veranos en nuestra casa:

–Cada día era como una cena de Navidad en la casa de los Glass.

Nosotros sonreímos, y yo me sentí aliviada, sabiendo que había cocinado para complacer su apetito, después de todo. Él explicó que le encantaba el pan que yo hacía y que disfrutaba de los sándwiches. Además, cualquier cosa funcionaba como relleno de sándwich para él.

La hospitalidad que extendemos cuando ofrecemos buen alimento y la comodidad de nuestro hogar, les demuestra a nuestras visitas que son amadas. Pueden pasar los años, pero los recuerdos de una buena comida, una conversación interesante y la calidez de la amistad, permanecen con nosotros.

Compartir nuestro hogar con amigos y extraños nos ha brindado horas de gozo. Cuando rememoramos nuestras visitas, nuestros corazones se llenan de contentamiento. Hemos sido bendecidos por tantas personas especiales, que han entrado por las puertas de nuestro hogar y, por lo tanto, por las puertas de nuestros corazones.

EVELYN GLASS

Acerca de bicicletas y padres

He aquí Dios es salvación mía; me aseguraré y no temeré; porque mi fortaleza y mi canción es JAH Jehová, quien ha sido salvación para mí. Isaías 12:2.

AQUEL DÍA TIBIO DE SEPTIEMBRE, me desperté temprano con los rayos del sol danzando en las paredes de mi dormitorio. Me apresuré a bajar las escaleras. Sí, allí estaba, una bicicleta de color rojo brillante, con una tarjeta de "Feliz cumpleaños" que colgaba del manubrio.

Unos pocos meses antes, había rogado que me regalaran una bicicleta. Había visto la mirada que mamá le había dado a papá. Él había cambiado de posición, sintiendose incómodo en su silla. Percibí, de la conversación entre adultos, que la Gran Depresión pesaba sobre mi papá.

Pero, cualquier preocupación de que no recibiría una bicicleta para mi sexto cumpleaños se borró completamente de mi mente aquella mañana. Papá llevó mi propia bicicleta afuera, a la vereda. No tenía manijas estereotipadas con flecos que volaran o pedales plateados con pequeñas luces intermitentes, como las tienen las bicicletas modernas. Sin embargo, su belleza me encantaba. Mientras papá me ayudaba a sentarme, me recomendó:

–Pedalea hacia adelante para andar; pedalea hacia atrás para frenar.

Con mucha paciencia, me empujó arriba y abajo por la vereda durante los siguientes tres días.

–¡Me voy a caer! ¡No me sueltes, papi! –le rogaba.

Él siempre me aseguraba que no lo haría. Aprendí que podía confiar en que papá cumpliría su palabra. Si golpeaba un bache y me tambaleaba, él me sostenía. Se había sacrificado y privado de otras cosas, para comprarme aquella bicicleta. Era su regalo para mí. Me sentí muy amada.

Papá, una fuerza estable en mi vida, murió cuando yo tenía 29 años de edad, un año antes de que conociera al Salvador. Aunque el dolor de perderlo era insoportable, el estudio de la Biblia revela que tengo otro Padre.

–¡Me voy a caer! ¡Papá, papá, no me sueltes!

El amor de mi Padre celestial me sostuvo. Él es paciente conmigo. Si caigo en un pozo y comienzo a tambalear, él me sostiene. Siempre puedo confiar en él. Este Padre, así como mi papá, también me dio algunas instrucciones básicas: "Si me amáis, guardad mis mandamientos" (Juan 14:15). Sí, mi Padre Dios también se sacrificó a sí mismo, pero para otorgar un regalo mayor; para comprar mi salvación, su regalo para mí. Me siento muy amada.

Ya no deseo bicicletas. Oro para pasar la eternidad con mis dos padres, mi padre terrenal y mi Padre Dios. Y les agradeceré a ambos por no abandonarme nunca.

MARIANNE TOTH BAYLESS

5 de septiembre

Salchichas

De cierto os digo, que si no os volvéis y os hacéis como niños, no entraréis en el reino de los cielos. Mateo 18:3.

EL PEQUEÑO JOHNNY SEGUÍA insistiendo en que quería pasar conmigo el día, mientras que el resto de la familia atendía sus cosas. Más tarde, cuando estábamos solos, le pregunté por qué quería quedarse conmigo. Él dijo que se había hecho de varios amigos las veces anteriores que había estado con nosotros, y a él le gustaban mis comidas caseras. Tomé eso como un cumplido, y seguí realizando mis tareas domésticas mientras él iba a buscar a sus amigos para jugar. Por un rato, no escuché nada de él. Como vivíamos en un departamento en un complejo de departamentos para estudiantes, los niños sabían que debían ser silenciosos para no molestar a sus vecinos.

Estaba ocupada realizando mis tareas, cuando escuché que la puerta se cerraba de un golpe y rápidamente con llave. Me acerqué de puntillas de pie para ver cuál era el problema. Allí estaba Johnny en el sofá, mirando por la ventana, y su amigo estaba afuera rogando que lo dejara entrar.

Johnny le estaba "predicando" al niño lo que Dios dice acerca de los alimentos inmundos y cómo éstos eran perjudiciales para él. El muchachito permanecía allí tratando de explicar que era la culpa de su madre; ella había hecho el sándwich. Recuerdo cómo replicaba Johnny:

–Ahora no puedo jugar más contigo, porque comes alimentos inmundos. Estás desobedeciendo a Dios.

Su amiguito tuvo que prometerle que iba a tirar el sándwich y que nunca más comería salchichas, así podrían seguir siendo amigos. Créanme, para entonces yo me estaba riendo, aunque los niños no se dieron cuenta de que los estaba observando. Pronto, después del pequeño incidente los dos niños estaban jugando como si nada hubiera sucedido.

Aprendí una lección ese día: siempre permanecer fiel a lo que creo, y perdonar y olvidar así como lo hace un niño. Así como el amigo de Johnny, la mayoría de las veces, soy rápida en culpar a algún otro por mi insensatez. Si pasara más tiempo sobre mis rodillas y en el estudio de la Biblia, sería mucho más fácil hacer su voluntad. Muchas veces me he retraído de jugarme por el Señor, por temor a lo que mis pares podrían pensar. Los niños tenían otra lección para mí, también: utilizar cada oportunidad que se nos cruza en el camino para iluminar a algún otro acerca del Reino venidero.

Por favor, Señor, ayúdame a caminar en tus pasos día tras día. No será fácil, pero contigo a mi lado estoy segura de que llegaré a aquel hermoso hogar.

SIBUSISIWE NCUBE-NDHLOVU

6 de septiembre

Una flor solitaria

Así que, hermanos míos amados... estad así firmes en el Señor. Filipenses 4:1.

DURANTE LOS ÚLTIMOS CINCO años, con mi esposo hemos pasado el Día de la Madre plantando alegrías del hogar de color rojo, blanco y púrpura, a ambos lados de nuestro porche del frente. Una de las razones por las que nos gustan es porque florecen desde mayo hasta octubre o noviembre. Por alguna razón, sin embargo, este año no progresaron tan bien. Quizá se debió al calor recalcitrante de este verano inusualmente caluroso. En realidad, nuestras alegrías del hogar estaban tan pobres, que mi esposo decidió dar vuelta la tierra otra vez y plantar pensamientos, blancos, rosados, rojos y púrpuras, del lado izquierdo del porche, dejando un pequeño arbusto verde que habíamos plantado unos pocos años antes del otro lado. Los pensamientos parecieron florecer bien, especialmente con la abundancia de lluvia que tuvimos.

Varios días atrás, mientras regresaba del trabajo, noté algo desacostumbrado. En el lado derecho, al lado del arbusto, había una solitaria alegría del hogar rosada, creciendo casi escondida debajo de la sombra del arbusto, pero iluminando como podía ese rincón de la casa. Su pequeña carita se levantaba hacia arriba como diciendo: "Todavía estoy aquí". "*Debe de sentirse solitaria*", pensé, "*pero está luchando, sin embargo*".

Esto me hizo recordar cuán solitario se puede volver el andar cristiano, algunas veces, en un mundo tan lleno de pecado y corrupción. Pensé en las adversidades que nos golpean, provocando ocasionalmente nuestro desánimo. Cuando el enemigo nos asalta con pruebas inesperadas, que significan reveses para nosotros, son los momentos en que le he preguntado al Señor, desalentada: "*¿Cuál es el propósito de todo esto, de qué servirá?*" Entonces, pienso: "*Por la gracia de Dios, todavía estoy aquí*". A pesar de las tormentas torrenciales y del calor de la prueba, nuestro Padre parece esconderme al amparo de su mano, como el arbusto lo hizo con mi pequeña alegría del hogar rosada, hasta que pase la tormenta.

Sí, experimentaremos pruebas y tribulaciones, desalientos y aparentes derrotas. Pero, si permanecemos fieles, y si miramos hacia arriba y reconocemos otra vez la Fuente de nuestra ayuda, entonces podremos decir: "Estoy aquí todavía, por la gracia de Dios, iluminando mi rincón".

Señor, por favor, continúa dándome fuerzas para permanecer firme en medio de las pruebas y las adversidades; y, cuando sea tentada a mirar hacia abajo, ayúdame a mirar hacia arriba y reconocer que es por tu amor y misericordia, solamente, que continúo en pie.

GLORIA J. STELLA FELDER

7 de septiembre

El día 101

Si tuviereis fe como un grano de mostaza, diréis a este monte: Pásate de aquí allá y se pasará; y nada os será imposible. Mateo 17:20.

HABÍA SIDO UNA IDEA NOVEDOSA. Los profesores querían celebrar el día 101 del año escolar, como una forma de ayudar a que pareciera que estaba pasando más rápido el año. Decidieron hacerlo pidiendo a cada estudiante que trajera a la escuela, aquel viernes, 100 unidades de cualquier objeto que pudiera caber en una mochila. Los niños vinieron con ideas muy buenas: una cadena hecha con 100 eslabones, 100 gotas de agua, un rompecabezas de 100 piezas, un castillo hecho con 100 golosinas blandas sostenidas con escarbadientes, 100 confites de chocolate, 100 unidades de fideos, 100 figuritas autoadhesivas, pegadas en una remera, y otras cosas.

Mi hijo quería traer 100 semillas de mostaza. Yo había recibido una hermosa canasta de especias como regalo de mi cuñada, la Navidad previa, y allí había semillas de mostaza. Procedimos a contarlas. Fue una tarea difícil, porque son muy pequeñas. Las contamos agrupándolas de a 10, y las colocamos en una bolsita con cierre hermético. Pero, cuando terminamos, ¡nos sorprendimos! Parecía que no había más que 20 semillas en la bolsa. Las sacamos y las volvimos a contar. Sí, nuestra cuenta había estado correcta, pero la cantidad en la bolsa parecía increíblemente pequeña.

Yo recordé a Jesús cuando contó la parábola de la semilla de mostaza. Él dijo que "a la verdad es la más pequeña de todas las semillas; pero cuando ha crecido, es la mayor de las hortalizas, y se hace árbol" (Mat. 13:32). Nuestra fe puede ser pequeña como una semillita, pero podemos mover montañas con ella. Con fe en Jesús, nada es imposible para nosotros. A través de la fe podemos acceder a la fortaleza de Dios, para ayudarnos a atravesar los momentos duros. David comprendía esta Fuente de fortaleza. Cuando enfrentó a Goliat, aunque era tan joven, el poder de Dios lo capacitó para vencer al gigante.

Necesito aplicar la fuerza de la semilla de mostaza durante el día. Cuando las tareas de ser esposa, madre, empleada, amiga, estudiante y todas las demás obligaciones se vuelven casi imposibles, recordaré que puedo ser una pequeña semilla. Pero, con el poder de Jesús en mi vida, Dios me concederá la habilidad de hacer su voluntad.

Si tú tienes la fe de, aunque sea, una pequeña semilla de mostaza, nada te será imposible. ¡Qué promesa!

KAREN PHILLIPS

8 de septiembre

Una canasta de recuerdos

De cierto os digo que en cuanto lo hicisteis a uno de estos mis hermanos más pequeños, a mí lo hicisteis. Mateo 25:40.

SU NOMBRE ERA CAROLYN WHITE, y ocupa un lugar especial en mi canasta de recuerdos. Ella fue mi maestra de primer grado, en aquellos tiempos cuando usaba medias negras y tenía el cabello corto con flequillo. La escuela era un edificio de ladrillo rojo, en el pequeño pueblo de Salzburg, Michigan, EE.UU. Con mi hermana, caminábamos por los caminos polvorientos o sobre campos arados para llegar a la escuela.

Cuando tenía 9 años, el trabajo de mi padre requirió que nos transfirieran a Grand Rapids. Llegó la hora de decir adiós a los amigos y compañeros. Vivir en una ciudad extraña fue una experiencia nueva para una familia proveniente del campo. Ahora, con mi hermana, caminábamos a la escuela sobre veredas de cemento que lindaban con calles transitadas, y había muchos niños en nuestra clase de cuarto grado.

Cuando partimos de Salzburg, la Srta. White me regaló un libro que yo había codiciado hasta ese día. En una hoja, había escrito en su perfecta letra manuscrita cursiva: "A una querida niña que amo".

Los años pasaron, y dejé las aulas atrás. Mi hermana Vivien, que todavía vive cerca de Salzburg, me escribió contando que se había encontrado con la Srta. White en el pueblo. Mi antigua maestra todavía me recordaba y había expresado el deseo de volver a encontrarse conmigo cuando anduviera por el área. Ella todavía vivía en la misma casa, en la misma calle, en el mismo pequeño pueblo. Yo recordaba el porche que se extendía todo a lo ancho del frente de su casa. Era la casa indefinida de una mujer ocupada. Qué privilegio sería poder recordar lo sucedido en los años que habían pasado. Mis viajes me llevaron al área varias veces, para ver a mis familiares, pero nunca me tomé el tiempo para ver a la Srta. White.

Entonces, mi hermana me envió el obituario de la Srta. White. Me di cuenta de que nunca me había detenido para verla o para renovar nuestra amistad, como había sido su deseo.

¿Vivimos tan apurados en esta sociedad de hoy, que no nos tomamos tiempo para pensar en otros? ¿Cuán a menudo dejamos estas cosas de lado, sin otra razón que la inconveniencia? Este fue un encuentro que no se materializó, y lo voy a lamentar siempre. Habríamos rememorado felices recuerdos para ambas, la niña de cabello corto y flequillo, y su maestra de primer grado.

LAURIE DIXON-MCCLANAHAN

9 de septiembre

Dios contestó la oración

Pedid, y se os dará; buscad, y hallaréis, llamad, y se os abrirá. Mateo 7:7.

LAS PROMESAS DE DIOS se cumplirán solamente si las reclamamos. El versículo de hoy me recuerda una experiencia muy interesante que ilustra este texto. Con mi esposo, nos habíamos casado y habíamos tenido a nuestra primera hija. Habían pasado los dos primeros años, y estaba transcurriendo el tercero. Decidimos que necesitábamos otro bebé, un varón.

Comencé a inquietarme porque, a pesar de nuestros intentos, no quedaba embarazada. Un día, le pregunté a mi esposo si él se sentía de la misma manera.

–Sí –me dijo–, pero debemos recordar de pedirle a Dios, y él proveerá.

Inmediatamente nos arrodillamos al lado de nuestra cama y oramos fervientemente por el hijo que deseábamos. Dios contestó nuestra oración, y concebí. Un día, no puedo recordar exactamente cuál, soñé que daba a luz a un bebé varón. Verdaderamente me alegré de que Dios nos había enviado, mediante un sueño, la seguridad de que nuestra oración había sido contestada. Cuando Dios dice: "Pedid, y se os dará", lo está asegurando. Dios contesta las oraciones. Ha contestado mis oraciones de muchas maneras, y nunca dejaré de buscar las bendiciones que provienen de buscar y reclamar sus promesas.

En los depósitos del Cielo hay muchas bendiciones y dones. Sin embargo, no los hemos pedido, para recibirlos. El salmista, que había experimentado las promesas de Dios, dice: "Gustad, y ved que es bueno Jehová" (Sal. 34:8).

Puede ser que estés necesitando un bebé, o que tengas problemas de salud; podría ser que tengas dificultades financieras, o quizá no puedas manejar bien a tu familia. La respuesta a todos tus problemas puede obtenerse por medio de la oración. La gente puede orar por muchas necesidades, pero rara vez ora por el don de tener hijos. Quizás alguno oraría porque nunca pudieron tener siquiera un hijo; pero nosotros debiéramos orar por todas nuestras necesidades grandes o pequeñas, primarias o secundarias.

No dudo en animar a todos a dedicarse a la oración; porque la oración es una fuente ilimitada. Yo sé que Dios ha contestado mis oraciones.

PAULINE OKEMWA

Amor incondicional

E hizo Dios animales de la tierra... Y vio Dios que era bueno. Génesis 1:25.

DESPUÉS QUE NUESTROS DOS HIJOS se casaron y abandonaron el nido, con mi esposo, Harold, decidimos que necesitábamos alguna criatura de cuatro patas para ayudarnos a ocupar algo de nuestro tiempo y espacio. Primero conseguimos a Rusty, un perrito pomerania festivo, que pensaba que era humano. Le encantaba ir a cosechar moras con Harold y lo seguía para pescar cada fruta que le tiraban.

Entonces, más bien por accidente, adquirimos dos gatitos, Midnight y Arf Arf. Los tres animales llegaron a ser buenos amigos; dormían abrazados o, en este caso, entrecruzando sus patas.

Un día, Harold vino a casa desde el trabajo, abrió la puerta de atrás y suavemente dejó a mis pies la criatura más preciosa y pequeña que haya visto, una pequeña cabra. No sabíamos nada acerca de cómo criar cabras, pero Harold la había traído para que se uniera a nuestra familia. Fue un amor a primera vista, y la llamamos Baby. Ella nos aceptó desde el comienzo, y nos seguía por la casa y por el patio como una mascota.

Un día, Harold mencionó que le parecía que el abdomen de Baby estaba un poco distendido. La vigilamos por unos pocos días, y finalmente decidimos que definidamente tenía un problema, así que hicimos planes para llevarla al veterinario. Ese día habíamos tenido una tormenta fuerte que había dejado los caminos como sábanas de hielo. Harold tuvo que manejar cuidadosamente, y el viaje de 16 km parecía que no terminaría nunca. Yo estaba sosteniendo a Baby en mi falda, y con cada golpe o frenada del auto, ella chillaba de dolor.

El veterinario la examinó y nos dijo que trataría de aliviar algo de la presión insertándole una aguja larga. Cuando eso no funcionó, dijo que tendría que operarla. Aunque ya era cerca de la medianoche, llamó a su enfermera para que viniera y lo ayudara. Pero, antes de que ella llegara, nuestra dulce pequeña Baby murió. El doctor nos explicó que los bebés de cabra necesitan la leche de su madre para prevenir que sucedan cosas como estas. Nadie nos había dicho nada acerca de cómo alimentar a esta pequeña criatura; así que, le habíamos dado lo que nos dijeron que era alimento para cabras.

Nuestras mascotas llegaron a ser como miembros de nuestra familia. Aunque puedan sobrevenir días tristes, ellas nos traen mucha felicidad. Concuerdo con Génesis 1:25: Dios vio los animales que había creado y vio que era bueno.

Sí, Dios fue muy bueno. Gracias.

CLAREEN COLCLESSER

Escogiendo la buena parte

María ha escogido la buena parte. Lucas 10:42.

EL 11 DE SEPTIEMBRE, DURANTE el ataque terrorista inicial a las Torres Gemelas del World Trade Center, los empleados tuvieron que decidir rápidamente qué era lo más importante en sus vidas en aquel momento.

Una secretaria les contó más tarde, a los periodistas, cómo inmediatamente después de que chocó el primer avión contra una de las torres, ella había urgido a sus dos jefes a descender por el ascensor con ella y escapar a un lugar seguro. En lugar de eso, uno de sus jefes se dirigió hacia la cafetera, mientras el otro visitaba el baño. La secretaria escapó, pero sus jefes perecieron cuando colapsó la torre.

Más tarde, aquella semana, un columnista de chismes del diario, de muchos años, confesó públicamente: "Ahora me doy cuenta de que lo que he estado haciendo por años no tiene importancia". En una entrevista posterior al 11 de septiembre en la televisión, una estrella de cine admitió: "Voy a cambiar de profesión. Quiero que mi vida sirva para algo importante".

Todos estamos familiarizados con la pelea de hermanas en el hogar de María y Marta, aquel día en que Jesús vino a visitarlas. Recordamos que Marta estaba tan sobrecargada por sus responsabilidades como anfitriona, que quería que su hermana, María, que se había sentado a los pies de Jesús, la ayudara a compartir las tareas de la cocina. Cristo le señaló amablemente, a Marta, que María había elegido la "buena parte", la oportunidad importante de pasar tiempo en su presencia, en una relación personal.

Cristo sabía algo que Marta desconocía. En los próximos tres años, ella tendría que padecer los dos mayores desafíos de fe de su vida, las muertes de su hermano y de su Salvador. Cristo sabía que Marta necesitaba comprender qué era lo más importante, y entonces actuar de acuerdo con esto.

¿Es claro para ti cuál debiera ser la "buena parte" en tu vida? La decisión de dedicar un tiempo regularmente para estar con Jesús en oración, estudio de la Biblia y memorización de la Escritura es la elección más importante que puedes hacer en cada período de 24 horas.

Si no estas dedicando suficiente tiempo a conocer realmente a tu Salvador, pregúntate a ti misma en este momento: "¿Cómo puedo reorganizar mi horario diario de manera que pueda dedicar un tiempo relevante a los pies de Jesús?" Entonces, con su fuerza, haz lo que sea necesario hacer. Porque sabían quién era Jesús, Marta y María sobrevivieron a los trágicos eventos personales, y nacionales, que experimentaron muy pronto. Escoger "la buena parte", hoy, nos fortalecerá para los traumáticos eventos en nuestro futuro inmediato, también.

CAROLYN SUTTON

Fuegos

Como fuego que quema el monte. Salmo 83:14.

EN LA MAÑANA DEL 12 de septiembre de 2001, volamos con mi esposo a Nueva Zelandia, para pasar un tiempo con nuestros padres ancianos. Aunque siempre le he pedido a Dios su protección al viajar, no importa cuán larga o corta fuera la jornada, nunca subo a un avión otra vez con la actitud despreocupada del pasado. Algo que la mayoría de nosotros daba por sentado, la seguridad del viaje aéreo, había desaparecido.

Pero, vayamos hacia atrás unas pocas horas, a la noche del 11 de septiembre, en el uso horario de Australia. Había terminado de preparar nuestras valijas, y mi esposo se encontraba en una reunión. Se hizo tan tarde, que me fui a la cama.

–¡Despiértate! ¡Despiértate! Mira esto. ¡Un avión acaba de volar contra un edificio en Nueva York!

Me moví soñolienta, y entonces instantáneamente quedé cautivada por las últimas noticias que mi esposo estaba mirando. A través de las largas horas de aquella noche, observamos cómo se desarrollaban todos esos terribles acontecimientos. La tremenda devastación, producida por esos incendios subsiguientes, era casi increíble. Yo, como muchos otros, lloraba mientras observaba cómo colapsaban los edificios del Centro Mundial de Comercio. Nunca olvidaré las palabras de un bombero de Nueva York: "Nosotros corremos adentro, mientras que todos los demás corren afuera. Es nuestro trabajo".

Habían pasado solo unos pocos meses, cuando los terribles incendios de la vegetación, levantaban llamaradas alrededor de la ciudad de Sydney, en Australia. Comenzaron en Nochebuena y continuaron por varias semanas, cuando las temperaturas del verano subían desmesuradamente, estableciendo un nuevo récord. La ferocidad de aquellas llamas (hasta 50 metros de alto), mientras eran empujadas por fuertes vientos día y noche, atemorizaban de solo mirarlas. Paredones de llamaradas devoraban todo lo que encontraban a su paso. Al transcurrir los días, se llamaba a más y más bomberos de otros estados para ayudar en la emergencia. Al observar las noticias, otra vez me encontré llorando mientras los valientes bomberos batallaban contra las llamas, el calor y el humo. Se perdieron 160 hogares en total, y miles de animales, de la hermosa vida salvaje de Australia, murieron, y desaparecieron decenas de miles de hectáreas de montes.

El fuego puede ser destructivo, pero también puede ser instructivo. "¿No es mi palabra como fuego? dice Jehová" (Jer. 23:29). Que sea este el fuego al que corramos. Que sea este el fuego que brille en nuestras vidas.

LEONIE DONALD

13 de septiembre

No temas

Porque no nos ha dado Dios espíritu de cobardía, sino de poder, de amor y de dominio propio. 2 Timoteo 1:7.

EL SOL SE ASOMABA EN el horizonte, señalando el comienzo de otro día, mientras éramos despertados por la melodiosa voz de mi madre, que cantaba: "El sol está sobre la tierra y el mar, el día comenzó". Sin embargo, la tibieza y la comodidad de mi cama parecían ejercer su atracción gravitacional sobre mí, y en lugar de saltar a la vida, deseaba cobijarme y dormir un poco más. Por supuesto, cuando escuché los familiares pasos aproximarse a mi dormitorio, supe que tenía que levantarme. Si no lo hacía, sabía que no me esperaba un estímulo suave para ayudarme a salir de la cama y reunirme en la sala para el culto. Asombrosamente, sin embargo, una vez que llegaba allí, me sentía rejuvenecida con los himnos y los textos bíblicos que habíamos memorizado.

Se nos recordaba, a menudo, que llegaría el día en que tendríamos que recurrir a esos textos grabados en la memoria para ayudarnos a atravesar circunstancias difíciles. Como niña, tomé el desafío y aprendí tanto como podía, aunque sentía que mi madre hacía sonar esa alarma para que aprendiéramos los textos bíblicos. Ahora soy adulta, y debo admitir que ella estaba absolutamente en lo correcto. He tenido que apoyarme en las promesas de Dios muchas veces para salir adelante de situaciones dificultosas.

Los días que siguieron a los ataques terroristas a las Torres Gemelas del World Trade Center y al Pentágono, fueron una de tales circunstancias. Como millones de otras personas, me encontraba atemorizada, deprimida, preocupada, ansiosa y nerviosa. Tenía dificultades para conciliar el sueño. Cuando finalmente conciliaba el sueño, me veía interrumpida por imágenes de edificios que se quemaban y colapsaban. Una noche, mientras permanecía en la cama mirando televisión para contrarrestar mi inhabilidad para conciliar el sueño, el texto de hoy me vino a la mente. Recuerdo haberlo aprendido en los años previos, mientras era una niña. Mientras repetía el texto, mis temores se desvanecieron y me sentí en paz. Recordé otros versículos bíblicos que me proveyeron fortaleza y coraje. Necesitaba enfrentar otro día en el trabajo. Apagué la televisión. Escuché y canté música elevadora. Esto me trajo paz y consuelo al alma, y me fue posible dormir.

Señor, quiero agradecerte por el día de hoy. Sé que me esperan momentos difíciles, pero ayúdame a recordar que tú tienes el mundo entero en tus manos. Ayúdame a no preocuparme, sino a colocar mi confianza en ti. Gracias por los antídotos perfectos.

ANDREA A. BUSSUE

14 de septiembre

Una mente voluntaria

Y tú Salomón, hijo mío... sírvele... con buena disposición. 1 Crónicas 28:9, NVI.

HABÍAMOS MINISTRADO EN las dos ciudades costeras del Estado durante varios años, muy felices. Como esposa de un ministro, había aceptado todas las tareas que la iglesia me había invitado a apoyar. Era joven, deseosa de ayudar y llena de ideas. Como docente, sabía que mi entrenamiento me habilitaría, por lejos, para atender la clase de niños de Jardín de Infantes, y disfruté de cada minuto de compartir mis talentos en tareas de beneficencia, también.

Luego nos llegó el inevitable cambio a un nuevo distrito, adonde servimos durante tres años.

Entonces, un nuevo presidente de Asociación nos sorprendió, diciéndonos:

–Deseamos que regresen a las dos ciudades costeras y que pastoreen allí.

Entonces, repentinamente sentí rebelión en mi corazón. Le dije a mi esposo que por seis años habíamos dedicado nuestros talentos en aquel distrito. Los miembros, allí, no necesitaban tener una actuación repetida por la familia que ellos considerarían algo aburrida, a esta altura. Sentía que no tenía nada nuevo para ofrecer.

Se estaba acercando el momento de un congreso, y yo me pregunté cuántas de mis amigas de las ciudades costeras asistirían a este acontecimiento. Le insistí a mi esposo que yo no iría, y que le diría al presidente cómo me sentía. Mi esposo, como siervo obediente, no estaba alterado como yo, y estaba ligeramente divertido por mi toque de rebelión.

Una noche, mientras meditaba sola, me di cuenta de que no podía continuar indefinidamente en rebelión. Así que, después de luchar casi toda la noche, finalmente dije: "Señor, creo que debo aceptar este llamado, si esta es tu voluntad. Iré donde tú nos llames, e iré con alegría, sin quejarme".

A partir de entonces, caminé con el paso más liviano, y las amistades de las ciudades costeras nos saludaron con placer al saber que estábamos regresando a ellos. Entonces, se hizo un anuncio por el sistema de parlantes, llamando al pastor Heise. Cuando la entrevista hubo concluido, mi esposo me llamó afuera de la carpa para informarme que habíamos recibido un llamado para trabajar en otro Estado. Me quedé sin habla. Pero la razón me indicó que el buen Señor me estaba diciendo: "Yo no deseaba que regresaran a las ciudades costeras tampoco, pero quería que estuvieras dispuesta a ir".

Gracias, Señor, por recordarnos que tu mayor gozo es ver que tus siervos estén dispuestos a hacer tu voluntad.

EDNA HEISE

15 de septiembre

Exactamente lo que necesitaba

Y si sabemos que él nos oye en cualquiera cosa que pidamos, sabemos que tenemos las peticiones que le hayamos hecho. 1 Juan 5:15.

DURANTE LA ENFERMEDAD DE MI suegra, había estado tomando clases universitarias. Después de su muerte, continué mis estudios, me dediqué a limpiar más, empapelar, pintar, y seguí con mi trabajo de música. Tres ataques de bursitis, en cada hombro, disminuyeron en gran medida algunas de esas actividades. Así que me involucré como enfermera asistente para una agencia de servicios médicos, y atendía pacientes en sus hogares.

Luego de levantar y trasladar demasiados pacientes de sus camas y sillas a sus sillones de ruedas, y de nuevo a su lugar, se me desarrolló un neuroma de Morton en un nervio en mi pie izquierdo y tuve que someterme a una cirugía. Me di cuenta de que había llegado el momento de cambiar a una ocupación menos demandante físicamente. Pero, ¿qué podría hacer? Aunque ahora era la encargada de la música en dos iglesias metodistas, todavía necesitaba una forma de reemplazar el ingreso de enfermera que había perdido.

Hablé con Dios acerca de mi necesidad, y me vino el pensamiento casi inmediatamente. ¡Podría aceptar ropa para lavar! "*¡Gracias, Jesús! Colocaré el aviso en el diario mañana*", pensé. Pero antes de que pudiera hacerlo, vi bajo el título de "Se necesita ayuda": Se necesitaba ayuda de tiempo parcial, para lavar y planchar en un hotel local. Llamé a los propietarios, y me hicieron la entrevista ese mismo día. Dorie Distefano me ofreció el trabajo, y dos días más tarde comencé a trabajar.

Mis tareas, en ese encantador hospedaje antiguo, incluían sacar manchas, lavar y planchar. También había extendido mi servicio a remendar o restaurar acolchados, manteles, cubrecamas y carpetas, incluyendo algunas piezas de crochet. Me gusta mi trabajo. Dorie es amable y paciente. Su esposo, Vince, también es bueno. Su paga es buena, mucho mejor que lo que recibía como enfermera.

Conozco a mucha gente interesante en el transcurso de mi trabajo. Me gusta la atmósfera tranquila y también disfruto de los animales de esta casa de campo, que incluyen conejos y gallinas. De vez en cuando, cuando Doris y Vince no están, con la cuidadora, Jeanie, nos turnamos para cuidar de los animales. Nunca hay tiempo para aburrirse en este lugar.

Sí, Dios sabía exactamente lo que yo necesitaba y me ayudó a encontrarlo rápidamente. Cuando tienes necesidades especiales, pide que él te guíe, y te ayudará a ti, también.

BONNIE MOYERS

Sonrisa eterna

Enjugará Dios toda lágrima de los ojos de ellos, y ya no habrá más muerte, ni habrá más llanto, ni clamor, ni dolor; porque las primeras cosas pasaron.
Apocalipsis 21:4.

MUCHAS VECES ME ENCUENTRO tratando de imaginar los últimos minutos de la vida de Maxima, también conocida como Nelly, que falleció el 11 de septiembre de 2001, en el desastre de las Torres Gemelas del World Trade Center. Maxima Jean-Pierre trabajaba activamente donde chocó el primer avión. ¿Murió ella instantáneamente? ¿Fue herida durante el impacto? Nadie podrá saberlo hasta que lleguemos al cielo.

Recuerdo la primera vez que conocí a Nelly. Estábamos teniendo una serie de conferencias de evangelización en el área de Far Rockaway. Ella entró en el *hall* y lo iluminó con su sonrisa. Uno tenía que hacer un gran esfuerzo para no sentirse atraída por esta pequeña joven llena de vida. Aquella noche, ella bromeó por mi incapacidad para saber cómo escribir su apellido correctamente en la tarjeta de registro. Y siguió sonriendo durante los años en los que trabajamos juntas en la nueva iglesia.

Nelly gozaba mucho de los niños. Luego de cuidar a sus propios cuatro hijos durante la semana, todavía tenía energías y paciencia para vérselas con unos cuántos más durante las clases bíblicas de la iglesia y durante el servicio del sermón. Cada sábado recogía una media docena de niños de su vecindario y los traía a la iglesia. Una de las pocas veces en que la vi enojada fue cuando un miembro sugirió que sería mejor no traer tantos niños indisciplinados a la iglesia. Y, cada semana, el sótano de su casa se llenaba de chicos para un *lunch* y para escuchar más historias bíblicas.

Nelly Jean-Pierre era una bendición para muchos, incluyéndome a mí. Nuestras largas conversaciones telefónicas, su ejemplo cristiano y su amor por su familia, por los niños y por la gente que sufría hicieron un impacto en mi vida. Decidió iniciar una despensa de alimentos en la iglesia, y lo hizo con muy poca ayuda. Siempre se la recordará con cariño. Es irónico saber que estaba por cambiar de trabajo. Estaba cansada de los viajes largos, y deseaba trabajar más cerca de su hogar.

Hay algo que lamento mucho. Ella me invitó muchas veces para visitar su nueva casa, y nunca fui. Le decía "mañana"; "pronto"; "para la fiesta de acción de gracias". Esto la hubiera hecho feliz, pero nunca lo hice. Ahora es demasiado tarde. Pero espero que nuestras casas en el cielo estén suficientemente cerca como para que podamos vernos a menudo. Estoy planeando hacerlo allí, y estoy segura de que ella estará allí con su hermosa sonrisa.

ALICIA MARQUEZ

17 de septiembre

Mi hermanita es una malcriada

Prosigo a la meta, al premio del supremo llamamiento de Dios en Cristo Jesús.
Filipenses 3:14.

MI HERMANITA ES UNA MALCRIADA. Cualquiera que la conoce te dirá que es así. Siendo la menor de diez hermanos, y de muchos otros que mis padres ayudaron a criar, Maggie no pudo evitar ser una consentida. Ella aprendió a replicar rápido. Es insolente, y rápida de genio y lengua. Rara vez la deja alguien sin palabras. A menudo los deja preguntándose qué es lo que acaba de suceder e imaginando qué quiso decir. Esta es la razón por la que, sin quererlo, Maggie es una líder tan buena.

Sus blancos fueron siempre de principios altos y de trabajo duro. Ella participó en la banda de la escuela secundaria; su meta era tocar con Doc Severinsen y conocer a Tony Orlando y Dawn. Cuando Doc Severinsen decidió hacer un *tour* a Omaha, Nebraska, y tocar en el Ak-Sar-Ben Coliseum, él escogió algunos músicos del área para que se unieran a él. Maggie fue una de las elegidas. Entonces le pidió que se uniera a su banda, tocando su corno o su clarinete. Pero, por su dedicación a mamá y a papá, que ya tenían sus 60 años, ella decidió permanecer en Omaha.

Más tarde, cuando se casó y trasladaron a su esposo a otra ciudad, Doc pasó por el lugar. Maggie deseaba que sus tres niños y su esposo lo conocieran. Ella estaba impresionada y sorprendida de que los boletos y los pases los pudo conseguir con una llamada telefónica. Toda la familia conoció a Doc, y se sacaron fotografías con él. Sus hijos se sorprendieron de que las "historias de mamá" no fueran exageraciones.

Maggie había deseado casarse y criar a sus propios hijos sin tener que dejarlos con niñeras o en guarderías. Y ha podido lograr muchas de sus metas. Tiene un hombre maravilloso con el que permanece casada después de casi treinta años, tres hijos maravillosos, tres hijos adoptivos y un hermoso nieto que emociona su corazón.

Las metas y la determinación hacen que valga la pena correr la carrera de la vida. Nosotros deseamos correr hacia nuestra meta de arrojarnos en los brazos de Dios y alabar a nuestro Salvador por siempre. Como cristianos, nuestras metas no solamente nos incluyen a nosotros sino también a todos los que se encuentran a nuestro alrededor. Podemos lograr esto, sin ser ofensivos o insistentes, sino permitiendo que el amor de Jesús brille a través de nuestros ojos y en los corazones de otros diariamente. Nadie tiene que preguntar dónde está parada Maggie. Es mi oración que otros puedan ver a Jesús tan claramente en ti como en mí.

SALLY J. AKEN-LINKE

18 de septiembre

Palabras de vida

Para exclamar con voz de acción de gracias, y para contar todas tus maravillas. Salmo 26:7.

EN UNOS POCOS DÍAS estaré enseñando otra clase de Redacción. Las edades de mis alumnos están ampliamente distribuidas, con algunos tan jóvenes como de 12 años y otros de un poco más de 80 años. Siempre me entusiasmo al enseñar, porque me pregunto cuántos captarán la visión de lo que quiero enseñar y no permanecerán como aspirantes.

Me encanta escribir; sin embargo, escribir no es una experiencia tan fácil ni mágica. Redactar implica trabajo duro. Un buen escritor no une palabras al azar, como si fuera una cadena de margaritas; él o ella elije las mejores palabras para transmitir un pensamiento claro y sucinto. Como resultado, el lector comprende fácilmente, y desea leer más.

Aunque se consiguen muchos libros de ayuda para escritores, yo recomiendo la Biblia como el libro clave para escritores. Primero de todo, observa las primeras palabras en Génesis: "En el principio creó Dios los cielos y la tierra" (Gén. 1:1). Entonces, salta al final de la Biblia, en Apocalipsis 22:21: "La gracia de nuestro Señor Jesucristo sea con todos vosotros. Amén". Puedo escuchar a un editor decir: "Un gran comienzo y un gran final". Entre esos dos versículos sucintos, se encuentran palabras inspiradas de vida, esperanza y salvación. Aunque muchos autores, de diversos tipos de vida, escribieron estas palabras en un lapso de 1.600 años, existe una coherencia que atrapa al lector.

Yo organizo mis clases para escritores independientes que desean escribir para publicar. (De paso, publicar puede significar ya sea una comunicación verbal o escrita. Tal vez esta sea la razón por la que muchos escritores son también fascinantes narradores verbales.) Para la mayoría de los escritores, escribir independientemente significa publicar consistentemente para el público lector. Esto requiere compromiso y responsabilidad. Me complace dejar claro esto con mis estudiantes.

Al comenzar el curso, les enseño a mis alumnos a decir conmigo: "Soy un escritor". Para ser ese escritor, "debes emplear palabras de acción (trabajadoras) y expulsar las palabras perezosas (haraganas)".

Con las *Palabras de vida* como libro de texto, podemos aplicar técnicas de escritura a todas las demás áreas de la vida también. Al establecer metas relevantes, descubriremos cuán gratificante es poner acción en la vida, encender esos hábitos perezosos y testificar efectivamente para el Señor. De aquí que enseño otra clase para escritores, para animar a alguno a captar la visión y proseguir más allá de ser un simple aspirante.

BETTY KOSSICK

19 de septiembre

Solo una caja de barras de jugo congelado

Te haré entender y te enseñaré el camino en que debes andar; sobre ti fijaré mis ojos. Salmo 32:8.

CON UN CORAZÓN APESADUMBRADO, seguía pensando en mi amiga Melanie. Ha estado enferma en cama por semanas. A veces me siento inútil, por no saber qué hacer por ella. Le he llevado comida, tarjetas y flores, además de hacerle mandados. Cada día la he llamado por teléfono o la visito al lado de su cama.

Un día estaba manejando por el pequeño pueblo haciendo algunos mandados y estaba planeando detenerme para visitar a mi amiga. Entonces, pensé: *"No quiero ir con las manos vacías"*. No había traído nada conmigo, así que traté de pensar en algo que pudiera comprar para ella en el camino y después continuar manejando hacia su casa.

Me vino el pensamiento de ir al almacén y comprar una caja de barras de jugo congelado. Así que, doblé en la primera esquina y entré en el estacionamiento del almacén más cercano. Rápidamente me dirigí a la sección de alimentos congelados, de donde saqué una caja de barras de jugo de frutillas. Luego, me dirigí hacia la casa con mi regalo en mano.

Después de darle un abrazo a mi amiga, le alcancé mi regalo:

–¿Qué me trajiste? –me preguntó, mientras miraba adentro de la bolsa de compras. ¡Entonces, dejó escapar una exclamación de deleite!–. ¡Barras de jugo!

Luego me contó que había enviado a sus hijos adolescentes al almacén con una lista en la que les había pedido barras de jugo congelado, pero sin darse cuenta se las habían olvidado.

Era obvio que Dios no se había olvidado, ¡y él me envió a conseguirlas! Ahora era mi turno para emocionarme. Al mismo tiempo me sentí humilde, pensando acerca de cómo Dios me había utilizado para traer deleite a mi amiga, sabiendo que esto le traería deleite a él, al verla feliz a ella.

Señor, al avanzar cada paso de este día, deseo que tú me instruyas por medio de tu Palabra y de las experiencias que vengan en mi camino. Te pido que me enseñes lo que necesite saber. Ayúdame a estar dispuesta a seguir tus instrucciones. Guía mis pensamientos y acciones, de modo que te complazcan.

SHARON FOLLETT

Comunicaciones inalámbricas

Y la voz de ellos fue oída, y su oración llegó a la habitación de su santuario, al cielo. 2 Crónicas 30:27.

–HOLA, MAMI. ¿QUÉ ESTÁS HACIENDO?

La voz de mi hija me llegó a través del teléfono celular, fuerte y clara. Por un momento la visualicé todavía en la casa, tan solo a cinco kilómetros de distancia, pero entonces me golpeó la realidad. No, estaba a varios miles de kilómetros y nos separaba la inmensa masa del Océano Pacífico.

–Solo llamaba para decirles buenas noches a ti y a papá.

Mientras escuchaba, comencé a escuchar un sonido fuerte que interfería.

–Creo que tenemos una mala comunicación –le comenté.

–No –dijo ella–, estás escuchando los golpes del surf en la playa. Estoy sentada a la orilla del océano.

Ahora las cosas realmente se presentaron en una nueva perspectiva. Repentinamente recordé los maravillosos medios de comunicación a los que tenemos acceso. Una residente en una institución para jubilados, de donde soy la directora, recientemente me había contado que había recibido un mensaje por correo electrónico de un miembro de una familia en Pakistán. Otro me contó que recibió una llamada de una nieta en Indonesia. Muchos en el centro para jubilados, pueden recordar todavía los primeros sistemas telefónicos. Ahora estamos equipados con toda clase de aparatos de comunicación. No solamente tenemos teléfonos, sino *pagers*, teléfonos celulares, máquinas de fax, correo electrónico y correo de voz. La distancia no separa más a los familiares en nuestro mundo.

También me recuerda algo que me dijo mi hijo cuando expresé mi preocupación acerca de que se mudara tan lejos, al sur de California. Él dijo:

–Mamá, tú no notarás realmente la diferencia si te estoy llamando desde California o desde Atlanta.

Y tenía razón. A través del teléfono, es imposible juzgar las distancias.

El mismo Dios todopoderoso, que otorgó a los seres humanos el conocimiento para inventar los teléfonos y todos los demás aparatos de comunicación, también ha provisto un medio mayor aún de comunicación, que está al alcance de cada uno de nosotros. No se necesitan teléfonos, electricidad o computadoras para este sistema de comunicación milagroso, inalámbrico, que tiene acceso directo al mismo trono del Cielo; en las alas de una simple oración susurrante. ¡Todo lo que debes hacer es usarla!

Señor, necesito establecer la línea de oración, para mantenerme en contacto. Tú pareces tan cercano cuando puedo hablarte; siempre te encuentras allí.

BARBARA SMITH MORRIS

21 de septiembre

El bautismo

Arrepentíos, y bautícese cada uno de vosotros en el nombre de Jesucristo. Hechos 2:38.

LAS OLAS DEL OCÉANO ONDULABAN en su incesante orden eterno. La amplia extensión de arena estaba salpicada por una cantidad innumerable de pisadas de la gente, que estaba disfrutando de un día más en la playa en este día de comienzos de otoño. Construcciones de castillos de arena, y de otros proyectos de construcción con arena, yacían abandonados a lo largo de la playa. El sol lucía brillante sobre el cielo azul y se reflejaba en el agua. Esto lo hacía desear a uno que el verano continuara más y más. Había grupos de personas que caminaban de un lado a otro por la playa, tratando de absorber el sol, antes de enfrentar otro invierno en Maine. Los más ambiciosos estaban caminando en medio de las olas.

Era 21 de septiembre, y estaba por ocurrir un acontecimiento trascendental. Un grupo de unas treinta personas se había reunido en un sitio. Algunos habían traído sillas, algunos estaban todavía vestidos con sus ropas de iglesia y otros se habían cambiado a ropa más adecuada para el lugar. Los niños, entusiasmados de ver las maravillas del mar y la arena, pronto se encontraban mojados y sucios. Pero esto no molestaba al grupo. Y los cuidadores de la playa no tenían idea de lo que ocurriría, mientras observaban curiosamente en su caminata de un lado a otro a lo largo de la playa.

Pronto el pastor llamó la atención de la gente. Expresó gratitud a Dios por los tres candidatos bautismales. Los tres dieron sus testimonios, y entonces el grupo se acercó. Pero las voces mezcladas con el rugido de las olas apenas se podían escuchar.

La marea estaba baja, y el pastor y los candidatos tuvieron que caminar cada vez más adentro en el agua, para encontrar un lugar con suficiente profundidad para la inmersión. El resto del grupo se quedó en la orilla, tratando de acercarse lo más posible, y era salpicado por las olas que rompían en la playa. Porciones de sus cantos flotaban mar adentro.

Se dieron abrazos y se escucharon palabras de alegría, mientras todo el grupo se volvía a reunir en la playa: "Estoy tan feliz por tu decisión"; "Estoy tan contento de que estés con nosotros aquí"; y "Te amo". Pero, las palabras que permanecieron en mi mente al dejar esta hermosa escena provinieron de Bárbara, una de las recién bautizadas: "He llegado a casa".

Jesús tiene un hogar preparado para nosotros en el cielo, y nosotros sabemos que vendrá a buscarnos pronto. Estaremos allí para decir: "¿He llegado a casa, Jesús?"

DESSA WEISZ HARDIN

22 de septiembre

El otoño de nuestras vidas

Orad, pues, para que vuestra huida no sea en invierno ni en día de reposo.
Mateo 24:20.

"ÉPOCA DE NIEBLAS Y cosecha de frutos, amigo cercano del maduro sol". Rara vez contemplo la belleza del otoño sin recordar el poema de John Keats "El otoño". Las imágenes de calidez y belleza, que evocan sus palabras en mi mente, han contribuido a mi amor por la belleza del otoño.

El otoño en el sur de Ontario, Canadá, trae noches de aire frío vigorizante, que son seguidas por mañanas heladas, y días soleados y tibios. El sentimiento de tibios suéteres de lana y frazadas, el aroma de la madera quemando en el hogar, el delicioso aroma del pan casero y el sabor de una nutritiva sopa hecha en casa, todo se suma al encanto único y singular de la época del otoño.

Ahora que soy un poco más entrada en años, me he dado cuenta de que el otoño también es una estación de tristeza. Las referencias al otoño de la vida indican una época de salud, energías y vitalidad declinantes para algunas personas. La belleza vívida de la naturaleza, pintada en variados matices de rojos, dorados, anaranjados, marrones, amarillos y verdes, contradice el hecho de que el otoño señala el fin del verano y la llegada del invierno. El hermoso despliegue de colores del otoño precede a la caída de las hojas.

El otoño también es tiempo de frutos maduros. En algunos lugares el otoño significa la época de la cosecha. Nosotros celebramos, agradeciendo por la hermosa cosecha. Más significativo aún, el otoño es la estación de la preparación. Los granos, y otros productos cosechados, se almacenan para los largos meses del invierno que vendrá. Preparamos y aseguramos nuestros hogares, anticipándonos al clima frío. Algunos de nosotros emigramos temporariamente a lugares con climas más agradables. Planificamos nuestra supervivencia.

He aprendido muchas lecciones de mi observación de este ritual anual. Para sobrevivir a los ataques del maligno, debemos estar preparados. Podemos hacerlo por medio del estudio diario de la Palabra de Dios y a través de una comunión constante con él. Los acontecimientos del tiempo del fin pueden resultar mucho más difíciles para muchos de nosotros que el invierno más crudo que hayamos pasado. El engaño del maligno será difícil de resistir. Nuestro mejor plan es usar las lecciones que aprendemos del otoño para sobrevivir al invierno.

Querido Dios, por favor ayúdame en el otoño de mi vida, o en cualquiera que sea la estación en la que me encuentre, a estar preparada para caminar contigo todo el camino.

AVIS MAE RODNEY

23 de septiembre

Un rayo

Oh Jehová, de mañana oirás mi voz; de mañana me presentaré delante de ti, y esperaré. Salmo 5:3.

UN RAYO, ACOMPAÑADO por el ruido ensordecedor de un trueno, atravesó la casa. Eran las 15:30 de un sábado de tarde, y nuestra hija, Heidi, su esposo y nuestros dos nietos estaban sentados en su sala a cinco centímetros del camino que había seguido el rayo. Aturdidos, cayeron en la cuenta de cuán cerca se habían encontrado del peligro. Una inspección a la habitación de atrás comprobó que la computadora todavía andaba, pero que el teléfono estaba muerto. Al mirar a su alrededor, todo parecía estar bien.

Segundos más tarde, un vecino golpeó fuertemente a la puerta gritando:

–¡Salgan, su techo está en llamas!

Pasmados porque las alarmas de incendio no habían sonado, corrieron afuera bajo una lluvia torrencial, mientras contemplaban cómo se quemaba su casa. Estaban muy agradecidos a Dios, que les había salvado la vida.

–Como el techo se incendió primero, las alarmas no comenzaron a sonar inmediatamente –les explicó un bombero más tarde.

Aquella misma mañana, mientras estábamos sentados con mi esposo en la iglesia, sentí la necesidad sobrecogedora de orar por nuestra hija y su familia. Recientemente habían tenido que enfrentar difíciles situaciones severas, y nosotros sabíamos que necesitaban la ayuda especial de Dios. Mientras oraba, me corrían las lágrimas por la cara. "*Qué tonta*", pensé. "*Venimos a la iglesia para escuchar, no para orar durante el sermón. Puedo orar más tarde*". "No", parecía decir una voz: "¡Ora ahora, no esperes!" Así que, lo hice durante toda la hora del sermón.

Aquella tarde, Heidi nos llamó para decir que su casa se había quemado, pero que ellos estaban bien. Presentamos oraciones de gratitud porque no habían estado durmiendo la siesta o que aquello no había sucedido en el medio de la noche. Y, cuán agradecidos estábamos por un vecino cuidadoso y ayudador. Entonces me vino el pensamiento. Había estado sentada en la iglesia toda la mañana con lágrimas y oraciones por ellos; supe, entonces, que esa fue por lo menos parte de la razón por la que habían salido ilesos.

¿Cuántas veces sentimos la impresión de orar por alguien o por alguna situación y postergamos el pensamiento, diciendo: "Lo voy a hacer más tarde", cuando más tarde puede ser demasiado tarde? Satanás está allí esperando para causar problemas a diestra y siniestra, y nuestras oraciones pueden salvar. Cuán importante es que escuchemos cuando nos habla el Espíritu.

DARLENE YTREDAL BURGESON

Parada en la fila

Guarda silencio ante Jehová, y espera en él. No te alteres con motivo del que prospera en su camino, por el hombre que hace maldades. Salmo 37:7.

ESTABA CAMINANDO POR EL centro comercial, y pasé varias filas largas de gente, filas para los cajeros, filas de gente tratando de comprar alimentos rápidos. Algunas personas golpeaban sus pies contra el suelo mientras esperaban; otras se manifestaban obviamente preocupadas. Otros parecían molestos porque la persona que se encontraba al frente de la fila estaba demorando demasiado, y las emociones se inflamaban cuando alguien trataba de infiltrarse.

Los padres andaban detrás de sus hijos pequeños que deseaban más diversión, cualquier cosa que no fuera estar parados en una fila aburrida. Algunos buscaban una fila más corta o se cambiaban a la que parecía moverse más rápido. Muchos matrimonios se separaban y cada uno se paraba en una fila diferente, con la esperanza de que alguno alcanzara antes la caja. Se cruzaban sonrisas pícaras, cuando el ganador invitaba al perdedor a unirse a su fila para comprar juntos. Un hombre anciano murmuraba mientras sus manos artríticas le dificultaban separar los billetes en su bolsillo, mientras una mujer anciana trataba de sacar monedas que estaban escondidas en los pliegues de su cartera.

Mientras esperaba mi turno para pagar mis propias compras, mi corazón estaba lleno de alabanza. Sonreía alegremente y hubiera entonado a voz en cuello cantos de alabanza, si no hubiera pensado que sería interpretado como una manifestación de enojo. El pensamiento me llevó a no manifestar mis pensamientos abiertamente, pero interiormente estaba cantando al máximo de mi voz: "Gracias, Dios, por la oportunidad que tengo de acercarme confiadamente a ti en oración". No tenía que esperar en una fila atestada de gente, tampoco tenía que depender de mi esposo o de algún otro para pedir por su intermedio a Dios. Ni siquiera tenía que apurarme a hacer mi petición a fin de que otros pudieran tener tiempo para estar con Dios.

Gracias, Señor misericordioso, porque no tengo que esperar en una fila para agradecerte por amarme, por concederme perdón, por extenderme una segunda oportunidad cuando arruino las cosas. Hoy puedo venir confiadamente a tu trono. Nadie esta esperando delante de mí. Nadie está esperando por detrás, así que no necesito apresurar el tiempo que paso contigo. Puedo tomar todo el tiempo que necesito par hablar contigo, sabiendo que nuestros momentos íntimos son sagrados. Tengo la posibilidad, y estoy disfrutando del momento privado contigo.

GLORIA GREGORY

25 de septiembre

Los gansos demandantes

Fíate de Jehová de todo tu corazón, y no te apoyes en tu propia prudencia. Reconócelo en todos tus caminos, y él enderezará tus veredas. Proverbios 3:5, 6.

ESTOY ESCRIBIENDO ESTA HISTORIA DESDE el Parque Nacional F. D. Roosvelt, ubicado en las afueras de Columbus, Georgia, EE.UU., donde con mi esposo estamos pasando una vacación de diez días acampando en nuestra casa rodante. Estamos estacionados a la orilla del lago y tenemos una vista perfecta de los gansos que se encuentran nadando en el agua. Algunas personas están paseando en canoa sobre el lago, mientras otros están pescando desde el muelle y desde la orilla del agua. Algunos niños están andando en sus bicicletas y otros están jugando a la pelota.

Es un hermoso día de sábado, con el soplo de una suave brisa, nubes esponjosas que atraviesan el cielo y una temperatura agradable. La escena es perfecta. Para el observador casual, la vida parece calma y tranquila aquí afuera. Nunca notaría que cada día los animales del parque deben permanecer en guardia para burlar a sus depredadores, para poder mantenerse con vida.

En una caminata que hicimos hoy, vimos varios gansos grandes y gordos que eran alimentados por niños con sus padres. Durante todo el verano, los gansos son alimentados por la gente y se acostumbran a recibir su alimento de una manera fácil. Cuando el pan se terminó, los gansos volvieron su atención a un niño, de alrededor de 5 años, que estaba caminando en las cercanías. Comenzaron a seguirlo, graznando para llamar su atención. Él se volvió y, cuando los vio, se asustó y echó a correr. Cuanto más rápido corría, más rápido corrían ellos detrás de él, graznando y aleteando sus alas, demandando que se los alimentara. El pobre niño estaba aterrorizado, y corrió a los brazos de su madre gritando y llorando. Mi corazón se conmovió por él. Recordé la ocasión cuando uno de mis hijos fue perseguido por un ganso en un zoológico de mascotas en Tennessee, cuando tenía 5 años, y de cuán asustado había estado.

Esta escena de los gansos demandantes me recuerda cómo nosotros, los seres humanos, actuamos tan a menudo de la misma manera con Dios. Cuando no conseguimos las cosas a nuestra manera, o no obtenemos las respuestas que deseamos de parte de Dios, nos quejamos, nos rebelamos y levantamos el puño. Algunos hasta rechazan a Dios completamente cuando no consiguen lo que quieren o no comprenden por qué suceden las cosas de cierta manera.

Señor, ayúdanos a no actuar como gansos demandantes, insistiendo en nuestros propios deseos. Ayúdanos a confiar en ti, a rendirnos a ti.

CELIA MEJÍA CRUZ

26 de septiembre

Canales de su amor

Cuando pases por las aguas, yo estaré contigo... porque a mis ojos fuiste de gran estima, fuiste honorable, y yo te amé. Isaías 43:2-4.

COMO CAPELLÁN EN ENTRENAMIENTO, estaba por entrar en la habitación de un paciente, cuando una mujer encolerizada pasó a mi lado, con una valija a la rastra. Viendo que las enfermeras corrían a toda velocidad detrás de ella, me di cuenta de que esta mujer estaría tratando de salir en contra del consejo médico.

Un poco después, cuando me encontraba visitando a su compañera de habitación, Alice,* trayendo su valija adentro, se dejó caer en la cama al lado de la ventana. Me sentí contenta de que habían podido persuadirla para que se quedara, pero ahora ¿qué le podía decir para contactarme con ella? Pensé: *"Está sufriendo, Señor. Ayúdame a ser un canal de tu amor"*.

–Hola –comencé yo–. Mi nombre es Heide, y soy la capellán en esta unidad. Lamento que las cosas no estén yendo muy bien en tu día.

Eso era todo lo que Alice necesitaba; pronto estábamos envueltas en una conversación. Exteriorizó todos sus temores y ansiedades.

Eventualmente, me confió que creía que Dios la había abandonado.Ella había sido muy activa en la iglesia y había sentido a Dios de cerca. Pero entonces, la carga de cuidar de su madre anciana como también de manejar su propia diabetes y responsabilidades múltiples, la llevaron a alejarse de la iglesia.

–Yo lo dejé a él, y entonces él me dejó a mí –dijo ella.

Le hablé con suavidad:

–Alice, Dios te ama tanto... Aun cuando tú te hayas alejado de él, él todavía te ama. Él comprende tus luchas. Sabe que es duro, y está a tu lado dándote ánimo, listo para ayudar. Se siente orgulloso de tu decisión de seguir adelante cuando has deseado renunciar a la vida tantas veces. Puede ser que sientas que te ha dejado, pero no lo ha hecho. Te ama demasiado para dejarte sola.

Mientras el gozo comenzaba a filtrarse lentamente en su alma, Alice dijo:

–Dios me debe de amar, porque te envió a ti.

Yo me incliné y coloqué mi brazo alrededor de sus hombros, y oré en voz alta por ella. Ella dejó descansar su cabeza sobre mi brazo y susurró:

–Hace tanto tiempo que nadie me abrazaba.

Después de esto, mi corazón se abrió en alabanzas a Dios, por permitirme ser un canal de su amor de una forma tan tangible. ¡Cuánto anhela él usarnos a todas nosotras para abrazar a la gente en su amor increíble!

---

* No es su nombre real.

HEIDE FORD

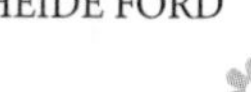

27 de septiembre

Cocinar siguiendo la receta

Ni el ojo puede decir a la mano: no te necesito, ni tampoco la cabeza a los pies: no tengo necesidad de vosotros. 1 Corintios 12:21.

Por más de trece años ha sido mi deseo, y una aventura, coleccionar libros de recetas vegetarianas y buscar nuevas recetas vegetarianas. Desdichadamente para mi familia, no nací con abundantes destrezas culinarias.

En un curso de cocina, probé una receta que habían demostrado que se llamaba *Bollitos de papa al queso, sin queso.* Parecía suficientemente simple; planifiqué recrear esta receta para mi familia algún día. Doce tazas de papas ralladas eran para intimidar, pero prevaleció la determinación. Rallé papas, y más papas. Finalmente, pude agregar el resto de los ingredientes.

El aroma era muy bueno mientras se cocinaba. No podía esperar para compartir esta receta con mi familia, y aún me encontraba más ansiosa de comerla yo misma. Finalmente estuvo servida la cena. La familia comenzó a comer. Mi hija mayor fue la primera en opinar.

–¡Qué asco! ¡No me gusta! ¡Tiene un gusto raro!

–Está bastante malo esto; ¿qué es? –añadió mi esposo.

Pude escuchar un extraño ruido mientras él hablaba y se volvía hacia mi hija menor. Ella estaba escupiéndolo y haciendo arcadas. Como todavía no había probado los bollitos de papa, decidí ver de qué se trataba todo el lío. Me bastó con un solo bocado. Estaba horrible, y no tenía idea de por qué.

Mientras preparaba una comida rápida en reemplazo, repasé la receta en mi mente. Entonces me di cuenta de que no le había puesto sal. Era asombroso cómo una pequeña cosa podía producir una diferencia tan grande.

Como odio desperdiciar cualquier cosa, comí esos bollitos igual. La receta llenaba una fuente grande de horno, así que tuve suficiente para comer sola diariamente por más de una semana. Y, cada día, esto me recordaba cuán importante es cada uno de nosotros en la iglesia de Dios. Aun con todo el trabajo que hagamos para la iglesia como individuos, necesitamos a los demás para estar completos. Primera de Corintios 12:21 y 22 dice: "Ni el ojo puede decir a la mano: No te necesito, ni tampoco la cabeza a los pies: No tengo necesidad de vosotros. Antes bien, los miembros del cuerpo que parecen más débiles, son los más necesarios".

Señor, oro para poder ver a la gente y sus dones espirituales como lo haces tú. Mi juicio puede ser torcido por mis propios sentimientos y mi propia agenda. Ayúdame a ver a la gente más allá de lo que ve el mundo. Gracias por verme a mí de esa manera.

MARY J. WAGONER ANGELIN

Yo sé quién sostiene mi mano

Tú guardarás en completa paz a aquel cuyo pensamiento en ti persevera; porque en ti ha confiado. Isaías 26:3.

RECIENTEMENTE ME SOMETÍ, POR voluntad propia, a una cirugía de la vista. Aunque yo había decidido hacérmela, de todas maneras temblaba por dentro al entrar en el centro quirúrgico. Una mujer afable, que se presentó a sí misma como Jennifer, me saludó y me llevó al área prequirúrgica. Ella se dedicó a prepararme, mientras yo observaba cómo pasaban los otros candidatos a cirugía, uno por uno, a la sala de cirugías.

De pronto llegó mi turno y, sobre mis piernas inestables, seguí a la enfermera a la siguiente habitación. Estaba bastante frío allí; así que, cuando me acosté sobre la mesa de cirugía, me taparon con una frazada. Esto me ayudó a calentarme, pero a pesar de la medicación que me habían dado para relajarme, todavía estaba aprensiva.

Justo después de que comenzó la cirugía, sentí que se levantaba la frazada de un lado y una mano se deslizó en la mía. Inmediatamente comencé a sentirme más relajada. Tan sólo sentir aquella mano invisible me sacó parte del temor. No estaba sola, aunque no podía ver a nadie.

La operación fue corta y tranquila, y pronto estaba de regreso en la sala de recuperación. No fue hasta que estuve en camino a casa que recordé la mano que sostuvo la mía en la sala de operaciones. Todavía no sé de quién era, pero sí sé que hizo que la cirugía fuera mucho más tolerable.

Cada día enfrento cosas, visibles e invisibles, cosas que producen temor. Este mundo pecaminoso ha llegado a estar lleno de acontecimientos que pueden paralizarnos con temor. Si leemos los diarios y escuchamos las noticias cada día, y nos informamos de todas las cosas horribles que les suceden a personas inocentes, nunca desearemos dar un paso afuera de nuestras puertas. Pero, la mayoría de nosotros tenemos que aventurarnos en el mundo cada día. Afortunadamente, sé quién está sosteniendo mi mano. Puede ser que no lo vea, pero sé que está allí, siempre conmigo, siempre guiándome, siempre protegiéndome. No puedo tener miedo, porque yo sé que él está allí.

Gracias, Padre celestial, por sostener mi mano. Gracias por tu protección amante y por tu cuidado sobre mi familia. Yo sé que nada puede sucederme hoy que no esté en tus planes.

FAUNA RANKIN DEAN

29 de septiembre

Compasión triple

Con sus plumas te cubrirá, y debajo de sus alas estarás seguro. Salmo 91:4.

EL SONIDO ENSORDECEDOR DE aviones nos hizo volver a la conciencia, en aquella mañana de fines de septiembre. Con mi esposo y nuestras pequeñas hijas, salimos afuera para disfrutar del aire fresco y limpio, cuando tres aeroplanos, en formación cerrada, volaron muy bajo por encima de nuestras cabezas en forma atronadora. En ese momento, el ala de un avión tocó el ala del otro avión a su lado, y observamos sin poder creer lo que veíamos, cómo el último, habiendo perdido el equilibrio, repentinamente comenzó a caer desde el cielo.

Momentos después, una columna negra de humo espeso se elevaba desde un campo que quedaba justo detrás de nuestro hogar. Nos subimos al auto y nos apresuramos a llegar al lugar de la escena; fuimos los primeros en llegar al campo de maíz, ahora trillado en forma pareja por el impacto. Un cuerpo solitario yacía sin vida sobre la tierra. La cola del avión se encontraba a la distancia, y pedazos y partes estaban desparramados por todas partes. Un pañuelo blanco, doblado, yacía a nuestros pies.

Observamos cómo uno de los aviones regresaba supuestamente al aeropuerto, para informar de la tragedia de la que había sido testigo. El otro continuó haciendo círculos, inclinándose sobre el avión caído y su víctima. Nunca nos habíamos sentido tan completamente incapaces.

El diario vespertino trajo la noticia, que parecía de alguna manera ser nuestra historia también. Todavía era nuestra historia cuando, tres meses más tarde, en la mañana de Año Nuevo, el hijo del piloto caído le nació a su sobreviviente esposa. Lo sé de primera mano, porque mi hija nació justo unas pocas puertas más allá, en el pasillo del hospital, la misma mañana.

Mientras consideraba el incidente, mis pensamientos se volvieron a nuestro trino y único Dios en los cielos. A diferencia del piloto que perdió su vida por causa de un error de vuelo, nuestro Salvador, que no conoció pecado, vino a la tierra y murió por causa de nuestros pecados. El amor del Padre por nosotros es tan profundo y sobrecogedor como lo fue su dolor al contemplar cómo moría su Hijo. El Espíritu Santo se inclinó sobre nosotros con compasión y para darnos seguridad. El pensar en este increíble amor tripartito, que rehusó dejarnos abandonados, desvaneció para siempre toda duda de mi mente. Si los seres humanos pueden expresar su compasión como lo hicieron esos otros pilotos por uno de los suyos, cuánto más cuidado manifiesta nuestro Dios trinitario por nosotros, ¡sus hijos! Descanso agradecida en la seguridad de su promesa: "No te desampararé, ni te dejaré" (Heb. 13:5).

LORRAINE HUDGINS-HIRSCH

30 de septiembre

Las tres H

Pero pida con fe, no dudando nada; porque el que duda es semejante a la onda del mar, que es arrastrada por el viento y echada de una parte a otra.
Santiago 1:6.

EL MES DE SEPTIEMBRE, EN FLORIDA, EE.UU., puede ser peligroso. He sobrevivido a 24 septiembres en el sureste de Florida, así que siento que puedo tomarme un poquito de libertad para referirme a este mes como el de las tres H: calor (en inglés: heat), humedad y huracán. Buscar un lugar fresco y seguro de refugio es de capital importancia para todos, si se aproxima un huracán en nuestra dirección. El diario local publica instrucciones acerca de cómo entablar ventanas, información de lugares de refugios y mapas de evacuación a través de rutas transitables.

Yo, sin embargo, tengo más de un problema con el calor de septiembre y la humedad. Cuando estas dos H se vuelven agobiantes, mi temperamento, que normalmente es agradable, desaparece por la ventana. Me agobia el desaliento espiritual y de otros tipos. Siento una necesidad desesperada de un refugio seguro. La ensenada Júpiter, con su famoso faro, provee el retiro perfecto para mí. Al amanecer, me escapo para sentarme en sus orillas. Y, al extender mi vista sobre el vasto Atlántico, me maravillo por los enormes buques de carga que pasan navegando lentamente hacia lejanos puertos. Pronto se vuelven puntos en el horizonte. Pequeños barcos comerciales atraen ahora mi atención. Regresan a casa llenos con la pesca exitosa del día. Silenciosamente, los vitoreo mientras se aproximan a la entrada de la ensenada.

Los marineros avezados, tanto en los barcos de carga como en los botes de pesca, confían en el faro. Los barcos, en las líneas de navegación, ven la luz desde la lejanía y saben que se encuentran en curso. Los pequeños botes siguen la luz hasta puertos seguros. Contemplo el alivio que deben de sentir los pescadores.

Me atraen los sonidos chillones de niños que juegan con las olas que azotan sus pequeñas piernas. Los rayos de luz del faro se vuelven más brillantes mientras el sol poniente se hunde cada vez más en el oeste. Las madres llaman. Pequeños pies corren, pateando arena en todo el camino, llevando a los niños directamente a los brazos amantes de sus progenitores.

En mi contemplación me encuentro ahora, más que nunca, consciente de que mi Creador y Salvador nunca cesa de extender sus rayos de luz hacia mí. Le pido que me dé paz. Miro hacia arriba y fijo mi curso. Su luz salvadora me guía. Olvido el calor, la humedad y mis dudas. Aun con su reputación, septiembre ha sido bueno para mí. Me lleva hacia aquel seguro descanso que amo por encima de todo, mi Padre Dios. MARIANNE TOTH BAYLESS

1° de octubre

Hormigas en mi toalla

Quítense de vosotros toda amargura, enojo, ira, gritería y maledicencia, y toda malicia. Efesios 4:31.

RITA SE ENCONTRABA SENTADA frente a mi escritorio; le rodaban lágrimas por sus mejillas.

–Lo ha hecho otra vez –dijo ella–. ¡Me pone tan mal!

Rita comenzó a enumerar, una por una, la lista de una cantidad de cosas pequeñas que su vecina le había hecho. Cada vez que repetía una de estas ofensas, le brotaban nuevas lágrimas. Mientras escuchaba, me acordé del día en que encontré hormigas en mi toalla.

Acababa de darme mi ducha matutina, y me sentía renovada. Alcancé la toalla y comencé a secarme vigorosamente, para hacer circular la sangre. De repente, sentí pequeños pellizcos de dolor por todo el cuerpo. Miré hacia abajo, y descubrí pequeñas hormigas rojas sobre mi piel.

Había estado batallando con estos pequeños insectos desde hacía algún tiempo. Durante la estación lluviosa se habían trasladado adentro de mi casa. Las había ahuyentado de tres aparadores, de mi ropero y hasta de mi cama. Ahora, de la noche a la mañana, habían encontrado un hermoso nuevo lugar en el que anidar. Cuando las molesté al frotar la toalla, se defendieron, y esto dolía. Pueden estar seguras de que no me presté para ser la anfitriona de estas hormigas por mucho tiempo. Eché un insecticida en el baño y busqué una toalla nueva.

Cuán necio hubiera sido, de mi parte, permitir que las hormigas permanecieran en mi cuerpo, picándome cuando quisieran y entregándome a sufrir cuando lo hicieran. Sin embargo, esto era exactamente lo que Rita estaba haciendo con las pequeñas molestias de su vecina. Rita guardaba muy adentro cada cosa que su vecina le decía, cada cosa poco amable que le había hecho. Ella seguía revolviéndolas y, cada vez que recordaba los rencores que tenía contra su vecina, esto e volvía a producir dolor. Yo lo sé, porque he hecho lo mismo, alimentando mis ofensas, rehusando renunciar a ellas, rehusando perdonar, hasta que me di cuenta de que albergando estas pequeñas "hormigas" de amargura, tan sólo me estaba lastimando a mí misma.

Compartí con Rita cómo yo, en una situación similar, había decidido deshacerme de todas las ofensas entregándoselas a Jesús. Sugerí que el perdón es como un insecticida que librará nuestros corazones de las ofensas que encontramos en nuestro camino. Al decidir perdonar y tratar al ofensor como si nunca me hubiera herido, estaba escogiendo hacer lo que Jesús hizo por mí tantas veces: tratarme con el amor y la compasión que no merezco.

DOROTHY EATON WATTS

2 de octubre

El sendero que me conduce al Paraíso

Me mostrarás la senda de la vida; en tu presencia hay plenitud de gozo; delicias a tu diestra para siempre. Salmo 16:11.

UNA CARRETERA MUY TRANSITADA ME SEPARA de mi destino deseado. Cuando el tránsito se despeja momentáneamente, rápidamente cruzo al otro lado y prosigo hasta doblar a la derecha, en el camino que quiero tomar. Una suave brisa y la temperatura agradable crean un atardecer delicioso para caminar. "Qué atardecer perfecto para estar en los cayos de la Florida", pienso. "Todo está bien en mi mundo".

Desde la distancia, el agua color verdoso del Golfo de México invita a admirar su belleza. Residencias palaciegas se alinean a un lado del sendero. Un cerco de rejas de hierro, con un portón cerrado, rodea a una de ellas. Un muro bajo de ladrillos se asoma desde otra. Un hermoso follaje en flor flanquea el lado opuesto de la entrada. Un derrumbe en el sendero produce un pequeño desvío.

Camino alguna distancia antes de regresar por el mismo lugar. Cuando llego al lugar donde entré en el sendero, me asombra ver que continúa en la dirección opuesta. Las otras veces, cuando había caminado por este sendero, siempre pensé que había entrado en su comienzo.

Cada uno de nosotros enfrenta el camino de la vida. Realmente no importa qué dirección escoja para andar, las elecciones que hacemos en el sendero de la vida producen una tremenda diferencia. Cada dirección da lugar a sus propias consecuencias. Nuestras elecciones reflejan adónde pertenece nuestra lealtad. A lo largo del sendero de la vida, hay muchas señales y sonidos que ya sea deleitan o repelen los sentidos. Las experiencias de la vida nos dejan preciosos recuerdos o nos dejan llenos de culpa y vergüenza. Los obstáculos a menudo bordean el camino, sirviendo tanto de protección como de desafío. Las ideas preconcebidas pueden llevarnos a tener una mente cerrada, estorbando el progreso a lo largo de nuestro camino espiritual.

Tomé mi caminata del atardecer sola. El caminar cristiano, sin embargo, siempre ofrece una compañía. Cuando se lo invita, el Señor camina a nuestro lado a cada paso del camino. Cuando decidimos incluirlo, la caminata nos lleva en una dirección totalmente nueva, los gozos son mayores, los placeres más profundos. Y, más que esto, el sendero nos conduce al Paraíso.

MARIAN M. HART

3 de octubre

Descompuesta

Decía yo en mi premura: cortado soy de delante de tus ojos; pero tú oíste la voz de mis ruegos cuando a ti clamaba. Salmo 31:22.

MI COMPUTADORA ESTABA ENFERMA, muy enferma. No soy técnica, pero hasta yo podía darme cuenta de que algo andaba mal. Hasta me pregunté si escribir a mano no sería más rápido. Algunas de mis amigas, expertas en el campo, vinieron a revisar la situación. Sugirieron que borrara todos los programas innecesarios, dejando solamente lo necesario para que funcionara el CPU, despejara de virus, y muchas otras soluciones posibles, pero nada dio resultado.

Tratamos de llamar por teléfono para conseguir ayuda, pero mi garantía había expirado dos meses antes. Los técnicos estaban dispuestos a ayudar, pero tendría un costo. Yo preferí esperar. Entonces, la pantalla se puso negra. Se había congelado. Repentinamente, los $49,95 parecían un muy buen precio si podía conseguir ayuda rápido.

–Probablemente tenga un virus –señaló el técnico cuando con Dorett le llevamos la máquina al negocio–. La vamos a revisar.

Durante la semana que llevó para que arreglaran la computadora, me encontraba perdida. Quedó suspendida mi comunicación de saludos con amigas distantes. También me quedé sin mi agenda de compromisos que había hecho y los registros de las boletas que tenía que pagar. Los pedazos de papel en los que garabateaba "olas de inspiración cerebral" eran un pobre sustituto de mis archivos de la computadora. Peor que todo, la guía rápida para investigar toda clase de fenómenos no se encontraba más al alcance.

Pero nuestro Dios es infinitamente creativo. Él utilizó esa semana para acercarme más a él. Mientras leía una traducción contemporánea del libro de los Salmos, mi Padre me mostró algunas similitudes sorprendentes entre mi uso de la computadora y el gozo de confiar en él.

Utilizo el texto de hoy cuando mi pantalla se congela. Cuando me vuelvo tan aturdida como mi computadora, él me señala el Salmo 101:3 (DHH): "No pondré jamás la mira en propósitos perversos". Si olvido mi clave espiritual, se me recuerda: "Mi Señor y Dios, te alabaré con todo el corazón y glorificaré siempre tu nombre". (Sal. 86:12, DHH). Cuando temo el ataque de un virus, "Yo busco mi refugio en el Señor" (Sal. 11:1, DHH). El Salmo 102:27 me recuerda dejar mi computadora espiritual encendida, porque "tú eres el mismo; tus años nunca terminan". Pero el pensamiento más consolador proviene de la garantía de por vida de mi Hacedor: "Me mostrarás la senda de la vida; en tu presencia hay plenitud de gozo; delicias a tu diestra para siempre" (Sal. 16:11).

GLENDA-MAE GREENE

Dios es todopoderoso

Tú eres el Dios que hace maravillas; hiciste notorio en los pueblos tu poder. Salmo 77:14.

Me encontraba visitando Austria en bicicleta. Era mi tercer día, el clima estaba hermoso y, para la hora del mediodía, había avanzado más de la mitad de la distancia para llegar a mi próximo destino. Hasta aquí, todo había andado bien. No había tenido problemas con la bicicleta; sin embargo, cuando regresé del restaurante, noté que la rueda de atrás había perdido aire. Los siguientes treinta kilómetros fueron extremadamente difíciles de andar y alcancé un hospedaje para jóvenes, completamente exhausta. Afortunadamente, encontré fácilmente un lugar para comprar un neumático y cámara nuevos, y se pudo reparar rápidamente la bicicleta.

Estaba muy contenta de estar finalmente en la habitación del hospedaje para jóvenes y de poder dormir. Se encontraban otras dos personas parando en la misma habitación, pero ellas salieron porque había una fiesta en la villa esa noche. Dormí hasta que ellas regresaron a la medianoche. Cinco minutos más tarde, se encontraban roncando a dúo. Nunca había escuchado roncar a alguien tan fuerte como ellas lo hacían, y oré para que Dios las ayudara a dejar de roncar a fin de que me permitieran un sueño saludable. Pero nada sucedió. Yo no podía dormirme y, después de más de dos horas, estaba realmente desesperada. Estaba muy cansada, y necesitaba descansar para poder continuar mi *tour* al día siguiente. Finalmente me levanté, y pensé en ir a dormir afuera, pero renuncié a esa idea. Entré en el baño y oré con todo mi corazón: "*Señor, tú conoces mi situación. ¡Por favor, haz algo! ¡Por favor, ayúdame! O haz que paren de roncar o cierra mis oídos. Yo no sé qué hacer, pero tú eres capaz de ayudarme. Gracias por cuidar de mí*". Entonces regresé a la habitación.

Cuando abrí la puerta al dormitorio, el ruido se detuvo inmediatamente. Estaba realmente asombrada. A pesar de confiar en Dios, después de dos horas de insomnio y de la oración que acababa de hacer, no esperaba que sucedería algo así. Yo no sé cuál es la solución que Dios escogió, pero lo que hizo por mí durante aquella noche me dejó realmente impresionada. Dios es todopoderoso; él está listo para ayudar a sus hijos en todo momento. Nunca había experimentado a Dios en semejante forma antes.

Te alabo a ti, el Dios que obra milagros. Te pido que obres milagros en nuestras vidas hoy, para que puedas continuar desplegando tu poder entre las personas cercanas y queridas a cada una de nosotras.

HEIKE EULITZ (Adaptado.)

5 de octubre

El dinero del milagro

Mas buscad primeramente el reino de Dios y su justicia, y todas estas cosas os serán añadidas. Mateo 6:33.

ESTABA EXHAUSTA. Estaba tratando de mantener dos trabajos de tiempo parcial, y necesitaba estudiar también. Tendría que renunciar a uno de mis trabajos. Tenía un trabajo agradable en las oficinas de la Asociación de la iglesia local y un trabajo muy estresante (donde me pagaban el doble) como jefa de Terapia Ocupacional en un centro de rehabilitación.

Entonces, hubo un cambio repentino de mis planes de estudios, por lo que el trabajo estresante se volvió imposible de mantener. Cuando le pregunté a Dios cómo íbamos a poder subsistir financieramente, él pareció susurrarme que no necesitaba preocuparme, que él encontraría nuevos caminos para que yo escribiera para él, algo que siempre me gustó hacer. Así que, decidí no trabajar tiempo completo en las oficinas de la Asociación.

En los pocos meses que siguieron desde que renuncié a mi trabajo bien pagado, hemos visto a Dios obrar muchos milagros. En unos pocos días conseguí un contrato importante para escribir. Entonces, un mes antes de que finalizara el contrato, se me pidió que escribiera un libro. Luego ¡me llegó la oferta de escribir otro libro! Pero, cuando se escribe un libro, pueden pasar años antes de que se vea algún dinero, y yo me preguntaba cómo proveería Dios para nosotros mientras esperábamos. ¡Entonces, descubrimos que habíamos estado pagando impuestos de más por los últimos dos años! La agencia recaudadora de impuestos nos envió varios cheques con cantidades de dinero grandes, con las que no habíamos estado contando.

Más dinero provino de otra fuente inesperada, cuando se descubrió que el agua, en una pileta de un *spá* que yo había visitado, estaba contaminada con bacterias. Estuve enferma por unos pocos días y pensé que podría conseguir solo una visita gratuita como compensación; pero, en lugar de esto, me enviaron un cheque por una cantidad grande. Parecía como si Dios se hubiera estado divirtiendo pensando en nuevas maneras de sorprendernos con su provisión asombrosa. Habíamos estado orando durante años por un auto, y de pronto pudimos comprar el que necesitábamos.

Algunas cosas parecen imposibles para nosotros, pero no lo son para Dios. Cuando damos un paso de fe, él siempre está allí mismo, haciendo algo asombroso. Nunca echamos de menos el dinero de mi trabajo como terapeuta ocupacional. Y, si nos ponemos a pensar mejor, dondequiera que hayamos trabajado, y no importa cuánto hayamos ganado, siempre hemos tenido suficiente para pagar nuestros gastos. ¿Qué más podríamos desear?

KAREN HOLFORD

6 de octubre

Hongos para Ray

En lugar de la zarza crecerá ciprés, y en lugar de la ortiga crecerá arrayán; y será a Jehová por nombre, por señal eterna que nunca será raída. Isaías 55:13.

MI SOBRINA NIETA RAY HA pasado por momentos difíciles últimamente. Ha sido rechazada por su madre, como también por otras personas en su vida. Esto le ha provocado depresión y paranoia. Con su hijo de 5 años, viven ahora con su abuela en Georgia. Alrededor de un año atrás, ella entregó su vida al Señor y fue bautizada. Satanás no la ha dejado tranquila desde aquel momento.

Ray es una persona muy talentosa y una joven inteligente, y su pasión es ser peluquera. Había estado desempleada por un largo tiempo, y se estaba desanimando. Decidió poner a Dios a prueba. Le pidió al Señor, una noche, que protegiera y bendijera el hogar de su abuela.

A la mañana siguiente, había hongos en el patio del frente. El patio del frente de su abuela era él único de todo el complejo que había desarrollado hongos. Ella llegó a la conclusión de que esos hongos eran una respuesta a sus oraciones, y procedió a contarlos: 33 hongos en la tierra frente a la ventana de la sala.

No sabiendo cuál había sido la oración de su nieta, la abuela los sacó porque no quería que su bisnieto los tocara. Ese día, Ray recibió tres ofertas de trabajo en salones de peluquería. Cuando regresó a casa de una de las entrevistas, vio que habían desaparecido los hongos; entonces le preguntó a la abuela por ellos. Cuando la abuela le contó a Ray lo que había sucedido, Ray se enojó y le explicó a su abuela que esos hongos eran una señal de que Dios había contestado su oración.

La abuela le dijo que si esos hongos eran para bendición y protección de su hogar, entonces a la mañana siguiente surgirían nuevos hongos. Y a la siguiente mañana había otra vez hongos en el patio del frente; se encuentran todavía allí. Si desaparecen, es porque Dios así lo desea, y él piensa que Ray no necesita más esa seguridad de que él escucha y contesta las oraciones.

Dios responde las oraciones de muchas maneras: por medio de su Palabra, o de un individuo o a través de la naturaleza. Él contesta las oraciones en formas en que alguien como mi sobrina pueda comprender.

OLIVE LEWIS

7 de octubre

La fe de un niño

Y antes que clamen, responderé yo; mientras aún hablan, yo habré oído.
Isaías 65:24.

CORRÍA EL AÑO 1980 CUANDO nos mudamos a Moradabad, una ciudad muy conocida en la India, reconocida como la ciudad de los utensilios de bronce. Le pidieron a mi esposo que asumiera responsabilidades de liderazgo en una escuela de iglesia. Era lindo estar con los estudiantes, y a mí me gustaba la enseñanza. Tenemos dos varones que en aquel momento eran demasiado pequeños para ir a la escuela, pero en los años subsiguientes el mayor comenzó a asistir a clases.

Un día, alrededor de un año después, él llegó a casa quejándose de un dolor de estómago. Le dimos alguna medicina, pero para la noche estaba ardiendo de fiebre. Lo llevamos a nuestro médico, que le hizo un diagnóstico y le prescribió algunas medicinas. Cuando regresamos a casa, todos nos arrodillamos y oramos. Después de la oración, le dimos la nueva medicina a nuestro hijo. Una media hora después comenzó a llorar:

–Papá, me estoy muriendo; por favor, sosténme fuerte.

Mi esposo lo sostuvo fuertemente contra su pecho, pero nuestro hijo siguió murmurando que se iba a morir. Repentinamente, pidió que oráramos a Jesús. Inmediatamente imploramos a Dios que salvara su vida.

En algún momento durante la noche, de pronto, pidió leche. Demasiado débil como para decir algo, señaló en la dirección donde se encontraba. Inmediatamente agradecimos a Dios por restaurar la vida de nuestro hijo. Recordé el versículo: "Mi Dios, pues, suplirá todo lo que os falta conforme a sus riquezas en gloria en Cristo Jesús" (Fil 4:19). Seguramente el Señor cuidó de nuestra necesidad y de la necesidad de nuestro querido hijo. Le dio fuerzas y le concedió su misericordia.

Hoy, nuestro hijo ha completado sus estudios de colegio y se está preparando para continuar sus estudios. Dios siempre ha sido misericordioso con mi familia. Cuandoquiera que clamemos por ayuda, él inclina su oído a nuestras voces y nos bendice de acuerdo con nuestras necesidades.

Gracias por ser nuestro Dios viviente, por guiarnos en tus caminos como un faro en la noche oscura. Gracias por concedernos sabiduría, fuerza y conocimiento para hacer lo mejor en nuestros esfuerzos. Gracias, Señor, por tu amor y cuidado demostrado a nuestra familia. Concédenos tu misericordia para que podamos permanecer siempre fieles hasta el fin.

TARAMANI NOREEN SINGH

Más de lo que había pedido

Y a Aquel que es poderoso para hacer todas las cosas mucho más abundantemente de lo que pedimos o entendemos, según el poder que actúa en nosotros.
Efesios 3:20.

YA HACE QUINCE AÑOS QUE me vienen controlando por mi bajo número de plaquetas en la sangre. Los médicos no saben la razón de esto, ni tienen recomendaciones específicas para mejorarlo. En tanto que no me lastime o no se me produzca una hemorragia, no habrá necesidad de recetas médicas.

Me estoy acostumbrando al informe regular del control de plaquetas como "alrededor de 50". Cualquier número debajo de esa cifra me pone nerviosa, porque yo sé que tendré que depender de la prednisona, que es una droga fuerte con serios efectos colaterales indeseados. A las 24 horas de dar una muestra de sangre, generalmente recibo una llamada telefónica de mi médico, informándome del "nivel bajo estable". En lugar de esto, una tarde llegó el temido informe desde la oficina de mi médico. Mi análisis de plaqueta estaba por debajo de 8, y necesitaba presentarme inmediatamente a la guardia de pacientes externos del hospital para otra muestra de sangre y una prescripción médica.

–Oh, no –dije yo–. No me gusta eso.

–Yo sé –me tranquilizó la enfermera–. Pero esto es serio. No hay otra opción. El médico de guardia le dará una receta.

Mientras me colocaba el abrigo y tomaba las llaves del auto, oré para que la prescripción médica fuera de una dosis baja por un corto tiempo. Oré para que mi cuerpo respondiera rápido a la medicación.

Como no era una paciente de emergencia, nadie andaba corriendo alrededor para cuidarme. Esto me dio tiempo de orar más y tratar de mantenerme calma. Me consolé a mí misma pensando que mi problema podría arreglarse en unas pocas cortas semanas con medicación. Esto no era como una enfermedad terminal, después de todo.

Esperé durante una larga tarde en el hospital, hasta que hicieron el análisis de sangre. Finalmente me llamó el doctor. Sostuve el aliento, anticipando su veredicto.

–Yo no pienso que tenemos un problema aquí –comenzó él–. Su valor es de 52. O ayer se cometió un error o mejoró la muestra.

Liberé el aire contenido en mis pulmones y envié una oración rápida al Cielo. Nunca pensé en pedirle a Dios que elevara el recuento de sangre. Seguramente él es un Dios grandioso, capaz de hacer "mucho más abundantemente de lo que pedimos o entendemos".

EDITH FITCH

9 de octubre

Marie

Jehová recompense tu obra, y tu remuneración sea cumplida de parte de Jehová Dios de Israel, bajo cuyas alas has venido a refugiarte. Rut 2:12.

ERA UN ESCENARIO INESPERADO, que nuestros caminos se hubieran cruzado. Pero Dios actúa así, ¿no es cierto? Ella era una mujer anciana, que había crecido en una granja cerca de Hutchinson, Kansas. Marie vino a Nebraska para estudiar Enfermería, transformándose en la primera especialista clínica en el Estado. Ella sobrevivió a tres esposos y pasó la mayor parte de su vida como madre sola criando a sus tres hijos. A los 71 años, vivía con un ingreso muy bajo, tenía artritis y estaba confinada a una silla de ruedas.

En aquel tiempo, yo era una mujer de unos 40 años, criada en la ciudad, y desde hacía 14 años permanecía en casa dedicándome a ser la mamá de cuatro hijos.

Había sido un pedido simple: "¿Podría leerme la Biblia alguien?" No tenía forma de saber que, en aquel momento, Marie yacía en una cama de hospital, con pocas posibilidades de vida. Se había caído, quebrando su hueso fémur por arriba de la rodilla, que acababa de ser reemplazada un mes antes. Con un problema de hemorragia, había recibido ocho litros de transfusiones de sangre; sin embargo, su vida todavía colgaba de un hilo.

En la iglesia, aquél sábado, había escuchado su simple pedido. Dios estaba llamando a mi corazón. "Sí", dije para mis adentros, "yo puedo hacer eso". Tenía muy poca información acerca de quién era ella; sin embargo, ir al hospital y leerle la Biblia era algo que podía hacer.

Ella me dijo exactamente lo que deseaba escuchar. Yo leí en voz alta el libro de Efesios. Pasamos juntas solo unos pocos momentos tranquilos antes de que llegara su hija. Hubo algo, en esos sagrados momentos de compartir la Palabra de Dios, que nos unió. El poder del Espíritu Santo creó un espíritu de afinidad, similar a la forma en que Rut y Noemí estaban conectadas.

Por la gracia de Dios, Marie vivió.

–Dios te mantuvo viva por mí –le dije a ella.

Durante los siguientes cinco años, fui bendecida con su amistad. Ella era una fortaleza para el Señor, anunciando el poder de Dios dondequiera que iba.

En mayo, después de sufrir mucho dolor y luego de una permanencia prolongada en el hospital, pasó al descanso. Siempre la recordaré por su simple pedido. Porque, si yo hubiera decidido no responder al Espíritu Santo, que llamaba a mi corazón, nunca hubiera experimentado las muchas bendiciones que Dios tenía reservadas para mí a través de Marie.

KAREN PHILLIPS

Dios está aquí para quedarse

Porque yo Jehová, Dios tuyo... yo estoy contigo. Isaías 43:3-5.

–ENTONCES, ¿LO CONOCES A NEETJEE? –preguntó Melissa.

–¿Quieres decir Nietzsche? –le pregunté–. ¿Cuán anciana crees que soy?

–¿Lo conoces? –persistió ella, ignorando mi intento de humor.

–Sé acerca de él, ¡pero no, no lo conozco personalmente!

–El tío de Dirk dice que, de acuerdo con Neetjee, Dios está muerto –declaró Melissa pronunciando en forma deliberada las últimas tres palabras–. ¿Qué te parece que quiso decir?

–No estoy segura –repliqué–, aunque supongo que fue su forma de cuestionar si Dios alguna vez existió en realidad.

Una vez más, nuestra conversación durante la comida fue interrumpida. Teníamos mucho para dialogar, incluyendo nuestra inhabilidad para ver a Dios físicamente en la misma forma en que nos vemos los unos a los otros.

–Para mí, todo tiene que ver con la fe vivencial –le dije finalmente–. Eso y la forma en la que funciona el cerebro.

–¿Cómo es eso? –los ojos de Melissa me miraban muy fijamente.

Gimiendo interiormente, me pregunté por qué siempre tenía que explicar cada declaración que hacía. Tratando de encontrar una metáfora aplicable, le pregunté:

–¿Cómo sabes que cuando haces una respiración profunda se llenarán tus pulmones con aire? No lo puedes ver.

–¡Por la experiencia! –replicó Melissa instantáneamente–. Porque lo he hecho por años y años.

–De la misma manera –le dije–, yo tengo una conexión personal con Dios por años y años. Ninguna otra amistad me otorga el mismo resultado.

–Entonces supongo que Dios está aquí para quedarse, al menos en nuestras vidas –respondió Melissa dándolo por sentado.

–En realidad –enfaticé yo–, esa es la conclusión a la que han llegado un par de científicos que han estado investigando neurobiología. Escribieron acerca de esto en su libro *Why God Won't Go Away?* [¿Porqué no se iría Dios?].

–¡Genial! La siguiente vez que lo vea a Dirk, le voy a decir que se lo diga a su tío –anunció Melissa mientras desaparecía en el patio.

–Gracias, Dios, por estar aquí para quedarte –expresé en voz alta.

–¿Me hablaste? –preguntó Melissa, entrando de nuevo en la habitación.

Yo sacudí mi cabeza:

–Sólo estaba conversando con Dios.

ARLENE TAYLOR

11 de octubre

La vida era buena

Pero los afanes de este siglo, y el engaño de las riquezas, y las codicias de otras cosas, entran y ahogan la palabra, y se hace infructuosa. Marcos 4:19.

ALGUNOS AÑOS ATRÁS, me encontraba deprimida a menudo, sin saber por qué. Pero me daba todos los "gustos" en la vida: baile, juegos de azar, fiestas, risa y diversión. Coleccioné y leí toda la serie de novelas más jugosas de ciencia-ficción, cuyos caracteres vivían vidas tan falsas como la mía. Tenía un buen trabajo, no tenía deudas, tenía un auto para ir adonde quisiera, y suficientes ropas y joyas como para estar bien. Gozaba de una salud razonable, mi esposo era bueno conmigo y la vida era buena.

Un día, me di cuenta de que no me había estado sintiendo tan jovial y optimista como solía serlo. Me las arreglaba para aparentar una jovialidad falsa cuando me encontraba en la cercanía de alguien. Hasta mi jardín y mis flores comenzaron a perder su atractivo. Participaba mecánicamente de entretenimientos, fiestas y de la vida. "*¿Para qué todo esto?*", me preguntaba a menudo.

Una mañana, me desperté sintiendo como si el mundo estuviera por terminar, literalmente. "*Quizás una caminata me ayudará a sentirme mejor*", pensé en mi interior.

Al descender por el pequeño sendero de tierra al lado de mi casa, me sobrevino una depresión abrumadora. Contemplé las pequeñas flores silvestres; nunca existirá mayor belleza. Entonces miré hacia arriba, a los árboles con sus hermosos tonos de verdes, y me desplomé al lado del camino, mientras me fluían las lágrimas como cataratas al decirles adiós a todos ellos.

Luchando para recuperar mi compostura, traté de mirar a través de mis lágrimas hacia adelante en el camino, pero no había camino más allá de dos metros frente a mí. Estaba todo cerrado con arbustos tortuosos, neblina y oscuridad. Esto me atemorizó y, saltando sobre mis pies, me di media vuelta y regresé rápidamente a casa.

El siguiente año fue más o menos lo mismo. Entonces, en 1995 fui a un congreso, y cambió mi vida completamente. El Señor me alcanzó en lo profundo de mi corazón y me sanó instantáneamente. Desde entonces, mi vida ha cobrado significado y propósito.

Seguir los vicios del mundo, y satisfacer la lujuria y los deseos de la carne no traen satisfacción duradera. Si estás sufriendo de depresión, ansiedad o tristeza, quizá te falta Dios. Podrás reírte y pensar que esto no te va a suceder a ti. Dios ha producido una tremenda diferencia en mi vida. Oro para que él esté marcando una diferencia en tu vida también.

VIDELLA MCCLELLAN

Somra

De cierto os digo que en cuanto lo hicisteis a uno de estos mis hermanos más pequeños, a mí lo hicisteis. Mateo 25:40.

DURANTE EL CULTO DE LA OFICINA, una mañana en Karmatar, en la India, alguien mencionó que un hombre yacía en la cuneta cerca del portón de los terrenos de la misión. Tan pronto como terminó el culto, nos dirigimos apresuradamente afuera para verlo. Lo miramos de cerca, pero nadie se animó a tocarlo. Estaba hinchado de la cintura hacia abajo. Estaba embadurnado con barro y las garrapatas caminaban debajo de su brazo. Para los ojos de un lego en medicina, ¡su caso era perdido!

Con otras dos mujeres decidimos que no podíamos dejarlo olvidado, no ibamos a quedarnos paradas inútilmente a un costado. Decidimos hacer lo que podíamos para aliviar su sufrimiento. Le pedimos al jardinero y al guardián que ayudaran a acarrearlo a una habitación y que lo bañaran. El pobre hombre casi muere de agotamiento. Su corazón latía aceleradamente. Cuando se calmó, lo colocamos en una cama mientras le sacábamos las garrapatas de su cuerpo. Entonces, le pedimos al guardián que llamara al médico. Nos enteramos de que el nombre del hombre era Somra. Como se encontraba enfermo y no podía trabajar, sus vecinos lo habían echado de la casa.

Cuando llegó el médico, le dio una inyección a Somra y prescribió algunas píldoras.

Nosotras tres permanecimos al lado de su cama y le pedimos a Dios que sanara a Somra. Nos turnamos para cuidarlo y alimentarlo durante el día, y le pedíamos al guardián que fuera a verlo durante la noche. A pesar de nuestras oraciones continuas, sentimos que Somra iba a morir. Pero Dios y el médico nos sorprendieron con una curación milagrosa. Somra estaba agradecido y feliz, pero estaba solo. Nos pidió que le consiguiéramos una esposa. Sus familiares encontraron una mujer joven que estaba dispuesta a casarse con él. Las autoridades de la villa autorizaron que se le devolviera su propiedad, y nosotros le construimos una pequeña choza. Somra continuó trabajando para la misión como jardinero.

A pesar de nuestros mejores esfuerzos, Somra simplemente no podía comprender la sencilla historia de Jesús y de su amor, aunque asistía a los servicios de la iglesia fielmente. Nuestro amante Dios, quien sanó su cuerpo, algún día sanará su mente. Oremos hoy por aquellos como Somra, que necesitan conocer al amante Salvador.

BIROL CHARLOTTE CHRISTO

13 de octubre

Consuelo en tiempo de ansiedad

Bienaventurados los que lloran, porque ellos recibirán consolación. Mateo 5:4.

UN DOMINGO DE MAÑANA, me encontraba ocupada haciendo mis tareas cuando escuché un golpe en la puerta del frente. Era el hijo de una amiga, que traía un mensaje de su madre. Ella no se estaba sintiendo bien y necesitaba verme con urgencia.

Caminé la corta distancia hasta su casa, para ver la razón de este pedido poco común. Para mi sorpresa, la encontré angustiada. Por un momento pensé que la muerte estaba llevándose a algún ser amado. Entonces, ella me relató su historia. Me sentí alarmada al enterarme de cómo se habían hecho añicos sus sueños unas pocas semanas antes de que se cumplieran. Estaba devastada.

Traté de animarla y consolarla, pero en vano. La observé con impotencia cómo se retorcía de dolor y me preguntaba cómo aliviarla.

Después de un rato, decidí orar por ella. Cerramos los ojos, y comencé a orar. Aunque he olvidado la mayor parte de la oración, recuerdo haber dicho: "Señor, por favor, ayúdala a dormirse". Cuando terminé, noté que realmente se había dormido. Me asusté, no sabiendo exactamente si estaba tan sólo durmiendo o le estaba sucediendo algo. Decidí, a pesar de mis temores, que no la despertaría. Pronto noté que su comportamiento no parecía amenazante. Así que, esperé unos veinte minutos para ver si continuaba durmiendo. Cuando se despertó, abrió los ojos y dijo:

–Escuché cuando dijiste: "Señor, ayúdala a dormirse", y entonces no escuché nada más.

Luego de aquel precioso descanso, se encontraba más calmada y mejor capacitada para enfrentar el resto del día.

Me vino a la mente un himno favorito. Acababa de ver que Dios se interesa en nosotros y que es el único que puede suplir nuestras necesidades más profundas. Algunas veces él contesta instantáneamente, y aunque otras veces sus respuestas llevan más tiempo, él escucha y se interesa.

"*¿Le importará a Jesús que esté doliente mi corazón?*
Si ando en senda oscura de aflicción, ¿puede darme consolación?
Le importa, sí; su corazón comparte ya mi dolor.
Sí, mis días tristes, mis noches negras, le importan al Señor".
Frank E. Graeff, *Himnario Adventista*, Nº 105 (trad. E. L. Maxwell).

BULA ROSE HAUGHTON THOMPSON

Feliz como un gatito

También si dos durmieren juntos, se calentarán mutuamente, mas ¿cómo se calentará uno solo? Eclesiastés 4:11.

EL SUELO ESTABA BLANCO con la primera helada de la estación. Al entrar en el granero, vi a cuatro gatitos acurrucados en su refugio. Cada uno aprovechaba el calor de los demás, y con sus suaves trajes de pieles se encontraban muy cómodos. Al despertarse, comenzaron a jugar y a gozar de las actividades de los gatos. La madre, sentada al lado, observaba tranquilamente sus juegos.

Cuando mi nuera puso un poco de leche en el plato de los gatos y llenó otros con alimento para gatos, rápidamente lamieron la leche. El delicioso líquido tibio siguió el curso de sus sistemas digestivos. Los pequeños dientes hacían ruido al masticar el alimento seco. Una vez satisfechos los apetitos, jugaron un rato, y luego regresaron a su refugio, donde se enroscaron y dormitaron. Pensé en la frase "feliz como un gatito".

Los seres humanos necesitamos el calor que se encuentra en la asociación con los amigos y la familia. No siempre podemos encontrarnos físicamente cerca, pero emocionalmente podemos recibir aliento y paz de nuestra relación con los demás. El saber que tenemos un amigo preciado con quien podemos compartir las metas y las ideas, nos imparte una sensación interior de bienestar. Saber que ellos estarán siempre listos para apoyarnos y amarnos es muy significativo.

Estoy agradecida por los miembros de la familia que, así como los gatitos, han escogido estar cerca y crear un nido cálido. Las bendiciones han continuado a través de los años. A nuestros hijos les encantaba regresar, a medida que iban creciendo, al lugar donde recibieron calor y amor. La risa y el gozo que están presentes mientras jugamos juntos despierta sonrisas y trae gozo interior.

La soledad nos deja sintiéndonos tristes y fríos. Reunirnos y compartir nuestras alegrías, tristezas y amor hace que se desvanezca la soledad. Así como los preciosos gatitos enroscados en su refugio, recibimos calor cuando escogemos permanecer cerca de aquellos que amamos.

Querido Dios, hoy ayúdame a recordar que tú eres la verdadera fuente del calor que necesito. Manténme confortable a pesar del frío de las heladas que Satanás envíe en mi camino. Estar cerca de ti me hace "feliz como un gatito". Gracias por tu seguridad.

EVELYN GLASS

¿Qué es un cristiano?

Porque según pienso, Dios nos ha exhibido a nosotros los apóstoles como postreros, como a sentenciados a muerte; pues hemos llegado a ser espectáculo al mundo, a los ángeles y a los hombres. 1 Corintios 4:9.

LA EXTRAÑA COMENZÓ SU llamada de larga distancia, explicándome acerca de los rivales que casi habían arruinado su compañía.

–Yo soy cristiana, pero esas personas engañan, mienten y roban. Me han arruinado. Los miserables me han llevado casi a la bancarrota.

Su lenguaje impropio me chocó, pero como afirmaba ser cristiana, traté de calmarla y cambiar la conversación para que olvidara.

–La Biblia dice... –me aventuré a decir.

Ella dijo que nunca la leía.

–¿Oras? –le pregunté.

–No oro desde la niñez –replicó ella.

–¿A qué iglesia asistes? –intenté otra vez.

–Si voy a alguna, es a la iglesia comunitaria. Yo no me reúno con esos de la Nueva Era o esos que van de puerta en puerta.

La conversación continuó mientras trataba de señalarle a Cristo, quien la amaba y podría resolver todos sus problemas. Ella parecía indiferente. Luego de colgar el receptor del teléfono, me pregunté cómo podía esta mujer llamarse a sí misma cristiana, cuando su lenguaje, su estilo de vida y su actitud vengativa negaban su pretensión.

El cristianismo es una responsabilidad. No es algo que podemos colocarnos y quitarnos como un abrigo, o dejarlo atrás cuando vamos a lugares donde nadie nos conoce o cuando hablamos por teléfono con un extraño.

En 1 Corintios 4:9 Pablo nos dice que, como apóstol, él era un "espectáculo", en exhibición ante la gente y los ángeles. Cuánto mayor es el espectáculo que nosotros presentamos viviendo en esta sociedad permisiva, inmediatamente antes de la segunda venida de Jesús.

La gente espera mucho de aquellos que reclaman el nombre de Cristo. Puede ser que no se preocupen por la clase de lenguaje que escuchen de otros, pero son rápidos para notar a un cristiano que maldice. Ven a un colega que le roba al jefe y lo admite con una guiñada de ojo, pero si esa persona pretende ser cristiana, la catalogarán como hipócrita. La mayoría de las personas no guarda los Mandamientos de Dios, pero nota si un profeso cristiano hace algo malo.

Querido Señor, ayúdanos a nunca deshonrar el precioso nombre que llevamos, actuando o hablando de una manera que no se asemeja a Cristo. Amén.

GOLDIE DOWN

16 de octubre

Bendita amnesia

Bendito sea Jehová, que no nos dio por presa a los dientes de ellos. Nuestra alma escapó cual ave del lazo de los cazadores; se rompió el lazo, y escapamos nosotros. Nuestro socorro está en el nombre de Jehová, que hizo el cielo y la tierra. Salmo 124:6-8.

¡ESTOS NO SON NUESTROS árboles! ¿Dónde estamos? ¿Hemos perdido nuestro camino? Estas palabras interrumpieron nuestra placentera conversación mientras nos abríamos paso hacia nuestro hogar. Al hacer un giro en U, nos dimos cuenta de que habíamos estado en el camino equivocado alrededor de cinco kilómetros. Alguien insistió que estábamos en el camino correcto, porque el mar estaba a nuestra derecha. Pero ¿lo estaba realmente?

Unos cinco kilómetros más adelante, identificamos una señal que nos quitó toda duda: íbamos en la dirección equivocada. El mar estaba decididamente a nuestra izquierda. Con ese descubrimiento, hicimos un giro en U, esta vez en silencio. Joan, nuestra conductora, estaba por echarse a llorar. Este era un camino que ella había transitado muchas veces, y nunca se había perdido. Había solo tres posibilidades en el cruce. ¿Cómo podría haber sucedido esto? ¿Estaba confundida? El temor comenzó a tornarse en pánico, mientras ella se preguntaba en voz alta qué le estaba sucediendo.

En la oscuridad de la noche, me sentí impulsada a aliviar sus temores sugiriendo que Dios estaba tratando desesperadamente de salvarnos de algún peligro. Desesperada, Joan respondió:

–¿No podría encontrar él otra forma de alterar mi sano juicio?

–Si Dios te hubiera hablado audiblemente, habrías saltado fuera del auto, dejándonos en mayor peligro –le respondí.

Todas nos sonreímos con este pensamiento. Entonces, como por inspiración, grité:

–¡Allí está nuestro accidente! Esto es de lo que nos salvó Dios.

Mientras pasábamos las luces intermitentes de un auto de policía, nuestras emociones eran tan fuertes que no pudimos decir una sola palabra.

El Espíritu nos habló a cada una de nosotras acerca de nuestra liberación tan oportuna. Pronto se volvió claro, para todas nosotras, que Dios había intervenido no en una sino en cuatro expositoras universitarias con amnesia para desviarnos del peligro del maligno. Repeticiones de "¡Aleluya!" "¡Alabado sea el Señor!" llenaron nuestro auto al darnos cuenta del cuidado de Dios y de sus tiernas misericordias hacia cuatro mujeres, y la segura recuperación de una bendita amnesia.

PATRICE E. WILLIAMS-GORDON

17 de octubre

Las raíces

Por tanto, tomad toda la armadura de Dios, para que podáis resistir en el día malo, y habiendo acabado todo, estar firmes. Estad, pues, firmes, ceñidos vuestros lomos con la verdad, y vestidos con la coraza de justicia. Efesios 6:13, 14.

ACABABA DE TERMINAR DE PLANTAR doscientos cincuenta bulbos de tulipanes, y me sentía cansada, pero feliz. Esta vez, estaba segura de que lo había hecho de la manera correcta: profunda, y aún más profunda para los bulbos más grandes. El año anterior, no había plantado los bulbos suficientemente profundos, y una pequeña lluvia había lavado la mayor parte del suelo, produciendo un desastre. Los bulbos habían asomado del suelo, y las flores no habían sido ninguna gran cosa. Este año también había seleccionado los colores: dos hileras de amarillo puro, una hilera de rojo, una con anaranjado, otra con blanco, y otra más con amarillo y blanco.

Un domingo de mañana me encontraba ocupada limpiando un cantero de flores que se había dañado por un tornado; deseaba prepararlo para otro cultivo de flores. Esa pequeña área de tierra me llevó mucho tiempo para limpiar y me produjo muchos dolores musculares. ¿Por qué? Era difícil remover todas las raíces profundas de los arbustos y las plantas perennes que se encontraban allí, especialmente de aquellas que se habían entrelazado con las raíces de los árboles. Todo lo que se encontraba en el cantero había sido dañado cuando cayó un árbol enorme, cortando los arbustos y arruinando las flores. De lo que no me había dado cuenta, sin embargo, era de que cuando las raíces de estos arbustos y plantas perennes están ancladas profundamente y entrelazadas, pueden sobrevivir a cualquier desastre. Si no hubiera arrancado las raíces, podría haber disfrutado la belleza de las flores y los arbustos la siguiente primavera.

En nuestra experiencia cristiana necesitamos tener raíces profundas. Si nuestra experiencia cristiana es superficial, estamos en peligro de ser lavados por las tormentas de la vida. Necesitamos estar ancladas en las manos más fuertes de Cristo Jesús. La oración, el estudio de la Biblia y el amor de unos por otros son el buen suelo que fortalecerá nuestras raíces. Con nuestra fe firmemente arraigada en Cristo, ninguna tormenta de la vida podrá quebrantarnos. Un tornado podrá deprimir nuestro espíritu, o puede ser que la tormenta de perder a un ser amado o un trabajo pueda alterar nuestra paz, pero con nuestras raíces entrelazadas en Cristo sobreviviremos. Con nuestras manos aferradas a las manos de Jesús, ningún viento de luchas podrá movernos.

Señor, gracias por sostener mi ancla a través de las tormentas de la vida. Por favor, sostén mis manos hoy, y ayúdame a no soltarme de las tuyas.

JEMIMA D. ORILLOSA

18 de octubre

¡Qué vergüenza!

Y sabemos que a los que aman a Dios, todas las cosas les ayudan a bien, esto es, a los que conforme a su propósito son llamados. Romanos 8:28.

CUIDAR DE UN PADRE anciano puede traer recompensas, ser entretenido y puede significar un desafío. Mi suegra tiene una clase de demencia tipo Alzheimer. Puede hacer la misma pregunta diez veces en el transcurso de una hora. Como se levanta muy temprano, el día puede resultarle largo. Otras veces el día es demasiado corto. También tiene el "síndrome de la penumbra". En días nublados y lóbregos, su mente se vuelve muy confusa, y está preparada para ir a la cama a las 2 de la tarde.

Mamá tiene casi 98 años de edad, y estamos tratando de cuidarla en nuestro hogar lo más que podamos; lo podremos hacer mientras pueda moverse. Yo tengo osteoporosis, y ella es más corpulenta que yo. Si tuviera que guardar cama, no podría cuidarla. Nosotros la animamos a caminar por nuestro largo pasillo con su andador, y en la primavera y los veranos tibios, como en los días de otoño, camina hasta el garaje, donde se sienta y observa jugar a los perros en el patio para perros, y escucha cantar a los pájaros. Ella esta médicamente ciega, pero todavía tiene algo de visión periférica.

Estuve tratando de encontrar la forma para evitar que vaya a la cama tan temprano, y finalmente decidí esconder su camisón en los días oscuros y animarla a permanecer levantada "solo un poquito más". A menudo me siento culpable, porque no me gusta ser engañada, pero ella necesita permanecer tan activa como sea posible, pues de lo contrario perderá densidad ósea y fuerza muscular.

Me pregunto cómo se siente el Señor cuando él nos permite pasar por los problemas y las tribulaciones, sabiendo que es "para nuestro propio bien". Es difícil comprender cómo pudo permitir que muriera su Hijo para que nosotros pudiéramos vivir, pero él escogió hacerlo. Si él escondió su rostro cuando Cristo murió en la cruz, debe sentirse muy triste cuando nosotros lloramos o nos quejamos por nuestras pruebas. No hay problema o dificultad que nosotros enfrentemos, que se pueda comparar con lo que el Padre y el Hijo soportaron por nosotros. Podemos estar seguros que ambos están sufriendo a nuestro lado en cualquier dolor que nos toque sobrellevar. Muchos han dicho que hasta que nosotros no hayamos sufrido también, no podremos realmente comprender lo que Jesús hizo por nosotros. Mi oración por ti es que pienses diariamente acerca del sacrificio hecho en tu favor en la Cruz y aceptes lo que el Señor permita en ti hoy.

LORAINE F. SWEETLAND

19 de octubre

Viviendo hoy, planeando un futuro

Y una hermana suya se puso a lo lejos, para ver lo que le acontecería. Éxodo 2:4.

MI CORAZÓN GOLPEA EN mi pecho tan fuerte que hasta lo puedo sentir en mi cabeza. Me desperté de otro sueño terrible acerca de perder a un ser amado, mi hijo o mi hija, mi madre o mi esposo. Me dicen que esto es común cuando alguien pierde a algún ser muy querido.

Mi hermana mayor era una gran amiga cuando yo era pequeña. Helen era 16 años mayor que yo; éramos muchos en nuestra familia. Ella me llevaba a la iglesia cada semana, y se aseguraba de que mi cabello estuviera bien arreglado. Se había propuesto que yo aprendiera a leer antes de que se casara y se fuera de casa. Tenía temor de que otros no me enseñaran, así que ella lo hizo.

Me ayudó a memorizar el Padrenuestro y las Bienaventuranzas. Me enseñó a leer *Peter Pan* antes de que yo comenzara el jardín de infantes. Después que se casó y se fue del hogar, a veces yo pasaba la noche con ella, y ella me animaba a leer un libro de oraciones de niños. Año y medio después Helen falleció, cuando un conductor ebrio la mató a ella y a su niño, que aún no había nacido, dejándonos a todos para llorarla y extrañarla mucho.

Helen no sabía que su tiempo era corto, pero estaba preparada para la eternidad, así como espero que todos nosotros lo estemos. Cantaba cantos de alabanza y también tonadas más modernas. Mi esposo dice que yo prorrumpo en canto de una manera similar a la que hacía mi hermana. Debemos prepararnos diariamente para el día final y, sin embargo, vivir nuestras vidas con esperanza y gozo a pesar de todo el dolor y el sufrimiento. Cuando ella murió, el sol se escondió de todos nosotros por un tiempo. Volvió a aparecer poco a poco, pero dejó un desgarro que fue lento en sanar. Las cicatrices aún permanecen.

Mi gozo es que algún día nos reuniremos, y que el mismo Señor que ella amaba y en el cual confiaba que le concedería la vida eterna, es el que yo también amo y en el que confío. Esa es una esperanza, reunirnos otra vez con la querida hermana que me enseñó a leer, a cantar y a vivir la vida en plenitud. Ella me dio el fundamento para mi fe, preparándome para encontrar a Jesús en las nubes en su pronto retorno.

Señor, tú has dicho que algún día "los muertos en Cristo resucitarán primero. Luego nosotros los que vivimos, los que hayamos quedado, seremos arrebatados juntamente con ellos en las nubes para recibir al Señor en el aire, y así estaremos siempre con el Señor. Por tanto, alentaos los unos a los otros con estas palabras" (1 Tes. 4:16-18). *Nosotros reclamamos hoy esta promesa.*

SALLY J. AKEN-LINKE

20 de octubre

No pierdas tu vuelo

Esperando y apresurándoos para la venida del día de Dios, en el cual los cielos, encendiéndose, serán deshechos, y los elementos, siendo quemados, se fundirán. Pero nosotros esperamos, según sus promesas, cielos nuevos y tierra nueva, en los cuales mora la justicia. 2 Pedro 3:12, 13.

FINALMENTE HABÍAN CONCLUIDO mis siete días de seminarios de los Ministerios de la Mujer en Nairobi, Kenya. Estaba cansada y ansiosa de regresar a casa. Preparé mi valija aquella noche antes de retirarme a dormir. Estaba entusiasmada con sólo pensar que temprano en la mañana tomaría el vuelo a Harare, Zimbabwe. Tenía programado el vuelo para las 8, así que necesitaba dormir temprano, porque estaría partiendo del hotel hacia el aeropuerto a las 5:30.

Llamé a mi esposo antes de dormirme y le expliqué a qué hora encontrarme en el aeropuerto. Su respuesta fue: "Por favor, no pierdas tu vuelo". Él estaba ansioso de verme, así como yo lo estaba por verlo a él. Siempre extraño mi hogar cuando estoy de viaje. No existe un ambiente mejor que el hogar. Al este, al oeste, al sur y al norte, el hogar es lo mejor.

Me desperté con la alarma a las 4:30. Podría haberme quedado en la cama un poquito más, pero tenía temor de quedarme dormida y perder mi vuelo. Las palabras de mi esposo seguían resonando en mi mente: "No pierdas tu vuelo". Estaba esperando, ansiosa, poder encontrarme con mi esposo en el aeropuerto y finalmente volver a mi ambiente en casa.

Esto me recordó que así como mi esposo estaba esperándome ansioso para verme y llevarme al hogar, Jesús está hablándonos a cada una de nosotras y desea llevarnos al Hogar. Un día Jesús nos llevará en un vuelo al cielo, y él está rogándonos a cada una de nosotras que no perdamos el vuelo. Está esperando ansioso para llevarnos a nuestro hogar celestial.

Si yo hubiera perdido mi vuelo aquel día, habría tenido que esperar dos semanas más para tomar otro vuelo. No debemos perder nuestro vuelo al cielo, porque no habrá una segunda oportunidad para conseguir otro. Todos tenemos la oportunidad, merced a la gracia de Dios, de prepararnos ahora para el vuelo celestial.

PRISCILLA BEN

21 de octubre

Ataque de termitas

No os hagáis tesoros en la tierra, donde la polilla y el orín corrompen, y donde ladrones minan y hurtan. Mateo 6:19.

EL 11 DE SEPTIEMBRE DE 2001 es un día que la mayoría de los norteamericanos y mucha gente alrededor del mundo preferirían más bien olvidar que recordar. Ese día, Estados Unidos declaró la guerra contra el terrorismo. Recuerdo que pocos días antes, mi esposo y yo estábamos felicitándonos porque habíamos pasado la marca de vivir un año de servicio en la iglesia, en Pakistán. Entonces sucedió el ataque a las Torres Gemelas, en Nueva York. Se sucedió una cadena de acontecimientos que volvió peligrosa la estadía de los extranjeros en Pakistán. Nosotros no queríamos partir, pero los dirigentes de nuestra iglesia y nuestra embajada nos dijeron que debíamos hacerlo. Teníamos dos días para empacar nuestras pertenencias y hacer todos los preparativos necesarios para nuestra partida.

No pensé mucho en nuestras pocas pertenencias que tendríamos que dejar. Sin embargo, mi vasta colección de álbumes de fotos era una gran preocupación. Las empaqué todas en cajas, para que no estuvieran desparramadas, juntando polvo, mientras nosotros estuviéramos ausentes. Las tormentas de polvo en Pakistán son tan comunes como sorpresivas. Consideraba a estos álbumes como mis tesoros. Allí estaba la crónica de nuestras vidas, viajes y trabajo por el período de, por lo menos, treinta años en tres continentes.

Nuestra evacuación obligatoria se prolongó de un mes a cuatro meses. Finalmente, se nos permitió regresar. Mi esposo, que regresó primero, me dio la mala noticia tan pronto como entré en nuestro hogar. Las termitas habían entrado en las cajas y habían arruinado los álbumes. Estaba demasiado cansada aquella noche para mirar, pero la mañana reveló una visión desalentadora. No podía creer lo que veía. La mayoría de las tapas habían sido comidas, sus bordes y páginas interiores estaban hechas tiras. Me estrujé el cerebro pensando qué hacer. ¿Había alguna forma de salvarlas? ¿Habríamos perdido nuestros recuerdos para siempre?

Me llevó una semana limpiar el desastre. Afortunadamente, solo unas pocas fotos estaban realmente dañadas, y la mayoría pudo salvarse. Me sentí tentada a tirar algunas, pero después de limpiar cuidadosamente cada una, decidí que valía la pena guardarlas otra vez.

Mis tesoros terrenales son frágiles y temporarios. Ahora escucho el consejo de mi Padre: "Sino haceos tesoros en el cielo, donde ni la polilla ni el orín corrompen, y donde ladrones no minan ni hurtan" (Mat. 6:20).

MERCY M. FERRER

Sencillez

Y dijo: De cierto os digo, que si no os volvéis y os hacéis como niños, no entraréis en el reino de los cielos. Mateo 18:3.

ESTOY ASOMBRADA POR la inocencia de los niños. Ellos dicen lo que tienen en sus corazones, sin pensar si lo que dicen los hará parecer ridículos. Nosotros, los adultos, somos un poco más indecisos.

Cada semana, en la iglesia, tenemos lo que llamamos el momento de alabanza y petición. El líder de oración generalmente da la oportunidad para que se expresen las alabanzas primero, y yo admito que los adultos están generalmente demasiado silenciosos. Pero los niños no. Mientras permanezco sentada y me pregunto si se verá raro si levanto la mano, o si agradezco por la luz del sol, los niños comparten sus alabanzas: por ponis, gatitos y gallinas, por el arroyo para nadar, porque se divirtieron en una expedición. La lista es larga y variada, pero generalmente simple. Por supuesto, estoy agradecida por las cosas pequeñas, pero parecen demasiado triviales para mencionarlas en la iglesia. Pareciera apropiado mencionar algún gran milagro. Pero los niños no saben eso. Ellos están agradecidos a su amigo Jesús, y desean compartir su gozo.

Después de las alabanzas, vienen los pedidos de oración. Los adultos generalmente tienen más de éstos. Pedimos por la sanidad de nuestros amados, por consuelo en el dolor, por la ayuda de Dios en situaciones difíciles. Pero los pequeños no están silenciosos aquí, tampoco. Ellos también tienen necesidades para traer a Dios en oración. Otra vez, la lista es variada y simple: por favor, oren por mi papá; nuestro gatito se perdió, me aplasté el dedo con un martillo esta semana y, por favor, ¿orarían para que se me sane? El último pedido provino de mi propio hijo el sábado pasado, y cuando comenzó a decirlo, yo casi le dije que se callara. Era demasiado trivial para ocupar el tiempo del culto, una historia de un dedo aplastado. Sí, menos mal que a último momento cerré mi boca y no dije esas palabras.

El hecho de que el Dios del universo se interese tanto por nosotros es casi incomprensible para mí. El mismo Dios que cuida de las estrellas y los planetas desea que yo le presente mis tristezas y mis gozos. Está feliz cuando apreciamos la belleza en una salida de sol, y siente dolor con la muerte de una mascota. No desea que espere hasta que algo grandioso suceda para traer mis pedidos y alabanzas a él. Me gusta imaginar que hay una sonrisa en su rostro cuando escucha a los niños en nuestros momentos de oración. ¿No nos instruyó Jesús mismo para que nos volviéramos como niños?

RACHEL ATWOOD

23 de octubre

Dios ¿adónde estás?

Hemos sufrido temores, caídas, ruina y destrucción. Ríos de lágrimas corren por mis mejillas porque ha sido destruida la capital de mi pueblo. Lamentaciones 3:47, 48, NVI.

ERA UN HERMOSO y soleado martes de mañana. Me encontraba de vacaciones en California. Era un día común. Pero el 11 de septiembre no será más un día común. El hecho de mencionar el 11/9 traerá a la mente imágines selladas para siempre en la memoria. Mientras permanezco hipnotizada frente al televisor, pienso: "¿Es cierto lo que está sucediendo?"

Dos meses después, me asignaron un trabajo que me trajo a Camboya, y cara a cara con las atrocidades de los campos de la muerte. El ataque en Norteamérica empalidece en significado cuando consideramos que aproximadamente un tercio del total de la población de Camboya fue torturada, asesinada o murió de inanición y enfermedades durante el reino de terror de los *Pol Pot.* Aquellos que sobrevivieron a esa época, nunca olvidarán el día en que su confianza fue traicionada. *Dios, ¿dónde estabas durante el reinado de los Pol Pot?*

En Lucas 24 leemos la historia de otro tiempo. Cleofas, un discípulo de Jesús, se sentía devastado, deprimido, enojado y frustrado porque Jesús había sido crucificado. Sus más caras esperanzas de un reino terrenal se habían hecho añicos. Los hosannas todavía resonaban en sus oídos, y Cleofas no podía creer que el Rey que había hablado con tanta confianza acerca de su reino venidero hubiera sido arrestado, juzgado y crucificado, todo en tan corto tiempo. Mientras Jesús caminaba con ellos, no se dieron cuenta de que su Maestro y Señor estaba tan cerca. Lucas 24:31 nos dice que sus ojos fueron abiertos cuando Jesús repitió una tradición que ellos habían compartido al partir el pan.

Sin embargo, cuando por su espíritu nuestros ojos sean abiertos, nosotros veremos que Dios ha estado obrando todo el tiempo. Primera de Corintios 13:12 nos recuerda que en nuestro estado pecaminoso, nosotros vemos en forma oscura, pero cuando tengamos el privilegio de ver cara a cara a nuestro Salvador podremos comprender completamente.

Ahora tenemos pruebas de que Dios estuvo ocupado el 11 de septiembre salvando a muchos que podrían haber muerto en aquel día. En Camboya, muchos fueron protegidos por Dios, y otros encontraron seguridad en campos de refugiados. Dios estaba allí; siempre ha estado allí; solamente que nosotros no somos conscientes de su presencia.

SALLY LAM-PHOON

Mi compasivo Padre celestial

Deléitate asimismo en Jehová, y él te concederá las peticiones de tu corazón. Salmo 37:4.

CON MI CUÑADO PETE y su esposa, Ruthe, estábamos visitando a mi familia en Michigan. Habíamos planeado hacer algunos viajes para visitar áreas de interés por un período de tres semanas.

Un día, Ruthe y yo pensamos en otro lugar que queríamos visitar. Era un centro cristiano de producción de televisión favorito. Pensamos en cuán bueno sería si pudiéramos hacer un *tour* por los edificios y conocer a algunas de las personas que habíamos visto solamente por medio de la televisión. Después de llamar a su oficina principal y asegurarnos que ellos conducían visitas guiadas, comenzamos el viaje.

De vez en cuando, mientras viajábamos, orábamos silenciosamente para que esta fuera una visita realmente inspiradora y, si era posible, que pudiéramos conocer al matrimonio fundador de este sueño hecho realidad.

Llegamos, y fuimos recibidas cordialmente en cada edificio que visitamos. Los guías fueron atentos y nos proveyeron la información necesaria. Estaban muy contentos con el trabajo que estaban haciendo para el Señor. Tuvimos la impresión de que el Señor estaba bendiciendo ese lugar.

Luego de pasar unas pocas horas paseando, les preguntamos si nos recomendarían un lugar para comer antes de regresar a Michigan. Nos indicaron un hermoso restaurante en un pueblo de campo cercano. Dejamos los edificios de producción de televisión un poquito frustradas por no haber podido conocer a los fundadores de ese ministerio.

Encontramos el delicioso restaurante de estilo campestre y, al entrar, ¿quiénes estarían justo terminando su almuerzo, sino esta pareja? Pudimos conversar con ellos unos pocos minutos antes de que tuvieran que partir.

Como diría más tarde mi cuñado: El Señor cerró con broche de oro nuestra visita. Dejamos aquel pequeño rincón del campo de Dios con gratitud y bendiciones. Nos habíamos hecho de algunos nuevos amigos, y regresamos enriquecidas. El Señor hasta había provisto el clima perfecto para viajar y disfrutar del escenario.

Cómo se deleita nuestro Padre celestial en concedernos "los deseos de nuestros corazones", así como nosotros nos deleitamos en darles a nuestros hijos "los deseos de sus corazones".

PATRICIA MULRANEY KOVALSKI

Oración por un bebé

Aguarda a Jehová; esfuérzate, y aliéntese tu corazón; Sí, espera a Jehová. Salmo 27:14.

–¡MAMI, NO VOY A ORAR más! –exclamó mi hija de tres años.

Yo miré a mi madre antes de responder.

–¿Por qué, querida? ¿Por qué no vas a orar más?

Lillian me miró con el ceño fruncido. Entonces, exclamó:

–No voy a orar porque Dios no me escucha. ¡Yo le pedí una hermanita, y él no me ha escuchado!

Lillian había comenzado a orar por una hermanita el verano anterior. Había estado muy contenta de ser mi única hija, hasta que fue a Florida durante el verano a visitar a mis padres. Mientras se encontraba allí, Lillian descubrió que su mejor amiga, Amanda, tenía un nuevo hermanito. Una vez que vio al bebé, la envidia por un hermano la carcomió. Siempre que llamaba para ver cómo estaba, Lillian me contaba de lo que había hecho en el día, y entonces terminaba cada conversación con:

–¿Sabías que la mamá de Amanda tuvo otro bebé? ¡Ella tuvo un bebé varón!

Lillian comenzó a pedirle a Jesús por una hermanita bebé casi inmediatamente. Ya había pasado un año y Lillian todavía no tenía una hermanita bebé; estaba comenzando a dudar. ¿Cómo le explicas a un niño de tres años, —aun a mi niña madura de tres años—, que algunas veces Dios contesta nuestras oraciones de una manera que nosotros no siempre podemos comprender? ¿Cómo le explica uno que "No" o "Ahora no" es, algunas veces, una respuesta? Tuve que ejercer mi poder de convencimiento para que finalmente Lillian dijera que comprendía y que continuaría orando.

Pasaron más de dos años después de nuestra conversación. El día en que nació Casandra, la hermanita bebé por la que Lillian había orado tanto, Lillian gritaba con deleite y decía:

–¡Una hermana, una hermana! ¡Tengo una hermanita bebé!

Entonces, añadió:

–¡Yo sabía que Dios contestaría mi oración, sólo que tenía que esperar un poquito!

¡Qué fe! Lillian había hecho la misma oración cada noche por más de dos años. Sin embargo, creía que Dios enviaría a su hermana. ¿Poseo yo esa fe? ¿Oro al Señor, y espero pacientemente en el Señor?

Señor, por favor, dame tan solo una fracción de la fe de un niño. Concédeme la fe del tamaño de un grano de mostaza, y así podré mover montañas.

TAMARA MARQUEZ DE SMITH

Recuerdos de un cenzontle*

Si anduviere yo en medio de la angustia, tú me vivificarás; contra la ira de mis enemigos extenderás tu mano, y me salvará tu diestra. Salmo 138:7.

MI GATA ATIGRADA DE TRES AÑOS, Tinkerbell, estaba preñada con su primera camada y a unas pocas semanas de dar a luz. Disfrutaba de salir al patio y solearse. Un día, un cenzontle comenzó a bajar en picada sobre Tinkerbell cada vez que ella salía afuera. Sorprendentemente, el pájaro nunca se acercaba a Midnight, mi viejo gato de diez años, que también salía el patio. El ave molestaba a Tinkerbell sin misericordia, mientras ella descansaba en el césped tratando de dormitar.

Varias veces, Tinkerbel trató de atrapar al pájaro, pero su preñez le hacía más difíciles los movimientos. Otras veces trató de ignorarlo. Mis hijos, molestos por la persistencia del pájaro, se turnaban tratando de espantarlo con agua o con una escoba. Hasta tiraron objetos livianos cerca del pájaro para distraerlo y para que dejara tranquila a Tinkerbell. Mi esposo, cansado del pájaro ofensivo, sugirió que utilizáramos un rifle de aire comprimido. ¡Absolutamente no!, protesté yo, pero él se fue a comprar las municiones. Una vez en casa, mi marido no recordó dónde había puesto el rifle. ¡Me sentí aliviada! La insistencia del los ataques del ave continuaron. Finalmente, por piedad, comenzamos a dejar encerrada a Tinkerbell en la casa, donde estaba segura.

Finalmente, el ave desapareció. Nadie sabe adónde fue, pero todos nos sentimos felices de que hubiera desaparecido. Cautelosamente comencé a dejar salir a Tinkerbell otra vez, quien pudo disfrutar una semana o dos de la tibieza del sol antes de que nacieran sus tres gatitos. Algunos días, cuando escuchaba un cenzontle en la distancia, pensaba: "*¡Oh no, está molestando a la mascota de algún otro vecino!*"

A menudo, nos encontramos asediados por el "enemigo". Él se lanza sobre nosotros, se burla y nos ataca por todos los flancos. Nos hace la vida miserable; lastima, estropea y mata nuestros espíritus. No importa lo que requiera para herir, humillar o desanimar, él está dispuesto a hacerlo. Hasta las tácticas de familiares y amigos bien intencionados no pueden ayudar. Dios es nuestra única seguridad. Él conoce y se interesa por lo que estamos pasando, y es capaz de rescatarnos de las estratagemas del diablo.

Gracias, Señor, por amarme tanto que me revives cuando el enemigo me hace perder el ánimo. Ayúdame a confiar en ti completamente.

IRIS L. STOVALL

* Cenzontle o sinsonte: Pájaro americano de plumaje pardo y con las extremidades de las alas y de la cola, el pecho y el vientre blancos. Su canto es muy variado y melodioso. (***Nota de los editores.***)

27 de octubre

Apariencias exteriores

Porque Jehová no mira lo que mira el hombre; pues el hombre mira lo que está delante de sus ojos, pero Jehová mira el corazón. 1 Samuel 16:7.

ESTABA VISITANDO A MI AMIGA Rockella. Su hermana de cinco años, Francine, se encontraba en la habitación. Se escuchaba la música del equipo de sonido, y Francine y yo estábamos hablando acerca de su día en la escuela. Francine llevó la conversación hacia la música que se escuchaba.

–Esa gente no es cristiana –dijo ella acerca de los cantantes.

Curiosa, le pedí que me explicara. Ella me contó que había mirado la tapa del disco y que los cantantes no estaban sonriendo.

–La gente de Dios es gente feliz –dijo ella–, así que esta gente no puede ser gente de Dios, porque no parecen felices para nada.

Aprovechando la oportunidad para plantar una verdad espiritual en su mente joven, le dije a Francine que debemos ser cuidadosos al formar impresiones basadas en las apariencias.

–Dios mira el corazón –le dije a ella.

Sonreí, mientras ella permanecía silenciosa pensando en lo que le había dicho. La lección estaba surtiendo efecto.

–Sí –dijo ella pensativa–, Dios mira nuestros corazones, pero nosotros podemos ver solamente el exterior.

Sonreí en silencio por su lógica y concordé, pero su observación ha permanecido en mí. Aunque no deberíamos juzgar a otros, nuestra apariencia exterior es lo que otros observan generalmente. Es verdad que nuestra apariencia es, a menudo, --aunque no siempre--, un reflejo de lo que está en nuestro interior.

Mi corazón se goza cuando alguien que acabo de conocer comenta: "Usted debe ser una cristiana". En esos momentos, yo sé que el amor de Cristo se puede ver reflejado a través de mi persona. Estas instancias no son tan frecuentes como yo quisiera. Muchas veces estoy segura de que la gente mira mi actitud y dice, como Francine: "Ella no puede ser una cristiana".

En lugar de intentar cambiar lo que ven los demás, yo debería hacer lo mejor para llegar a la raíz del problema. Aun cuando Dios ve mi corazón y conoce mis intenciones, él puede cambiar cualquier actitud equivocada que yo pueda tener. Cuando poseo la actitud correcta, los demás podrán notarlo.

Francine tenía razón, después de todo. Nosotros sólo podemos ver el aspecto exterior, aunque Dios vea el corazón. Pero, cuando Dios ha transformado el corazón, los demás lo sabrán. Nuestro exterior llegará a ser tan hermoso como nuestro interior.

ABIGAIL BLAKE PARCHMENT

Obediencia perfecta

Cuando estuvieres en angustia, y te alcanzaren todas estas cosas, si en los postreros días te volvieres a Jehová tu Dios, y oyeres su voz... no te dejará. Deuteronomio 4:30, 31.

CUANDO ERA MUY JOVEN, mi familia se mudo desde Michigan a California. Con mi hermana vivimos en la casa de nuestros tíos cerca de Fresno, por unos pocos años, mientras nuestros padres se encontraban trabajando a unos 165 kilómetros de distancia. Como mi hermana pasaba el día en la escuela, yo tenía toda la atención de mi tía. Ella hacía muchas cosas lindas conmigo y para mí: leía historias, jugaba conmigo y me cantaba. Estos fueron momentos preciosos, que siempre voy a recordar.

Después de un par de años, mi tía quedó embarazada y, en octubre, dos días después de mi cumpleaños, tuvo un bebé varón que llamaron Gordon. Mi tío quería ir a ver a su esposa y a su hijo al hospital; pero ¿qué podría hacer conmigo? En aquellos días no permitían que los niños entraran en el hospital. Así que viajamos hasta el hospital, y estacionó el auto. Cerró todas las ventanas, pero dejó unos cinco centímetros abiertos en una ventana, para tener aire. Me encerró en el auto con estrictas instrucciones de que no abriera la puerta ni bajara los vidrios. Aunque con 5 años de edad, nunca hubiera pensado en desobedecer a mi tío Glenn.

A veces puede volverse muy caluroso en Fresno. Hacía alrededor de 43°C, y mientras esperaba allí sentada, comencé a tener cada vez más calor. Después de un tiempo, mi mamá y mi papá vinieron al hospital para visitar a mi tía y me vieron en el auto. Mi papá me dijo que abriera el auto o que bajara el vidrio de la ventana, pero yo no quería hacerlo porque mi tío Glenn me había dicho que por ninguna razón lo hiciera. Finalmente, cuando se dieron cuenta de que mi cara se estaba poniendo cada vez más colorada, mi papá rompió la ventanilla para poder entrar y sacarme.

¿Estamos nosotras tan decididas a obedecer a Dios como yo lo estaba a obedecer a mi tío? ¿Obedecemos nosotras, aunque resulte difícil, sin importar cuán fuertes sean las presiones? Piensa en esto: ¿Estamos nosotras tan comprometidas con Dios como yo lo estaba con mi tío Glenn?

Señor, ayúdame hoy a siempre obedecer tus palabras y nunca permitir que otros me disuadan. Amén.

ANNE ELAINE NELSON

29 de octubre

Apetito por el pecado

Envió David a preguntar por aquella mujer, y le dijeron: aquella es Betsabé hija de Eliam, mujer de Urías heteo. 2 Samuel 11:3.

EL REY DAVID NO CONOCÍA su nombre o quién era ella; solamente notó que era una mujer hermosa que se estaba dando un baño. Él no la estaba espiando a través del orificio de la llave, tampoco tiró abajo la puerta a su dormitorio. Simplemente, salió a dar una caminata al atardecer por la terraza. Quizá fue motivado por la vida ociosa del palacio, o simplemente se sintió atraído por la hermosa mujer. No sabemos lo que hizo ella, o dejó de hacer, para atraerlo a él. Sin embargo, ninguna de estas excusas pudo disminuir la culpa de David o su apetito por el pecado.

David descubrió que la mujer era Betsabé, mujer de Urías, un hombre fiel en el ejército del Rey. David, con pensamientos incontrolables de lujuria en su cabeza, ordenó que ella fuera traída a él, y pronto durmió con ella. Yo no sé si ella fue pasiva, permisiva o no tuvo opciones; el hecho es que la Biblia menciona solamente la actitud de David. Se consumó el adulterio, y el apetito por el pecado fue satisfecho por el momento.

Las consecuencias fueron grandes: David perdió su paz interior cuando supo que Betsabé estaba esperando un niño. Urías, su esposo, estaba lejos en combate. David se preocupó acerca de cómo esconder lo que había sucedido. Trató de esconder su pecado haciendo que pareciera que el bebé era un hijo de Urías, pero cuando esto no funcionó, terminó ordenando el asesinato de Urías, y entonces se casó con su viuda.

Y ¿qué sucede con nosotras? ¿Cómo pensamos y reaccionamos cuando somos tentadas? Pienso en la atracción de las series seductoras de televisión, los melodramas, las propagandas cautivantes de televisión, los carteles publicitarios, las revistas y otros entretenimientos. Todos estos pueden resultar muy costosos si les prestamos nuestra atención. Podemos perder nuestras energías y aun nuestra vida por ceder a estas seducciones. Es mucho mejor dar nuestra vida al Señor y permitirle que viva en nosotros, controlando nuestros deseos pecaminosos. El precio del pecado es alto y causa sufrimiento extremo. La historia de la familia de David es ciertamente un ejemplo de esto.

Nuestra oración, para hoy, debiera ser: *Señor, ¡cuán difícil es controlar nuestros deseos carnales! Ayúdanos de tal manera que podamos ser fieles y firmes en el servicio a tu Reino y a nuestra familia. Amén.*

CASSANDRA MARTINS

Conocimiento del bien y del mal

No pondré delante de mis ojos cosa injusta. Salmo 101:3.

MI PRIMER AÑO COMO misionera en Guam fue uno de los más felices de mi vida. Una de las razones principales fue que no poseía un aparato de televisión. Habiendo crecido con demasiada televisión, la extrañaba mucho al principio. Pero, sin ella tenía más tiempo libre para leer más, escribir más y testificar más. Mientras mi mente se volvía más clara y más pura, me convencí de que "libre de televisión" era la vida para mí.

Entonces, atravesé lo que yo llamo "síndrome de abstinencia de noticias". Como me encontraba casi al otro lado del mundo, racionalicé que necesitaba mantenerme informada de los acontecimientos corrientes. Así que, captaba vistazos de las noticias mundiales mientras visitaba otros hogares. Pero los vistazos aquí y allí solamente me dejaban deseando más.

Mientras estaba comprando en un centro comercial aquel otoño, pasé frente a un negocio de electrónica que exponía una gran pantalla de televisión en la entrada. Estaban pasando los titulares de la CNN. "*Tal vez por unos cinco minutos*", pensé para mis adentros. "*Quizás haya algo de lo que necesite enterarme*".

Mi "necesidad de enterarme" fue el señuelo que hizo exitosa la trampa. Permanecí medio atolondrada mientras miraba la gran pantalla, llenando mi mente con la corrupción del mundo. A pocos momentos de comenzar las noticias, me di cuenta de que tenía el "conocimiento del mal". No solamente estaba consciente del mal que estaba sucediendo en el mundo, sino también me sentí repentinamente consciente de que estaba parada en el medio de horripilantes y aterradoras decoraciones de *Halloween* (fiesta de las brujas). Lo gracioso es que no había notado las decoraciones unos pocos minutos antes. Mientras estaba "libre de televisión", Dios me protegía de ver el mal. Pero, cuando iba en contra de mis convicciones y elegía el conocimiento del mundo por encima de la paz y la pureza, era como si mi ceguera protectora hubiera desaparecido.

Esto me recordó a Eva en el Jardín del Edén. Su deseo de conocer todas las cosas, su insatisfacción con la información que poseía, ayudó a que Satanás la engañara. Miles de años después, el mal continúa tentando a los hijos de Dios en formas muy similares, con la salvedad de que usa diferentes carnadas. Y, para cada uno de nosotros pueden ser tentaciones diferentes. Oremos por sabiduría para detectar las trampas de Satanás, antes de que seamos entrampadas por ellas. Apartémonos del pecado, para tener vida.

CLARISSA MARSHALL

31 de octubre

Esperar lo inesperado

Por la misericordia de Jehová no hemos sido consumidos, porque nunca decayeron sus misericordias. Nuevas son cada mañana; grande es tu fidelidad. Lamentaciones 3:22, 23.

LA TARDE DE SÁBADO COMENZÓ hermosa, con el cielo despejado y una brisa suave. Como líder de los Intermediarios de nuestra iglesia, había hecho los arreglos para lo que había pensado que sería una tranquila aventura en la naturaleza para nuestro vivaz grupo de adolescentes. Partieron catorce canoas llenas de adolescentes, con energía, dentro del Río Econolahatchee, para hacer un paseo lleno de curvas, de 16 kilómetros, corriente abajo. Un poco después de haber completado el primer kilómetro, habían zozobrado dos canoas, se había perdido un remo, cuatro chicos estaban empapados y habíamos golpeado una araña del "tamaño de un plato grande" con uno de los remos.

Con todas las canoas y sus pasajeros una vez más en la posición correcta, hicimos unos tres kilómetros más antes que las nubes cubrieran el cielo y comenzara a llover. Entonces escuchamos los truenos, y antes de que hubiéramos alcanzado la mitad de nuestro recorrido del río, los rayos comenzaron a caer aterradoramente cerca. Más canoas se dieron vuelta. Se perdieron zapatos, bebidas y salvavidas.

Había muchas curvas y recovecos en el Río Econolahatchee, pero una curva particularmente angulosa fue demasiado para un par de adolescentes estresados. Bajo la lluvia y los truenos, no solamente hicieron zozobrar su canoa, sino también se las arreglaron para hundirla totalmente bajo dos metros de agua y la encajaron debajo del árbol sumergido. Durante la siguiente hora, un grupo de adolescentes muy mojados permaneció esperando a la orilla del río, gritando palabras de ánimo al grupo de adolescentes aún más empapados en el agua, mientras trataban de rescatar la canoa. Finalmente, se aseguró una soga alrededor de ella y la canoa fue rescatada.

Por fin, todos seguimos avanzando. Los truenos comenzaron a disminuir, y la lluvia amainó, y las canoas se mantuvieron a flote. Mientras remábamos el último kilómetro de aquel trecho de río interminable, hablábamos acerca de cómo todos llegaríamos sanos y salvos a casa. Entonces, mientras nuestro grupo empapado navegaba la última curva en el río, fuimos sorprendidos por una vista asombrosa. Allí, directamente sobre el área de desembarco de canoas, ¡estaba el hermoso cuadro de un perfecto arco iris!

Dios no solamente es nuestro fiel protector; también se deleita en emocionarnos con belleza inesperada ¡justo cuando más lo necesitamos!

SUSAN WOOLEY

La estación agridulce

Todo tiene su tiempo, y todo lo que se quiere debajo del cielo tiene su hora. Eclesiastés 3:1.
Todo lo hizo hermoso en su tiempo. Eclesiastés 3:11.

EL AGUA TRANQUILA DEL LAGO frente a nuestra cabaña se encuentra helada en este momento, y hay un anillo de hielo alrededor de la orilla. Mientras el viento fresco del oeste roza la superficie del lago, puedo escuchar el campaneo del hielo al quebrarse contra la arena y los junquillos.

Cada árbol está encendido con color hoy. Los arces rojos y anaranjados, los abedules amarillos y los dorados álamos son hermosos de contemplar. Es como si cada árbol tuviera su propia luz interna y Dios los hubiera encendido simultáneamente, iluminando el mundo con los reflejos de su gloria. Por todas partes los árboles del bosque están ocupados en desparramar sus hojas profusamente, mientras pacientemente diseñan el colorido acolchado de retazos en los que la tierra y los animales se abrigarán cómodamente durante los largos meses del invierno.

Se siente el aroma penetrante del humo de chimeneas, y veo que muchos de nuestros vecinos ya han preparado sus cabañas para el invierno y guardado sus botes hasta el próximo año. Ayer al amanecer, vi dos bandadas de gansos canadienses sobrevolando con su formación en V apuntando hacia el sur.

Mientras caminaba a lo largo de nuestro sendero hasta el buzón, encontré unas pocas frutas silvestres colgando de los arbustos y algunas flores silvestres azules, todavía floreciendo en la ladera de la colina. Cuando me acerqué a la cima de nuestra entrada para autos, una cierva y sus dos cervatillos permanecían silenciosos entre los altos árboles de pinos, observándome, y tres perdices grandes salieron volando desde el pasto. Ocasionalmente diviso un conejo blanco o un halcón cuando salgo a dar mis caminatas diarias.

Los días son más cortos ahora. Las mañanas están heladas y en los atardeceres hace frío, pero yo saboreo cada uno como una preciosa joya en mi dorada cadena de recuerdos atesorados. Me encuentro anhelando sostener octubre con mis dos manos, rogándole que se quede un poquito más.

Es un tiempo triste, esta estación agridulce. Es un espacio demasiado breve, que nos hace contener el aliento, entre los calurosos y ocupados días del verano, y los largos y fríos días del invierno. Pero tengo la esperanza de que la primavera regresará, verde, suave y generosa, como resultado de las inmutables y eternas promesas de Dios que nos alcanzan, y una vez más, el ciclo de vida comenzará.

ROSEMARY BAKER

2 de noviembre

Verdadero amor

El amor es sufrido, es benigno. 1 Corintios 13:4.

LEÍ UN ARTÍCULO EL otro día, acerca de una mujer sola y de su gato de 13 años. Cuando la mujer trajo un perrito a su hogar, el anciano gato estaba tan contrariado, que dejó de usar la caja especial para hacer sus necesidades y comenzó a utilizar el piso. La mujer ignoró la situación hasta que el gato le mojó la cama. Entonces, le hizo hacer una eutanasia.

La historia me dejó muy enojada. A la mañana siguiente, mi gato de 15 años me mojó en mi pie. "¡Gato malo!", le grité, y lo encerré en el dormitorio de castigo. Luego, me lavé y seguí con mis cosas del día. Como amo a mi gato, estoy dispuesta a limpiar detrás de él. Deshacerme de él nunca se me cruzó por la mente.

Si deseas tener una casa perfecta y siempre preparada para visitas, no tengas una mascota. Los cachorros mastican las cosas. Los gatos rayan los muebles. No tengas niños. Ellos rompen las cosas y rayan o pintan las paredes. Y ni siquiera pienses lo que podría suceder cuando se transformen en adolescentes. Mejor no te cases, tampoco. El maridito bebe la leche directamente de la caja y deja la tabla del inodoro levantada.

Amor es paciencia. Significa adaptarse a las cosas que probablemente no aceptarías de extraños. Algunas veces esto incluye pequeñas cosas como escuchar por décima vez la descripción del tío Pablo de su cirugía de la vesícula o quedar levantada hasta la medianoche cosiendo el disfraz de tu hija para la representación de la escuela. Algunas veces requiere más de nosotros: acompañar a una amiga que está en la cárcel, internar a tu hijo en un centro de rehabilitación de drogadictos, sostener la mano de tu padre cuando se está muriendo.

Amar significa hacer sacrificios y compromisos. Cuando amas a alguien, no eres dueña de tu tiempo. Significa hacer concesiones a la gente cuando ésta no siempre vive de acuerdo con tus expectativas. Amar es una parte del ser humano, quizá la mejor parte.

El verdadero amor no tiene límites. El verdadero amor fue Jesús sacrificándose a sí mismo para que nosotros pudiéramos conocer la vida eterna. El verdadero amor acepta el hecho de que la gente, así como las mascotas, algunas veces hacen desastres. El verdadero amor siempre espera pacientemente para limpiar las cosas.

GINA LEE

Té de tetera

Bienaventurados... los muertos que mueren en el Señor. Sí, dice el Espíritu, descansarán de sus trabajos, porque sus obras con ellos siguen. Apocalipsis 14:13.

TODAVÍA PUEDO VER A PAPÁ sentado a la mesa de formica comiendo su desayuno: una gran compotera de copos de maíz con banana en rodajas y una taza humeante de té de la tetera. Con el diario en su mano izquierda, comía rápido, vaciaba su taza de té, y salía afuera en la oscuridad del invierno. Este "té" era un lujo del invierno. Papá colocaba agua hirviendo en una taza llena hasta la mitad con leche, le mezclaba un poquito de azúcar, y allí estaba, té de tetera.

Yo le rogaba un sorbo, y siempre lo obtenía, o si no una taza para mí sola. Hoy sé que esto era un té de "gente pobre", pero en aquel entonces yo pensaba que él era muy habilidoso para saber cómo hacer algo tan bueno.

Los padres poseen una limitada dimensión para los hijos. Los chicos no conciben la vida de sus padres más allá de lo que les impacta. Hasta cuando fui una adolescente y papá mencionó que había traído una bolsa de maníes de diez centavos y que caminó al zoológico en su hora del almuerzo, nunca se me ocurrió que era porque no tenía dinero para su comida. Cuando nosotros estábamos en la escuela secundaria, consiguió un trabajo adicional de medio tiempo. Era mayormente en el turno de la noche, y era un trabajo caluroso y sucio.

Una vez hicimos un viaje a Europa juntos, papá y yo. Vimos la *Mona Lisa* en París, comimos comida de la India en Amsterdam y caminamos entre las paredes de la puerta de *Ishtar* (de la Babilonia de Daniel), en el Museo de Pergamum en Berlín Oriental. Inolvidable. Excepto cuando salía a su caminata y se "perdía", siempre pensé que papá era el mejor compañero de viaje que uno pudiera tener.

Eventualmente se mudó a Maryland para estar cerca de nuestra familia, y llegó a ser famoso entre nosotros por sus sándwiches de manteca de maní y mermelada. Mi hijo decía que él le añadía un ingrediente especial, amor. El tiempo voló. Los años se sucedieron uno al otro. La edad aumenta lenta y gradualmente, y observándolo, pienso en un verso de una canción *country*: "¿Por qué está vestido como un viejo?" Pero considero, junto con mi familia, que es una bendición tenerlo.

¿Qué son estos tibios lazos de experiencia que ligan a la familia, sino un reflejo de la luz eternal que vendrá? *Gracias, Dios, por la bendición que fue papá en nuestras vidas por tantos años. Y gracias por la promesa del cielo, donde viajaremos a través del universo y regresaremos para alcanzar un tour guiado por Cristo mismo.*

PENNY ESTES WHEELER

4 de noviembre

Tan sólo continúa riendo

El que mora en los cielos se reirá. Salmo 2:4.

¿QUIÉN DIJO QUE PONERSE VIEJO no es divertido? Mis ausencias mentales, olvidos y torpezas me han causado muchas risas a mandíbula batiente. Cuando sucede algo inusual, no lo tomo con seriedad sino que lo anoto como experiencia.

Un día, mientras estaba haciendo pan, quise alcanzar algo debajo del lavamanos y saqué una lata de aceite de cocina en spray. Aceité el primer molde, pero en lugar de oler como manteca, olía más bien a limón. ¡Lustra muebles! Permanecí allí tratando de imaginarme por qué había buscado debajo del lavabo en lugar de alcanzarlo de las alacenas de arriba. Buscando la lata correcta, me di cuenta de que ambas tienen una tapa amarilla. Mi subconsciente sabía que el color era amarillo. Todavía me sonrío cuando recuerdo el episodio.

Una de mis experiencias más divertidas fue también en la cocina. Estaba preparando la mezcla para panqueques caseros en la batidora, utilizando una espátula para empujar el líquido de los lados. De repente, los batidores engancharon la goma y, como un tornado, la espátula voló por el aire, llevando la mezcla hasta el techo. Lo que sube debe bajar, y cuando lo hizo, quedé chorreando con la pegajosa sustancia. También lo estaban los armarios y el piso. Después de que pasó el susto, me reí hasta que me dolía el estómago.

En otra ocasión fui al baño para lavarme los dientes y tomé el envase equivocado. No fue hasta que comencé a cepillarme los dientes incisivos que me di cuenta que había colocado *Desitin** en mi cepillo. ¿Probaste alguna vez sacar *Desitin* de tu cepillo de dientes, ni que hablar de tu boca? También está la vez en que busqué en mi cartera, en la oscuridad, una crema para los labios agrietados, para terminar untándome maquillaje. Sé cuidadosa con lo que haces en la oscuridad.

Eventualmente todos olvidamos compromisos importantes, días especiales y dónde dejamos algo. Nos tropezamos, se nos caen las cosas valiosas y ponemos cosas donde no corresponde. Pero, hay muchas cosas peores que pueden suceder, y probablemente sucederán, en el transcurso de la vida de una persona.

Señor, yo sé que tú debes de tener sentido de humor al observar algunas de nuestras bufonadas. También te debe de dar gran placer observar cómo colocamos las experiencias de la vida en su perspectiva apropiada en lugar de enojarnos o entristecernos.

---

* Desitin: Ungüento que se utiliza para tratar pequeñas afecciones de la piel. (***Nota de los editores.***)

DONNA MEYER VOTH

El sueño

Echando toda vuestra ansiedad sobre él, porque él tiene cuidado de vosotros.
1 Pedro 5:7.

ERAMOS MISIONEROS EN GHANA, en África Occidental. En el espacio de tres meses, nuestras vidas habían sido golpeadas por una desgracia detrás de la otra. Nuestra hija había estado muy enferma; nuestro pequeño hijo tuvo dos enfermedades serias y más tarde una hernia estrangulada que su padre tuvo que operar, y finalmente yo estuve enferma y nuestra bebé nació prematuramente, para vivir solamente dos días.

Unos pocos meses más tarde, me desperté una noche de un sueño horrible. En mi sueño, nuestro sirviente, Pedro, había llegado como acostumbraba para hacer el primer trabajo del día, hervir nuestra agua para beber. Nuestro hijo de corta edad había entrado en la cocina para "ayudar", como lo hacía a menudo. Cuando Pedro prendió un fósforo para encender la cocina a gas, a fin de hervir el agua, hubo una tremenda explosión y la cocina y los que se encontraban en ella fueron destruidos. Me encontraba temblando de horror por aquel sueño.

Pensé que quizá si iba hasta la cocina y me aseguraba de que no había pérdida de gas que pudiera causar semejante explosión, podría seguir durmiendo. Así que, me levanté, caminé pasando por la habitación donde dormían los niños, atravesé la puerta hacia el comedor y por otra puerta a la cocina. No fue hasta que abrí la puerta de la cocina que lo olí. ¡Gas! Corrí para revisar las perillas. Pero ninguna estaba abierta. Así que, fui hasta la despensa y cerré la llave de la garrafa de gas. Era gas propano, y la garrafa en la despensa estaba conectada a la cocina por un caño que iba por afuera, en contra de la pared.

Regresé a la cama y me dormí inmediatamente. Cuando nos levantamos a la mañana siguiente, encontramos la causa de la pérdida. El pequeño caño que se encontraba contra la pared áspera se había raspado, y se le había hecho un orificio. Si no me hubiera levantado en la noche y cerrado el gas, la cocina habría estado llena de gas cuando llegara Pedro. Él no habría reconocido el olor o el peligro, y mi sueño se habría hecho realidad.

No había ninguna razón por la cual tenía que soñar acerca de la pérdida de gas. Yo creo que Dios estaba diciendo: "Realmente cuido de ustedes. Los cuido lo suficiente como para enviarte un sueño, para hacerte levantar en la noche a fin de prevenir una catástrofe". Esta experiencia me dejó clara la cuestión de si Dios estaba interesado en nuestras vidas. Él lo está, y no nos permite sufrir más de lo que podemos soportar.

RUTH LENNOX

6 de noviembre

Gracia

Porque de su plenitud tomamos todos, y gracia sobre gracia. Juan 1:16.

SI ERES MAYOR DE 13 AÑOS, puedes recordar probablemente alguna ocasión en tu vida, como yo lo recuerdo en la mía, cuando no eras otra cosa sino la reina de la gracia. Me puse tan mal por un período, que mi familia en realidad me llamó Gracia. Estoy segura de que lo niegan, pero ellos recuerdan algunos de los incidentes cuando fui menos que graciosa. Parece que yo era muy torpe, o al menos me sentía de esa manera. Todavía no me siento del todo confiada en algunas circunstancias y estoy temerosa de que voy a derramar el jugo en una recepción formal, o caerme por las escaleras frente a todos o hacer alguna otra cosa que me avergonzará.

Recuerdo un incidente como si fuera ayer. Estaba haciendo una torta, una torta de chocolate, para alguna ocasión especial. El aroma del chocolate emanaba de la cocina y apenas podía esperar por el producto terminado. Finalmente estaba horneada, y se la veía hermosa. Hasta se había levado pareja. Era perfecta así como había salido, pero cuando le pusiera la cobertura... se me hace aguar la boca de solo escribirlo. La saqué del horno muy cuidadosamente, la di vuelta para enfriarla sobre una rejilla... y la dejé caer boca abajo sobre el piso de la cocina. No me pregunten cómo lo hice. Así ocurre con la falta de gracia, no tiene razón de ser.

Cuando lo aplicamos a nuestras vidas espirituales, tampoco se puede evitar la falta de gracia. Todos podemos tener gracia, tanta como necesitemos, todo el tiempo, en cualquier lugar, tan a menudo como sea necesario. Y la gracia viene libre de cargo o esfuerzo. Se ofrece a cada una de nosotras liberalmente.

La gracia es algo difícil de comprender, pero ejemplifica a Jesús. Y Jesús ejemplifica la gracia. Juan 1:14 dice: "Aquel Verbo fue hecho carne y habitó entre nosotros (y vimos su gloria, gloria como del unigénito del Padre), lleno de gracia y de verdad". Y el versículo 17 dice: "Pero la gracia y la verdad vinieron por medio de Jesucristo".

Nosotros creemos por gracia (Hech. 18:27); la gracia nos edifica; y la gracia nos da una herencia entre aquellos que serán santificados (Hech. 20:32). Y, lo mejor de todo, somos justificados por gracia (Rom. 3:24), y recibimos redención y perdón de nuestros pecados por su gracia (Efe. 1:7). Para continuar, no es estática: "Antes bien, creced en la gracia y el conocimiento de nuestro Señor y Salvador Jesucristo". Y, como dice el resto del versículo, nosotros también podemos decir: "A él sea gloria ahora y hasta el día de la eternidad. Amén" (2 Ped. 3:18).

ARDIS DICK STENBAKKEN

¿Escuchando?

Te haré entender, y te enseñaré el camino en que debes andar; Sobre ti fijaré mis ojos. Salmo 32:8.

AL COMIENZO HABÍA TENIDO un gran entusiasmo y una buena porción de confianza de que algo saldría de esto. Había tenido varias entrevistas de trabajo antes de la fecha oficial en que terminaba mi empleo actual. Estaba segura de que conseguiría otro trabajo aun antes de concluir el que tenía. "Después de todo, soy inteligente, y he desarrollado una amplia gama de habilidades que son muy vendibles", razoné.

Llegó el día en que terminó mi contrato, y pasó. Los días se transformaron en semanas; las semanas pronto se volvieron meses. Especulé de una forma y luego de otra. Me uní a diferentes organizaciones para poder tender una "red de trabajo". Me aseguré de recibir el diario y otros sitios diversos de Internet. Hice solicitudes para empleos en un espectro más amplio y variado, compré libros y *software* para aprender sola algunas cosas, y ofrecí mis servicios como voluntaria, para mantener al día mis habilidades. ¿El resultado? Nada.

Las técnicas que había utilizado tan exitosamente en el pasado no estaban dando resultados. ¿Qué estaba haciendo mal? ¿Había sido demasiado arrogante en aquella entrevista reciente? ¿Me vestí demasiado bien para la otra? Pregunta tras pregunta me daba vueltas en la cabeza, mientras salía de otra entrevista infructuosa.

Me vino a visitar la frustración, y el desánimo amenazó con instalarse. Las metas de mi línea de tiempo tan prolijamente planificada, que me había establecido, comenzaron a desvanecerse mientras el éxito me eludía.

–El tiempo es un regalo; úsalo sabiamente –me aconsejaba mi esposo en un esfuerzo por darme ánimo.

–Has sido colocada en esta situación por alguna razón –observaba otra amiga–. ¿Le has preguntado al Señor qué y por qué? –cuestionaba ella.

Y así, después de meses y meses de intentar, después de haberme movido a toda velocidad, y simplemente pedir y esperar una bendición sobre mis planes y acciones, me detuve. Pregunté. Y descubrí que el Señor me había estado hablando todo el tiempo. Yo no había estado escuchando, otra vez.

Señor, gracias por amarme lo suficiente como para usar cualquier medio necesario para atraer mi atención a fin de que podamos hablar, y para que yo pueda aprender a oír, escuchar y obedecer. Habla, Señor, porque tu sierva está escuchando.

MAXINE WILLIAMS ALLEN

8 de noviembre

Interrupción indeseada

Porque no nos ha dado Dios espíritu de cobardía, sino de poder, de amor y de dominio propio. 2 Timoteo 1:7.

DE UNA MIRADA A MI RELOJ, vi que era casi la hora de salir hacia nuestra reunión semanal del grupo de oración. Sabiendo que mi amiga, que era la anfitriona del grupo, acababa de mudarse a una nueva casa, le había comprado dos rosales de nuestros colores favoritos: rojo y rosado. Se los daría después de que el grupo se hubiera ido, decidí. Tomando las macetas, salí hacia mi auto y las coloqué en el asiento de atrás.

Mientras colocaba la primera planta en el auto, para mi horror, cayó una pequeña lagartija marrón. Quedé tiesa. No importa que haya nacido en Jamaica, donde abundan las variedades más grandes y verdes de estos reptiles; el pensamiento de compartir el mismo espacio cerrado con una lagartija es algo que me pone los pelos de punta. Sabía, por experiencias anteriores, que tratar de disuadirme de este temor era tan inútil como hacer salir a la lagartija ahora escondida.

Salí manejando. No quería llegar tarde al grupo de oración. "*Por favor, Señor, no permitas que la lagartija se me trepe. Ayúdame a no tener un accidente, si lo hace. Por favor, ayúdame a llegar con seguridad*", oré fervientemente.

La radio estaba prendida. El bien conocido evangelista Billy Graham estaba hablando, contando una historia acerca de un jugador de apuestas. Me concentré tanto en el relato, tan bien contado, que los kilómetros pasaron velozmente, y me encontré en la casa de mi amiga sin haber pensado ni siquiera una vez en el pequeño reptil. Nunca más vi a la lagartija.

Al compartir el incidente con mis amigas, me di cuenta de cuánto se interesaba mi Padre celestial en mí, al crear una distracción y cuidar de mi seguridad.

"No es la voluntad de Dios que su pueblo sea abrumado por el peso de las preocupaciones. Pero, al mismo tiempo, no quiere que nos engañemos. Él no nos dice: 'No temas; no hay peligro en tu camino'. Él sabe que hay pruebas y peligros, y nos lo ha manifestado abiertamente" (Elena G. de White, *El camino a Cristo*, p. 124).

Agradezco al Señor por las oraciones contestadas y por su protección otorgada a su hija. Es mi oración que algún día mi temor por las pequeñas criaturas de Dios se disipe; quizás en el mundo renovado o quizás antes de ese día.

GLORIA HUTCHINSON

9 de noviembre

Quince frijoles

Porque tuve hambre, y me disteis de comer; tuve sed, y me disteis de beber, fui forastero, y me recogisteis. Mateo 25:35.

—SI TAN SÓLO PUDIERAS VER, no te sería posible tragar tu sándwich. Así termina la conversación durante una comida entre dos misioneros, descrita por el Dr. David C. Thompson en su libro *On Call* [De guardia]. Esta cita me ha quedado grabada a través de los años, desafiándome a realmente mirar lo que se encuentra a nuestro alrededor.

Recientemente, estas palabras nos impactaron en sumo grado. Ocho adultos y dos niños se reunieron en nuestro departamento en Toamasina, Madagascar, para una hermosa comida después del culto de la iglesia. Las conversaciones animadas rebotaban del francés al inglés, impregnadas con el lenguaje universal de la risa. La comida era sabrosa y abundante: dos asados de verduras al horno, tres ensaladas, arroz, pan de ajo y un postre.

Varias horas después, con mi esposo y algunos otros fuimos a un concierto coral en un suburbio pobre. Caminando por una calle arenosa, él se detuvo para hablar con una familia malgache bien conocida por nosotros; los niños nos acompañan a menudo a la iglesia. Ocho de ellos duermen en una choza endeble de bambú con techo de paja, que compite con el tamaño de nuestro dormitorio. Una de las niñas estaba haciendo la cena sobre un bracero a carbón. Ella le mostró a Colin lo que estaba hirviendo en su olla: quince pequeños porotos blancos secos. Quince porotos para repartir entre dos adultos y diez hermanos y primas que estaban de visita.

Mientras Colin relataba este incidente, mi almuerzo todavía en digestión repentinamente me resultó como plomo. Nosotros sabíamos que nuestros amigos malgaches vivían en la pobreza, pero realmente verla tan de cerca es muy diferente que simplemente saberlo. Santiago 2:15 y 16 me abrumó: "Y si un hermano o una hermana están desnudos, y tienen necesidad del mantenimiento de cada día, y alguno de vosotros les dice: Id en paz, calentaos y saciaos, pero no les dais las cosas que son necesarias para el cuerpo, ¿de qué aprovecha?" De nada.

Si tu pudieras tan sólo ver, ¿qué verías? ¿ Padres que sufren, temerosos de hablar acerca de su hijo homosexual? ¿Las frustraciones de una madre sola, que se encuentra aturdida, cosechando las consecuencias desastrosas de un divorcio? ¿Un adolescente perdido? ¿Una amiga con una enfermedad digestiva? ¿El dolor de una depresión clínica, las cicatrices de abuso sexual, la soledad de una viuda?

Hasta podrías ver quince porotos.

KIMBERLY BALDWIN RADFORD

10 de noviembre

El fruto de orar

Jehová Dios mío, a ti clamé, y me sanaste. Salmo 30:2.

DURANTE SIETE LARGOS AÑOS de vida matrimonial, Esther y Henry habían estado orando a Dios por un hijo, esperando que algún día Dios seguramente escucharía su oración. Los amigos, y otros con buenos deseos, también habían orado en su favor por un niño. Yo también había estado implorando a Dios para que les concediera su anhelo.

Al fin, me enteré de que Dios estaba contestando: ¡Esther estaba esperando un bebé! Entonces escuché que Esther había sido admitida en el hospital para su parto. Corrí al hospital y descubrí que debían realizar una cirugía de emergencia. Su amiga Percy y la suegra de Esther estaban ayudando a llevarla a la sala de cirugía.

Pronto aparecieron las enfermeras para llevarla. Justo antes de que la acarrearan, Percy me recordó que yo debía orar por ella. Oramos, y entonces nos sentamos ansiosas a esperar. Finalmente nos llegó la hermosa noticia de que una niña sana había nacido y que Esther se encontraba bien también. Todas estábamos muy emocionadas.

Pronto, después de esto, el anestesista salió de la sala de cirugía. Cuando fue a cambiarse, descubrió para su sorpresa una víbora muerta de unos 15 cm dentro de sus zapatos. Cada una de las que estábamos presentes dimos diferentes opiniones de cómo podría haber llegado allí, pero una cosa era evidente: una víbora muerta no puede entrar en un zapato. Así que llegamos a la conclusión de que debió de haber estado en el zapato y encontró la muerte al ser aplastada por el pie del anestesista, que sin siquiera saberlo, se había apresurado a venir a la sala de emergencia.

Nos sentimos muy conmovidas por semejante milagro salvador de tres vidas aquel día. Si el anestesista se hubiera demorado en venir o hubiera sentido la víbora, las vidas de la madre y de la criatura podrían haber corrido peligro. La niña, llamada Annette, fue una respuesta a muchas oraciones, y ella es parte de una milagrosa bendición.

Gracias, Dios, por mostrar tus gracias. Algunas veces contestas las oraciones cuando nosotros ni nos damos cuenta. Ayúdame hoy a recordar de colocar mi fe en ti en todo momento, no importa cuáles sean las circunstancias o evidencias exteriores.

BALKIS RAJAN

Compartiendo el pescado con Mary

En todo os he enseñado que, trabajando así, se debe ayudar a los necesitados, y recordar las palabras del Señor Jesús, que dijo: Más bienaventurado es dar que recibir. Hechos 20:35.

HACE MUCHOS AÑOS, en mi nativa Trinidad, compré un pescado grande. Cuando estaba por guardarlo en el refrigerador, fui sorprendida por una fuerte impresión. "Dale la mitad del pescado a Mary". Traté de ignorar la voz, pero como insistía, obedecí. Llevé el pescado a la casa de Mary.

En respuesta a mi llamada, Mary vino a la ventana bañada en lágrimas. Cuando le pregunté qué pasaba, me contestó entre sollozos:

–No tenemos nada en casa para que coman los niños.

–¿Tan sólo este pedazo de pescado? –preguntó ella cuando le alcancé la bolsa.

–Envía a una de las niñas mayores a casa conmigo –le indiqué.

–Tendrá que ser la menor –explicó la madre–; acabo de lavar la ropa y solamente la menor tiene ropas secas suficientes como para vestirse.

Cuando llegó la niñita, llené una canasta con de todo un poco, de lo que tenía en mi despensa, y la envié a su casa. Unos pocos minutos más tarde, ella estaba de regreso.

–Mamá pide fósforos para encender la cocina.

Luego de que ella hubo partido, escondí mi cabeza en mi almohada y lloré amargamente por su extrema necesidad.

Después, la gratitud de la madre era abrumadora. Pero no podía quedarme allí. Fui a la casa de una amiga más abajo, en el camino.

–Acabo de descubrir una necesidad extrema de ropas. Tres niñas no tienen qué ponerse. ¿Cuánto te llevaría hacer tres vestidos para ellas?

–Tan pronto como termine de cocinar iremos al negocio –dijo ella.

–No, querida –interrumpió su esposo con suavidad–; ve ahora mismo. Yo terminaré de cocinar.

Compramos el material aquella mañana. Ella les tomó las medidas a las niñas, y para la puesta del sol estaba de regreso con tres hermosos vestidos.

Un día, Mary me pidió que llevara a las dos niñas mayores a la iglesia el sábado. Me sentí abrumada de gozo. Luego de muchos meses, se unieron voluntariamente a la clase bautismal y más tarde pidieron el bautismo. Años después, me volví a conectar con una de las niñas mayores. Comenzamos a comunicarnos. Entonces me trajo a su esposo y a su hijo para que los conociera. ¡Qué reunión!

Sí, nuestro maravilloso Dios utilizó medio pescado a fin de salvar almas para su Reino.

EILEEN FURLONGE

12 de noviembre

La lección de Al

Porque Jehová no mira lo que mira el hombre; pues el hombre mira lo que está delante de sus ojos, pero Jehová mira el corazón. 1 Samuel 16:7.

SU NOMBRE ERA AL, y cada mañana se paraba en la esquina de una intersección muy concurrida, rodeada de edificios gubernamentales, en el centro de Washington, D.C. Armado con una sonrisa y con una mano extendida, él rengueaba de auto en auto hablando a todos los choferes, pidiéndoles una limosna. Algunos respondían dejando caer unas monedas, otros le pasaban un dólar, y el resto, como yo, miraba directamente hacia adelante, deseando que el semáforo se pusiera verde.

Un día, mientras manejaba hacia la intersección, sentí un tirón en mi volante. Mientras el auto avanzaba trabajosamente, me di cuenta de que tenía un neumático ponchado. "*¿Qué hacer ahora?*", murmuré. Detenida en el semáforo, abrí la puerta y me crucé al otro lado para confirmar mis sospechas. En medio de bocinazos, miradas desagradables y palabrotas, escuché una voz de tenor que decía:

–¿Necesita ayuda?

Allí estaba Al. No contando con otra posibilidad a la vista, acepté avergonzada su oferta.

Mientras él me cambiaba la rueda, me enteré de que Al había sido mecánico. Luego había perdido su trabajo y no pudo encontrar otro, de modo que se había visto forzado a mendigar en las calles.

–Señorita, cuando usted no tiene un teléfono y una dirección estable, es difícil que los empleadores lo encuentren para ofrecerle un trabajo. ¿Cómo lo van a llamar si deciden contratarlo a uno? La gente que pasa por aquí cada mañana y me mira, probablemente piensa que yo podría hacer algo mejor. Pero lo estoy intentando, señorita. Realmente lo estoy intentando.

Cuando Al completó el trabajo, le extendí quince dólares, y durante meses, al pasar por esta intersección concurrida, me detenía lo suficiente como para alcanzarle mi almuerzo y papeles con informaciones de trabajo. Algunas semanas más tarde, Al anunció que había encontrado un trabajo y que posiblemente se estaría mudando. Por supuesto, mi corazón se regocijó, y no lo vi más.

Nunca volví a ser la misma después de este encuentro. Algunas veces Dios coloca personas en nuestro camino para abrir nuestros ojos y corazones. Mientras Al, aparentemente, mejoró su vida, yo también crecí por medio de este encuentro y mejoré la mía.

Gracias, Padre, por colocar a una persona como Al en mi camino.

YVONNE LEONARD CURRY

Un show espectacular

Nuestra alma escapó cual ave del lazo de los cazadores; se rompió el lazo, y escapamos nosotros. Nuestro socorro está en el nombre de Jehová, que hizo el cielo y la tierra. Salmo 124:7, 8.

LAS HORAS DEL SÁBADO SE ESTÁN acercando a su fin, y mientras miro hacia afuera, a mi patio de atrás, observo un show espectacular. Es vivaz, colorido y acompañado por música hermosa. Las aves de las quintas de Baltimore, como la oropéndola, los gallos azules, los picaflores, los piñoneros de pechos color rosa, los jilgueros y los carpinteros de cabeza roja, y muchos de sus amigos, son los actores. Es un show que no tiene rival.

Observo a los piñoneros mientras echan a otros pájaros del comedero. Hasta aquellos de la misma especie no son bienvenidos a alimentarse con ellos. Las oropéndolas se molestan mutuamente y piensan que son las únicas que debieran gozar de su comida. Los jilgueros son más sociables y permitirán que sus amigos se les unan mientras disfrutan de su pequeña cena. Los pequeños picaflores de garganta rubí son los más intrigantes de observar. Dos machos y dos hembras se reúnen en el bebedero para alimentarse en armonía, bebiendo el néctar que se les provee. Los jilgueros, con sus copetes acomodados tan gallardamente sobre sus cabezas, vuelan para picotear unas pocas semillas, y entonces se trasladan hasta un roble cercano. Los gorriones y sus amigos se reúnen en la base de los comederos, para aprovechar las semillas desparramadas.

En un momento desaparecen todos los pájaros, y veo a uno o dos gatos merodeando, mirando en el césped. Se sientan silenciosos, listos para lanzarse sobre cualquier pájaro desprevenido que pueda estar cerca. El gato calicó trepa a un árbol, esperando tener una mejor oportunidad de atrapar un bocado sabroso. Pero no tienen éxito, y yo me regocijo por los pájaros. Pronto los felinos se cansan de sus esfuerzos de caza infructuosos, y regresan a su granero. Las aves retornan, y prosigue el show.

¿Somos nosotras tan sabias como las aves y sabemos cómo escondernos cuando Satanás está al asecho? No siempre estará tan visible, y vendrá a nosotras de diversas maneras. Utilizará gente para desanimarnos y nos hará sentir sin valor. Se nos herirán los sentimientos, y podremos decir o hacer algo para desquitarnos, y esto significará nuestra caída. Así como las aves, necesitamos ser sabias y huir de las tentaciones de Satanás.

EVELYN GLASS

14 de noviembre

Mi nueva casa

No se turbe vuestro corazón... En la casa de mi Padre muchas moradas hay. Y si me fuere y os preparare lugar, vendré otra vez y os tomaré a mí mismo, para que donde yo estoy, vosotros también estéis. Juan 14:1-3.

MIENTRAS CAMINO A LO LARGO DE LA CALLE, veo a muchos seres desafortunados yaciendo alrededor. Algunos duermen sobre viejas esteras o papeles de diario; algunos tienen un cartón viejo aplastado para usar como colchón; otros yacen sobre el suelo frío.

Están aquellos, sin embargo, que viven en una choza de un asentamiento informal o en alguna habitación por allí. Al menos tienen un refugio sobre sus cabezas. Encuentro a aquellos que están un poquito mejor y viven en casas del Gobierno con una o dos habitaciones. Aun otros poseen sus propias casa. Jesús dijo: "Porque siempre tendréis pobres con vosotros" (Mat. 26:11).

Nunca tuve el privilegio de vivir en una casa grande. Crecí en un hogar muy humilde. Me gustaba buscar fotos de casas hermosas en las revistas y soñaba con tener mi propia casa hermosa algún día. Me encuentro ahora en mis años del crepúsculo, y todavía vivo en una morada humilde y pequeña.

No hace mucho tiempo, nos invitaron a la casa de otra persona. Estaba rodeada de unas pocas hectáreas de tierra, con una hermosa vista. Tenía un enorme garage que podía recibir más de dos vehículos, una pileta de natación grande que resplandecía con el sol y una sala de estar rodeada de ventanales con vista hacia la pileta; era un lugar perfecto donde descansar. Tenían una cocina ultramoderna, sin ninguna falta de alimentos. Como vivían cerca del mar, también eran propietarios de una lancha. ¡Cuánto! Con tantas habitaciones en la casa, que ni las pude contar. Para mí era como un laberinto en un maizal, no sabía por qué lado ir para encontrar la salida. ¿Cuántas personas soñarían con posar su pie en una casa como esta?

Algunas veces nos sentimos insatisfechos con nuestra condición, especialmente cuando nos encontramos en circunstancias más allá de nuestro control. Deseamos algo más grande y mejor. Yo me siento animada por el texto de hoy: "No se turbe vuestro corazón... En la casa de mi Padre, muchas moradas hay... Y si me fuere y os preparare lugar, vendré otra vez y os tomaré a mí mismo, para que donde yo estoy, vosotros también estéis".

Estoy anhelando mudarme a mi casa flamante; a decir verdad, estaría mejor descrita como una mansión. Está totalmente pagada, sin dolores de cabeza financieros. ¿Serás mi vecina?

PRISCILLA ADONIS

15 de noviembre

Trabajo de mujeres

Las ancianas... que enseñen a las mujeres jóvenes... para que la palabra de Dios no sea blasfemada. Tito 2:3-5.

POCAS DE NOSOTRAS APRECIAMOS las implicaciones de que ciertas tareas son "trabajo de mujeres". Pero, si miramos cuidadosamente en las Escrituras, encontramos que hay un trabajo para que hagamos cada una de nosotras. Encontramos cuatro aspectos que se destacan:

Primero, debemos ser voluntarias. 1 Pedro 5:2 (DHH) dice: "Cuiden de las ovejas de Dios... háganlo de buena voluntad, y no por obligación ni por ambición de dinero". ¡Esto me llega muy de cerca! Como asistente de pastor de tiempo parcial, recibo un estipendio; a menudo quisiera una compensación más adecuada. Pero Pedro me recuerda que debiera hacer este trabajo no por dinero sino porque estoy feliz de servir voluntariamente.

Segundo, nosotras las mujeres necesitamos sentirnos valoradas. 1 Timoteo 5:17 dice: "Los ancianos que gobiernen bien, sean tenidos por dignos de doble honor, mayormente los que trabajan en predicar y enseñar". Realmente, ninguna de nosotras es digna por sí misma. De hecho, yo me siento a menudo totalmente indigna del privilegio del ministerio. Es solamente Cristo quien puede hacernos dignas, o rectas y santas, como traduce otra versión.

Tercero, necesitamos ser sabias. Tito 2:3 al 5 dice: "Las ancianas asimismo sean reverentes en su porte... que enseñen a las mujeres jóvenes a amar a sus maridos y a sus hijos, a ser prudentes, castas, cuidadosas de su casa, buenas, sujetas a sus maridos, para que la palabra de Dios no sea blasfemada". Dios hasta promete darnos esta sabiduría: "Si alguno de vosotros tiene falta de sabiduría, pídala a Dios... y le será dada" (Sant. 1:5).

Por último, nosotras las mujeres necesitamos estar libres de preocupación, así como fue presentado por Jesús en Mateo 6:25 al 34: "No os afanéis por vuestra vida, qué habéis de comer o qué habéis de beber, ni por vuestro cuerpo, qué habéis de vestir... Mas buscad primeramente el reino de Dios y su justicia, y todas estas cosas os serán añadidas". ¿Cuánto de nuestra preciosa energía acumulada la gastamos en preocupación innecesaria y en realidad contraproducente? No os afanéis, dice el texto.

Ninguno de estos cuatro aspectos es algo que podamos obtener por nosotras mismas y por nuestras propias fuerzas. Los cuatro provienen de Cristo, quien es el único que nos capacita para nuestro trabajo de mujeres.

BECKY KNOBLOCH

16 de noviembre

Pecado diluido, salado, bañado en azúcar

El que encubre sus pecados no prosperará; Mas el que los confiesa y se aparta alcanzará misericordia. Proverbios 28:13.

EXISTEN NUMEROSOS USOS para un mineral conocido por todas nosotras como sal; algunos buenos, algunos otros no tan buenos. La mayoría de nosotras somos conscientes de que demasiada sal causa hipertensión, y puede traer problemas renales y otras enfermedades serias. Es por eso que es imperativo que limitemos nuestro consumo de sodio.

A menos que leamos las etiquetas en cada cosa que comemos, nunca podremos calcular la cantidad de sodio que ingerimos en nuestro consumo diario de alimentos. Los alimentos enlatados, los conservados en cajas y hasta los congelados están preservados en sal. Las carnes ahumadas y el pescado contienen cantidades bastante grandes de sal, aun después de remojados y cocinados.

Cuando pensamos en el contenido de azúcar en panes, tortas y masas, se encuentra una cantidad considerable de sodio que está escondida en estos productos, que algunas veces ni notamos. Luego de consumir alimentos altos en sodio o postres rellenos cubiertos con diversas clases de azúcares, tendemos a beber mucha agua.

Este fenómeno me recuerda el pecado. El pecado es notorio por esconderse detrás de la justicia y de una presentación equivocada de la verdad. Consigue infiltrarse en nuestras vidas como el sodio escondido y los postres bañados en azúcar. Algunas veces se diluye tan rápido y suave que no nos damos cuenta de que hemos sido rodeadas por él hasta que nos encontramos sufriendo sus resultados.

Todos nosotros somos culpables de pecado, es verdad (Rom. 3:20), pero todavía hay esperanza. Tenemos un Abogado que no desea que nadie perezca sino que todos sean salvos.

Dios nos ama tanto, que envió a su Hijo para dar su vida de manera que pudiera salvar las nuestras. Jesús espera que le pidamos perdón, así puede intervenir en nuestro favor. No importa cuan grande sea el pecado que hayamos cometido, tenemos el privilegio de llevarlo directamente al Señor. Jesús mismo hizo eso posible: "Yo soy el camino, y la verdad, y la vida; nadie viene al Padre, sino por mí" (Juan 14:6). Dios promete tener misericordia de aquellos que confiesan sus pecados, y los olvida. Yo reclamo hoy esa promesa.

Jesús, te agradezco por morir en la cruz por mis pecados. Por favor, ayúdame a reconocer mis pecados y a confesarlos, de manera que pueda vivir eternamente. Te agradezco y te alabo.

CORA A. WALKER

17 de noviembre

¡Qué semana!

Esta es la señal del pacto que yo establezco... mi arco he puesto en las nubes.
Génesis 9:12, 13.

¡QUÉ SEMANA! ¿Cuán a menudo dices esto? Yo apostaría que bastante. Cierto viernes de tarde, definitivamente, lo estaba diciendo. Realmente había sido una semana dura, y el clima de Colorado no ayudaba, con su frío y sus lloviznas. Estaba apurada, por supuesto, para hacer todas las compras y entonces buscar a mis suegros a tiempo para la cena.

Apurándome a recorrer el negocio, pude terminar en tiempo récord, pero estaba tensa y estresada. Estaba caminando (o, más bien debiera decir casi corriendo), hacia el auto, cuando miré hacia arriba y vi el más hermoso arco iris doble que haya visto alguna vez. Ambos arcos eran brillantes y ricos en color. Nunca había visto nada semejante a eso, y me encanta mirar los arcos iris.

Comencé a cantar, mientras guardaba mis compras en el auto y me dirigía hacia casa. Estaba alabando a Dios por la belleza del arco iris e inventaba las palabras mientras conducía. ¡Me sentí tan bendecida! Fue asombroso cómo las preocupaciones y el estrés de la semana desaparecieron de mi mente.

Yo no soy escritora de canciones, en realidad, pero no podía contener el gozo del Señor aquel día. No puedo realmente recordar la melodía o las palabras de la canción ahora, pero recuerdo el coro y el sentimiento de admiración que llenaba mi corazón mientras alababa a Dios aquella tarde. El coro decía algo así: "Gracias, Señor, por permitir que la luz de tu amor haga arcos iris en mi mundo oscuro y triste". Fue una verdadera experiencia de adoración, y yo sé que Dios estaba allí conmigo en mi auto

Los arcos iris siempre me recuerdan la promesa que Dios le dio a Noé y a la tierra después del diluvio. Él prometió no destruir nunca más la tierra con agua, pero esa no fue su única promesa. Cuando vi el arco iris aquel viernes, recordé todas sus promesas: "No te dejará ni te desamparará" (Deut. 31:6). "Y yo los fortaleceré en Jehová, y caminarán en su nombre, dice Jehová" (Zac. 10:12). Filipenses 4:13 es también una promesa en la que me consuelo. Pero una de mis promesas favoritas se encuentra en Juan 14:1 al 3. Jesús promete que regresará para llevarme al hogar con él. Así que, no importa cuán mala pueda parecer la vida hoy, recuerda que por causa de Jesús todas las promesas de Dios serán cumplidas y, por lo tanto, algún día, todo esto será tan solo un recuerdo que irá empalideciendo a la luz directa del amor de Dios.

JULI BLOOD

18 de noviembre

Enséñaselas a tus hijos

Reúneme el pueblo, para que yo les haga oír mis palabras... y las enseñarán a sus hijos. Deuteronomio 4:10.

UNA DE LAS LECCIONES que más gozamos al seguir el consejo de Dios fue la de enseñar a nuestros hijos a orar. Ellos también gozaban de repetir en eco las palabras que nosotros hablábamos, pero pronto se sintieron que podían "volar" por sí mismos. Algunos momentos fueron cómicos, cuando con palabras de bebés expresaban sus propios pensamientos. Nuestra hija declaró su antipatía por el viejo Satán cuando oró: "Por favor, Jesús, ven a vivir en mi corazón; yo no quiero que Satanás viva en mi corazón. Él puede ir y vivir en su propio corazón".

Nuestro hijo mayor era muy creativo, y entrelazaba los sucesos del día en sus breves oraciones. Por ejemplo, la Sra. Hanbury le había traído un regalo cuando la invitamos a casa para cenar. Él no olvidó este gesto amable, y su oración parecía involucrar un concepto con doble significado de conversación con el Señor. Él oró: "Por favor, bendice a la Sra. Hanbury por traerme un presente y ayúdala para que me traiga uno más grande la próxima vez".

Gradualmente, los niños aprendieron a limitar sus pedidos por cosas materiales y buscar más bien el estilo de oración de gratitud, encontrando bendiciones por las que estar verdaderamente agradecidos. Luego aprendieron el gozo de alcanzar mediante la oración, a aquellos que amaban y a aquellos que necesitaban la ayuda especial del buen Señor. Pero recuerdo un momento cuando las oraciones espontáneas de nuestro hijo trajeron un gozo enorme.

Yo estaba involucrada con el Día Internacional de Oración de la Mujer y, como se llevaría a cabo en nuestra iglesia, tendría a mi cargo la predicación. Mi esposo estaba ausente, en unas reuniones en la Asociación, así que los chicos quedarían solos. Nuestra casa estaba justo al lado de la iglesia, así que no había necesidad de preocuparse realmente, pero de alguna forma estaba estresada por el pensamiento de dejarlos a ellos, y al mismo tiempo por la responsabilidad de la predicación. Lyell, de siete años, captó mi tensión y, sentándose en su cama, dijo solemnemente:

–No estés nerviosa, mami, porque yo voy a decir un "Querido Señor" por ti.

Aquel precioso niño nunca pudo saber, aparte del largo abrazo que compartimos, la calma que la seguridad infantil me trajo. En mi propio corazón, yo dije: *"Gracias, Señor, por el privilegio de enseñarles a estos pequeños la preciosa bendición de la oración".*

EDNA HEISE

Señor, quiero ir a casa

Mis huidas tú has contado; Pon mis lágrimas en tu redoma; ¿No están ellas en tu libro? Salmo 56:8.

CUANDO LEVANTABA MI PUÑO para golpear a la puerta, podía escuchar el llanto que provenía de la habitación. Había venido al dormitorio de una amiga para pedirle que me acompañara a un programa en el gimnasio. Luego de escuchar por un momento, golpeé suavemente.

–Pase –se escuchó una voz, entre sollozos.

Ilene yacía sobre su cama, sosteniendo un sobre y una carta.

–Ilene, ¿qué sucede? –le pregunté, y sus sollozos se intensificaron–. ¿Está bien tu mamá?

Ella asintió, pero siguió llorando. Cuando pudo hablar, me contó que la carta era de su madre, diciéndole que su hermano y su hermana mayores, que habían estado lejos de casa abriéndose paso para terminar la educación superior, habían podido ir a casa por el fin de semana. Solamente Ilene estaba ausente de su familia.

Solamente pude decir:

–¡Oh Ilene!

Casi rompí a llorar yo también. Ilene había permanecido en la escuela durante todo el verano, trabajando para ayudar a pagar su propia cuenta de estudios. No había tenido dinero para un viaje a casa. Su hogar se encontraba distante, y su familia de granjeros estaba luchando para mantener funcionando las cosas.

En algunas ocasiones he sentido el fuerte anhelo en mi corazón de ir a casa. Puede ser sobrecogedor el deseo de ver a mamá y a papá, y sentir el gozo de ir al hogar y encontrarme con aquellos que son tan cercanos a mi corazón.

Miramos hacia adelante, al maravilloso encuentro en el Hogar, que será pronto. Los padres de Ilene, como también los míos, han dormido en Jesús desde hace muchos años. Con el paso del tiempo, llegamos a ser adultas. Terminamos nuestra educación. Terminamos nuestras carreras y entonces tuvimos nuestras propias familias. A medida que nuestros hijos se transformaron en adultos, ellos se esparcieron a los cuatro vientos y nos dieron nietos. Muchos recuerdos preciosos viven en nuestros corazones y mentes, que todavía pueden llenar nuestros ojos con lágrimas cuando pensamos en ellos. Pero sabemos que el tiempo del retorno está justo por delante de nosotras. Qué gozoso momento será cuando Dios seque cada lágrima, y nosotras podamos una vez más abrazar a aquellos que amamos tanto y decir gozosamente: "¡Alabado sea Dios; al fin hemos llegado a casa!"

VERA NELSON

20 de noviembre

Pan, y mucho más

He aquí, herencia de Jehová son los hijos. Salmo 127:3.

ELLA NO HABLABA INGLÉS. Tenía cuatro niños pequeños. La compañía en la que trabajaba su esposo había dejado de funcionar. No tenían entradas. Y no había alimentos.

Era un feriado escolar, y ella había traído a su hijo de tercer grado al servicio comunitario para que le tradujera. Con su ayuda, registré la información requerida y preparé un cupón de alimentos para ellos. Entonces, me volví al pequeño muchacho, preguntándole lo que quería ser cuando fuera grande. Él se encogió de hombros (una respuesta común).

–En serio –continué yo–; si pudieras llegar a ser cualquier cosa que desearas, ¿qué harías?

–Un doctor –respondió inclinándose suavemente hacia mí.

–¡Tú puedes ser un doctor! –exclamé–. ¡De veras que puedes llegar a ser un doctor! Solamente tienes que repetirte cada día: "Voy a ser un doctor".

Entonces, hablamos acerca de los prerrequisitos para ser médico: ir a la escuela todos los días, estudiar duro, sacar buenas notas, y ese tipo de cosas.

–Cuando sea una anciana... ¡Eh, ya soy una anciana! Cuando tú seas un doctor, si me enfermo ¿me cuidarás? –le pregunté en broma.

–Seguro que la voy a cuidar. Seguro –respondió sonriendo.

Dos veces durante aquella conversación, su madre nos había interrumpido. Probablemente, estaba tratando de entender la conversación interesada que estaba teniendo con su hijo y mis entusiastas gestos que la acompañaban. Sus traducciones, sin embargo, parecieron satisfacerla, y con los cupones para alimentos en la mano y amplias sonrisas, madre e hijo salieron para buscar la ayuda tan necesaria.

Continué pensando en este pequeño muchacho inteligente y en muchos otros niños así como él, que se encuentran en todas partes. Cada uno de ellos es una "herencia del Señor". Todos ellos necesitan ser conscientes de sus potenciales y oportunidades individuales. Todos ellos necesitan que se los guíe y se los anime mientras luchan para lograr sus sueños. Me sentí feliz de ser un medio para hacer los arreglos a fin de conseguir alimentos para esos cuatro niños hambrientos, una madre perturbada y un padre desempleado. Pero, la verdadera satisfacción provino de la oportunidad de comenzar a instilar una visión en una mente joven, que quizá podría resultar eventualmente en romper el ciclo inestable de pobreza en el que vivían.

¿Pan para el hambriento? Ciertamente. Pero hace falta más que pan físico para la "herencia del Señor".

LOIS E. JOHANNES

21 de noviembre

Casa para el Maestro

Y respondiendo el Rey, les dirá: de cierto os digo que en cuanto lo hicisteis a uno de estos mis hermanos más pequeños, a mí lo hicisteis. Mateo 25:40.

ANDANDO POR LAS CARRETERAS y los senderos de Camboya, me sentía como si estuviera adentro de una máquina que me sacudía alrededor, y para arriba y para abajo. El chofer de nuestra camioneta era cuidadoso, pero casi tenía que cerrar mis ojos al mirar hacia adelante: había hoyos de aguas sucias, surcos y banquinas que habían sido lavadas por las frecuentes lluvias. El ex gobierno comunista había dejado al país en ruinas, desde el transporte hasta la pobreza y el analfabetismo de las víctimas de la opresión. La mayoría de la gente vivía todavía en extrema pobreza.

La gente estaba profundamente agradecida por la ayuda otorgada por la organización de ayuda de la misión con la que me encontraba viajando; esta incluía pequeños estipendios para pastores, bicicletas para instructores bíblicos, arroz para la gente que había quedado muriendo de hambre como resultado de las inundaciones, como también Biblias, himnarios y capillas de madera para sus cultos.

Mientras avanzábamos por los angostos y tortuosos caminos apartados, para encontrarnos con grupos de creyentes, noté una hilera de pequeños refugios al lado del camino. Eran, tal vez, de unos dos metros y medio por tres metros, con paredes y techos de madera. Me preguntaba si serían gallineros o alguna clase de refugio para animales. Realmente eran demasiado pequeños para que viviera la gente en ellos.

Subimos por la escalera de palos a la iglesia, y nos sentamos en el suelo para el servicio de adoración. Luego de reunirnos, cuando comenzamos nuestro viaje de regreso, nuestro traductor dijo:

–¿Recuerdan a cierta mujer? –y la describió lo mejor que pudo–. Supe que esta creyente no tiene casa. Una mujer que vive en uno de esos pequeños refugios al lado del camino le permite compartir el espacio ya congestionado de dos metros y medio por tres metros. Nuestra hermana desea mucho poseer un pequeño espacio propio. Yo le di suficiente dinero como para construir un hogar similar para ella.

–¿Cuánto costará construirle un nuevo hogar? –preguntamos nosotros.

–Dieciocho dólares son suficientes para comprar las tablas y los postes para construir su propia choza. Los miembros de iglesia la ayudarán a levantarla. Ella estaba muy agradecida por la oportunidad de tener un lugar propio.

Pude cerrar mis ojos y casi escuchar la voz de Jesús diciendo: "Gracias por comprar mi hogar. Han hecho esto por mí".

RUTH WATSON

22 de noviembre

Fui forastero, y me recogisteis

Porque tuve hambre, y me disteis de comer, tuve sed, y me disteis de beber, fui forastero, y me recogisteis; estuve desnudo, y me cubristeis; enfermo, y me visitasteis; en la cárcel, y vinisteis a mí. Mateo 25:35, 36.

ERA UNA MAÑANA MUY FRÍA, en algún momento hacia fines de noviembre. Con mi esposo, estábamos haciendo nuestra caminata de cinco kilómetros. Después de haber caminado cerca de tres kilómetros, mi esposo dijo que tenía que apurarse a regresar a casa. Yo decidí terminar mi caminata. Cuando estaba por dar vuelta a la esquina de aquella manzana, me encontré con un niño que estaba vestido con una escasa remera en aquel frío día. Debió de haber tenido entre 10 y 11 años de edad. Había caminado por aquella calle en particular por años, pero nunca había visto antes al niño. ¿Sería posible que acabara de mudarse a este barrio?

Lo saludé con una sonrisa y un "¡Buen día!" Me sorprendió que devolviera mi saludo, porque los niños y las niñas generalmente no se preocupan por contestar.

Cuando hubo dado vuelta a la esquina, pensé: "*Le tendría que haber ofrecido mi chaqueta. Y lo podría haber invitado a venir y tomar el desayuno con nosotros*". Rápidamente traté de regresar, pero no se lo veía por ninguna parte. Corrí hacia el camino principal, y miré hacia la izquierda y hacia la derecha, pero no había rastros de él.

Me sentí muy mal, porque yo sabía que había perdido la oportunidad de hacer algo bueno por alguien aquella mañana. Razoné que quizás al día siguiente lo vería otra vez. Pero nunca más lo volví a ver.

Mientras terminaba mi caminata, le pedí a Dios que perdonara mi pecado de omisión. Las palabras de Jesús hicieron eco en lo profundo de mi alma. "Porque tuve hambre, y no me disteis de comer; tuve sed, y no me disteis de beber; fui forastero, y no me recogisteis; estuve desnudo, y no me cubristeis; enfermo, y en la cárcel, y no me visitasteis" (Mat. 25: 42, 43).

¿Me perdonaría Dios por mi insensibilidad, especialmente hacia las necesidades de aquel niño? Quizás él era un ángel disfrazado. Oh, cómo desearía haber sido lo suficientemente rápida para reconocer la necesidad en aquella mañana fría. Mi oración, aquel día y cada día, fue que Dios me diera otra oportunidad para ser las manos del Maestro, o los pies y los labios de Jesús. Como dice una cita popular: "Solamente una vida, que pasará pronto; sólo lo que se hizo por Cristo permanecerá".

OFELIA A. PANGAN

Perdido: Mi gozo

Vuélveme el gozo de tu salvación. Salmo 51:12.

¿SENTISTE ALGUNA VEZ QUE te habían robado tu gozo? Oh, yo sé que podrías estar diciendo: "¿Cómo se puede robar algo que es intangible?" Pero el enemigo de nuestras almas, Satanás mismo, tiene un plan maestro en mente, y es robar nuestro gozo. ¿Por qué es el gozo una mercancía tan preciosa para Satanás? Porque una vez que logra robar nuestro gozo en Jesús, su siguiente blanco es nuestra alma.

Lo triste es que muchas personas no se dan cuenta de que su gozo está directamente ligado a su relación con Jesús. Sentimos que el gozo proviene de un buen servicio de iglesia, que debe incluir buena música, una buena predicación y buenos sentimientos. Más a menudo, culpamos al pastor y a los líderes de la iglesia por robar nuestro gozo cuando sentimos que el culto no nos dejó el sentimiento de gozo pleno.

Bueno, es el momento de enfrentar la verdad. En tanto que nosotros no dediquemos tiempo diariamente para estar con Dios como la primera prioridad en nuestras vidas, entonces nuestro gozo será de corta duración. En realidad, hasta podría no existir. ¿Cómo puedo enfrentar los desafíos inesperados de cada nuevo día, cuando la Fuente de mi fuerza ha desaparecido? ¿Cómo puedo tener paz interior y gozo incontable cuando el que suple aquel gozo y aquella paz no ocupa el primer lugar en mi vida?

Uno de los mayores gozos que haya experimentado es que cada vez que hablo acerca del gozo y del ladrón del gozo en nuestras vidas, veo cambios en la vida de las personas. Es como si una luz penetrara en sus vidas al darse cuenta de que el gozo no es un sentimiento sino un estado mental. No es afectado por situaciones externas y acontecimientos sino por nuestra relación interna con Jesús.

Le agradezco a Dios por el mensaje de gozo que él me ha dado para compartir con las mujeres y los hombres que encuentro en mis viajes. Este mensaje tuvo su costo: por medio de pruebas y tribulaciones, Dios me ha enseñado el mensaje del gozo; puedo decir que no lo hubiera obtenido de ninguna otra manera. Comprender la verdadera Fuente de mi gozo y que yo puedo mantenerlo a pesar de los desafíos que enfrento cada día, ha marcado toda la diferencia en mi vida.

No sé qué desafíos puedas estar enfrentando este día, pero sí sé que no estás sola. Te podrán robar el gozo, pero nunca estará perdido. La fuente es Jesús. ¿Por qué no pasar algún tiempo con él hoy y llenar tu copa de gozo? Nuestro Dios se ocupa del negocio de restauración, restaurando el gozo.

HEATHER-DAWN SMALL

24 de noviembre

Una vitrina de gracia

Y poderoso es Dios para hacer que abunde en vosotros toda gracia, a fin de que, teniendo siempre en todas las cosas todo lo suficiente, abundéis para toda buena obra. 2 Corintios 9:8.

GRACIA, ESA PALABRA DE DOS SÍLABAS, ha guardado su sencillez y belleza en medio de un mundo corrupto. Philip Yancey, en su libro *¿What´s So Amazing About Grace?* [¿Qué es lo que asombra tanto acerca de la gracia?], la llama la mejor palabra.

Quizá nada pueda ayudarnos a comprender este profundo concepto teológico mejor que verlo en la práctica, en la vida de una persona que se encuentra subyugada por la gracia. Muy semejante al Espíritu Santo, simbolizado por el viento invisible, este potente poder se expresa mejor en una vida, más bien que descrito en el limitado lenguaje humano.

Dios se las arregló para que pudiera captar una mejor vislumbre de la gracia por medio de un encuentro casual con Kate, una viuda de más de 70 años de edad. De sólo observarla en su vieja y gastada vestimenta, nadie hubiera supuesto jamás que había donado más de medio millón de dólares para la causa de Dios.

Ella ha experimentado la maravillosa gracia de Dios, de la cual se siente muy indigna. No le pide a Dios bendiciones; en cambio, su filosofía de vida es guardar cada centavo que pueda usar para ayudar a otros. Su oración diaria es pedirle a Dios que le envíe a aquellos que necesitan ayuda. No siente la necesidad de comprar nuevas ropas, ni siquiera de darse el gusto de comprar alguna fruta exótica cara, que podría disfrutar. Su vida entera está centrada en cómo ayudar para hacer que las vidas de otros menos afortunados sean más cómodas.

Kate tiene fuerza que fluye a través de sus viejos dedos de 75 años, que dejaría a muchas de 45 años avergonzadas. Su don de hacer masajes ha bendecido a muchas almas que sufren dolor. Aquellos que pasan a verla de tiempo en tiempo, para buscar alivio de algún dolor, también se benefician a menudo de la abundante cosecha de su pequeña quinta. Ella verdaderamente cree que el Dios al que sirve proveerá abundantemente para ella, todo lo que alguna vez pueda necesitar.

¡Qué vitrina de gracia! Ella está tan llena, hasta rebosar, con el glorioso regalo que Dios ha derramado sobre ella, que siente que nunca podrá devolverle a Dios por lo que él ha hecho por ella. Su única respuesta a esta gracia asombrosa es representar a Dios, al ayudar a otros en esta tierra.

SALLY LAM-PHOON

25 de noviembre

Mi oración de gratitud

Y al que a mí viene, no le echo fuera. Juan 6:37.

CADA MAÑANA COMIENZO mi día con esta oración: *"Padre Dios, gracias por concederme otro día de vida, por tu protección misericordiosa sobre nosotros durante estos días de terrorismo. Gracias por tu insondable amor al darnos a tu único Hijo unigénito, Jesús, "para que todo aquel que en él cree no se pierda, sino tenga vida eterna"* (Juan 3:16). *Yo soy una de "todo aquel", Padre. Yo creo en tu Hijo, Jesús. Por favor, ¡ayuda mi incredulidad!*

"Gracias, querido Jesús, por haber estado dispuesto a dejar tu glorioso hogar celestial para venir a la tierra como un bebé, un niño y un joven que ¡enfrentó tentaciones interminables! Sin embargo, ¡venciste cada tentación lanzada contra ti! Mi gratitud es demasiado inadecuada, por toda la soledad, el hambre, el rechazo, la burla, los escupitajos y la crueldad que sufriste durante tu vida aquí en la tierra. Gracias por todos los azotes que soportaste hasta que tu espalda quedó flagelada y sangrando. ¡Gracias por intentar acarrear aquella cruz llena de astillas, desmayando bajo su peso! Gracias por soportar la corona punzante de espinas. Sobre todo, gracias por soportar esos horribles clavos cuadrados en tus manos y tus pies. Gracias por permanecer en la cruz, en dolor vergonzoso y desnudez, sediento, hambriento y en dolorosa agonía, sintiéndote espantosamente olvidado por tu Padre. En un segundo podrías haber escogido saltar fuera de la cruz y olvidarte de morir para salvarnos a los pecadores. Pero no lo hiciste; ¡soportaste todo esto por tu gran amor! ¡No puedo siquiera comenzar a tener una vislumbre de tu gran amor y sacrificio, Jesús!

"Tu dijiste, en Juan 6:37: "Al que a mí viene, no le echo fuera". ¡Gracias por esa promesa y por las muchas otras promesas de amor y esperanza que me has dado en tu Santa Palabra, la Biblia!

"Hasta que te pueda agradecer cara a cara en aquella playa celestial, por favor, acepta mi sincera gratitud ahora por tu inconcebible amor y sacrificio en la cruz, para salvarme incluso a mí. Ansiosamente miro hacia adelante, cuando podré agradecerte por toda la eternidad y caer a tus pies con cicatrices de clavos, para agradecerte por entregarte a ti mismo tan generosamente para salvarme. Ayúdame a entregarme a ti del mismo modo, hoy y siempre. Amén".

NATHALIE LADNER-BISCHOFF

26 de noviembre

El milagro de los fideos

Echando toda vuestra ansiedad sobre él, porque él tiene cuidado de vosotros.
1Pedro 5:7.

AL PRINCIPIO NO LO consideré un milagro. En realidad, pensé que era una terrible equivocación. Mi nieto, cuyos padres viven cerca, estaba en casa para el feriado del Día de Acción de Gracias y había traído a tres amigos con él, que vivían demasiado lejos como para ir a casa. Como estos muchachos estaban ansiosos de ganar algún dinero para sus gastos, y nosotros teníamos algunos trabajitos que necesitábamos que nos hicieran, pronto se encontraban trabajando en nuestro patio.

–Mejor es que les prepares algo para comer al mediodía –dijo nuestra hija mayor, que nos visitaba también–. Los muchachos probablemente estarán aquí para entonces, y van a estar hambrientos.

Su sugerencia era que preparara algunos fideos.

–A los muchachos siempre les gustan los fideos –dijo ella.

–¿Te parece que tres paquetes serán suficientes? –le pregunté.

–Estoy segura de que sí –dijo ella, aunque su única experiencia en alimentar jóvenes era cocinar para sus sobrinos y sobrinas.

Para cuando hube terminado de cocinar los tres paquetes de fideos, tenía dos ollas llenas. Entonces, los muchachos regresaron a la casa de nuestro hijo para almorzar, sin decirnos nada a nosotros: "*Con mi esposo, estaremos comiendo fideos por una semana*", pensé.

A la tarde, decidí llevar los fideos cocinados hasta la casa de mi nuera, así ella podría alimentar con eso a los muchachos más tarde. Cuando llegamos, descubrimos que les habían llegado visitas y que los jóvenes, ahora incluyendo a dos niñas adolescentes, habían decidido ir a dar una caminata a la orilla del río. Nuestro nieto estaba acostumbrado a esta clase de cosas, pero rápidamente nos dimos cuenta de que se encontraban en una excursión desafiante que les llevaría más tiempo del que habían planeado.

Nuestra nuera, ocupada con las visitas extras y cuidando de su esposo inválido, había planificado una cena liviana, pero nosotros sabíamos que los jóvenes regresarían cansados, con un apetito voraz. ¡Fideos al rescate! Nuestra hija pronto tenía dos asados de fideos en el horno; y varias horas más tarde, cuando regresaron los debilitados excursionistas, los fideos se comieron con gusto. Lo que pensé que había sido un desastre, se transformó en una comida bienvenida para los hambrientos excursionistas.

Gracias, Padre, por tu promesa de cuidar aun de algo tan humilde como los fideos.

BETTY J. ADAMS

Compra al revés

Y no sabes que tú eres... pobre... Yo te aconsejo que de mí compres oro refinado en fuego, para que seas rico. Apocalipsis 3:17, 18.

"YO SÉ QUE, DE ALGUNA MANERA hay una lección en esto", le dije a Dios, "¿pero cuál es? Me encontraba en medio de uno de mis momentos más vergonzosos, buscando que Dios me calmara.

¿Has experimentado alguna vez una compra al revés? ¡Es realmente un gran apuro!

Acababa de comprar algunos alimentos especiales en mi negocio favorito de alimentos saludables, asegurándome de tener una buena reserva de productos congelados y refrigerados. Allí fue cuando se vino abajo el cielo.

–Su tarjeta de crédito ha sido rechazada. No tiene suficientes fondos –dijo la mujer en la caja registradora con firmeza.

Estaba celebrando la culminación de mi primera semana en mi nuevo trabajo, después de haber estado sin trabajo durante un mes y medio. Las cosas habían sido más bien escasas, pero ahora se encontraba a la vista un cheque de pago verdadero, y estaba segura de que tenía suficientes fondos como para hacer una compra de algunos productos especiales. No era así. Luego de llamar a mi banco, me informaron de una disposición que formaba parte de este balance más bajo de lo esperado. Por principio, no llevo dinero en efectivo ni mi libreta de cheques, así que definidamente me encontraba en un compromiso. Era pobre, pero no lo sabía hasta entonces. Había estado comprando con gusto, sin conocer mi verdadero estado de cuentas.

–Oh, lo siento –respondí tratando de salvar la situación–. Voy a devolver las cosas a sus estantes.

Entonces, allí me encontré, devolviendo cada producto de una canasta llena de cosas buenas. Llevó mucho menos tiempo "comprar" al revés, ¡y descubrí que era mucho más barato! De alguna manera me las arreglé para portar una sonrisa en mi cara mientras reponía las cosas a su lugar. Pasillo por pasillo, oré: "*Que esto sea para bien*".

Me sentí humillada y avergonzada. Toqué un nuevo fondo. En ese momento, me encontré a mí misma golpeando la realidad. Era pobre (y me sentía miserable y destrozada, además). El velo del contentamiento superficial se había hecho tiras. Aunque Dios me permitió absorber aquel sentimiento por un largo tiempo, él no me abandonó allí. Me trajo a casa, y comí un almuerzo de las opciones sabrosas que me había provisto anteriormente. Descubrí que había sido beneficioso permitir que Dios comprara mi humildad, más bien que comprar lo que deseaba.

JANEL RAELENE PALMER

28 de noviembre

Una bolsa de arroz

Mi Dios, pues, suplirá todo lo que os falta. Filipenses 4:19.

ESTA EXPERIENCIA FAMILIAR, RELATADA por mi hermano mayor, comenzó cuando los japoneses declararon la guerra, ahora llamada Segunda Guerra Mundial. Vivíamos en Artacho, en las Filipinas.

Confiando nuestras vidas a Dios, todos nos sentimos seguros hasta que la infantería comenzó a marchar por el camino que quedaba a unos pocos metros de nuestra casa. Mamá, que estaba amamantando a nuestra hermana de 3 meses, se atemorizó, y más aún cuando la caballería vino tras los talones de la infantería. Cuando ellos escucharon los aviones enemigos volando sobre sus cabezas, los soldados a caballo buscaron refugio detrás y debajo de los aleros de nuestra casa. La conmoción hizo que mamá temblara de miedo. Cuando el bebé comenzó a llorar sin parar, mamá rogó que le permitieran buscar seguridad en las colinas donde Josefina, a quien mis padres habían adoptado años antes, vivía con su esposo. Papá dudó, pero entonces cedió y le pidió a David que escoltara a la familia.

Permanecimos con Josefina sólo por un corto tiempo antes de que papá nos llamara de regreso. En ómnibus, nos llevaron a unos sesenta de nosotros a un lugar donde acampamos en los bosques por meses. La compañía se dividió después de que las Fuerzas Aliadas se rindieron. Papá guió a su familia a pie a un lugar donde había sido pastor una vez, a la propiedad que había comprado cerca de la iglesia que levantó. Antes de mucho, una congregación se reunía cada sábado. Después del servicio, él invitaba a los miembros que vivían más lejos a almorzar en nuestro hogar.

–No tenemos arroz –anunció mamá un viernes.

Pero, a la puesta del sol, como de costumbre, papá comenzó a cantar (su llamado a la adoración), y la familia se le unió en "Nuestro sol se pone ya" (*Himnario Adventista*, Nº 47). En su sermón, al día siguiente, contó acerca del anuncio de mamá de que no teníamos arroz, y entonces añadió:

–Esta mañana, temprano, encontré una bolsa de arroz en el porche del frente. El Señor proveyó.

Un hombre se puso de pie:

–Pastor –comenzó diciendo–, yo estaba pasando frente a su casa, llevando una bolsa de arroz, cuando lo escuché cantar. No deseaba quebrantar el sábado, así que dejé la bolsa de arroz en su porche, sabiendo que estaría segura allí.

Papá replicó:

–El Señor suplirá. Hermano, venga con su familia a almorzar.

CONSUELO JACKSON

29 de noviembre

Pioneros espirituales

En la casa de mi Padre muchas moradas hay; si así no fuera, yo os lo hubiera dicho, voy, pues, a preparar lugar par vosotros. Y si me fuere y os preparare lugar, vendré otra vez, y os tomaré a mí mismo, para que donde yo estoy, vosotros también estéis. Juan 14:2, 3.

POCO DESPUÉS DE QUE MI FAMILIA se mudó a Nebraska, se representó una caravana de pioneros rumbo a Oregon en sus carromatos. Uno de los carros cubiertos comenzó a rodar cuesta abajo por un terraplén empinado. Se quebró la lanza del carro, lo que dejó a los asustados ocupantes sin forma de parar. Los pioneros sufrieron muchos percances similares.

En varios sitios a lo largo del camino, hay señales que hablan acerca de las condiciones peligrosas que enfrentaban los pioneros. Yo comencé a pensar más acerca de aquella gente, especialmente de las mujeres. Ellas habían tomando la decisión de dejar sus hogares, sus familias y todo lo que les era familiar, para unirse a sus esposos en una tierra que no les era familiar, que ni siquiera tenía nombre, la frontera oeste. Algunas de estas mujeres eran "novias solicitadas por correo", que no poseían un conocimiento real del hombre con el que estaban por unir sus vidas. Pero, fueron por una promesa, la promesa de una vida mejor. No tenían un panorama claro de lo que les esperaba por delante. Se unían por fe, colocando su confianza en un hombre, algunas veces un hombre que no podían ver. Algunas de estas mujeres se sintieron amargamente desilusionadas por lo que encontraron. Otras levantaron sus cabezas en alto e hicieron lo mejor que pudieron dentro de las circunstancias.

Así como las novias solicitadas por correo de antaño, nosotras también nos encontramos en un viaje hacia un Esposo que nunca hemos visto. Pero contamos con sus cartas de amor llenas con promesas de las cosas buenas que vendrán. Nosotras también debemos dejar el entorno familiar de esta tierra para estar con él en su maravilloso hogar. Ahora es el tiempo de dar un paso de fe hacia adelante, confiando en lo invisible, porque podemos estar seguras de que por lejos excederá lo que tenemos ahora. Tampoco nosotras tenemos un panorama claro de dónde estamos yendo: "Cosas que ojo no vio, ni oído oyó, ni han subido en corazón de hombre, son las que Dios ha preparado para los que le aman" (1 Cor. 2:9).

De una cosa podemos estar seguras, sin embargo. A diferencia de aquellas mujeres pioneras, nosotras no tendremos motivos para desilusionarnos cuando lleguemos a nuestra Tierra Prometida. Y descubriremos que las maravillas de nuestro nuevo hogar seguramente compensarán por lejos la dura jornada.

RACHEL ATWOOD

30 de noviembre

Contentos con lo que tenéis

Contentos con lo que tenéis ahora. Hebreos 13:5.

UNOS AMIGOS NUESTROS nos invitaron, junto con un montón de otras personas, a su hogar para una comida de sábado. Mi amiga había sido una cocinera profesional, y le encanta tener invitados.

Fui a la cocina para preguntar si había alguna cosa que pudiera hacer para ayudar, pero ella me dijo que tenía todo en orden. Fue al refrigerador y sacó una enorme fuente oval de porcelana con una ensalada de lechuga hermosamente decorada, tomates en rodajas, cebollas, remolachas, habichuelas verdes y pepinos, algo que se puede ver en un restaurante elegante. Entonces, sacó una fuente grande roja, con una tentadora ensalada de papas fría. Luego, un par de asados de verduras fueron los últimos en salir del refrigerador, y rápidamente los colocó en el horno. ¡Yo estaba impresionada!

Los alimentos fueron colocados en una mesa hermosamente decorada, y nos servimos. Había tanta comida, que no cabía todo en mi plato. Pero, aunque la comida era deliciosa, lo que más me impresionó fue cómo estaba presentada. Me encantaron sus hermosos platos y fuentes decorativas.

Comencé a pensar en mi propio juego de loza. Había sido un regalo de bodas, 38 años atrás. Todavía es un lindo juego, pero aceptémoslo, es viejo. Y es solo para 8 personas; yo generalmente invito al menos 10 a la vez. Entonces, pensé: "*Realmente podría usar algunas fuentes y platos nuevos. Las fuentes rústicas mexicanas que uso tienen más de 20 años*".

Unas pocas semanas más tarde, un conocido negocio estaba ofreciendo un 50 por ciento de descuento en la sección de bazar. ¿Pueden imaginarse? Encargué por correo un juego de loza nuevo y fuentes nuevas para servir, e invité a mi amiga y a su familia a casa. Desdichadamente, mi nueva loza no llegó antes que mis invitados, así que terminé sirviéndoles en mi viejo juego de platos. Estaba frustrada, hasta que mi amiga me preguntó:

–¿Dónde conseguiste tus hermosas fuentes mexicanas? He estado buscando por todos lados para encontrar algo como esto.

Cuando le dije que las había comprado en México, ella me dijo:

–Bueno, tendré que ir a México para conseguir algunas.

Casi me reí. He aquí que había estado deseando lo que ella tenía, y ella quería lo que yo tenía. Cuán particulares somos los seres humanos. Necesito recordar aquella experiencia cuandoquiera me sienta descontenta con lo que ya tengo.

NANCY CACHERO VÁSQUEZ

1° de diciembre

Abriéndose paso entre la multitud

Cuando oyó hablar de Jesús, vino por detrás entre la multitud, y tocó su manto. Porque decía: Si tocare tan solamente su manto, seré salva.
Marcos 5:27, 28.

EXISTE UN RELATO bíblico con el que me siento especialmente identificada, porque trata acerca de una mujer que sufría problemas "femeninos". En la sociedad judía, esto hacía que ella fuera considerada inmunda, intocable. Así que, además de estar enferma, débil y sufriendo dolor constante, estaba muy solitaria. Buscando sanidad, había gastado mucho dinero en médicos, y solamente la habían empeorado. Había intentado todo lo que el mundo tenía para ofrecer, pero sin encontrar alivio. Entonces, escuchó acerca de los milagros de Jesús, y la esperanza comenzó a renacer en su corazón, dándole fuerzas para ir y encontrar a Jesús.

Cuando llegó, había una multitud de gente siguiendo a Jesús de lugar en lugar. Estoy segura de que comenzó a desalentarse, pensando que nunca podría hablarle, pero su fe prevaleció, y creyó que si tan solo podía tocar su manto, sería sanada. Se estiró y apenas logró tocar el borde del vestido de Jesús, e instantáneamente el flujo de sangre se detuvo. ¡Había sido sanada!

Jesús sintió que salía poder sanador de su cuerpo; se volvió y preguntó: "¿Quién me ha tocado?" Los discípulos eran incrédulos. Con toda la gente presionando alrededor, ¿cómo lo notaría siquiera Jesús? Pero este era un toque diferente, un toque de fe que había resultado en sanidad. Cuando Jesús escuchó la historia de la mujer, le dijo: "Hija, tu fe te ha hecho salva; ve en paz, y queda sana de tu azote" (Mar. 5:34).

Puede ser que nuestros problemas no sean físicos; quizá sean mentales, emocionales o de relación. No importa la etiqueta que le pongamos. ¿Cuántas veces intentamos todo lo que tiene el mundo para ofrecer? Vamos a los médicos y los terapeutas. Compramos libros de autoayuda. Hablamos con amigas y con cualquiera que nos escuche. Hacemos búsquedas en Internet. Contactamos cadenas de oración de la iglesia. Todas estas cosas son buenas. El problema es que muchas veces intentamos lo que tiene para ofrecer el mundo antes de entregarle nuestros problemas a Jesús.

El único camino para encontrar verdadera sanidad y paz consiste en colocar nuestras necesidades en las manos de Jesús mediante la fe. Debemos abrirnos paso por entre la multitud del mundo y tocar a Jesús.

Señor, ayúdame a recordar dirigirme a ti en primer lugar y colocar mi fe en ti, poniendo de lado todas las distracciones de nuestros tiempos modernos. Porque deseo ser sanada y vivir en tu paz.

JUDY MUSGRAVE SHEWMAKE

2 de diciembre

Un momento íntimo con Dios

Venid, adoremos y postrémonos; arrodillémonos delante de Jehová nuestro Hacedor. Salmo 95:6.

CON CADA LÁGRIMA QUE caía de sus ojos almendrados, lavaba las partículas de suciedad de sus pies. Con su largo y espeso cabello negro, los retocaba suavemente y los secaba. Con ternura tomó sus pies entre sus manos y con suavidad quitó la tapa de su frasco de alabastro blanco. Derramó el aceite perfumado lentamente, hasta que se escurrió totalmente sobre sus pies.

Ella lo miró a los ojos, ojos que reflejaban tanto amor que apenas podía soportar mirarlos. Sin embargo, para decir la verdad, tampoco podía dejar de hacerlo.

Fue un momento íntimo, un momento compartido entre el Creador y la criatura, el Salvador y la hija en necesidad, el Ser digno de adoración y la que la ofrecía. Fue un momento en el que el corazón de Dios y el corazón de su hija estaban donde siempre debían estar, juntos.

En Lucas 7 vemos un cuadro de adoración simple, no adulterada. Es la historia de cómo una mujer ahorró el salario de un año completo con el fin de comprar perfume para agradecer a su Salvador ungiendo sus pies. Ella hizo esto simplemente porque adoraba a Jesús. Lo adoró por lo que él era y por lo que había hecho por ella. Él le había concedido la libertad de las consecuencias de sus pecados. Ella obtuvo deleite puro en adorar a Dios y postrarse a sus pies.

El cuadro es placentero, pero posiblemente se encuentre muy distante de nuestras experiencias de hoy en día.

¿Cuándo fue la última vez que deseaste quebrar un frasco de perfume en honor a Dios? ¿Cuándo fue la última vez que manifestaste el deseo de postrarte a sus pies? ¿Cuándo fue la última vez que sentiste el puro gozo de adorar a Dios?

En medio de nuestros deseos por alcanzar logros, realizarnos, buscar reconocimiento y encontrar aceptación, el cuadro de la mujer y su frasco de alabastro puede parecer distante de lo que ocurre en nuestras vidas. Sin embargo, una adoración real de corazón a Dios puede proveer lo que cada una de nosotras está buscando: satisfacción de las necesidades de nuestros corazones.

¿Deseas un desafío para el día de hoy? Entonces, abre un frasco de perfume, adora a Dios y comparte un momento de intimidad con tu Creador. Tu corazón quedará verdaderamente satisfecho.

MARY BARRETT

Atrapada en la tormenta

Maestro, ¿no tienes cuidado que perecemos? Y levantándose, reprendió al viento. Marcos 4:38, 39.

ERA EN DICIEMBRE, un día caluroso de verano en Sudáfrica, cuando concurrí a la boda de la hija de una amiga. Había decidido que no asistiría a la recepción, así que inmediatamente después del servicio religioso partí hacia casa.

Mi camino a casa atraviesa la ciudad, así que decidí detenerme en un negocio de electrodomésticos para buscar una máquina de lavar ropa que necesitaba mucho. No podía escurrir mi ropa apropiadamente debido al dolor que sentía en las articulaciones de los dedos. Encontré una máquina a un precio razonable, y habíamos comenzado a cerrar el negocio con el encargado de ventas, cuando repentinamente se puso oscuro y comenzó a soplar un fuerte viento. Voló techos, desarraigó árboles y arrancó hierros de los techos. Detrás de esto vino una lluvia fuerte.

Me pregunté: "*¿Qué ocurrirá ahora?*" Pronto se inundaron las calles y los autos se desviaban en todas direcciones; algunos chocaban contra las pesadas ramas de los árboles. El agua se filtraba a través de varias partes del techo del negocio. El encargado de ventas y otros empleados inmediatamente colocaron baldes en aquellos lugares, para recibir el agua.

Entonces, un gran pedazo de techo de zinc golpeó la enorme vidriera del frente, errándole a un cliente por centímetros. Me sobrecogió el temor. Oré silenciosamente: "Señor, ayúdame", temiendo que el agua entraría a borbotones en el negocio, donde había pensado que estaba segura. Un viento frío soplaba en el negocio, y los relámpagos se reflejaban en todos los espejos.

En ese momento comprendí cómo se debieron de haber sentido los discípulos cuando se encontraron atrapados en la tormenta en el mar y exclamaron: "Maestro, ¿no tienes cuidado que perecemos?"

Repentinamente se calmó todo, y supe que Cristo había reprendido a la tempestad, como lo había hecho en el mar.

Mientras me dirigía hacia afuera, en la quietud de la ciudad, vi que sobre el pavimento estaban diseminados hojas y pedazos de vidrio. Me abrí paso para llegar a casa, caminando sobre escombros y restos, hasta que finalmente encontré un taxi.

Me preguntaba si todavía tendría un hogar. Se aumentaron los latidos de mi corazón y mis pasos se volvieron lentos. Con gratitud, no vi daños en la casa, y agradecí a Dios por su cuidado.

ETHEL DORIS MSUSENI

4 de diciembre

Una valiosa lección aprendida

Honra a Jehová con todos tus bienes, y con la primicias de todos tus frutos.
Proverbios 3:9.

MI MADRE TENÍA DOS HIJAS. Mi hermana era diez años mayor que yo. Cuando ella se casó y se mudó a otra área, nuestra relación se fracturó de alguna manera, pero mi madre me permitía hacer frecuentes visitas a su hogar. Con el paso del tiempo, mi hermana tuvo seis hijos, todos muy cercanos en edad. Por sugerencia de su esposo, ella nunca trabajó fuera de casa. Aun cuando su esposo estaba empleado, la familia comenzó a experimentar dificultades financieras. Finalmente llegó el momento cuando ella había agotado todos sus recursos y estaba teniendo problemas para conseguir lo necesario para su familia.

Yo me había reubicado en la ciudad de Nueva York, donde estaba trabajando como enfermera, cuando mi hermana me pidió ayuda. Se la envié, en realidad, usando el dinero de mi diezmo. En ese momento racionalicé que, como lo estaba dando para una causa digna, el Señor comprendería. Pronto entendí cuán equivocada estaba.

En mi deseo por ayudar a otros, había comenzado a dar clases de apoyo a una joven a la que había animado a estudiar enfermería. Ella venía a mi casa tres veces a la semana, y después de nuestras sesiones yo la llevaba a su casa. Una noche lluviosa estaba maniobrando para estacionar mi auto, de apenas un año de uso, en la parte de atrás de mi casa, algo que había hecho sin problemas muchas veces antes. Aquella noche, sin embargo, raspé todo el lado izquierdo del vehículo. Este accidente me dejó contrariada, porque sabía cuán cara podía resultar la reparación. Al día siguiente, llevé el auto al taller.

–¿Cuánto me costará el arreglo? –le pregunté.

Me quedé helada cuando me dijo que el trabajo me costaría exactamente la misma suma de dinero que había enviado del diezmo a mi hermana. Fue allí que me di cuenta del terrible error que había cometido. Por supuesto, pagué la boleta y le pedí perdón al Señor, prometiéndole que nunca lo haría otra vez.

Más importante que esto, la experiencia me enseñó una lección valiosa que no olvidaré mientras viva. Deseo honrar los requerimientos de Dios. Él siempre bendice cuando somos fieles, porque él es fiel.

DOLORES SMITH

Mejor no te olvides de tus amigos

No te dejaré, ni te desampararé. Josué 1:5.

DESCUBRÍ QUE ALEX ESTABA desacostumbradamente silencioso una tarde, mientras me encontraba manejando el ómnibus escolar.

–¡La voy a extrañar mucho! –dijo él, rompiendo el silencio, y después de una pausa continuó–: ¡Mejor no te olvides de tus amigos!

Alex, de 6 años, el menor de tres hijos, viajaba en mi ómnibus cada día. ¿Cómo podría olvidar a este comediante de cabello enrulado? Una mañana, cuando subió al ómnibus, sus primeras palabras habían sido:

–¡Mejor es que no llegues tarde!

Al comienzo no recordé que su clase estaba a cargo de la semana de oración y que Alex tenía que ofrecer la primera oración. De repente, me di cuenta de que esto era importante para él. Su maestra había impreso una corta oración en un pedazo de papel que él había tratado de memorizar desesperadamente: "querido Jesús, ayúdanos a aprender más acerca de ti, y por favor bendice al pastor..." Su mente quedó en blanco. Intentó una y otra vez. Finalmente, le salió después de la tercera vez y terminó con un sincero: "¡Amén! ¡Bravo!"

Yo le sugerí que no era una buena idea añadir el "Bravo". Él concordó.

–¿Asistirías al culto con nosotros? –me preguntó.

Le dije que lo haría.

Entonces, llegó el cumpleaños de Alex, y por semanas me recordó:

–¿Me vas a regalar algo?

–Soy demasiado pobre –era mi respuesta usual.

Mi contestación parecía insatisfactoria, así que decidí conseguir algo pequeño, por menos de un dolar. Esperé hasta que era casi la hora en que se bajaría del ómnibus antes de darle el paquete.

–Justo lo que siempre había querido –exclamó alegremente.

Era un paquete de chicles de sabor a cerezas. Estaba emocionado. Tomó un chicle para él, y compartió el resto con sus hermanos y otros amigos.

Mi esposo había aceptado un cambio a otra Asociación. Eso significaba que tenía que dejar mi trabajo a mitad de año. En la penúltima tarde cercana a mi partida, Alex se sentó a propósito justo atrás de mí.

–Yo sé lo que harás mañana. Manejarás de regreso a la escuela después de que nos repartas a todos. Irás a tu auto y, mientras te alejes, vas a llorar. Desearás poder estar con nosotros.

Esto sucedió hace seis años, y hasta ahora no he olvidado a mis amigos, especialmente a Alex.

Gracias, mi Amigo eterno, por no olvidarnos nunca a nosotros.

VERA WIEBE

6 de diciembre

Contenta, no importa las circunstancias

He aprendido a contentarme, cualquiera que sea mi situación.
Filipenses 4:11.

UN FOLLETO PARA UNA REFUGIO de animales salvajes llamó mi atención, y lo recogí. Mientras que la protección de murciélagos y langostas gigantes de agua es muy loable, estoy segura de que lo que realmente me interesaba era el ornitorrinco fotografiado en la tapa. El singular residente de Australia es, como lo explica el folleto, semiacuático, ponedor de huevos, mamífero, con patas con membranas y un hocico correoso que recuerda al pico del pato. Ahora, yo había visto ornitorrincos detrás del vidro del zoológico, en un ambiente cuidadosamente preparado para simular su hábitat natural; pero nunca había visto uno en la "vida salvaje".

Aparentemente, esto no iba a ser fácil de lograr. Además de ser una especie en peligro de extinción por asuntos asociados con la habitación humana, perros domésticos y aguas contaminadas, el ornitorrinco, advertía el folleto, es instintivamente tímido. Generalmente está activo solamente en el crepúsculo, o anochecer, pero posee una vista excelente en la penumbra y es bueno para detectar cualquier cambio o movimiento en el ambiente. Uno debe vestirse de arriba abajo con ropa oscura y tratar de permanecer escondido detrás de árboles y arbustos, evitando utilizar ninguna iluminación.

Como salieron las cosas, pude lograr mi deseo con sorprendente facilidad. Simplemente, fui a dar una caminata al atardecer con mi hermana como guía y, al disiparse la luz, repentinamente ¡allí estaba! El ornitorrinco obviamente no había leído libros de texto, o el susodicho folleto. Estaba viviendo, no en un manantial selvático, sino en el arroyo que corría a través de un parque público en un pequeño pueblo a orillas del mar, con equipos de juegos de niños, casas y ¡tránsito a solo unos pocos metros de distancia! Permanecimos en el pequeño puente sobre el arroyo y observamos con deleite cómo andaba en los alrededores buscando alimento justo debajo de nuestros pies, nadando y zambulléndose sin esfuerzo ninguno. Nos maravillamos con la habilidad del Creador, su amor por la variedad y ¡su sentido de humor! Y algo acerca de esta pequeña criatura que ignoraba la sabiduría convencional y las desventajas en contra de ella, y simplemente se las arreglaba para seguir con su vida, realmente me impactó.

Señor, permite que aprenda la lección de un ornitorrinco no convencional: el secreto de estar contenta no importa cuáles sean las circunstancias. Aun cuando mi ambiente parezca hostil, permite que no sobreviva meramente, sino que prospere bajo tu cuidado. Y, permite que sea una fuente de deleite para todos aquellos que cruce en mi camino. JENNIFER M. BALDWIN

7 de diciembre

El secarropas reparado

¿Hay para Dios alguna cosa difícil? Génesis 18:14.

ME ENCONTRABA EN CASA UN domingo de noche, cuando de repente escuché que mi hermana Daicy decía:

–Lanny, ¡nuestro secarropas no está funcionando!

–¡Oh, no, por favor, no ahora! –murmuré yo.

Miré el aparato, pero aparentemente no había nada que pudiera hacer; simplemente, no arrancaba. Así que, cuando hicimos nuestro culto vespertino aquella noche, decidí presentar este problema al Señor: "*Señor, por favor ayúdanos*", oré. "*No sé lo que está sucediendo con el secarropas. Andaba bien antes, y de repente no está funcionando. Tú sabes que necesitamos esta máquina, Señor. Ayúdanos para que de acuerdo con tu voluntad, podamos tener funcionando nuestro secarropas otra vez*". Después de que concluí mi oración, fui para ver si el aparato funcionaba como siempre, pero aún no lo hacía.

A la mañana siguiente, revisé otra vez. Nada. Así que, decidí revisar el sitio web, para encontrar más información de los fabricantes en relación con el costo de reparación. Desdichadamente, el secarropas no se encontraba ya bajo garantía.

Me sentía triste y me di cuenta de que comprar uno nuevo costaría mucho, pero reparar el que teníamos también sería caro. Además, se estaba aproximando el invierno, y manejar ida y vuelta a un lavadero público sería muy complicado durante el invierno.

El siguiente domingo de noche, exactamente una semana después de que había dejado de funcionar mi secarropas, intenté hacerlo trabajar nuevamente, ¡y esta vez funcionó! Estaba tan contenta, que llamé a mi mamá y a mi hermana para que vinieran a ver lo que estaba sucediendo. Allí estábamos, frente al secarropas, observando mientras funcionaba suavemente, como si no hubiera habido ningún problema.

Todas dijimos: "¡Alabado sea el Señor!" Nuestros corazones estaba llenos de gozo y gratitud. Concordamos en que tenemos un Dios asombroso. Todavía no entiendo cómo mi secarropas funcionó bien otra vez sin que se le hiciera ninguna reparación, pero una cosa sé con seguridad: Dios está en el control de todo.

Gracias, Señor, por mostrarnos tu amor inalterable y por ayudarme. Mi corazón rebosa de alabanza cada vez que uso mi secarropas. Gracias por recordarme, a través de esto, que para ti no hay nada imposible.

LANNY LYDIA PONGILATAN

8 de diciembre

La tan esperada nieve

Venid luego, dice Jehová, y estemos a cuenta: si vuestros pecados fueren como la grana, como la nieve serán emblanquecidos; si fueren rojos como el carmesí, vendrán a ser como blanca lana. Isaías 1:18.

ESTABA DESEANDO QUE LLEGARA la nieve. Después de haber escuchado en la radio y visto en la televisión que estaba nevando, mis pensamientos regresaron a los días de mi niñez, y comencé a reflexionar en la razón por la que deseaba que nevara. ¡Oh, cuánto había gozado de jugar en la nieve! Tirar pelotas de nieve, hacer nuestro famoso hombre de nieve utilizando el viejo sombrero de paja de papá, su vieja corbata roja y lo que encontráramos para hacer los ojos, la nariz y la boca... Con mi hermana y mi hermano, había disfrutado de comer helado de nieve que hacía mamá utilizando azúcar, leche y algún sabor artificial. Pensé en la razón por la que mi madre deseaba la nieve. Ella solía decir: "Una gran nevada matará los gérmenes". El deseo de mi nieto Trevor era para que "¡No tengamos que ir a la escuela mañana!" Durante los años que trabajaba fuera de casa, yo también gozaba de los días con nevadas.

Durante mis años de adultez, la razón por la que deseaba que nevara cambió. Ya no ansiaba jugar con ella o comerla. Ni siquiera deseaba caminar por ella; solamente quería contemplar desde la ventana cómo caían los copos.

Recuerdo que no importaba cuánto deseara que nevara, vendría solamente cuando Dios estuviera preparado para enviarla. Como dice el famoso dicho: "Él no vendrá cuando yo lo desee, sino que siempre vendrá a tiempo".

Sorprendentemente, en enero de 2001, como estaba predicho por el pronóstico meteorológico, la nieve comenzó a caer, cubriendo con su manto blanco el suelo, los techos de las casas y los árboles. Mientras estaba sentada junto a la ventana, contemplando los copos de nieve, pensé en nuestro Creador, el Hacedor de todas las cosas, quien ha hecho cada copo de nieve con su propio diseño.

Agradecí a Jesús por los hermosos copos blancos que envía y por la provisión que ha hecho para nuestros pecados. Aunque peque, él está deseoso de perdonarme a través de él y por él. Mi oración es: "Que solo así ser limpio podré. ¡Oh, lávame tú, y cual nieve seré!" (*Himnario Adventista*, Nº 270).

Anhelo estar preparada para tu regreso. No conozco el día ni la hora, pero tú lo prometiste, y yo creo en tu Palabra, porque tu Palabra es verdad y no cambia.

ANNIE B. BEST

9 de diciembre

¡Computadoras!

Examíname, oh Dios, y conoce mi corazón; pruébame y conoce mis pensamientos. Salmo 139:23.

ACABABA DE IMPRIMIR EXITOSAMENTE un lado de nuestro directorio de la iglesia y lo coloqué de nuevo en la impresora para imprimir el otro lado. Entonces comencé a dactilografiar otro proyecto. Estaba progresando bien y tenía pensado hacer algunas cosas divertidas aquella tarde. Cuando se detuvo la impresora, le di una mirada al producto terminado. "¡Oh no, no puede ser!", pensé yo. Había colocado el papel en forma equivocada, y el lado de atrás estaba impreso al revés. "Qué gasto de papel y de tiempo", gemí. Tenía que hacerlo otra vez.

Cuando el directorio estuvo listo finalmente, traté de imprimir una copia utilizando tinta de colores, pero la impresora siguió enviándome mensajes que no me gustaban, y entonces finalmente se congeló. No la pude cancelar, así que tuve que apagar la computadora. Cuando traté de encenderla otra vez, el interruptor no quiso funcionar. "*¿Y ahora qué?*" Así que, decidí llamar a una amiga que entendía de computadoras, para que me aconsejara. Después de que estuvo todo dicho y hecho, pensamos que la causa del problema podría ser el polvo. Mi nivel de frustración se estaba elevando.

Desconecté todos los enchufes conectados a la parte de atrás y llevé la computadora afuera, al garage, donde mi esposo guarda un compresor de aire. Iba a hacer bien este trabajo. Tal como lo esperábamos, la computadora estaba tapada de polvo.

Después de volver a conectar todo, encendí la computadora y me sentí complacida al escuchar el sonido normal que produce cuando se está iniciando. Estaba comenzando a sentir algún sentimiento interno de alivio, cuando noté que el monitor estaba negro. Para entonces, ya había pasado la mitad de la tarde. Demasiado como para hacer nada divertido. Llamé a mi esposo para que me auxiliara, porque no podía recordar cómo sacar la tapa del estabilizador de corriente. Él tampoco podía, pero finalmente lo hizo, y todo estaba bien adentro. Entonces, noté que uno de los interruptores auxiliares estaba apagado. Al prenderlo, comenzó a funcionar la pantalla. ¡Qué alivio!

Lamento tener que admitirlo, pero durante todo el proceso ni siquiera una vez pensé en pedirle al Señor que me ayudara a resolver estos problemas; tampoco le pedí paciencia para resolver lo que estaba sucediendo. Supongo que no es sorprendente que nadie le agradeciera a él cuando todo fue restaurado. No puedo dejar de preguntarme cuán diferente habría sido el escenario si hubiera recordado a mi verdadero Ayudador.

DONNA MEYER VOTH

10 de diciembre

El corazón no sumiso

Hay camino que al hombre le parece derecho; pero su fin es camino de muerte.
Proverbios 14:12.

—¡VEN RÁPIDO; VEN RÁPIDO! –dijo ella, corriendo hacia mí– Ven y ve al Sr. S.

–¿Cuál es el problema? –le pregunte corriendo detrás y tratando de alcanzarla para poder ver lo que estaba sucediendo con mi paciente.

Al acercarme al lugar, detuve mis pasos. Allí, cerca de la máquina expendedora, estaba el Sr. S. extrayendo una barra de chocolate. En su mano tenía el envoltorio de un caramelo y dos barras de dulces sin abrir. El problema con esta escena era que el Sr. S., un "frágil" diabético dependiente de insulina, estaba sobrecargado de azúcar.

Mientras hablábamos, él continuaba comiendo. Abriendo un envoltorio, comenzó a comer otra barra de dulces. Ningún razonamiento podía influir en el ánimo de este hombre. Nada de lo que le dijo cualquiera de nosotras (una pequeña multitud se había reunido en la sala de espera, para observar) pudo hacerlo cambiar. Él continuó comiendo.

–He tenido diabetes por mucho tiempo –dijo él–, y sé que estos dulces no me harán daño.

Entonces, tomó los dulces que no había comido y caminó hacia su habitación. Esta es la clase de paciente no sumiso que es demasiado no sumiso (a falta de una mejor expresión). Desdichadamente para él, tuvo algunas alteraciones en su organismo aquel día.

¿Somos nosotras como este paciente, algunas veces atraídas por gente y cosas que sabemos que nos harán daño? A pesar de los consejos y las buenas indicaciones, ¿continuamos jugando con el peligro?

Algunas veces nos sentimos atraídas por las cosas que sabemos que nos dañarán peor. Sin embargo, sintiéndonos impotentes para resistir, continuamos diciéndonos a nosotras mismas: "Esto está bien". Hoy, Dios desea que sepas que si lo que estás haciendo es dañino, entonces no está bien. Él desea que sepas que no eres impotente; la fuerza que necesitas está a tu alcance. Dios es nuestro protector, y él nos dará la fuerza y el poder que necesitamos para resistir toda situación peligrosa. Debemos hacer nuestra parte, sin embargo, y presentárselo a él en oración. Solamente con llamar a Jesús, la Fuente de poder, seremos liberadas. Cuando reclamamos el poder de Dios, él vendrá y luchará nuestras batallas.

Querido Jesús, por favor, cambia mi corazón y ayúdame a ser sumisa. Toma el control de mi vida y de mis problemas, y dame la fuerza para vencer.

WENDY WONGK

El reloj de Dios

Despojémonos de todo peso y del pecado que nos asedia, y corramos con paciencia la carrera que tenemos por delante. Hebreos 12:1.

UNO DE LOS PASATIEMPOS de mi esposo es el de reparar relojes. Dondequiera que ve un reloj parado, lo revisará para ver si puede hacerlo funcionar otra vez. Por causa de este pasatiempo, hemos acumulado más relojes de los que necesitamos; en realidad, quince. Todos están funcionando.

Un día noté que nuestro reloj de esfera descubierta, estaba muerto. Descubrí que habían pasado más de veinte minutos desde que el reloj se había detenido. Mi esposo, inmediatamente, descolgó el reloj para revisarlo y se sorprendió al descubrir que el segundero estaba firmemente afirmado al costado del reloj por un hilo de seda, lo que hacía imposible que este se moviera. Limpió la tela de araña; entonces el reloj comenzó a funcionar bien otra vez.

–Ven a observar esto otra vez –llamé a mi esposo no mucho después.

Allí estaba el mismo reloj, muerto de nuevo. Esta vez, la araña había reforzado su ataque atando todas las manecillas con hilos de seda. Así que, mi esposo limpió la tela de araña una vez más, y pronto las manecillas se encontraban libres para reasumir su deber de marcar el tiempo con exactitud.

Existe mucha similitud entre el pecado y la araña. Puede atacarnos primero en una forma tímida, pero ya sea que el pecado sea grande o pequeño, el pecado es pecado. El pecado siempre nos incapacita.

Nuestros relojes que tienen cubiertas de vidrio no tienen problemas con ninguna araña. Nosotros también necesitamos protegernos con el escudo de la fe, de manera que el pecado no entre en nuestras vidas. Es solamente por fe que podemos ser vencedores. Juan dice: "Esta es la victoria que ha vencido al mundo, nuestra fe" (1 Juan 5:4).

Necesitamos no estar atados por el peso del pecado, porque Jesús nos ha libertado. Con su ayuda, podemos correr la carrera y ser vencedores. Somos los relojes de Dios, para ayudar a otros a conocer que se acerca el tiempo del regreso de Jesús. Mantengámonos marchando en el tiempo y el plan perfectos de Dios, hasta que Jesús vuelva.

BIRDIE PODDAR

12 de diciembre

Sus ángeles te guarden

Pues a sus ángeles mandará acerca de ti, que te guarden en todos tus caminos.
Salmo 91:11.

LOS AÑOS SE HABÍAN DESLIZADO desde que mi hijo terminó de estudiar, y Rahn, un amigo cercano con quien mi hijo Jack se había mantenido en contacto, se estaba por casar. Jack y Rahn vivían en los extremos opuestos del país, pero la chica con la que se iba a casar Rahn vivía en el extremo opuesto del mundo, ¡Rusia! Jack voló a Moscú y asistió a la boda, y planeaba recorrer un poco la ciudad, sin soñar jamás con lo que le esperaba.

Al finalizar un día fantástico de recorrer y sacar fotografías, había un edificio más que quería fotografiar, el edificio de la KGB. Jack dejó el auto, cruzó la calle y sacó sus fotos. Repentinamente, aparecieron dos guardias armados, le gritaron al conductor que saliera y lo agarraron a Jack, llevándolo adentro del edificio de la KGB. Pronto se encontró en una celda de paredes gruesas sin salida, no sabiendo cuál sería su suerte. Pasó lo que le pareció una eternidad orando a su Padre celestial, pidiéndole ayuda.

Finalmente, se abrió la puerta de la celda, y un hombre vestido con ropa de civil entró y le pidió en una voz suave el pasaporte y la visa a Jack. Mientras el hombre estudiaba esos documentos, Jack le explicó una y otra vez su ignorancia de la ley que prohibía sacar fotos del edificio de la KGB. Este hombre reprendió duramente a los dos guardias, y liberó a Jack con su cámara y película intactas.

Jack estaba afuera de la cárcel de la KGB, pero se encontraba solo en Moscú, no sabiendo qué dirección tomar. Necesitaba encontrar a alguien que pudiera hablar inglés y que también tuviera un teléfono celular. Él tenía la dirección del departamento donde lo hospedaban y el número de su teléfono celular. De pronto, vio a un hombre joven que se le acercaba, y para su alivio este joven ruso hablaba perfecto inglés y tenía un teléfono celular. En unos pocos minutos, él conectó a Jack con sus hospedadores y contrató un auto; pronto estuvo de regreso en el departamento.

Jack está seguro de que este joven fue su ángel guardián disfrazado. Después de escuchar su historia, me di cuenta de cuán peligrosa había sido la situación en que se había encontrado mi hijo aquel día. Cuán agradecida estaba porque, al crecer en un hogar cristiano, había aprendido a confiar y orar a su Dios.

Aunque mis hijos tienen sus propios hogares, no pasa un solo día en el que no ore por ellos y los entregue al cuidado de Dios. Todos nosotros necesitamos su constante presencia y sostén.

PATRICIA MULRANEY KOVALSKI

Hijos de Dios

Porque yo sé los pensamientos que tengo acerca de vosotros, dice Jehová, pensamientos de paz, y no de mal, para daros el fin que esperáis. Jeremías 29:11.

HE APRENDIDO ALGUNAS COSAS ACERCA DE mí misma en los últimos años, y es que soy más propensa a llorar por otras personas que por mí misma. Puede ser que se deba a que tengo tantas bendiciones que me siento "rica", con las cosas que son realmente importantes: las relaciones en mi familia, con mis amigas y especialmente con mi Dios.

Hace muy pocos años, mi corazón se condolía por una querida joven amiga que tuvo alguna vez un querido muchachito con ojos marrones expresivos y una risa contagiosa. Ella perdió tres bebés, uno detrás del otro. Le llevé flores y una tarjeta, cuando la visité después de la última pérdida. Nos abrazamos con mi amiga y conversamos. Más tarde, me dijo:

–Tú sabes, Ursula, yo pienso acerca de cuando vayamos al cielo y tres pequeños niños vendrán corriendo hacia mí, o puede ser que ellos todavía sean bebés, y tendré todos estos hijos maravillosos para conocer. ¿No será esto maravilloso?

¡Qué gran confianza y esperanza tiene ella en Jesús!

Entonces, una noche tuve la sensación de que ella estaba embarazada otra vez (aunque no había una evidencia exterior de su embarazo), pero no dije una palabra. Nos seguimos viendo, y entonces ella me dijo:

–Tienes razón, tú sabes.

Me encontré muy desconcertada de que ella hubiera leído mis pensamientos:

–No podré soportar otra vez una pérdida. Me cuesta conservar una actitud positiva –continuó ella.

Entonces, me escuché a mí misma diciendo, en forma cautelosa, algo que no había procesado a través de mi cerebro:

–Esta vez todo va a salir bien –le aseguré a ella, mientras le daba un abrazo–. Hay un hermoso texto que podemos reclamar. Lo voy a escribir en una tarjeta y te lo entregaré mañana.

Oré. ¡Cómo oré! Y Dios me recordó que cada mañana le pidiera que me utilizara para bendecir a otros en cualquier forma que estuviera de acuerdo con sus planes. Él me aseguró que este era su plan.

Siete meses y medio más tarde, mi querida amiga dio a luz a una hermosa beba. ¡Cómo alabamos a Dios! Cómo seguimos alabándolo. Es una niña especial, el regalo de Dios para una madre quebrantada y para una amiga de fe vacilante.

URSULA M. HEDGES

14 de diciembre

Mi oración contestada

Al único que hace grandes maravillas, porque para siempre es su misericordia. Salmo 136:4.

COMO RESERVISTA DEL EJÉRCITO, fui llamada al servicio activo después del ataque terrorista del 11 de septiembre, para servir en mi unidad en Hawaii por un período de un año. Cierto día agitado, me encontraba al borde de las lágrimas mientras me sentaba en el comedor sola, para cenar. Durante el día, le había estado pidiendo a Dios que me diera fuerzas para poder sobrellevarlo; no comprendía por qué él había permitido que tuviera un día tan duro. Pensé acerca de los acontecimientos del día, y sentí pena de mí misma. Estaba tratando de aprender el nuevo trabajo. Debía utilizar un programa de computadora del que ni siquiera había escuchado hablar antes, y no podía comprenderlo. El día de trabajo había parecido más largo de lo normal, y me sentía cansada y extrañaba a mi familia, mis amigas, mi iglesia y toda la otra vida que había dejado atrás, tres meses antes. Cuando terminé de comer, me quedé allí sentada, y le dije a Dios que posiblemente no podría soportar nada más y que sentía que había tenido demasiado para ese día.

Me levanté y salí caminando afuera. Había un buen número de pájaros en la vereda, que ignoraban completamente a la gente mientras caminaban por allí. Pero, un pájaro en particular captó mi atención. Por alguna razón me di vuelta, caminé de regreso y me arrodillé al lado del pájaro. Esperaba que saliera volando, pero no lo hizo. Me imaginé que si no volaba era porque estaba imposibilitado de hacerlo. Pensé que estaba herido y no podía volar, así que comencé a preguntarle a Dios por qué me estaba dando esta experiencia. Amo a los animales, y mi corazón se compadece especialmente de los que están heridos. Apoyé mi mano contra el piso, frente al pájaro, y saltó sobre mi dedo. Lo acaricié y le hablé, al mismo tiempo preguntándole a Dios qué hacer, porque no podía dejarlo allí, sabiendo que estaba herido. Después de unos minutos, el pájaro saltó de mi dedo y repentinamente salió volando. ¡No estaba herido, después de todo!

Mientras me había estado preguntando por qué Dios había permitido que todavía me sucediera una cosa mala más, él me estaba dando placer con una de sus hermosas criaturas. Cuando me di cuenta de esto, le agradecí a Dios por el perfecto final de un día que yo había pensado que había sido totalmente malo. Él conocía mis experiencias negativas del día, cómo me sentía, y sabía exactamente qué hacer para sacarme de la depresión.

"Porque ha inclinado a mí su oído, por tanto, le invocaré en todos mis días" (Sal. 116:2).

KAREN BARNES SWAN

15 de diciembre

Haciendo memoria

Fíate de Jehová de todo tu corazón, y no te apoyes en tu propia prudencia. Reconócelo en todos tus caminos, y él enderezará tus veredas. Proverbios 3:5, 6.

TENGO UNOS CUANTOS RECUERDOS de mi vida en Dakota del Norte (acababa de cumplir 4 años cuando nos mudamos a Indiana, en marzo de 1927). Afortunadamente, todos estos recuerdos son felices.

Aunque recuerdo muy poquito acerca de nuestra casa, el cuadro de mi torta de cumpleaños en el estante del aparador permanece todavía vívido en mi mente. Recuerdo el pequeño negocio del vecindario y la escuela en la que mi hermano comenzó primer grado. Solíamos jugar arriba y abajo por el largo tubo de escape de incendios, al costado del edificio.

Mi banco de memoria revela también escenas más dramáticas de los años posteriores de mi niñez: mi primer año en la escuela y los dolores causados por el hambre que experimentaba en los recreos, en los días en que no había desayunado. Esos eran los años de la Depresión, y los tiempos eran duros. Un mendigo vino a la puerta de atrás de nuestra casa un día, pidiendo alimento, así que mi madre le hizo sándwiches con dos huevos. Él toleró nuestras miradas inquisitivas mientras lo observábamos comer los sándwiches.

Los recuerdos más tempranos siempre incluyen lámparas de aceite titilantes y habitaciones en un piso alto sin calefacción, con frazadas siempre insuficientes y frías noches de invierno, cuando dormir tres en una cama no era anormal. Recuerdo los años de la adolescencia, de calcetines cortos y mocasines baratos, de un rápido beso robado por el muchacho del vecino mientras estaba sentada en el porche hamacándome en una tarde tibia de verano.

En 1939 conocí a mi futuro esposo. Nos casamos quince meses después, y más tarde tuvimos dos hijos, seis nietos y seis bisnietos.

Guardo todos esos recuerdos, y estoy feliz por la cantidad de álbumes de fotos que tenemos en la biblioteca, porque las escenas en mi mente tienden a volverse borrosas con el paso del tiempo. Al envejecer, algunos de los acontecimientos del pasado parecen más como un sueño que una realidad. Hay veces cuando puedo recordar solamente fragmentos aislados, aquellos nombres casi olvidados, y lugares e imágenes borrosos donde solía tener imágenes claras.

No puedo controlar mi destino, así que necesito la guía continua de mi Padre celestial para hacer decisiones diarias que me ayudarán a determinar los recuerdos que haré de aquí en adelante. Y ya sea que esos recuerdos sean felices o tristes, estaré contenta.

El corazón de la [mujer] piensa su camino; mas Jehová endereza sus pasos" (Prov. 16:9).

CLAREEN COLCLESSER

16 de diciembre

¿Puedo orar contigo?

Oye, oh Dios, mi clamor; a mi oración atiende... cuando mi corazón desmaya-re. Salmo 61:1, 2.

ERAN LAS 3 DE LA mañana, y me encontraba completamente despierta. En la quietud de la noche, escuché voces apagadas y el sonido de una radio. Salí de la cama. Escuché sonidos otra vez, me levanté por segunda vez y miré afuera, por mi ventana. No se veían luces prendidas en las casas vecinas, no había nadie en la calle. Me metí de nuevo en la cama. Unos pocos minutos después, escuché voces más fuertes. Me coloqué encima el salto de cama y corrí escaleras abajo, y abrí completamente la puerta del frente. Al principio, no vi nada. Entonces, una mujer emergió de un auto cercano a la intersección de la esquina. Sollozando descontroladamente mientras caminaba, se desplomó sobre el pavimento al otro lado de la calle, frente a mi hogar.

Corrí hacia ella, con mis pies descalzos sobre el pavimento frío.

–¿Qué te pasa, hay algo que pueda hacer por ti? –le pregunté.

Ella no dijo nada y continuó llorando. Estiré mi brazo y toqué su hombro, y entonces comencé a frotarle suavemente la espalda.

–¿Te puedo ayudar? –le pregunté otra vez.

Nuevamente, no obtuve respuesta. Una vez más pregunté y, en la luz de la madrugada, vi que movía su cabeza. Vacilante, entonces le pregunté:

–¿Puedo orar por ti?

Entre sollozos, escuché su suave voz decir que sí, y mientras comenzaba a orar, escuché que el auto venía hacia nosotras. Mi corazón dio un vuelco. Supuse que esta persona estaba enojada, o loca, o celosa o...

"Señor, no sé que es lo que está causando problemas a esta joven", oré, *"pero tú lo sabes. Por favor, Padre, consuélala, protégela y concédele paz. En el nombre de Jesús, amén".*

Le palmeé el hombro, le di mis buenos deseos y me marché deprisa a casa. Momentos más tarde, ella sacó su chaqueta del auto y lentamente siguió caminando por la calle. Mi corazón se sentía cargado mientras la observaba. Susurré otra oración por su seguridad y por su paz. Ahora eran las 5:15, y supe que Dios había permitido que me despertara en medio de la noche para ministrar a esta pobre joven, para compartir su amor. Quizá mi intervención le dio fuerzas, coraje y esperanza. Quizá cambió las cosas para ella. Con seguridad cambió las cosas para mí.

Padre celestial, ayúdanos a estar atentas a la gente que se encuentra sufriendo a nuestro alrededor, y ayúdanos a estar dispuestas a compartir tu amor y a producir cambios en sus vidas. Amén.

IRIS L. STOVALL

17 de diciembre

La estrella de Belén

Que es las arras de nuestra herencia hasta la redención de la posesión adquirida, para alabanza de su gloria. Efesios 1:14.

LLEVÓ MESES UBICAR justo la estrella adecuada para adornar la punta de nuestro árbol de Navidad. Esa estrella era toda dorada, tenía el tamaño perfecto y, sobre todo, se adaptaba a mi presupuesto limitado. Cuando llegué a casa, la até a la pequeña rama justo en la corona de nuestro árbol de 1,80 m de altura. La estrella cubría la pequeña rama y, para asegurarla, até un montón de hilo alrededor hasta que quedó escondida la rama. Este árbol estaba perfecto ahora, un cuadro hermoso de contemplar, un símbolo de la estación de la generosidad y la buena voluntad.

Los árboles de Navidad, sean pinos o abetos, siempre apuntan hacia arriba. ¿Por qué es así? Porque en los bosques, donde abundan los árboles de Navidad, existen muchos árboles juntos, cada uno luchando por sobrevivir. Para que puedan mantenerse saludables, cada uno tiene que alcanzar el cielo y luchar por mantener sus ramas más altas, hacia la luz del sol, su fuente de vida. Cada primavera se forma un nuevo brote en la punta. Este brote posee el potencial de crecimiento y supervivencia. Este nuevo brote está formado por cinco puntas; la del centro asume la posición de liderazgo como "rey", y tiene la responsabilidad de extraer nutrientes desde sus raíces, que se encuentran profundas en el suelo y alcanzar las propiedades dadoras de vida del sol. Este líder, o vástago de crecimiento, tiene solo un propósito: asegurar que sobreviva todo el árbol.

¡Qué lección vital para el liderazgo cristiano! Con toda su sencillez, esta función doble de ser el vástago que dirige el crecimiento recuerda a los líderes cristianos el significado de cavar profundo en el estudio de la Palabra de Dios y buscar diariamente el Sol de justicia, sabiendo muy bien que extraemos vida y luz para nuestras almas por medio de él.

Ese puntero en la copa resultó útil como un soporte para el adorno de la punta, mi brillante estrella. Mantuvo la estrella firme en su lugar. El vástago de crecimiento, casi escondido de la vista por el hilo, dio toda su gloria a la estrella. De la misma forma, como líderes cristianas, todo lo que hacemos es para alabanza de la gloria de Dios. No es la posición la que nos llama a hacer la obra de Dios; no es nuestra propia realización o autosatisfacción. Es un llamado a cumplir sus mandatos y a exhibir su gloria. Qué privilegio que la Estrella de Belén nos haya escogido a nosotras, sus vasos, desde los cuales él puede brillar, eclipsando nuestros esfuerzos débiles e inadecuados como un canal de su amor y de su gracia.

SALLY LAM-PHOON

18 de diciembre

Un mendigo alegre

Más bienaventurado es dar que recibir. Hechos 20:35.

NO CONOZCO SU NOMBRE. Nunca se me ocurrió preguntarle, y sin embargo lo conozco por su rostro sonriente. Aún ahora veo su cara cuando pienso en él. Es un mendigo.

Caminando por la calle Main, en Poona, India, me detenía a menudo cierto mendigo alegre. No puede caminar, porque sus piernas están deformadas. Así que, se sienta en un pedazo de tabla de madera que tiene cuatro ruedas, y se mueve colocando ambas palmas de las manos sobre el camino. Se puede mover bastante rápido, especialmente cuando reconoce a alguien, y yo era una de esos. Encontré que este mendigo era diferente de los demás. Era alegre, y mientras otros actuaban como si los contribuyentes les hubieran debido algo, él apreciaba lo que se le ofreciera. Me recuerda a los diez leprosos que limpió Jesús: solamente uno de ellos regresó para agradecerle.

Encontrar a este mendigo y darle algo creó un lazo de unión entre nosotros, de modo que cuandoquiera que lo veía, estaba predispuesta a darle algo. Nunca le di mucho, ni siquiera suficiente como para una comida, pero no importaba lo que le diera, él lo aceptaba agradecido. Me inspiraba a darle más y a dar con alegría. Pensando en él, juntaba monedas durante la semana y se las alcanzaba siempre que salía para hacer las compras.

Fuimos transferidos desde Poona a Hosur. Con el tiempo, me olvidé completamente de este mendigo. Después de alrededor de un año, hicimos un viaje a Poona. Un día, mientras caminaba por la atestada calle Maine, me sorprendió ver a mi amigo el mendigo, que rodaba rápidamente hacia donde me encontraba, portando su amplia sonrisa. Estaba contenta de verlo yo también, y más aún cuando me preguntó:

–¿Dónde estaba todo este tiempo? ¡Hace tanto que no la veía!

Imaginen, ¡que un mendigo me recuerde y me extrañe! Me sentí conmovida y aprecié que me recordara.

Este pobre mendigo me enseñó algunas lecciones. Sé alegre a pesar de las incapacidades. Conténtate y aprecia lo que se te ofrece. Sé amigable, si deseas tener amigas. Si deseas ser realmente feliz, debes formar hábitos de dar y de dar con alegría, porque Dios ama al dador alegre. También he aprendido a no dar sólo por dar, o por sacarme de encima a alguien, sino a detenerme, mirar a la persona y dar lo suficiente como para predisponer una sonrisa de parte de ellas. Dios vació el cielo dando a su Hijo para que muriera por nosotros.

BIROL CHARLOTTE CHRISTO

19 de diciembre

Regalos hermosos

Recordar las palabras del Señor Jesús, que dijo: Más bienaventurado es dar que recibir. Hechos 20:35.

TENGO UNA AMIGA QUERIDA que solía llamarme por teléfono, me preguntaba cómo me encontraba y entonces oraba por mí. Apreciaba mucho este hecho. De vez en cuando, intercambiábamos regalos.

Un día su hija, Linda, me contó que cuando visitaba a su mamá, le servía el té en unas preciosas tazas de té. Cuando Linda le preguntó de dónde provenían esas hermosas tazas de té, su madre replicó:

–Priscila me las regaló.

No mucho después de eso, su madre falleció. Linda me contó que "ella siempre atesoraba aquellas tazas de té".

Yo también guardo con cariño los regalos que recibí de mi querida amiga, que oraba y las oraciones ascendían en mi favor cuando más las necesitaba. ¿No es maravilloso tener amigas como ésta?

Tengo otro Amigo que intercede por mí. Él también derrama muchos regalos y bendiciones sobre mí. Soy tan indigna de su maravilloso amor, ¡mucho más de lo que merezco! Él me otorga regalos por los que siempre lo voy recordar. La mayoría de los regalos que me concede son muy singulares y hermosos: las salidas de sol cada mañana, las puestas de sol cada atardecer. ¡Nunca utiliza los mismos colores para pintar el cielo!

Ocasionalmente me envía un arco iris para alegrarme después de un día "lluvioso" de lágrimas. Me envía estrellas en la noche, como adornos brillantes en el cielo oscuro. Me ha dado planetas para contemplar, estratégicamente ubicados, y la luna con sus variadas faces. Me da el sol, que me entiba durante el día, y la lluvia que cae para refrescar la tierra, y regar el suelo seco y los jardines. Nos ha regalado tantos animales, y hasta algunos para que nosotros los cuidemos como mascotas en casa. Él ha regalado los pájaros (¡que gran variedad de hermosos pájaros!), que llenan el aire con sus dulces cantos. Los árboles y los arbustos nos dan su sombra con hojas en muchas formas y tamaños. Están las flores, que admiro también: algunas con delicada fragancia, otras que se disfrutan por su belleza. Las mariposas que vuelan alrededor, ¡qué despliegue de colores iridiscentes! Y está el regalo de la miel de las abejas, también.

Gracias, querido Dios, por los maravillosos regalos que envías cada día. Que no nos quejemos por lo que venga en nuestro camino, sino que apreciemos más tu amor demostrado de maneras tan especiales.

PRISCILLA ADONIS

20 de diciembre

Fastidiar a alguien

Hijitos míos, no amemos de palabra ni de lengua, sino de hecho y en verdad. 1 Juan 3:18.

CADA AÑO, EN LA ÉPOCA DE NAVIDAD, durante mi niñez en California, mis tíos favoritos y sus dos hijos pasaban la Navidad con nosotros. Algunas veces nosotros íbamos a su casa cerca de Fresno, y algunos años ellos venían a nuestra casa, en Glendale.

Una Navidad cuando su hijo, Gordon, tenía alrededor de seis años y su hermanita Maureen tenían cerca de un año, vinieron a nuestra casa. Nosotros esperábamos ansiosos su llegada, con grandes expectativas. Siempre nos divertíamos mucho jugando con ellos.

Al fin, llegó la mañana de Navidad y pudimos abrir todos los regalos. La tía y el tío Gleen siempre preparaban muy lindos regalos; todavía guardo muchas de esas cosas especiales que ellos me dieron. Entre los regalos que recibió Gordon, se encontraba un par de chinelas. ¡Oh, cuánto le gustaban esas chinelas! Las llevaba consigo todo el tiempo; difícilmente las dejaba de lado por un minuto. Cuando las dejó por un momento, mi hermana, Priscilla, que tenía 16 años, pensó que sería divertido fastidiarlo. Así que, las tomó y comenzó a burlarse de Gordon. Cada vez que ella se acercaba, él trataba de obtenerlas, y entonces ella las levantaba tan alto que él no podía alcanzarlas. Al principio Gordon se contrarió mucho, pero después de un rato comenzó a enojarse más y más. Yo traté de decirle a ella que debía darle las chinelas de vuelta, pero ella no escuchaba. Se estaba divirtiendo mucho a sus expensas. Entonces, sucedió en un momento, justo cuando Priscilla no lo esperaba. Gordon la paró con una patada bien dada en el costado del cuello. Esto casi la dejó tirada fría en el suelo.

Gordon tomó sus chinelas al mismo tiempo en que mi mamá y la tía venían corriendo y encontraron a Priscilla en el piso. Una linda marca en su cuello verificaba la historia que Priscilla les contó. La tía estaba por darle una reprimenda a Gordon, cuando yo ¡salté con la historia completa!

Sólo diré que Priscilla aprendió una lección, aquel día, acerca de no fastidiar. También aprendió lo que la Biblia quiere decir con la declaración que el que provoca el enojo de otra persona es tan culpable como el que se enoja (ver Mat. 5:22). La Regla de Oro se aplica bien, también: "Haced a los demás todas las cosas que queráis que ellos hagan con vosotros". (Ver Mat. 7:12.)

Señor, ayúdame hoy a nunca ser mala con otros, sino a mostrar solamente tu amor.

ANNE ELAINE NELSON

Tu propio evangelio

No nos cansemos, pues, de hacer bien; porque a su tiempo segaremos, si no desmayamos. Así que, según tengamos oportunidad, hagamos bien a todos, y mayormente a los de la familia de la fe. Gálatas 6:9, 10.

DAR, VIVIR Y COMPARTIR el evangelio no es tan difícil. Veamos algunos ejemplos:

Stephanie observó que la moza, que también hacía de cajera, estaba tratando de satisfacer a los clientes en el atestado restaurante. ¡Todos querían sus pedidos inmediatamente! Mientras Stephanie pagaba su cuenta, le dijo:

–Cuánto estrés. Debes de encontrarte terriblemente cansada al final del día. Te dejo una historia para que la leas cuando llegues a casa.

Mientras Stephanie depositaba sobre el mostrador un folleto, la atareada moza sonrió como muestra de aprecio por la bondad manifestada.

* * *

Marge llevó una pequeña canasta navideña a su vecina, Kirstin, y notó que tenía puesto un sombrero.

–¡Qué precioso sombrerito!

–Bueno, gracias. Ayuda a disimular los efectos de la quimioterapia.

–¿Tienes cáncer?

–Tuvieron que operarme, y acabo de terminar mi tercera dosis.

–¡Lo siento tanto! No tenía idea. Oremos por esto.

Y Marge oró con su vecina, como lo había hecho algunos meses antes, cuando había fallecido su padre. Kirstin se sintió profundamente agradecida.

* * *

Marie ofreció enviar tarjetas de Navidad a todos los miembros de su clase, en la iglesia. La maestra firmó las tarjetas y escribió mensajes especiales, incluyendo un mensaje de inspiración en cada una. Desdichadamente, varias de las tarjetas fueron devueltas porque tenían una dirección equivocada, incluyendo una a Terry. Cuando Marie vio a Terry en un almuerzo a la canasta en la iglesia, le dijo.

–Terry, ¡estamos tan contentas de encontrarte! La tarjeta de Navidad que te habíamos enviado nos fue devuelta. ¿Podríamos actualizar tu dirección?

–Seguro –respondió Terry.

Entonces abrió el sobre con la tarjeta y su rostro se enterneció y suavizó. Parecía que estaba a punto de llorar:

–Esta es la única tarjeta de Navidad que he recibido.

Un pequeño folleto, una corta oración, una simple tarjeta, todos ellos pueden compartir el Evangelio.

RUTH WATSON

22 de diciembre

El viaje de María

Y José subió de Galilea, de la ciudad de Nazaret, a Judea, a la ciudad de David, que se llama Belén, por cuanto era de la casa y familia de David; para ser empadronado con María su mujer, desposada con él, la cual estaba encinta.
Lucas 2:4, 5.

CONTEMPLABA LA HERMOSA escena de Navidad en la tarjeta, una escena idílica de una tranquila noche estrellada. Nada se mueve, excepto el pequeño burro guiado por el hombre. Sobre el pequeño lomo del animal, está sentada una mujer con un embarazo a término.

"*Sí, seguro*", pensé yo. He estado en las tierras del Cercano Oriente, y he visto a la gente cabalgar sobre burros, pero nunca he visto a una *mujer* cabalgando sobre un burro, mucho menos con el hombre caminando mientras ella cabalga. Siempre era de la forma contraria.

Cuando vivía en Wyoming, me pidieron que realizara una entrevista, para un artículo de un diario, acerca de una mujer que estaba por celebrar sus 100 años. Ella me contó acerca de cuando con su esposo, habían estado entre los primeros pioneros en el Big Horn Basin. Habían salido desde el este de Dakota del Sur, en un carruaje cubierto. Ella contaba que estaba embarazada de su noveno hijo en aquel momento.

–¿No era difícil viajar en el carruaje? –pregunté.

–Oh, mi querida –dijo ella, con una mirada que indicaba que sentía pena por mí, que aún no había tenido un bebé–. Yo caminaba. Era demasiado áspero en el carruaje.

El texto ni siquiera nos da esta información. Todo lo que dice es que ellos viajaron. Sabemos que eran pobres, así que es probable que hayan caminado los ciento treinta kilómetros. Yo caminé mucho justo antes del nacimiento de mi segundo hijo, y esto ayudó a facilitar el nacimiento. Espero que la larga caminata de María le haya hecho las cosas más fáciles para ella también. Con cada paso cansado, ella debió de haber meditado en las maravillas de Dios hacia nosotros. Cuán voluntariamente, había dicho: "He aquí la sierva del Señor; hágase conmigo conforme a tu palabra" (Luc. 1:38). No había hospitales, tampoco calmantes para el dolor. ¿Habría allí una partera? ¿Habría alguna otra mujer para ayudar a José? ¡Tantas preguntas, y tan pocas respuestas!

Sí, yo pienso que María caminó. Pero, sea que haya caminado o cabalgado, en esta época de Navidad el desafío para mí es valorar y apreciar lo que Dios obró para mi salvación. No fue fácil para María, para José, para el Hijo de Dios. Alabado sea el Señor, que ellos estuvieron dispuestos a ser utilizados.

ARDIS DICK STENBAKKEN

23 de diciembre

Nuestro gran Dios

Mi Dios, pues, suplirá todo lo que os falta conforme a sus riquezas en gloria en Cristo Jesús. Filipenses 4:19.

LA LLAMADA TELEFÓNICA TRAJO las temidas palabras:
—¡Mamá, acabo de tener un accidente!

Mi hija menor, que vivía en el otro lado de los Estados Unidos, se encontraba viajando hacia su hogar tarde en la noche, regresando de una reunión. Estaba a solo veinte minutos de su casa, cuando tomó una curva suave en la carretera de dos vías, y encontró un poste de electricidad y cables que bloqueaban el camino. Un hombre que había estado bebiendo, había chocado el poste haciéndolo caer sobre la carretera. Le fue imposible detenerse a tiempo, y en un instante su gran vehículo había chocado. Aunque se quebraron todos los vidrios por el impacto, mi hija sufrió solo un pequeño corte en su pulgar, lo que en sí ya era un milagro.

Con una familia que incluía a cuatro hijos, ella sabía que su segundo auto, un pequeño Volkswagen, no sería adecuado para suplir sus necesidades de transporte. Afortunadamente, la compañía de seguros le pagó el alquiler de una minivan por seis semanas, mientras ellos buscaban un reemplazo para el accidentado vehículo. En California, donde yo resido, se consiguen en casi cada negocio de ventas; pero en el noreste parecían ser escasos. Su esposo pasó horas buscando en Internet, mientras ella pasaba horas en el teléfono. Y todos los familiares, en ambas costas, pasábamos horas orando.

Llegó el momento de devolver el vehículo alquilado, y todavía no podían encontrar un reemplazo. Unos pocos días más tarde, recibieron una llamada ofreciendo un vehículo, y entonces descubrieron que habían perdido la información por un problema de una máquina de fax descompuesta. Decidieron viajar hasta la ciudad y comprar el primero que encontraran, aunque no fuera lo que deseaban.

Al terminar de dar la curva para entrar en el negocio de ventas, ¡allí estaba una camioneta, casi exactamente lo que deseaban, y acababa de llegar al lugar el día anterior! Así que, regresaron a casa con su regalo especial de Navidad. Como no podía caber debajo del árbol de Navidad, colocaron el árbol adentro del vehículo. Ahora, finalmente tenían el vehículo grande que necesitaban, un árbol de Navidad y una gran respuesta a la oración. Se dieron cuenta, sin embargo, de que los vehículos, los árboles y las cosas no traen felicidad. Es la paz que proviene de saber que Dios está en el control y que él cuidará de nosotros. Y que, en verdad, él cuidará de nosotros como lo vea mejor, aunque sea difícil esperar.

BETTY J. ADAMS

24 de diciembre

Rey de luz

Para que anunciéis las virtudes de aquel que os llamó de las tinieblas a su luz admirable. 1 Pedro 2:9.

ERA LA CLASE DE NOCHE oscura que solamente se ve en campo abierto, aquella que permite que las criaturas grandes salgan sigilosamente a las espaldas de los niños desprevenidos, para respirar cerca de sus cuellos. Fue en una de estas noches que el tío Richard nos dijo a Jeannie y a mí que le buscáramos algo del granero. Yo tenía 9 años, y odiaba la oscuridad. No conocía una sola cosa buena que hubiera ocurrido alguna vez en la oscuridad. El granero se encontraba, por lo menos, a 3 kilómetros de la casa; está bien... puede ser a 65 metros, pero yo sabía que nunca regresaría viva. Estaba comenzando a pensar que no había sido una buena idea venir a pasar la noche con mi prima, Jeannie, que tampoco se emocionaba con la oscuridad, y traté de presentar muchas excusas, pero el tío Richard no cedió. Él finalmente nos empujó a nosotras afuera, diciéndonos:

–¡Vayan y apúrense!

Mientras el último rayo consolador de luz se disipaba detrás de nosotras, gritó:

–¡Y no se preocupen por los osos!

Sobrevivimos a nuestro frenético recorrido de ida y vuelta al granero, y el tío Richard todavía se divierte a sus anchas haciendo bromas a familiares desprevenidos.

Todavía no me emociona estar sola en la oscuridad, pero ahora yo sé que a Dios tampoco le gusta la oscuridad. Y Dios se interesa tanto por nosotros, que desea darnos nuestra propia luz especial. "En el principio" lo primero que hizo fue crear la luz, una tibia, hermosa luz, perfecta para un mundo flamante. Siglos más tarde, Dios sabía que la oscuridad les daría temor a aquellos miles de esclavos israelitas recientemente liberados, y los protegió con una enorme luz nocturna. Y luego, hace dos mil años, la oscuridad se vio forzada a evaporarse ante la majestuosa luz emanada por miles de ángeles resplandecientes que proclamaban el nacimiento del Rey de luz.

"Otra vez, Jesús les habló, diciendo: Yo soy la luz del mundo; el que me sigue, no andará en tinieblas, sino que tendrá la luz de la vida" (Juan 8:12). Que durante esta maravillosa época festiva puedas olvidar todo lo relacionado con la oscuridad y descansar alegremente en la luz espectacular que Jesús ha reservado ¡justo para ti! ¡Y no te preocupes por los osos!

SUSAN WOOLEY

25 de diciembre

¡Un regalo del corazón!

¡Gracias a Dios por su don inefable! 2 Corintios 9:15

UNA DE MIS SOBRINAS menores tiene 8 años y se llama Alina Julianna Heinanen. Es la tercera hija de mi hermana, Amy, y de mi cuñado finlandés, Markku. Alina habla tres idiomas fluidamente: finlandés, inglés y ¡el lenguaje del amor! En el año 2000 disfrutamos de tener a la familia Heinanen para pasar la Navidad con nosotros. Una de las cosas que realzaron aquella fiesta fue cuando Alina me entregó su regalo.

Cuando comenzamos a intercambiar regalos, Alina fue directamente al árbol, para tomar un pequeño paquete que ella había envuelto. Era liviano, y hacía ruido cuando lo sacudí. No tenía ni idea de lo que podía contener, pero comencé a desenvolverlo, acompañando el proceso con palabras y expresiones que demostraban mi ansiedad por descubrir la naturaleza del regalo especial de Alina. Ella permaneció sobre mi hombro mientras yo luchaba por desatar una cantidad de cinta. Cuando terminé de desenrollar todo el papel, descubrí una caja de plástico pequeña, con forma de corazón. Adentro de la caja había dos billetes de un dolar fuertemente enrollados y una brillante moneda de 25 centavos. Los ojos de Alina continuaban buscando los míos, tratando de captar cada gramo de gozo y sorpresa que exhibí en respuesta al costo de su regalo.

–¡Ahorré toda mi asignación mensual sólo para ti! –dijo ella con orgullo infantil.

Entonces, arrodillándose para poder mirarme a los ojos, dijo la verdad.

–Yo quería gastarlo, ¡pero más quería dártelo a ti!

Ha pasado un año y medio, y he descubierto que no puedo gastar el regalo de Alina. Costó demasiado. Su sacrificio fue demasiado grande. He asignado un lugar especial para su regalo sobre mi escritorio, y esto provee un diario recordativo del verdadero valor de ese regalo. Requirió planificación, sacrificio, dominio propio y un espíritu de generosidad, y ella los exhibió a todos. Es cierto que la suya no fue la caja más grande debajo del árbol aquel año, tampoco fue la más cara, pero fue la más preciosa.

Entreguemos un regalo a nuestro Señor, hoy, que equivalga al regalo de Alina, un regalo que demuestre compromiso, sacrificio y una determinación para dar lo mejor a aquel que lo dio todo. Un "regalo de corazón", así como el corazón que contenía los 2,25 dólares de Alina. Recuerda, Jesús atesora alegremente los "regalos de corazón" que se le entregan.

ROSE OTIS

26 de diciembre

Dios cuida de mí

Dios estaba en Cristo reconciliando consigo al mundo. 2 Corintios 5:19.

CUANDO TENÍA 7 AÑOS, había concurrido a una variedad de iglesias esporádicamente. Conocía la historia del bebé Jesús, pero muy poco acerca de los años maduros de Jesús. Varias personas me habían dicho que los ojos de Dios estaban protegiéndome cada momento. A mí me gustaba Dios, y cuando me sentaba debajo de un árbol en nuestro huerto de frutales, pensaba en él. Me sentía segura de que él podía verme en ese momento, y decidí probarlo.

Probé ir a todos los edificios de nuestra granja, y quedé satisfecha de que él era consciente de dónde me encontraba y me estaba cuidado. Pero había un lugar al que temía probar: el enorme sótano para las papas, que estaba cubierto de tierra, al que le temía por su vastedad y oscuridad, aun siendo acompañada por adultos. Pero pensé que si había algún lugar donde Dios no podría verme más, sería el sótano, que se encontraba vacío durante el verano.

Fui hasta la enorme puerta en el extremo sur y la abrí lo suficiente como para deslizarme adentro. Caminé unos pocos pasos hacia adelante, y dejé la puerta cerrada detrás de mí y esperé en la oscuridad. Aun allí supe que los ojos de Dios estaban sobre mí. ¡Me sentí tan complacida! Corrí de regreso a la luz del sol, regocijándome de que Dios siempre sabría dónde me encontraba. Cuando mi hermanita se levantó de su siesta, yo la llevé a nuestro lugar favorito en la huerta y le dije lo que había descubierto acerca de Dios.

Cuando tenía 10 años, mientras nosotros los niños practicábamos para el programa de Navidad en la pequeña iglesia de la comunidad, con otra niña mirábamos figuras en un libro de historias de la Biblia. Allí vi un cuadro de tres cruces con un hombre clavado en cada una. Yo le pregunté:

–¿Qué están haciendo esas personas?

Ella replicó:

–Oh, esa era la forma en que se trataban en aquellos días.

No tenía ni la menor idea.

Cuando tenía 13 años, una persona maravillosa vino a nuestro hogar un día a la semana durante varios meses y estudió la Biblia con nosotros. Entonces, comprendí por qué el bebé Jesús vino a este mundo y que él creció para ser clavado en una cruz a fin de traer salvación a todas las personas. Entonces, aprendí mucho más completamente a amar y confiar en Jesús, el Hijo de Dios, quien vino aquella Navidad para reconciliar al mundo consigo mismo. ¡Y él realmente está siempre con nosotras!

VERA NELSON

27 de diciembre

El permiso de asistencia especial

Yo soy la luz del mundo; el que me sigue, no andará en tinieblas, sino que tendrá la luz de la vida. Juan 8:12.

CUANDO SUCEDE ALGO BUENO, me gusta compartir la experiencia, con la esperanza de que otros puedan ser bendecidos de la misma manera. Quiero compartir con ustedes una bendición especial que recibió nuestra familia. Por años, mi hermana, Jan, y su esposo, Jess, habían comentado su deseo de llevar a nuestro hijo, Sonny, a Disneylandia algún día. Ellos habían estado allí varias veces, y sentían que Sonny podría disfrutar de ciertos entretenimientos. El deseo se hizo realidad dos días después de Navidad.

En su visita previa, habían notado que a las personas con distintos tipos de incapacidades se les permitía avanzar hasta el frente de las filas de espera. Sonny, que tiene 15 años, tiene desafíos mentales severos, y esperar en una larga fila puede causarle conductas indeseables. El tío Jess llamó por teléfono a Disneylandia previamente, para averiguar acerca del servicio especial que se extiende a los discapacitados. Se le informó que fuera a la oficina de la municipalidad, adentro del predio de Disneylandia, y que obtuviera un permiso de asistencia especial para Sonny.

Sonny pasó un día maravilloso, trece horas emocionantes y llenas de diversión en Disneylandia. Su grupo de seis fue escoltado hasta el frente de las filas. En total, disfrutamos de catorce entretenimientos, cada uno con filas de espera de noventa a ciento veinte minutos en cada una. Personalmente nunca había encontrado semejantes multitudes de gente. ¡Estaba asombrada! Parecía reinar una atmósfera de total contentamiento. La gente estaba allí para disfrutar, y a nadie pareció molestarle que a los que tenían incapacidades se los considerara en forma especial.

Durante varios días, incluyendo Navidad, el papá de Sonny había sacado fotos sin película en la cámara. Recién descubrió este hecho después de un par de horas en Disneylandia. Aquellos "momentos especiales" son impagables. *¡Gracias, Señor!, porque a pesar del inconveniente, podemos tener algunas fotos fantásticas de nuestra aventura en Disneylandia. Y añadimos un agradecimiento porque los tíos Jan y Jess tienen grabada nuestra fiesta en vídeo.*

Es mi esperanza que otros puedan ver la Luz de vida, Jesús, en mi familia y en mí. Sueño con la Tierra Nueva, donde moraremos en contentamiento por la eternidad. Todo será perfecto allí; no más incapacidades, dolor y pena. Cuando oramos por oportunidades para contarles a otros acerca de Jesús, él nos concederá el deseo de nuestros corazones al trabajar y jugar con la esperanza de expandir su Reino.

DEBORAH SANDERS

28 de diciembre

Rumbo al hogar

En la casa de mi Padre muchas moradas hay; si así no fuera, yo os lo hubiera dicho; voy, pues, a preparar lugar para vosotros. Juan 14:2.

¡IR A CASA! QUÉ GOZO INEXPLICABLE trae el pensamiento del hogar. Sólo pensar en el hogar trae imágenes de risa y felicidad, una oportunidad para pasar tiempo precioso con los amados, y un momento para ponerse al día con las últimas novedades de la familia y para recordar los viejos tiempos. Es triste decirlo, pero el hogar no es un lugar feliz para todos.

A causa de la naturaleza destructiva del pecado, el hogar puede ser un lugar de tristeza, un lugar donde acecha el mal y la miseria reina suprema.

Mientras nos preparábamos con mi esposo para nuestro viaje anual a nuestro hogar ubicado en una isla, tenía el sentimiento de una gozosa anticipación. Este viaje era para celebrar los 86 años de mi suegra. La suya, ha sido una vida de sacrificios por su familia. Era adecuado que la familia le agradeciera de esta manera tangible. Familiares y amigos se reunirían de Inglaterra, Canadá y los Estados Unidos, y en otras partes de la isla para unirse en la celebración.

Aunque he pasado más de las tres cuartas partes de mi vida alejada del hogar de la isla, cada visita es una ocasión especial para mí. La gente, los paisajes, los sonidos, la música, la comida y el azul del Mar del Caribe evocan un sentimiento especial de pertenencia. Luego de una semana o dos en el paraíso, sin embargo, estoy lista para regresar a mi otro hogar, el lugar al que he llamado hogar por más de la mitad de mi vida. Es donde se encuentran mi madre, mis hermanos, mis hijos y mis nietos, como también amigos. No es de maravillarse que se diga que el hogar está donde se encuentra el corazón.

Existe también otro hogar que anhelo. El Señor ha prometido que él ha ido a preparar este hogar para mí. Mi hogar celestial se encuentra hermosamente descrito en Apocalipsis 21 y 22. En este hogar, se me asegura, no habrá tristeza, dolor, lágrimas o separación. ¡Qué maravilloso encuentro será reunirnos con nuestros amados!

Como David, yo también puedo decir que: "Anhela mi alma, y aun ardientemente desea los atrios de Jehová: mi corazón y mi carne cantan al Dios vivo" (Sal. 84:2). Quiero ir al hogar celestial; ¿no lo deseas tú? Por favor, únete a mí hoy, pidiendo a Dios que guarde nuestros pies de desviarnos mientras continuamos nuestro peregrinaje al hogar celestial.

AVIS MAE RODNEY

La clase de 1959

En todo tiempo ama el amigo. Proverbios 17:17.

ASISTÍ A UNA MARAVILLOSA reunión de ex alumnos hacia fines de 2001. Era para reunir al grupo que había terminado séptimo grado en 1959. La reunión se llevaba a cabo en un pequeño pueblo de campo de Waiuku, Nueva Zelandia. Era muy lindo regresar donde había vivido como niña y donde había recibido mi educación primaria. Había visto solamente a dos de mis ex compañeros (dos veces) con el paso de los años, así que esperábamos el día con grandes expectativas. Tres "niñas" habían pasado muchas horas rastreando para encontrar a los ex alumnos. Aunque muchos viven todavía en Waiuku y en los alrededores del distrito, varios viven en otras partes del país y algunos han emigrado a países lejanos.

¡Qué entretenido fue el tiempo que pasamos juntos aquella tarde! Hubo tantas risas y tanta charla. Algunos se podían reconocer fácilmente, como en el caso de Veia. Yo la recordaba como la niña que tenía el cabello pelirrojo más hermoso. La acompaña una hermosa personalidad. Fue un gozo ponernos al día con Bette. Su cabello había sido siempre un montón de rulos ingobernables, y ella lo odiaba. El paso del tiempo había vuelto lacios aquellos rulos.

–Eso es algo bueno acerca de envejecer –se reía ella.

También surgió el hecho de que vivimos en un mundo pequeño, cuando con Jenny descubrimos que ella había trabajado para una amiga cercana nuestra durante 17 años, en otra ciudad de Nueva Zelanda.

Había otros que no podía ubicar: miraba el rostro de alguno, entonces el cartel con su nombre, y de nuevo el rostro. Después de todo, 42 años es mucho tiempo. La sala vibró con risas toda la tarde, y todos estaban tristes cuando llegó la hora de partir. Se hicieron promesas de mantenernos en contacto, y se intercambiaron direcciones y números telefónicos. Sacamos otra foto de la clase y, desde que la recibí por correo, he pasado mucho tiempo observando rostro tras rostro, recordando aquellos días de la niñez.

La mejor reunión de todas será pronto, cuando Jesús vuelva para llevarnos al hogar en el cielo. Allí nos pondremos al día con las amistades; amigos de años recientes y amigos de hace muchos años. Amigos que viven demasiado lejos para verlos con frecuencia. Y, nuestro mejor amigo, Jesús, estará allí en la reunión que nunca terminará.

LEONIE DONALD

30 de diciembre

¿Cuál es tu ídolo?

Del mandamiento de sus labios nunca me separé; guardé las palabras de su boca más que mi comida. Job 23:12.

"EL ÍDOLO MÁS PRECIADO que haya conocido, cualquiera que sea ese ídolo, ayúdame a arrancarlo de tu trono, y que te adore sólo a ti".

Estos versos, del himno favorito de mi madre, me vinieron a la mente una mañana mientras oraba. No estaba satisfecha con mi experiencia cristiana. Tenía un sentimiento incómodo de que había algo interpuesto en mi relación con Dios. Pero, ¿qué podía ser?

Yo sabía que un amor desmedido por la familia, el alimento, la moda, un auto, una casa, una lancha, un jardín, cualquier cosa que amáramos demasiado, podía llegar a ser un ídolo que nos separaría de Dios. Mentalmente escudriñé mi corazón y mi estilo de vida. No podía encontrar ningún ídolo que necesitara arrancar de mi corazón. No tenía adicciones, ni posesiones, tampoco obsesiones que se interpusieran entre Dios y yo. Entonces, ¿por qué me sentía tan lejos de él?

Repentinamente, una palabra se me cruzó por la mente: adicta al trabajo. Ah, ¿sería eso? Siempre he sido una Marta. ¿Sería que el trabajo se estaba interponiendo entre Dios y yo?

Por supuesto que no. La oración privada era lo primero cada día, seguida por lectura bíblica. Era meticulosa al colocar a Dios en primer lugar, como lo hacía Job: "Guardé las palabras de tu boca más que mi comida" (Job 23:12).

No requirió demasiado escudriñamiento para darme cuenta de que mi lema de "poner a Dios primero" era hueco. Aunque leía mi Biblia, no me estaba concentrando en las palabras; las palabras no llegaban a mi corazón. Intenté leer en voz alta, y eso me ayudó un poquito. Pero, más a menudo, aun mientras me encontraba leyendo la Escritura en voz alta, otra parte de mi mente estaba ocupada armando las tareas que había planeado.

Trabajo, estar ocupada, era mi ídolo. Nunca me sentía más contenta que cuando estaba haciendo dos, preferiblemente tres, cosas al mismo tiempo.

"Querido Señor", oré, *"perdóname. Ahora mismo tengo una docena de tareas gritando para que sean hechas. Por favor, ayúdame a colocarlas fuera de mi mente y a concentrarme en adorarte a ti. Gracias".*

Después, le pedí que me ayudara con todo el trabajo que esperaba para ser hecho, y él lo hizo. Ahora que le he entregado mi ídolo a Dios, mi vida es mucho más fácil. ¿Por qué no lo intentas?

GOLDIE DOWN

El coleccionista

No os hagáis tesoros en la tierra, donde la polilla y el orín corrompen, y donde ladrones minan y hurtan; sino haceos tesoros en el cielo. Mateo 6:19, 20.

¿ERES COLECCIONISTA? Yo soy una. Siempre parezco encontrar una razón para guardar toda clase de cosas. Mi esposo ha sido ministro del evangelio durante 28 años, y nos hemos mudado muchas veces. Me he acostumbrado a la idea de empacar y desempacar. Varios años atrás, nos mudamos de una casa de 850 metros cuadrados a una de 550 metros cuadrados, y tuve que regalar y tirar un montón de "cosas buenas". Algunas habían estado en el altillo por años. Encontré tela que había comprado 16 años antes, cuando mi hija era un bebé.

Entonces, unos pocos años más tarde, nos mudamos otra vez y tuve que atravesar el mismo proceso. Hace tan sólo dos semanas, terminamos de revisar las cajas todavía apiladas en el garaje. Algunas de esas cajas han pasado por dos mudanzas y han estado empacadas por los últimos seis años. Encontré toda clase de cosas que había olvidado completamente que las tenía. Algunas cosas tenían agujeros creados por lepismas y polillas.

Ahora nos estamos mudando otra vez. Mientras reviso roperos, cómodas y cajas en el altillo, me pregunto por qué se me ha ocurrido guardar algunas de estas "buenas cosas". Probablemente no las miraré otra vez hasta la próxima mudanza; entonces, ¿por qué guardarlas?

Pienso que la razón por la que las guardo es por una necesidad interior de mantener alguna constante en mi vida. Cuando era niña, mi familia se mudó entre la ciudad de Nueva York y Miami, Florida, por lo menos una vez cada dos años. Cuando cumplí 10 años y me encontraba en quinto grado, nos mudamos cinco veces durante el año escolar. Cuando nos mudábamos, no se me permitía guardar mis juguetes o ninguna cosa excepto mi ropa. No tenía ningún recuerdo o tesoro que hubiera heredado de mi abuela. Todo lo que poseo de recuerdo de mi niñez son unas pocas fotos que caben en una caja de zapatos. El tiempo más largo que pasé en una misma casa fue de seis años. Algunas personas viven en la misma casa toda la vida. Ni siquiera puedo imaginar por lo que tendrían que pasar si tuvieran que comenzar a empacar para mudarse.

Mientras revisaba pilas de "cosas buenas" el domingo pasado, pensé acerca del tiempo de angustia y la venida de Jesús. No podremos llevar todas estas "cosas buenas" con nosotros en aquella mudanza. Estoy cansada de empacar y de mudarme, y no puedo esperar por aquel día cuando podremos ir a casa con Jesús y no tendremos necesidad de empaquetar para aquel viaje o de preocuparnos por recuerdos.

CELIA MEJÍA CRUZ

Breve semblanza de las autoras

Betty J. Adams es una maestra jubilada, esposa, madre de tres hijos y abuela de cinco nietos. Escribe para *Guide* y para el boletín informativo de su iglesia. Participa en el servicio comunitario de su iglesia y disfruta de sus nietos, de hacer acolchados y de viajar, especialmente en viajes misioneros. **20 de febrero, 28 de abril, 26 de noviembre, 23 de diciembre.**

Priscilla Adonis es la coordinadora de los Ministerios de la Mujer de su iglesia local, y disfruta de escribir y enviar mensajes de ánimo. Sus hijas viven en Nueva Zelanda y en California, así que ella les escribe a menudo; anhela verlas otra vez. Tiene un nieto de 5 años. Los retiros espirituales para mujeres son un punto luminoso en su vida, y disfruta de inventar y resolver acertijos bíblicos. **4 de abril, 24 de junio, 7 de julio, 14 de agosto, 14 de noviembre, 19 de diciembre.**

Sally J. Aken-Linke reside en Norfolk, Nebraska, EE.UU., con su esposo, John. Su fuerte fe cristiana y sus experiencias como madre sola criando dos hijos proveen una base para sus poesías y relatos. Sally y su esposo se encuentran activos en transporte médico aéreo y están por terminar un aeroplano. Ella disfruta de la lectura, de la música y de trabajar con jóvenes. **24 de febrero, 20 de junio, 17 de septiembre, 19 de octubre.**

Maxine Williams Allen reside en Orlando, Florida, EE.UU., con su esposo y dos hijos pequeños. Es propietaria de un negocio de venta y consultora de computadoras, Tecnocentric. Le encanta viajar, conocer gente y diferentes culturas. Sus aficiones incluyen escribir, leer y computación. Posee un interés especial en los ministerios de la familia, de los niños y de las mujeres. **30 de junio, 7 de noviembre.**

Mary Wagoner Angelin vive en Ooltewah, Tennessee, EE.UU., y es editora del boletín informativo de su iglesia en Cohutta, Georgia. Es trabajadora social en una clínica psiquiátrica. Mary y su esposo, Randy, tienen dos hijas, Barbara de 5 años y Rachel de 3 años. Sus aficiones son humor terapéutico, hacer ejercicio, excursiones, escribir, cocina vegetariana y trabajar como voluntaria. **17 de mayo, 27 de septiembre.**

Joelle Ashley es graduada de la Universidad Andrews en 1994 en Lengua Inglesa y enseñó Inglés durante seis años llenos de satisfacción, en una escuela secundaria. En 1998 se casó con Daniel Ashley, y Dios les confió dos personitas asombrosas, Hannah Elise y Joshua Reece. En la actualidad, trabaja tiempo parcial como diseñadora de currículum para una compañía de desarrollo en entrenamiento de Base-Web. **3 de mayo.**

Rachel Atwood escribe desde la zona central de Kentucky, EE.UU. Es una mamá que enseña a sus hijos en casa y a quien le gusta ayudar en la iglesia, recolectando libros adventistas que se encuentran fuera de circulación. Es la hermana de Asenath Blake, que también ha contribuido con esta serie de libros de meditación. **7 de abril, 22 de octubre, 29 de noviembre.**

Rosemary Baker, escritora independiente residente en Iowa, EE.UU., es autora del libro para niños *¿What Am I?* Y ha contribuido en *Shining Star, Kids Stuff* y otras revistas. Es miembro de la Asociación de Poesía de Iowa y del *Quint City Poetry Guild.* Es una miembro activa de iglesia, trabaja como voluntaria y disfruta trabajando con niños. Artes, manualidades, poesía, música y pintura son sus aficiones. **6 de mayo, 1º de noviembre.**

Jennifer M. Baldwin escribe desde Australia, donde es coordinadora de la Administración de Riesgos Clínicos en el Hospital Adventista de Sydney. Disfruta de estar involucrada en las actividades de su iglesia, de viajar y de escribir. Ha contribuido para una cantidad de publicaciones eclesiásticas. **12 de agosto, 6 de diciembre.**

Mary Barrett trabaja en el ministerio pastoral con su esposo, y también es escritora y expositora. Tienen dos hijas. Como distracción, le encanta estar con su familia y sus amigos. **2 de diciembre.**

Marianne Toth Bayless es secretaria en una escuela secundaria en Palm Beach County, Florida, EE.UU. Escribir recuerdos de familia para sus cuatro hijos comenzó como un pasatiempo, pero ha florecido en mucho más. Ella ha viajado a Hungría dos veces, para investigar sobre sus antepasados. Ha estado activa en su iglesia local y ahora sirve como líder de los Ministerios de la Mujer. **15 de junio, 4 de septiembre, 30 de septiembre.**

Dawna Beausoleil vive con su esposo en la zona rural del norte de Ontario, Canadá. A pesar de su activo estilo de vida, ha sido fuertemente afectada por el síndrome de fatiga crónica. Todavía le encanta cantar, escribir, y jugar con su gato y su perro. Los largos inviernos son fantásticos para armar rompecabezas, y los gloriosos veranos son perfectos para la jardinería. **21 de enero.**

Priscilla Ben, ex directora de los Ministerios de la Mujer en la División del África Oriental, es directora de Publicaciones para la División del África-Océano Índico. Enseñó durante doce años antes de dedicarse al colportaje tiempo completo en Zambia. Casada con el pastor Strike Ben, de Botswana, es la madre de una hija. Sus aficiones incluyen la lectura, decoración de tortas, viajes y trotar. **20 de octubre.**

Annie B. Best es maestra jubilada y madre de dos hijos adultos. Disfruta de estar con sus tres nietos, de la lectura y de la música. Ha trabajado como líder en los departamentos de Cuna y de Infantes en su iglesia, lo que disfruta y le da satisfacciones. Su esposo, con quien ha estado casada durante 53 años, falleció en 2001. **16 de abril, 10 de agosto, 8 de diciembre.**

Dinorah Blackman vive en Panamá con su esposo y un bebé, Imani. **22 de abril.**

Juli Blood, contribuyente por primera vez, ha estado felizmente casada con Gary desde el año 1994. Fueron misioneros en Corea por un año. Juli ocupa sus días leyendo y escribiendo. Tiene un gato, Sandy, al que no le gustó Corea tanto como a Juli y a su esposo. **17 de noviembre.**

Rhonda Bolton tiene una preocupación especial tanto por la adoración pública como personal, y siente que en las pruebas severas de la vida de todos los días es donde se presenta la mayor oportunidad para la verdadera adoración y el crecimiento personal. Con su esposo, Bob, viven en el hermoso noroeste del Pacífico, donde Dios les envía la lluvia justa como también la injusta. **25 de marzo.**

Wendy Bradley es una diaconisa que se mantiene ocupada visitando y manteniéndose en contacto con miembros activos y ex miembros de la iglesia. Le encanta escribir por placer y mantenerse en contacto con amigas. Últimamente se ha interesado en bordar en punto cruz. Le encanta salir de caminata con su esposo, David, y espera pasar más tiempo con él visitando muchos rincones hermosos de Inglaterra, donde pronto vivirán como jubilados. **7 de enero.**

Darlene Ytredal Burgeson se jubiló como administradora de ventas. Sus aficiones incluyen enviar mensajes y tarjetas especiales a personas confinadas o solas. Disfruta de escribir, de hacer jardinería y de la fotografía. **19 de mayo, 3 de agosto, 23 de septiembre.**

Andrea A. Bussue nació en la isla del Caribe de Nevis. Ha obtenido una maestría en Educación, y actualmente trabaja como administradora en Washington, D.C., EE.UU. En la iglesia de Hyattsville, Maryland, comenzó un coro de niños y ha sido directora de Escuela Sabática por años. Ama a los niños y disfruta de leer, viajar, coser y conocer gente. **10 de febrero, 21 de agosto, 13 de septiembre.**

Dorothy Wainwright Carey es una esposa feliz, madre y abuela. Cuando se jubiló del Gobierno Federal, hace varios años, tuvo el privilegio de estar involucrada en todos los niveles de comisiones de iglesia. Sus intereses incluyen actividades eclesiásticas, naturaleza, animales, gente y lectura. **6 de marzo, 16 de julio, 26 de agosto, 2 de septiembre.**

Birol Charlotee Christo es una maestra jubilada. Durante su servicio activo, trabajó también como secretaria y encargada de estadísticas. Vive con su esposo en Hosur, India. Madre de cinco hijos casados, disfruta de la jardinería, costura y de hacer manualidades para financiar su proyecto por los niños desamparados. **19 de marzo, 24 de julio, 12 de octubre, 18 de diciembre.**

Clareen Colclesser, enfermera jubilada y viuda desde 1994, tiene dos hijos, siete nietos y seis bisnietos. Disfruta de su familia, de pasar momentos tranquilos con un buen libro y de su retiro de verano cerca de Lago Huron, Michigan, EE.UU. Clareen permanece activa en su iglesia y con sus aficiones, que incluyen escribir cartas, relatos cortos y leer su colección de revistas de decoración de interiores. **2 de marzo, 20 de mayo, 18 de julio, 10 de septiembre, 15 de diciembre.**

Lalnunmawii Colney, directora de los Ministerios de la Mujer para el noroeste de la India, se encontraba en el proceso de editar la meditación del 28 de agosto cuando murió sorpresivamente en junio de 2002. Los médicos no pudieron diagnosticar la causa de su fiebre. La meditación fue entregada por su esposo. Ella tenía una gran preocupación por ayudar y dignificar a las mujeres de su Unión. **28 de agosto.**

Donna Cook vive en Colcord, Oklahoma, EE.UU., pero asiste a la iglesia adventista del séptimo día de Gentry, Arkansas, donde se encuentra activa en el ministerio de la oración. Se dedica a cuidar gente anciana en sus hogares y es voluntaria de un asilo. Le gusta tejer a crochet, la jardinería, ayudar a los necesitados, coser para su nieta, pasar tiempo junto con su esposo y con su madre, y disfrutar el mes de junio con sus nietos, contándoles acerca de Jesús. **23 de marzo, 14 de julio.**

Celia Mejía Cruz es esposa de pastor, madre de cinco hijos adultos y abuela de cinco nietos. Anciana de iglesia y líder de los Ministerios de la Mujer, Celia es pastor asistente y secretaria de iglesia en la iglesia donde Mario, su esposo, es pastor. Celia disfruta de invitar gente a su casa, de la lectura, de jugar con su perro y de coleccionar gatos siameses. **28 de julio, 25 de septiembre, 31 de diciembre.**

Yvonne Leonard Curry es científica y trabaja como directora de diversos programas científicos al servicio de poblaciones subdesarrolladas. Es la madre sola de dos adolescentes, disfruta de correr, tejer al crochet, leer y escribir. **14 de marzo, 12 de noviembre.**

Becky Dada es directora de una escuela secundaria en Ibadan, Nigeria, África. Con su esposo, pastor, tienen cuatro hijos. Ha estado involucrada con las mujeres y programas de desarrollo y ha publicado juegos bíblicos y revistas para jóvenes. En este momento está escribiendo la historia de las mujeres adventistas en el oeste de Nigeria. Sus aficiones incluyen seminarios de Apocalipsis, dar charlas, leer y escribir. **12 de junio, 9 de abril.**

Phyllis Dalgleish escribe desde Sudáfrica. Viuda, madre de tres hijos y abuela, ha publicado 45 artículos e historias y también ha trabajado como editora en el Hospital Adventista de Karachi, en Pakistán. Sus aficiones son escribir, tejer al crochet y viajar. Físicamente saludable y activa, ganó una medalla de oro como la abuela de mayor edad que completó una caminata de siete kilómetros organizada por una escuela. **23 de julio.**

Wanda Davis es capellán en el Hospital del Este de Florida, Orlando, Florida, EE.UU. Es obrera evangélica de la Asociación Adventista de Florida. Wanda está casada y es madre de tres adolescentes. Disfruta de predicar, enseñar, apoyar *Grupos pequeños* y de la jardinería. **2 de febrero.**

Fauna Rankin Dean, una exitosa escritora-fotógrafa independiente y expositora de seminarios, vive en una estancia en el noreste de Kansas con su esposo. Tienen dos hijos y una hija que iluminan sus vidas. En su tiempo libre disfruta de leer, hacer jardinería, coser y viajar. **24 de abril, 28 de septiembre.**

Bernadine Delafield vive en Maryland, donde trabaja como coordinadora de proyectos y directora asistente de la Adventist Communication Network, en las oficinas de la División Norteamericana. Disfruta de varias aficiones creativas, como la jardinería, escribir, diseño de interiores, música y más que todo, de sus nietos. Canta con el *National Christian Choir* [Coro cristiano nacional]. **1º de enero.**

Winifred Devaraj fue maestra por más de 25 años. Ahora es directora de los Ministerios de la Mujer en la India. Es esposa de pastor y tiene un hijo que es el director médico del Ottapalam Seventh-day Adventist Hospital in Kerala, India. **5 de febrero.**

Laurie Dixon-McClanahan, ahora jubilada, fue instructora bíblica de la Asociación de Michigan de los Adventistas del Séptimo Día, en los EE.UU. Se entretiene haciendo jardinería, acolchados, leyendo, haciendo investigación de genealogías, escribiendo cartas, en artes culinarias y con el correo electrónico. **26 de enero, 13 de abril, 8 de septiembre.**

Leonie Donald ha vivido en Brisbane, Australia, desde 1987, y disfruta del clima cálido. Sus aficiones son la lectura, el ejercicio y pasar horas en su jardín, el cual le habla del amor de Dios. Ha ocupado muchos cargos en la iglesia a través de los años, pero realmente disfruta de estar con los pequeños y enseñarles. **10 de abril, 25 de junio, 13 de agosto, 12 de septiembre, 29 de diciembre.**

Goldie Down falleció en 2003. Era la esposa de un ministro jubilado, escritora, profesora y madre de seis hijos. Fue misionera en India durante 20 años. En su haber figuran 25 libros de inspiración, como también numerosos relatos, y artículos en revistas y diarios. Ayudó a su esposo, David, a producir dos revistas arqueológicas que defienden la Biblia. **3 de enero, 2 de abril, 29 de mayo, 15 de octubre, 30 de diciembre.**

Louise Driver vive en Beltsville, Maryland, EE.UU., con su esposo pastor, Don. Tienen tres hijos adultos y cuatro nietos. En la iglesia, participa con la música y con los Ministerios de la Mujer. Es coordinadora de niños en la Librería adventista de Potomac. Sus aficiones incluyen el canto, la música, esquiar, leer, hacer manualidades, jardinería y viajar por lugares históricos. **16 de junio.**

Joy Dustow es una maestra jubilada que disfruta de tomar parte activa en actividades sociales y espirituales en la villa para jubilados en Australia, donde reside con su esposo. Ellos leen el libro de meditaciones matinales cada día y encuentran placer en saber que de la venta de estos libros muchas mujeres pueden tener una oportunidad de recibir una educación en un ambiente cristiano. **10 de julio.**

Heike Eulitz, originalmente de Alemania, dejó su país cuando tenía 19 años y ha estado trabajando por más de siete años como secretaria en las oficinas de la División Euroafricana en Berna, Suiza. Recientemente elegida como anciana en su iglesia local, se encuentra activa en el ministerio de la oración. Sus aficiones incluyen manualidades, ciclismo, naturaleza y natación. **4 de octubre.**

Gloria J. Stella Felder trabaja como asistente administrativa en Queens, Nueva York, EE.UU. Con su esposo pastor, son los padres de cuatro hijos adultos y tienen cinco nietos. Gloria disfruta de la música (escuchando y cantando), de escribir, de estar en su casa y de pasar tiempo con sus nietos. Ha publicado un libro y se encuentra trabajando en otro. **13 de marzo, 8 de junio, 6 de septiembre.**

Mercy M. Ferrer escribe desde Pakistán, donde su esposo trabajó como tesorero de la Unión de Pakistán. Han sido misioneros en Egipto, Chipre y Rusia, y tienen una hija y un hijo estudiantes de nivel superior. Mercy disfruta de viajar, cocinar, invitar gente, hacer crucigramas, de la fotografía y de la jardinería. Le encanta enviar correos electrónicos a familiares y amigos. **16 de febrero, 21 de octubre.**

Valerie Fidelia es misionera en el Cercano Oriente, ministrando a familias, niños y mujeres. Tiene un interés especial en temas de salud. En su iglesia local es coordinadora de música y adoración, y líder de los Ministerios de los Niños. Casada desde hace cuarenta años, Valerie es madre y abuela. Sus aficiones incluyen música, bordado, rompecabezas y lectura. **15 de marzo.**

Edith Fitch es una maestra jubilada que vive en Lacombe, Alberta, Canadá. Trabaja como voluntaria en los archivos del Canadian University College y es miembro de la Lacombe Historical Society. Disfruta de hacer investigaciones para escuelas e iglesias, como también historias de individuos. Sus aficiones incluyen escribir, viajar, bordar y descifrar criptogramas. **14 de junio, 17 de abril, 14 de junio, 9 de agosto, 8 de octubre.**

Sharon Follett escribe desde Dunlap, Tennessee, EE.UU., una ciudad pequeña en el hermoso Valle Sequatchie, donde enseña música y trabaja junto con su esposo, Ron, que es pastor. Tienen dos hijas adultas y esperan con expectativa el nacimiento de su primera nieta. **10 de junio, 19 de septiembre.**

Heide Ford fue la directora asociada de *Women of Spirit*; en el momento de escribir, Heide vive en Maryland, EE.UU., con su esposo, Zell. Tiene una maestría en Consejería y le encanta leer, pintar con acuarelas y observar ballenas. **26 de septiembre.**

Suzanne French vive en Florida, EE.UU., con su esposo y disfruta de asistir a la iglesia en Palmetto, donde se encuentra activa en los Ministerios de la Mujer. Se encuentra trabajando actualmente, pero espera jubilarse el próximo año. **15 de enero.**

Eileen Furlonge creció en Trinidad. Es una enfermera jubilada que escribe desde Palm Bay, Florida, donde es secretaria y maestra de Escuela Sabática en su iglesia. Disfruta de viajar, cantar, cocinar, hornear, leer y ayudar a otros. **11 de noviembre.**

Edna Maye Gallington forma parte del equipo de Comunicación en la Asociación del Sudeste de California, y se graduó de La Sierra University. Es miembro de Toastmasters International y de la sociedad de escritores Loma Linda Writing Guild. Disfruta como escritora independiente, de la música, de la gastronomía, de invitar gente, hacer excursiones y del racquetball. **9 de febrero, 5 de abril, 21 de junio.**

Evelyn Glass disfruta de su familia y le encanta tener a sus nietos viviendo en la casa de al lado. Con su esposo, Darrell, vive en el norte de Minnesota, en la granja donde Darrell nació. Evelyn se encuentra activa en su iglesia y comunidad, y escribe una columna semanal para su diario local. Ha servido como directora de los Ministerios de la Mujer y de la Familia de la Unión Central de Norteamérica de los Adventistas del Séptimo Día. **20 de abril, 19 de junio, 3 de septiembre, 14 de octubre, 13 de noviembre.**

Carrol Grady es una esposa de pastor que disfruta de la jubilación en el hermoso noroeste del Pacífico. Es madre de tres hijos y abuela de seis nietos, y su deleite en su tiempo libre incluye fabricar acolchados, escuchar música, escribir y leer. La mayor parte de su tiempo la dedica a su ministerio en favor de homosexuales y lesbianas. **5 de mayo.**

Mary Jane Graves está jubilada en Carolina del Norte, después de ocuparse de muchos trabajos, desde editora en el diario de su ciudad hasta bibliotecaria y secretaria de un colegio. Con su esposo, tienen dos hijos adultos y dos nietas. La jardinería le consume la mayor parte de su tiempo durante los meses de la primavera y del verano. **6 de agosto.**

Carol J. Greene, abuela de cuatro nietos, vive en Florida. Una valiente guerrera de oración, está involucrada con dos círculos de oración en su iglesia. A menudo actúa como maestra voluntaria de Escuela Sabática. **1º de junio, 20 de julio.**

Glenda-mae Greene está recientemente jubilada en Palm Bay, Florida. Es una dedicada maestra de Escuela Sabática, expositora de temas de inspiración. Se deleita con el gozo de ser la honorable tía de tres sobrinas y un sobrino. **15 de febrero, 16 de mayo, 3 de octubre.**

Janet M. Greene se desempeña como enfermera de rehabilitación cardíaca, esposa y madre de dos nenas. Su mayor objetivo es que sus hijas vean a Jesús en todas las cosas de cada día. Se encuentra activa como directora asociada de los Conquistadores, con el blanco de expandir el grupo a 25 adolescentes más que también puedan ver a Jesús en todas las cosas. Y sí, todavía es adicta a hacer compras. **26 de abril.**

Gloria Gregory es esposa de pastor, madre de dos hijos y una gran motivadora que anima a otros a desenterrar su potencial escondido. **30 de marzo, 8 de mayo, 24 de septiembre.**

Dessa Weisz Hardin vive en Maine, EE.UU., con su esposo. Disfruta de viajar, escribir, leer y enseñar a los niños. Una nueva dimensión que se ha añadido a su vida es la de ser abuela. **18 de febrero, 21 de septiembre.**

Marian M. Hart, una maestra de escuela primaria jubilada y administradora de un hogar de ancianos, trabaja con su esposo administrando la propiedad. Como miembro del histórico Tabernáculo de Battle Creek desde hace 28 años, ha servido como voluntaria en muchos cargos diferentes. Seis nietos la han transformado en una orgullosa abuela. **9 de junio, 2 de octubre.**

Ursula M. Hedges es profesora y administradora de nivel secundario jubilada, con una maestría. Nació en la India como hija de padres misioneros. Junto con su esposo australiano, que se ha desempeñado como director de colegios, han servido durante diez años como misioneros en el Pacífico Sur. Ursula es anciana de iglesia, escritora reconocida y diseñadora de interiores. Es directora de los Ministerios de la Mujer en la North New South Wales Conference, en Australia. **8 de febre-**

ro, **18 de mayo, 24 de agosto, 13 de diciembre.**

Edna Heise es esposa de pastor, y reside con su esposo en Cooranbong, New South Wales, Australia. Es capellán de una casa de retiros y disfruta de conversar con amigos, escribir, hablar en público, y hacer jardinería, especialmente cuando la helada no castiga sus hermosas flores. Sus ocho nietos constituyen su deleite especial. **18 de junio, 14 de septiembre, 18 de noviembre.**

Denise Dick Herr enseña inglés en la Canadian University College en Alberta, Canadá. Disfruta de los libros y de la estimulante posibilidad de tener delante una hoja en blanco para escribir. **27 de enero, 27 de junio.**

Marguerite Hilts, madre de seis hijos adultos, vive en Oakland, California. Ha enviudado, y se ha jubilado de la Administración de Seguridad Social, donde trabajó por 22 años. Se encuentra activa en su iglesia y se deleita en compartir momentos con sus hijos, los cuales residen todos en California; y tiene doce nietos y siete bisnietos. También disfruta de su asociación con las Federated Kings Daughters, Inc. **12 de abril.**

Karen Holford estaba trabajando con su esposo en los Ministerios de la Familia cuando escribió estas meditaciones. Ha sido autora de varios libros, incluyendo uno con cien maneras creativas de orar. Disfruta de la adoración contemporánea significativa, de hacer acolchados, de escribir y caminar en las cercanías del lago District con su esposo, Bernie, y con sus tres hijos. Se encuentra también estudiando Terapia Familiar. **17 de enero, 13 de febrero, 21 de abril, 5 de julio, 5 de octubre.**

Jackie Hope HoShing-Clarke, una educadora, sirvió como profesora, vicedirectora y directora de colegios. Es directora del Departamento Preuniversitario en la Northern Caribbean University, Jamaica, y se encuentra en la actualidad estudiando para obtener un doctorado en Educación. Jackie está casada con el pastor Blyton Clarke; tienen dos hijos. **4 de marzo.**

Lorraine Hudgins-Hirsch vive como jubilada en Loma Linda, California. Ha trabajado en la Voice of Prophecy, Faith for Today y en la Asociación General de los Adventistas del Séptimo Día. Es secretaria de Escuela Sabática y asistente coordinadora de los Ministerios de Salud de su iglesia. Sus pasatiempos son coser, leer y trabajar con su computadora. **25 de julio, 8 de noviembre.**

Cheryl Hurt es enfermera jubilada, y vive con su esposo, Brett, en California. Se dedica tiempo completo al servicio voluntario, haciendo la obra del Señor con gran gozo. **26 de marzo.**

Gloria Hutchinson es enfermera y madre sola de un hijo "adoptado", que también es su sobrino. Trabaja en las dependencias de un hogar de ancianos como enfermera coordinadora y supervisora. Recientemente, completó un curso de perfeccionamiento. Es secretaria de Escuela Sabática y coordinadora asistente de los Ministerios de Salud de su iglesia. Sus aficiones son coser, leer y trabajar en la computadora. **25 de julio, 8 de noviembre.**

Shirley C. Iheanacho, original de Barbados, reside en Huntsville, Alabama, EE.UU., con su esposo, Morris, con quien está casada desde hace más de 34 años. Ha tenido el singular privilegio de trabajar en la oficina del presidente del Oakood College durante 20 años, como asistente de cuatro presidentes del colegio. Disfruta de sus dos nietos, de tocar en un coro de campanas, cantar en el coro de la iglesia y animar a otras personas. **30 de abril, 23 de junio, 6 de julio.**

Aleah Iqbal es escritora independiente y vive con su familia en Willimantic, Connecticut, EE.UU. Durante diez años se dedicó a enseñar la escuela a sus hijos en casa. Ha escrito un libro de poesías, recetas originales para recetarios de la comunidad y folletos para una casa de productos saludables. Conduce su propio *show* en el cable local de televisión y actualmente está escribiendo un libro para niños. **18 de marzo.**

Dra. Consuelo Jackson, se encuentra jubilada. Disfruta de estar con su esposo, su hijo, su nuera y su nieto. Enseñó en un colegio público y en una universidad, y trabajó en registros médicos y seguros de calidad. Trabaja en el departamento de Temperancia de su iglesia local, disfruta de la música, de observar pájaros y de escribir. **27 de julio, 28 de noviembre.**

Monica Jackson falleció en agosto de 2003. Estaba casada y tenía dos hijos en crecimiento, a uno de los cuales le enseñaba la escuela en el hogar. Era muy activa en los departamentos de Niños de la iglesia de Palm Bay, Florida. **1º de marzo.**

Judy Haupt Jagitsch escribe desde la región central de Illinois, donde con su esposo viven como jubilados. Tienen cinco hijos y cuatro nietos. Judy se ha desempeñado en todos los niveles de los Ministerios de los Niños en su iglesia local, y en la actualidad es secretaria de iglesia. Sus nietos constituyen su mayor placer, seguido por los hermosos colores y la cocina vegetariana. **13 de mayo.**

Lois E. Johannes se ha jubilado como misionera en el extranjero, habiendo servido en el sur y en el este de Asia. Vive cerca de su hija en Portland, Oregon. Le gusta tejer, trabajar en servicios comunitarios y jardinería, y disfruta de sus cuatro nietos y dos bisnietos. **25 de febrero, 20 de noviembre.**

Elaine J. Johnson es maestra de preescolar y ha estado casada por 36 años con su mejor amigo. Tiene cuatro hijos y una docena de nietos. Disfruta trabajando con niños, dibujando, escribiendo, conociendo gente y utilizando su computadora. Es directora de Escuela Sabática en su iglesia local. **22 de julio.**

Pauletta Cox Johnson y su esposo, Mike, viven en una ciudad pequeña en el sudoeste de Michigan, donde se crió. Es decoradora de interiores y escritora independiente (mayormente de libros para niños). Disfruta de la jardinería, de coser y de hacer manualidades. Se encuentra activa en su iglesia local, es la orgullosa madre de tres hijos adultos, dos nueras y abuela de dos nietos. **12 de mayo.**

Emily Felts Jones es música y artista que ha grabado discos. Escribe desde Goodlettsville, Tennessee. **25 de enero.**

Sonja Kalmbach, en el momento de escribir esta meditación, se encontraba estudiando alemán, y estudios sobre cultura Americana y Escandinava en la Universidad de Tubingen, Alemania. Trabaja como profesora de Inglés y Alemán en una escuela Sueca, y está por recibir su título de profesora de Inglés y Alemán. **26 de julio.**

Becki Knobloch contribuye por primera vez con este libro de meditaciones y escribe desde Oregon. **9 de mayo, 15 de noviembre.**

Toya Marie Koch es escritora independiente y diseñadora, y reside en Hagerstown, Maryland. Es la directora del grupo que conduce la adoración en la Asociación de Chesapeake y es líder de Intermediarios de la iglesia de Highland View Academy. Toya, que está casada, no tiene hijos pero tiene dos perros cocker spaniel y dos gatos. Es una música *amateur* y fotógrafa. **8 de marzo.**

Betty Kossick continúa trabajando como periodista independiente. Durante sus más de treinta años de experiencia como escritora, ha tenido la oportunidad de honrar al Dador de los talentos. "Soy una mujer muy normal, que he tenido el privilegio de encontrar oportunidades extraordinarias de alabar a Dios a través de mis escritos". **19 de abril, 18 de septiembre.**

Patricia Mulraney Kovalski es maestra de iglesia jubilada, viuda, madre y abuela. Le encanta estar con su familia, viajar, nadar, enseñar en una clase de Biblia para mujeres y hacer manualidades. Viven el sudoeste de Florida. **14 de febrero, 24 de octubre, 12 de diciembre.**

Annie M. Kujur es esposa y madre de dos hijos adultos, y abuela de dos nietos. Es la cuarta de siete hermanas. Birol Christo y Birdie Poddar, hermanas números dos y tres, respectivamente, también han contribuido con estos libros de meditaciones. **4 de mayo, 11 de agosto.**

Mabel Kwei, esposa del presidente de la estación misionera de Gambia, en el Oeste de África, es directora de Educación de la Unión-Misión occidental del África. También es directora de los Ministerios de la Mujer y oradora en la Universidad y Colegio de Gambia. Trabaja con su esposo en obra pastoral y le gusta leer. **17 de agosto.**

Nathalie Ladner-Bischoff es enfermera jubilada y vive con su esposo en Walla Walla, Washington. Además de ser ama de casa, disfrutar de la jardinería y trabajar como voluntaria en el negocio de regalos del Hospital General de Walla Walla, lee, escribe, teje a dos agujas y a *crochet*. Sus relatos se han publicado en varias revistas y ha escrito un libro: *An Angel's Touch*. **26 de febrero, 25 de noviembre.**

Sally Lam-Phoon es directora de Educación y Ministerios de la Mujer, y coordinadora de *Shepherdess (AFAM)* de la Unión-Misión del Sudeste de Asia, en Singapur. Su pasión es trabajar con mujeres, para descubrir su potencial, y ayudarlas a lograr paz y felicidad en el Señor. Está casada con Chek Yat Phoon, y tienen dos hijas, Michelle y Rachel. **12 de marzo, 23 de octubre, 24 de noviembre, 17 de diciembre.**

Margaret B. Lawrence es una educadora nacionalmente reconocida y la primera mujer anciana en la Iglesia Adventista de Berea, en Baton Rouge, Lousiana, EE.UU. Es columnista del diario local y disfruta escribiendo, cosiendo, y de hablar en público. **22 de marzo.**

Gina Lee es autora de más de 650 historias, artículos y poemas publicados. Además de escribir, trabaja como bibliotecaria. Comparte su hogar con cuatro gatos. **21 de febrero, 15 de abril, 7 de junio, 25 de agosto, 2 de noviembre.**

Ruth Lennox es médica clínica jubilada, a quien le gusta escribir y producir monólogos de historias de mujeres de la Biblia. Con su esposo, tienen tres hijos casados y dos nietas jóvenes. Ruth disfruta de jugar con ellas y de leerles historias. **17 de marzo, 5 de noviembre.**

Cecilia Lewis escribe desde Huntsville, Alabama. Es instructora bíblica, y enseña la clase bautismal para adultos, jóvenes y niños en la iglesia de Oakwood College. Le gusta ayudar a alumnos con dificultades en la escuela primaria, leer, escribir, hacer jardinería y ser miembro del coro de campanas. **23 de febrero.**

Olive Lewis es una técnica médica que asiste a la iglesia de Atlanta, Georgia, EE.UU., donde es directora y maestra de jóvenes. Ha escrito poemas, representaciones, un libro y está trabajando en la publicación de dos libros más. Ha sido condecorada numerosas veces con premios por sus poesías. Es una defensora de los jóvenes, y los ha tenido en mente en las obras que escribe. **6 de octubre.**

Bessie Siemens Lobsien es bibliotecaria misionera jubilada y bisabuela, y disfruta de visitar a su familia, ayudar en las tareas de la iglesia, escribir boletines, propagandas y coser para los Orfanatos Adventistas del Séptimo Día. Es una receptora agradecida de muchas maravillosas bendiciones de sanidad que Dios le otorgó a lo largo de su vida. **22 de enero, 27 de febrero, 24 de mayo, 1º de agosto.**

Sharon Long (Brown) es de Trinidad, pero vive en Alberta, Canadá. Se desempeña como trabajadora social y administradora de dos oficinas de asistencia a niños en metro Edmonton. Reside con su esposo y tres de sus hijos. (Su hija mayor y dos nietas, viven cerca.) Sharon disfruta de escribir, hornear, leer y coser (cuando encuentra una oportunidad). Se encuentra activa en su iglesia. **19 de enero, 28 de marzo, 31 de mayo.**

Alicia Márquez nació en Montevideo, República del Uruguay, y ha vivido en Nueva York por más de treinta años. Es contadora y ha trabajado previamente con el programa hispano de televisión *Ayer, Hoy y Mañana*. Colabora con los Ministerios de la Familia y de la Mujer presentando seminarios, predicando o colaborando en lo que sea necesario. **16 de septiembre.**

Clarissa Marshall trabajó como misionera de ultramar, y ahora se encuentra involucrada en un ministerio a corto plazo, en los estados del sur de los Estados Unidos. Anhela alcanzar a las multitudes para Cristo por medio de la radio, la palabra escrita, la música y el evangelismo de la salud. **30 de julio, 30 de octubre.**

Cassandra Martins es educadora, periodista y encargada de ventas en la casa editora Hoje Maringá. Es miembro de una iglesia en Paraná, Rep. del Brasil, y madre de tres hijos. **29 de octubre.**

Vidella McClellan es proveedora de cuidados del hogar y ama de casa. Está activa en la iglesia y está interesada en hablar en público. Esposa y abuela de siete hijos y nietos, disfruta de ellos, de la vida en el campo, de viajar y de los gatos. Sus pasatiempos incluyen jardinería, manualidades, escribir, leer, hacer álbumes, y escribir historias de inspiración y entretenimiento. **18 de junio, 9 de marzo, 14 de abril, 27 de mayo, 11 de octubre.**

Marge McNeilus proviene de Dodge Center, Minnesota, EE.UU. Es ama de casa que también trabaja en los negocios de la familia. Ha sido secretaria de iglesia por muchos años y es líder de los Ministerios de la Mujer en su iglesia. Tiene cuatro hijos adultos y siete nietos. Sus aficiones incluyen viajar, escribir, fotografía, manualidades y música. **4 de febrero.**

Patsy Murdoch Meeker vive con su gato, Tibby, en Virginia, EE.UU. Patsy es mamá, madre adoptiva y abuela adoptiva. Algunos de sus entretenimientos son leer y escribir, y disfruta de la música instrumental. **21 de julio.**

Patsy Michel nació en la isla de Mauricio, pero ha hecho de Australia su hogar por los últimos 32 años. Además de su trabajo con grupos de apoyo a pacientes con trasplantes y marcapasos, también disfruta cocinando, leyendo y viajando. Nadege tiene tres hijos adultos y siete nietos. **9 de julio.**

Quilvie G. Mills es profesora retirada de un colegio público que se encuentra activamente envuelta con su esposo, el pastor H. A. Mills, en los trabajos de su iglesia. Ama a la gente, se hace de amigos con facilidad y hace todo lo que puede para ayudar a la gente joven a lograr sus aspiraciones educacionales. Sus pasatiempos incluyen música, lectura, viajes y jardinería. **8 de julio.**

Marcia Mollenkopf, maestra jubilada, vive en Klamath Falls, Oregon. Se encuentra activa en las actividades de su iglesia local y ha servido tanto en departamentos de niños como de adultos. Disfruta de leer, hacer manualidades, hacer caminatas y observar pájaros. **9 de enero, 31 de enero.**

Esperanza Aquino Mopera es madre de cuatro hijos adultos y abuela de cinco nietos, además de ser enfermera en el Lake Taylor Transitional Care Hospital. Sus pasatiempos son jardinería y observar pájaros. **31 de marzo, 14 de mayo.**

Barbara Smith Morris es directora ejecutiva de un centro de jubilados y presenta una meditación a través del sistema de parlantes diariamente. Durante siete años ha servido como delegada de Tennessee, EE.UU., representando necesidades de vivienda y servicios para ancianos con ingresos bajos. Barbara es expositora de seminarios en temas relacionados con la vida de los ancianos. Tiene cuatro hijos adultos y es abuela de seis nietos. **6 de junio, 26 de septiembre.**

Bonnie Moyers vive con su esposo y cuatro gatos en Staunton, Virginia, EE.UU. Es música de una iglesia metodista, trabaja como asistente de lavandería para un hospedaje cercano y escribe como escritora independiente cuando cuenta con algo de tiempo. Es madre de dos hijos adultos y tiene una nieta de la cual disfrutar. Sus escritos han sido publicados en muchas revistas y libros. **24 de marzo, 15 de septiembre.**

Ethel Doris Msuseni es enfermera y docente jubilada que vive en Umtata, Cabo Oriental, Sudáfrica. Le gusta cocinar, escuchar música y coser. **3 de diciembre.**

Lillian Musgrave y su familia han hecho del norte de California su hogar por más de cuarenta años. Disfruta de su familia y sus nietos, y ahora también tiene un bisnieto. Otros de sus intereses incluyen música, escribir (poesía y cantos), además de las responsabilidades en la iglesia. **13 de junio.**

Sibusisiwe Ncube-Ndhlovu, nativa de Zimbabwe, África, se encuentra estudiando actualmente en los Estados Unidos. Sus aficiones son cocinar, mirar fútbol con su esposo, leer y visitar amigos. **15 de mayo, 11 de julio, 5 de septiembre.**

Judy Neal es enfermera, y actualmente se encuentra estudiando en Andrews University, en el programa de Maestría en Divinidad. Es madre y abuela, y disfruta de leer, escuchar música, coser y salir de campamento (cuando le queda tiempo libre después de leer, escribir y las demandas de los estudios superiores). **6 de enero.**

Joan Minchin Neall nació en Australia, vivió en Inglaterra y ahora tiene su hogar en Tennessee. Es enfermera y con su esposo, pastor jubilado, tienen cuatro hijos adultos y nueve nietos. Es líder de los Ministerios de la Mujer de su iglesia. Disfruta de escribir un diario, dar estudios bíblicos a grupos de mujeres jóvenes y pasar tiempo con su familia. **4 de agosto.**

Anne Elaine Nelson es maestra de escuela primaria jubilada y sigue colaborando con la educación. Ha escrito un libro, *Puzzled Parents*, y tiene 4 hijos que la han bendecido con 11 nietos. Su esposo falleció en 2001. Activa en la iglesia, trabaja en los Ministerios de la Mujer, vive en Michigan y disfruta cosiendo, escuchando música, sacando fotografías y creando recuerdos con sus nietos. **18 de agosto, 28 de octubre, 20 de diciembre.**

Vera Nelson es una secretaria jubilada que vive en Hayden, Idaho, EE.UU. Sirve en el centro de servicios comunitarios de su iglesia y en la biblioteca de la iglesia. Disfruta de leer, escribir y ayudar ocasionalmente con proyectos del grupo Maranatha, y tratando de aprender cómo funciona su nueva computadora. **19 de noviembre, 26 de diciembre.**

Beth Versteegh Odiyar vive en Kelowna, Columbia Británica, Canadá. Ha administrado un negocio de familia desde 1995, y tiene hijos mellizos y una hija estudiando en la universidad. Beth disfruta de viajes misioneros y de visitar a su familia. Le encanta la creatividad y espera llegar a ser una escritora. En la iglesia se encuentra en posiciones de liderazgo, y durante años ha trabajado en escuelas bíblicas de vacaciones y como líder en los departamentos de Escuela Sabática de niños. **29 de julio.**

Pauline Okemwa escribe desde Eldoret, Kenya, África. Es la primera vez que contribuye como escritora de una meditación. **9 de septiembre.**

Alanna O'Malley escribe desde Virginia, y es la primera vez que contribuye con una meditación para esta serie de libros. **12 de julio.**

Cristine Jeda Orillosa es estudiante en el Pacific Union College, en Angwin, California. En el momento de escribir esto, era una estudiante misionera en Chuuk, en los Estados Federales de Micronesia. Ama mucho a Jesús y le gusta escribir, cantar, nadar bajo el agua con tubo de oxígeno y nadar. Disfruta de enseñar a alumnos de Infantes y Primarios en la iglesia y ahora extraña a sus pequeños ángeles. **22 de junio.**

Jemima D. Orillosa trabaja como secretaria en el departamento de Secretaría de la Asociación General de los Adventistas del Séptimo Día. Vive en Maryland con su esposo y dos hijas adolescentes, y se encuentra activa en su iglesia local. Goza reuniéndose y conociendo nuevos amigos. **10 de marzo, 25 de mayo, 16 de agosto, 17 de octubre.**

Rose Otis fue la primera directora de los Ministerios de la Mujer de la Asociación General de los Adventistas del Séptimo Día. Luego llegó a ser vicepresidente para los Ministerios de la División Norteamericana y más tarde vicepresidente de la Asociación de Texas. Ella comenzó con este proyecto de los libros de lecturas matinales para la mujer. Goza de los deportes acuáticos con su familia, de escribir y de estar en casa. **11 de abril, 1º de julio, 25 de diciembre.**

Hannele Ottschofski vive en el sur de Alemania y es anciana en su iglesia local. Tiene cuatro hijas y un nieto. Es esposa de pastor y editora de la revista *Shepherdess (AFAM)* de su Asociación. Da clases de piano, dirige un coro y le encanta preparar presentaciones en Power Point para sus seminarios. **23 de enero, 29 de marzo, 19 de julio.**

Ivone Feldkircher Paiva es esposa de pastor, madre de dos hijos y abuela de dos nietas. Después de trabajar 23 años como directora de escuelas, trabaja ahora en la administración del departamento de Educación de su iglesia en el norte de Paraná, Rep. del Brasil, además de dirigir un programa radial diario. Le gusta leer, bordar, escribir, viajar, y presentar seminarios sobre educación y familia. **5 de junio.**

Janel Raelene Palmer vive en Lincoln, Nebraska, EE.UU. Se graduó del Union College en 2001 con un título de Trabajadora Social. Sus dones espirituales incluyen el evangelismo, la oración intercesora y la comunicación creativa. Ella disfruta de dar estudios bíblicos y de hacer acolchados, y es parte de los *Joshua Ministries*, un ministerio laico. **23 de abril, 27 de noviembre.**

Ofelia A. Pangan sirve a Dios con su esposo ministro, en la gran isla paradisíaca de Hawaii. Le gusta leer, hacer jardinería, viajar y jugar a juegos de palabras. Disfruta aún más de visitar a sus tres hijos adultos, a sus esposas y sus nietos. **20 de enero, 8 de abril, 26 de mayo, 22 de noviembre.**

Revel Papaioannou es profesora de Inglés, a punto de jubilarse, madre de cuatro hijos adultos y abuela de nueve nietos. Se mantiene ocupada como esposa de pastor y disfruta de hacer excursiones en las montañas, de leer y coleccionar estampillas, monedas y tarjetas de teléfono. **21 de marzo.**

Nicole Paradis-Sydenham ha servido como directora de los Ministerios de la Mujer en Canadá durante doce años, trabajando en tres asociaciones: Quebec, Manitoba y actualmente en Alberta. Nacida en Montreal, Quebec, es bilingüe fluente (francés e inglés). Se dedica a atender su casa en Lacombe, Alberta, Canadá, con su esposo pastor y cuatro hijos. **11 de junio.**

Abigail Blake Parchment ha disfrutado del amor de Cristo Jesús, su Salvador, por muchos años. Está casada con Sean, y tienen su hogar en las Islas Caimán, donde ambos nacieron. Le gusta leer, cantar para el Señor, pasar tiempo con amigos y viajar. Espera poder pasar la eternidad con Jesús y las lectoras de este libro de meditaciones matinales. **27 de octubre.**

Betty G. Perry reside en Fayetteville, Carolina del Norte, con su esposo, pastor jubilado. Tienen dos hijos adultos y cuatro nietos. Ella fue anestesista por 27 años, Se encuentra semijubilada en este momento. Sus aficiones son tocar el piano y el órgano, hacer manualidades y artesanías, probar nuevas recetas y, más recientemente, hacer acolchados. **20 de agosto.**

Karen Phillips y su esposo, John, tienen cuatro hijos. Durante los últimos quince años ha permanecido en el hogar como mamá. Ha dirigido grupos de Aventureros, canta en el coro de iglesia y, como mamá, sirve almuerzos en la escuela de iglesia en Omaha. Algunos de sus artículos se han publicado en la publicación de los Ministerios de la Mujer de la Asociación de Kansas-Nebraska, *Heartbeat From the Heartland.* **28 de enero, 11 de marzo, 21 de mayo, 7 de septiembre, 9 de octubre.**

Birdie Poddar vive en el noreste de la India. Con su esposo disfrutan sus años de jubilación, pero se mantienen ocupados. Le gusta la jardinería, cocinar, hornear, coser, leer, escribir y hacer manualidades. Tienen una hija, un hijo y cuatro nietos. **22 de agosto, 11 de diciembre.**

Lanny Lydia Pongilatan, de Jakarta, Indonesia, trabaja como secretaria profesional. Fue instructora de Inglés para las Profesiones Indonesias, en la Fundación Americana Indonesia. Disfruta de tocar el piano, escuchar música cristiana, leer libros religiosos, jugar al tenis y nadar. **7 de diciembre.**

Maria BaldâoQuadrado es esposa de pastor y madre de dos hijos. Enseñó en dos escuelas secundarias durante 23 años. Actualmente es directora de los Ministerios de la Mujer y de AFAM en la República del Brasil y tiene un programa en la estación de radio local. Vive en Maringá, Paraná, Rep. del Brasil, donde disfruta de predicar, trabajar con mujeres y viajar con su familia. **28 de junio.**

Kimberly Baldwin Radford se mudó a Madagascar en 1999 y se ha enamorado de la tierra de los lemures y las lagartijas. Kim y tres mujeres malgaches organizaron clases de costura, bordado y de salud para los pobres en su vecindario. Los Radford recientemente comenzaron un programa de becas, patrocinado por una iglesia de los Estados Unidos, y están planeando comenzar con clases de alfabetización para padres de estudiantes. **1º de mayo, 9 de noviembre.**

Balkis Rajan es directora de los ministerios de la Mujer, de la Familia y del Niño de la Región Superior del Ganges, en Hapur, Uttar Pradesh, India. Ella ha trabajado durante 22 años como profesora. Balkis es madre de dos hijos. **10 de noviembre.**

Vicki Macomber Redden es secretaria en la división de libros de la Review and Herald Publishing Asociation en Hagerstown. Maryland. Le gusta viajar, fotografía, armar álbumes y pasar tiempo con sus amados, especialmente con su esposo Ron. **30 de agosto.**

Barbara J. Reinholtz está semijubilada, pero trabaja como secretaria para la Escuela de Extensión del Instituto de Evangelismo de la División Norteamericana. Madre de tres hijos casados y abuela de dos nietos, ha desempeñado varios cargos de iglesia. Es autora reconocida de relatos cortos, poesías para niños, y disfruta de la gente, la música y de tejer al crochet. Por encima de todo, le gusta ser la esposa y la mejor amiga de su esposo Laun. **8 de agosto.**

Darlenejoan McKibbin Rhine nació en Omaha, Nebraska, se crió en California y se educó en Madison, Tennessee, EE.UU. Es viuda, con dos hijos adultos, tiene un título de periodista y fue secretaria de Relaciones Públicas de su iglesia en Los Ángeles, California. Como jubilada, escribe libros, poesías y artículos para revistas. **22 de mayo.**

Avis Mae Rodney es juez de paz de la provincia de Ontario, y posiblemente sea la primera y única mujer negra que se desempeña como jueza en Canadá, y la primera mediadora en asuntos de interés público asignada por la Iglesia Adventista del Séptimo Día en Canadá. Esposa y madre de dos hijos adultos, Avis disfruta de largas caminatas, de la jardinería, de leer, tejer al crochet y pasar tiempo con sus hermosos cinco nietos. **13 de enero, 20 de marzo, 10 de mayo, 22 de septiembre, 28 de diciembre.**

Deborah Sanders comparte de su diario personal, *Dimensions of Love*, que se ha transformado en un ministerio de oración escrita. Vive en Canadá con Ron, su esposo, desde hace 36 años. Han sido bendecidos con dos hijos, Andrea y Sonny. Sonny padece de desafíos mentales con retardos psicomotores y autismo. Deborah agradece a aquellos que se interesan en ofrecer cariño y apoyo a los que lo necesitan. **11 de febrero, 6 de abril, 11 de mayo, 15 de agosto, 27 de diciembre.**

Sonia Rigoli Santos tiene un título en Teología y fue la primera mujer brasileña en obtener un título de Maestría en esta área. Esposa de pastor y madre, trabaja por casi veinte años como profesora. Actualmente es líder de los Ministerios de la Mujer en Ijuí, Rio Grande del Sur, Rep. del Brasil. Le gusta producir y presentar programas de radio, y disfruta de escribir. **10 de enero, 26 de junio.**

Marie H. Seard, asistente en la Asociación Ministerial de las oficinas de la Asociación General de la Iglesia Adventista del Séptimo Día, fue reelecta como capellán de una entidad de ex alumnos de la UNCF en Washington y continúa su servicio en la Asociación de ex alumnos del Oakwood College. Le gusta su club de damas, *Les Charmes*, y participar en la comisión de "Dígalo ahora con flores". **7 de marzo.**

Donna Lee Sharp es pianista, organista, directora de ministerios y maestra de Escuela Sabática en su iglesia. Utiliza sus habilidades musicales en el teclado tanto en su iglesia como en la comunidad. Realiza jardinería, observar pájaros, leer, y viajar para visitar a su familia diseminada en diversas partes del globo, hacen su vida plena. **27 de marzo.**

Carrol Johnson Shewmaker, esposa de un pastor jubilado, se encuentra activa en ministerios de oración en su Asociación y su iglesia local. Ha escrito cinco libros sobre la oración y es coautora de un libro sobre testificación. A menudo habla en retiros, congresos y desayunos de oración, como también en fines de semana de oración en iglesias. Tiene cuatro hijos adultos y ocho nietos. **24 de enero, 3 de junio.**

Judy Musgrave Shewmake y su esposo, Tom, viven en el norte de California. Tienen una hija casada, un hijo estudiando para el ministerio, y un hijo y una hija a los que les enseña la escuela en casa. Judy es editora de *The Adventist Home Educator*, un boletín para los que enseñan la escuela en su hogar. Sus pasatiempos son escribir, y también disfruta de la lectura y de hacer álbumes de recuerdos. **1º de diciembre.**

Rose Neff Sikora y su esposo, Norman, viven en las hermosas montañas del oeste de Carolina del Norte. Enfermera jubilada, Rose disfruta de salir a acampar en su casa rodante, escribir, pasar tiempo con sus tres nietos y ayudar a otros. Se han publicado artículos e historias de su autoría en varias revistas y en esta serie de libros de meditaciones matinales. **30 de junio.**

Sandra Simanton es terapeuta familiar en Grand Forks, Dakota del Norte. Vive en las cercanías de Buxton con su esposo y dos hijos. Le gusta coser. **4 de junio, 27 de agosto.**

Darleen E. Simmonds escribe desde Hempstead, Nueva York. Es directora de Escuela Sabática de su iglesia como también líder de los Ministerios de la Mujer del distrito de Bronx-Manhattan. Como descanso, Darleen gusta de cantar y tocar el piano. En sus ratos libres, ministra a jubilados. **5 de marzo, 13 de julio.**

Darlene D. Simyunn es estudiante en el Mountain View College, en las Fillipinas. Disfruta de tocar el piano, la guitarra y de cantar. **29 de agosto.**

Taramani Noreen Singh sirve como secretaria administrativa en las oficinas de la Iglesia Adventista en Varanasi, Uttar Pradesh, India, donde su esposo es el director regional. Tienen dos hijos en edad universitaria, que se encuentran estudiando y preparándose para servir al Maestro en el futuro. **2 de enero, 7 de octubre.**

Heather-Dawn Small es directora asociada de los Ministerios de la Mujer en la Asociación General en Silver Spring, Maryland. Nativa de Trinidad y Tobago, es madre de una hija en edad universitaria y un hijo en la escuela primaria. Ella dice que le gusta viajar, leer, bordar y coleccionar estampillas. Y "gozo" es su palabra favorita. **7 de febrero, 23 de noviembre.**

Dolores Smith es enfermera y partera jubilada. Trabajó como enfermera por muchos años en un gran hospital metropolitano, y tiene una maestría en Educación. Por su servicio destacado y dedicado, recibió el Premio de "Mujer del Año" en 1996, otorgado por los Ministerios de la Mujer. Disfruta de viajar. **31 de julio, 4 de diciembre.**

Tamara Marquez de Smith escribe desde Bay Shore, Nueva York, donde vive con su esposo Steven, y sus dos hijas, Lillian y Cassandra. Tamara es actualmente líder de jóvenes, diaconisa y coordinadora de música de su iglesia. 25 de octubre.

Ardis Dick Stenbakken es la editora de este libro y viaja por el mundo liderando los Ministerios de la Mujer de su iglesia. Con su esposo, Dick, capellán retirado de la Armada, tienen dos hijos adultos casados y una nieta. Ardis disfruta especialmente de ayudar a las mujeres a descubrir su potencial máximo para el Señor. **4 de enero, 29 de abril, 3 de julio, 1º de septiembre, 6 de noviembre, 22 de diciembre.**

Iris L. Stovall, expositora certificada de CLASS (Servicios de Líderes de Autores y Oradores Cristianos), alaba a Dios por las oportunidades de compartir sus experiencias de vida con otras mujeres. Sus hijos y sus nietos iluminan su vida. **5 de agosto, 26 de octubre, 16 de diciembre.**

Rubye Sue es secretaria jubilada y trabaja en una escuela de sostén propio, donde disfruta de relacionarse con los estudiantes. Rubye, de 80 años, y su esposo, de 87 años, todavía viajan y esperan con gozo las visitas que hacen a sus hijos, nietos y bisnietos. **16 de enero, 29 de enero.**

Carolyn Sutton, escritora y oradora independiente, vive en Grants Pass, Oregon, con su esposo Jim. Disfrutan de acampar, hacer jardinería y compartir a Jesús de una manera práctica. **7 de mayo, 11 de septiembre.**

Karen Barnes Swan vive ahora en Hagerstown, Maryland, con su esposo, David, y su hijo, Josh. En el momento de escribir esta meditación se encontraba en un puesto de servicio de la Armada en Camp H. M. Smith, en Hawaii. Su dirección de correo electrónico es kswan831@yahoo.com. Esta es su primera contribución para los libros de meditaciones matinales. **14 de diciembre.**

Loraine F. Sweetland vive como jubilada en Tennessee con su esposo, tres perros y su suegra de 98 años. Es presidenta de la junta escolar de la escuela de iglesia y de la comisión del Centro de Vida Familiar, y también trabaja como tesorera voluntaria para un centro de distribución de alimentos. En su tiempo libre escribe sobre genealogías. **5 de enero, 3 de abril, 7 de agosto, 18 de octubre.**

Frida Tanner, enfermera jubilada, se mantiene ocupada enviando materiales de escuela bíblica a todo el mundo. Vive, en este momento, en Eugene, Oregon, para estar cerca de dos nietas. **2 de junio.**

Arlene Taylor es directora de Control de Infección y administradora de Riesgos del Hospital de Santa Elena, en California. También es fundadora y presidenta de su propia corporación, que promueve la investigación de la función cerebral. Es miembro profesional de la Asociación Nacional de Oradores y recibió la medalla de honor del Instituto Biográfico Americano por promover la educación de la función cerebral en 2002. **22 de febrero, 23 de mayo, 17 de julio, 10 de octubre.**

Tammy Barnes Taylor dirige su propia guardería. Casada desde hace 17 años, tiene tres varones y una niña. Le gusta armar álbumes creativos de recuerdos, y le gusta leer y escribir historias. **3 de febrero.**

Sharon M. Thomas es maestra de escuela primaria. Con su esposo, Don, que es trabajador social, tienen dos hijos que se graduaron en el Oakwood College. Le gusta leer, caminar, hacer ciclismo y hacer compras. **17 de febrero.**

Stella Thomas trabaja como secretaria en las oficinas de Misión Global de la iglesia. Está agradecida a Dios por concederle la oportunidad de trabajar para él, diseminando el evangelio en muchas áreas no alcanzadas del mundo. **28 de febrero.**

Bula Rose Haughton Thompson es una asistente dental que trabaja en los centros de salud de Pratville y Cross Keys en South Manchester, Jamaica. Es una excelente diseñadora de ropa cuyas otras aficiones son cantar, leer y reunirse con gente. **30 de mayo, 13 de octubre.**

Nancy Ann (Neuharth) Troyer y su esposo, Don, pastorean dos iglesias en Georgia. Tienen una hija, Stephanie. Nancy pasó 24 años viajando alrededor del mundo con su esposo, que fuera capellán de la Armada de los Estados Unidos. Para mantenerse despierta en la iglesia, Nancy toma notas de los sermones en forma caligráfica, ilustradas con dibujos. **4 de julio.**

Nancy L. Van Pelt es educadora de vida familiar, autora ampliamente reconocida de más de veinte libros y oradora internacionalmente conocida. Durante los últimos veinte años, Nancy ha enseñado a las familias cómo amarse realmente unos a otros. Sus aficiones son organizarse, invitar gente a su casa, divertirse y hacer acolchados. Nancy y su esposo viven en California y son los padres de tres hijos adultos. **1º de febrero.**

Nancy Cachero Vasquez es coautora, con su esposo, de *God´s 800-Number: P-R-A-Y-E-R*, y es la editora de *Páginas del alma*, la meditación matinal de mujeres en castellano de 2003. Le gusta viajar, leer, escribir y probar nuevas recetas. Junto con su esposo fueron misioneros en Ecuador, y tienen tres hijos adultos y dos nietos. **30 de noviembre.**

Tammy Vice es esposa y madre de dos hermosas niñas. Actualmente sirve en la junta de la Autism Society of Middle Tennessee. Su ministerio, *Know the Hope*, se enfoca en fortalecer a las familias con necesidades especiales, fomentando el apoyo y la comprensión de las iglesias y las comunidades, educando y creando conciencia. **18 de abril.**

Donna Meyer Voth es maestra suplente y voluntaria de la American Cancer Society. Le gusta dar estudios bíblicos, pintar con acuarelas, viajar y acampar. Con su esposo, vive en Vicksburg, Michigan, y tienen una hija estudiante universitaria. **29 de junio, 4 de noviembre, 9 de diciembre.**

Cindy Walikonis es madre, esposa de pastor y dietista residente en Walla Walla, Washington. Sus aficiones incluyen hacer excursiones, escribir en forma creativa, hacer comida vegetariana creativa, enseñar clases de salud y nutrición en la comunidad y trabajar en la comisión de los Ministerios de la Mujer de su iglesia. **1° de abril.**

Cora A. Walker vive en Queens, Nueva York. Es enfermera jubilada y activa miembro de su iglesia local. Le gusta leer, escribir, coser, escuchar música clásica, cantar y viajar. Tiene un hijo. **28 de mayo, 16 de noviembre.**

Anna May Radke Waters es secretaria administrativa jubilada. Es anciana ordenada en su iglesia y ha servido como recepcionista. Encabezando su lista de aficiones, se encuentran sus siete nietos y su esposo, con quien le gusta viajar y crear recuerdos. Disfruta de dar estudios bíblicos por Internet y contestar pedidos de oración a través de Bibleinfo.com. **12 de febrero, 3 de marzo, 17 de junio.**

Ruth Watson sirvió en Tailandia, con su esposo, médico, por trece años. Aunque se encuentra jubilada ha servido brevemente en la República Dominicana, Fidji, Tailandia, Laos y Camboya. Le gusta ayudar a sus nietos y atender su clase de Biblia de Primarios, y también se desempeña como diaconisa en su iglesia. **8 de junio, 21 de noviembre, 21 de diciembre.**

Dorothy Eaton Watts trabaja en la administración de las oficinas de su iglesia en la India. Dorothy es escritora independiente, editora y oradora. Ha servido en la India por 24 años, fundó un orfanatorio, enseñó en escuelas primarias y escribió más de veinte libros. Sus aficiones incluyen jardinería, excursiones y observar pájaros (con más de 1.400 en sus registros a través del mundo). **19 de febrero, 27 de abril, 2 de agosto, 1° de octubre.**

Lyn Welk trabaja como consejera de apoyo para enlutados en un hospital en el sur de Australia. También apoya a niños con familias desventajosas, en servicios de familia y juventud. Ocupa un cargo de tiempo completo como organista de un órgano de tubos en una iglesia en Adelaide, y disfruta de trabajar con coros y grupos de amistad cristiana. Le gusta hacer caravanas, fotografía y pasar tiempo con su familia. **23 de agosto.**

Penny Estes Wheeler es esposa, madre y abuela, atesora su niñez en Texas y todavía se siente en casa en los campos abiertos. Disfruta de leer, y recientemente estableció un club de lectura de libros en su comunidad. Editora fundadora de *Women of Spirit*, Penny es autora independiente, y oradora en retiros y otros eventos. **3 de noviembre.**

Vera Wiebe ha trabajado en equipo en el ministerio con su esposo por treinta años. Ha estado involucrada en los Ministerios de la Mujer en tres asociaciones y es actualmente líder de este ministerio. Disfruta de la música, especialmente de tocar el piano. Sus aficiones incluyen coser, tejer, leer y escuchar música clásica. Llegar a ser abuela le ha añadido mucho gozo. **25 de abril, 12 de junio, 5 de diciembre.**

Mildred C. Williams vive en el sur de California y trabaja trece horas por semana como terapeuta casi jubilada. El resto de su tiempo disfruta de estudiar y enseñar la Biblia, escribir y hacer jardinería; es oradora pública, costurera y cuida de su nieta. **11 de enero, 2 de mayo, 15 de julio, 19 de agosto.**

Patrice E. Williams-Gordon presenta conferencias en el College of Natural and Applied Science en la Northern Caribbean University, en Mandeville, Jamaica. Esposa activa de pastor, disfruta de su ministerio en equipo con su esposo, Danhugh. Se deleita en sus dos hijas, Ashli y Rhoni, mientras trata de mantener sus aficiones de leer, sus compromisos como oradora y planificar eventos especiales. **16 de octubre.**

Ingrid Ribeiro Wolff está casada y, como hija de misioneros, pasó tres años en Angola. Es una educadora y maestra de escuela primaria que ama a los niños. También hace manualidades, y le gusta escribir poesías y programas para niños. Sueña con la oportunidad de escribir algún día un libro para niños. **31 de agosto.**

Wendy Wongk es enfermera, y enseña la escuela en casa a sus dos hijos, Colin de 12 años y David de 14. Le gusta hablar a la gente, y ama a su esposo y a su Dios (no necesariamente en ese orden). Actualmente, con su esposo son voluntarios en el Sur de Georgia, trabajando para cambiar las vidas de los pobres. **10 de diciembre.**

Susan Wooley trabaja en un hogar de salud y vive con su esposo, Steve, en Florida. Disfruta de la playa, de sus muchachos y de la compañía mutua con su esposo. **6 de febrero, 31 de octubre, 24 de diciembre.**

Aileen L. Young, residente de Honolulu, Hawaii, está casada con Thomas. Es educadora jubilada de nivel primario y secundario, y una autora reconocida. Sus intereses incluyen la Biblia, escribir, leer, pintar con acuarelas, caminar, jugar al tenis, nadar, escuchar música, viajar y trabajar en su iglesia, incluyendo los Ministerios de la Mujer. Es la madre de dos hijos y tiene dos nietos. **2 de julio.**